本书获陕西省国际法学科“三秦学者”科研创新团队专项资金资助

中国航空法文库

王瀚　总主编

6

陆空联运合同国际私法问题研究

张丝路◎著

法律出版社
LAW PRESS·CHINA
北京

图书在版编目(CIP)数据

陆空联运合同国际私法问题研究 / 张丝路著. -- 北京 : 法律出版社, 2022
ISBN 978-7-5197-6719-8

Ⅰ. ①陆… Ⅱ. ①张… Ⅲ. ①国际联合运输-合同-国际私法-研究 Ⅳ. ①D997

中国版本图书馆 CIP 数据核字(2022)第 074099 号

陆空联运合同国际私法问题研究
LUKONG LIANYUN HETONG GUOJI SIFA WENTI YANJIU

张丝路 著

策划编辑 沈小英
责任编辑 沈小英 王美懿
装帧设计 李 瞻

出版发行 法律出版社
编辑统筹 法治与经济出版分社
责任校对 王 丰 郭艳萍
责任印制 吕亚莉
经　　销 新华书店

开本 710 毫米×1000 毫米 1/16
印张 23 **字数** 369 千
版本 2022 年 9 月第 1 版
印次 2022 年 9 月第 1 次印刷
印刷 北京虎彩文化传播有限公司

地址:北京市丰台区莲花池西里 7 号(100073)
网址:www.lawpress.com.cn
投稿邮箱:info@lawpress.com.cn
举报盗版邮箱:jbwq@lawpress.com.cn

销售电话:010-83938349
客服电话:010-83938350
咨询电话:010-63939796

书号:ISBN 978-7-5197-6719-8
定价:148.00 元

谨以此书献给我亲爱的父亲、母亲和妻子

总　　序

西北政法大学副校长王瀚教授率领的博士研究生团队致力于航空法和空间法研究，将已出版或即将出版的国际航空法著作，作为创设“中国航空法文库”，实为中国学术史上系统研究国际航空法的首创，对正在飞跃中的中国民航事业认知国际航空法律体系，强化其在国际民航运输上的竞争力，将产生积极影响。

国际航空法律秩序肇始于1919年《巴黎国际航空公约》、1929年《华沙公约》及1944年《芝加哥公约》。国际航空法实际应用则将其切割为二元，分别定为规范国家间航空合作关系的国际航空公法体系及规范国际民航事业相互间权利义务竞合关系的国际航空私法体系。国际航空法律秩序的特性并非一成不变，而是受多元因素的影响与时俱进。科技进步与经济全球化、飞行安全的强化、环境保护、新反恐安保和法治等的发展，使国际航空秩序趋向多元化的规范。此种现象导致国际航空法新领域持续扩张，“中国航空法文库”的创建，将提供政府相关单位、民航企业、学术机构及航空法务工作者新的信息，并将鼓舞年青学子学习、研究航空法的兴趣与热忱。

1990年以来中国民航运输业运量逐渐扩充，现已与欧美鼎足而三。但是对国际航空公法与私法的理解与应用却未与民航事业发展成正比。亚洲各国法学教育未重视国际航空法的教学与研究，各学术机构亦未推动对航空法的系统研究与出版。王瀚教授于2012年8月出版《国际航空运输责任法研究》一书，首开中国学者以中文研究国际航空私法的先河，继而规划出版本文库，将填补百年来中文国际航空法资料的真空，实为对中国学术的一大贡献。

“中国航空法文库”将分批出版，涉及国际航空法各种专题，特别是其中属于英美法系的航空产品责任、航空垄断行为法、航空排放问题、航空器融资租赁法等航空私法的新领域均构成对相关航空运输主、客体的新挑战。“中国航空法文库”适时提供这些新发展的解决之途,其应用价值自不待言。

西北政法大学80年校庆之际,“中国航空法文库”首批著作出版,实为喜中之喜,值得庆贺。谨作序预祝西北政法大学不仅成为中国与亚洲研究国际航空法的数据中心基地,亦成为亚洲及世界各国研究国际航空法交流与合作的新平台。

亚洲国际航空暨空间法学会会长

程家瑞

2017年8月

缩略语表

全称	缩略语
国际货物多式联运	多式联运
国际货物多式联运合同	多式联运合同
国际货物陆空联运	陆空联运
国际货物陆空联运合同	陆空联运合同
国际货物陆空组合运输	陆空组合运输
国际货物陆空组合运输合同	陆空组合运输合同
国际运输合同公约	运输公约
货物灭失、损坏或者迟延交付	货损
国际民用航空组织	国际民航组织
住所不在法院地之被告	非居民被告
《中华人民共和国民法典》	《民法典》
《中华人民共和国海商法》	《海商法》
《中华人民共和国民用航空法》	《民用航空法》
《中华人民共和国民事诉讼法》	《民事诉讼法》
《中华人民共和国涉外民事关系法律适用法》	《法律适用法》
《中华人民共和国民用航空器权利登记条例》	《民用航空器登记条例》
《最高人民法院关于适用〈中华人民共和国民事诉讼法〉的解释》	《民事诉讼法司法解释》
《最高人民法院关于适用〈中华人民共和国涉外民事关系法律适用法〉若干问题的解释(一)》	《法律适用法司法解释(一)》

续表

全称	缩略语
《最高人民法院关于适用〈中华人民共和国保险法〉若干问题的解释(二)》	《保险法司法解释(二)》
《最高人民法院关于适用〈中华人民共和国仲裁法〉若干问题的解释》	《仲裁法司法解释》
《最高人民法院关于人民法院为“一带一路”建设提供司法服务和保障的若干意见》	《“一带一路”司法意见》
《最高人民法院关于人民法院进一步为“一带一路”建设提供司法服务和保障的意见》	《“一带一路”进一步司法意见》
《推动共建丝绸之路经济带和21世纪海上丝绸之路的愿景与行动》	《“一带一路”愿景与行动》
《关于向国外送达民事或商事司法文书和司法外文书公约》	《送达公约》
《承认与执行外国民商事判决公约》	《海牙判决公约》
《国际商事合同法律选择原则》	《法律选择原则》
《关于民商事案件管辖权及判决的承认与执行公约》	《布鲁塞尔公约》
《关于民商事案件管辖权及判决的承认与执行的第44/2001号条例》	《布鲁塞尔条例Ⅰ》
《关于民商事案件管辖权及判决的承认与执行的第1215/2012号条例》	《布鲁塞尔条例Ⅰ修订》
《关于合同之债法律适用的公约》	《罗马公约》
《关于合同之债法律适用的第593/2008号条例》	《罗马条例Ⅰ》
《关于非合同之债法律适用的第864/2007号条例》	《罗马条例Ⅱ》
《国际公路货物运输合同公约》	《公路公约》
《国际铁路货物联运协定》	《国际货协》
《1999年国际铁路运输公约—国际铁路货物运输合同统一规则》	《铁路规则》

续表

全称	缩略语
《布达佩斯内河货物运输合同公约》	《内河公约》
《统一提单若干法律规定的国际公约》	《海牙规则》
《修改统一提单若干法律规定的国际公约之议定书》	《海牙维斯比规则》
1978 年《联合国海上货物运输公约》	《汉堡规则》
《联合国国际货物多式联运公约》	《多式联运公约》
《联合国全程或者部分海上国际货物运输合同公约》	《鹿特丹规则》
《国际民用航空公约》	《芝加哥公约》
1929 年《统一国际航空运输某些规则的公约》	《华沙公约》
1955 年《修订 1929 年 10 月 12 日在华沙签订的统一国际航空运输某些规则的公约的议定书》	《海牙议定书》
1961 年《统一非缔约承运人所办国际航空运输某些规则以补充华沙公约的公约》	《瓜达拉哈拉公约》
1975 年《修改经 1955 年 9 月 28 日在海牙签订的议定书所修订的 1929 年 10 月 12 日在华沙签订的统一国际航空运输某些规则的公约的蒙特利尔第 4 号议定书》	《蒙特利尔 4 号议定书》
1999 年《统一国际航空运输某些规则的公约》	《蒙特利尔公约》
《移动设备国际利益公约》	《开普敦公约》
《维也纳条约法公约》	《条约法公约》

目　录

引　言 …………………………………………………………………………（1）
一、问题的提出 ……………………………………………………………（1）
二、文献综述 ………………………………………………………………（7）
三、研究意义 ………………………………………………………………（22）
四、研究内容 ………………………………………………………………（24）
五、研究方法 ………………………………………………………………（25）

第一章　陆空联运合同国际私法问题的基本理论 ………………………（27）
第一节　陆空联运合同国际私法问题的界定 ……………………………（27）
一、陆空联运的界定 ………………………………………………………（28）
二、陆空联运合同释析 ……………………………………………………（33）
三、陆空联运合同国际私法问题的研究范围 ……………………………（41）
第二节　陆空联运合同国际私法问题的特殊性 …………………………（46）
一、陆空联运合同国际私法问题特殊性的成因 …………………………（47）
二、陆空联运合同国际私法问题特殊性的表现 …………………………（56）
第三节　解决陆空联运合同国际私法问题应遵循的价值取向 …………（61）
一、应遵循价值取向之内容 ………………………………………………（61）
二、实现当事人意思自治最大化及其原因 ………………………………（62）
三、实现案件处理结果公正性的方式 ……………………………………（68）
四、法院地国主权的限制 …………………………………………………（72）
本章小结 ……………………………………………………………………（76）

第二章　陆空联运合同案件管辖权的确定 ……………………………… (77)

第一节　管辖权确定的意义与基础 ……………………………………… (77)

一、管辖权确定的意义 ………………………………………………… (77)

二、管辖权确定的基础 ………………………………………………… (80)

第二节　以法院选择条款为基础确定管辖权 ………………………… (84)

一、法院选择条款概述 ………………………………………………… (85)

二、航空运输总条件中法院选择条款的并入问题 ………………… (95)

三、《蒙特利尔公约》对法院选择条款效力的影响 ………………… (99)

第三节　以陆空联运合同为基础确定管辖权 ………………………… (100)

一、《布鲁塞尔条例Ⅰ修订》第7条第1款 ………………………… (101)

二、我国《民事诉讼法》第28条与第272条 ……………………… (103)

第四节　以陆空联运经营人法院地行为确定管辖权 ……………… (105)

一、法院地行为与案件有关时的确定方法 ………………………… (106)

二、法院地行为与案件无关时的确定方法 ………………………… (107)

本章小结——陆空联运合同管辖权的确定方法 …………………… (109)

第三章　《蒙特利尔公约》的适用问题 ……………………………… (112)

第一节　《蒙特利尔公约》适用的原因及适用的条件 ……………… (113)

一、《蒙特利尔公约》适用的必要性和可行性 ……………………… (113)

二、《蒙特利尔公约》的适用条件 …………………………………… (119)

第二节　定域性货损时《蒙特利尔公约》的适用问题 ……………… (127)

一、《蒙特利尔公约》适用的范围 …………………………………… (128)

二、《蒙特利尔公约》适用的限制 …………………………………… (132)

第三节　非定域性货损时《蒙特利尔公约》的适用问题 …………… (140)

一、《蒙特利尔公约》扩张适用的条件 ……………………………… (140)

二、《蒙特利尔公约》扩张适用的问题及其成因 …………………… (143)

本章小结 ………………………………………………………………… (145)

第四章　陆空联运合同准据法的确定 ……（146）
第一节　陆空联运合同中法律选择条款效力的认定 ……（147）
一、法律选择条款的准据法 ……（147）
二、法律选择条款并存的协调 ……（151）
三、以格式条款形式存在的法律选择条款效力的认定 ……（154）
四、电子运输单证中法律选择条款效力的认定 ……（157）
第二节　陆空联运合同当事人明示选择的限度 ……（159）
一、当事人选择的限制 ……（160）
二、当事人选择的范围 ……（163）
三、绝对优先强制性规则限制当事人意思自治 ……（168）
四、国内强制性规则限制当事人意思自治 ……（173）
五、公共秩序限制当事人意思自治 ……（178）
第三节　陆空联运合同当事人默示选择的认定 ……（180）
一、默示选择与最密切联系原则的界分 ……（181）
二、推定默示选择的因素 ……（182）
三、默示选择存在的证明标准 ……（187）
第四节　货物运输合同冲突规则运用的困境与突破 ……（189）
一、货物运输合同冲突规则运用的困境 ……（189）
二、陆空联运合同冲突规则的构建 ……（194）
第五节　最密切联系原则适用于陆空联运合同的方法 ……（196）
一、最密切联系原则的规定方式 ……（197）
二、最密切联系原则的司法适用方法 ……（199）
三、最密切联系原则适用方法的反思 ……（201）
本章小结 ……（202）

第五章　陆空联运合同准据法的适用问题 ……（204）
第一节　陆空联运合同准据法内容的确定 ……（204）

一、准据法内容不明确问题之解决 …………………………………… (205)
二、准据法内容的第二次确定问题 …………………………………… (209)
第二节 陆空联运合同准据法对侵权责任扩张适用问题 ………………… (222)
一、可以选择侵权责任准据法时扩张适用的条件 …………………… (222)
二、不能选择侵权责任准据法时扩张适用的条件 …………………… (230)
第三节 陆空联运合同准据法对合同外第三人扩张适用问题 ………… (234)
一、基于利他合同扩张适用的可行性 ……………………………… (236)
二、依据代理机制扩张适用的可行性 ……………………………… (239)
三、通过保险人代位制度扩张适用的可行性 ……………………… (242)
本章小结 ……………………………………………………………… (250)

第六章 陆空联运合同判决的承认与执行 ……………………………… (251)
第一节 承认陆空联运合同判决的原因、机制与条件 ………………… (252)
一、承认陆空联运合同判决的原因 ………………………………… (252)
二、《公路公约》规定的承认与执行机制的适用问题 ………………… (257)
三、承认陆空联运合同判决的条件 ………………………………… (260)
第二节 被承认的陆空联运合同判决之效力 ………………………… (273)
一、被承认的外国判决效力之准据法 ……………………………… (275)
二、被承认的陆空联运合同判决既判力之客观范围 ……………… (278)
三、被承认的陆空联运合同判决之证明力 ………………………… (283)
第三节 航空器作为执行标的之特殊问题 …………………………… (289)
一、以对物管辖权作为管辖权基础的适当性 ……………………… (290)
二、第三人权益的保护 ……………………………………………… (293)
本章小结 ……………………………………………………………… (298)

第七章 中国应对陆空联运合同国际私法问题之不足与对策 ………… (299)
第一节 中国应对陆空联运合同国际私法问题之不足 ………………… (299)
一、立法规定之不足 ………………………………………………… (299)

二、司法实践存在之问题 …………………………………………………………（302）
第二节　国际法路径的完善建议 ……………………………………………………（307）
一、国际法路径的完善建议——修订《蒙特利尔公约》 ………………（307）
二、国际法路径与国内法路径的关系 ……………………………………（310）
第三节　国内法路径的完善建议 ……………………………………………………（312）
一、建议的制定模式与制定理念 ……………………………………………（312）
二、建议的具体内容 ……………………………………………………………（315）
本章小结 ……………………………………………………………………………………（321）
结　论 ……………………………………………………………………………………（323）
参考文献 ………………………………………………………………………………（328）
后　记 ……………………………………………………………………………………（352）

引　言

一、问题的提出

(一)研究多式联运合同国际私法问题的必要性

1. 研究多式联运合同国际私法问题是多式联运蓬勃发展的客观需要

全球化浪潮、集装箱革命以及电子信息技术共同促成多式联运的勃兴。全球化浪潮使货物生产过程中的不同环节得以发生在最具有竞争优势的国家。这种全球化的生产过程,使货物生产商需要通过多式联运形成全球化的供应链条。① 同时,全球化浪潮也推进全球化的市场的形成并导致全球化的竞争,这使货物销售者需要通过多式联运将货物及时地送达所需市场,满足客户的需求,提升自身在全球市场中的竞争力。集装箱广为应用之前,不同运输方式间的衔接需要在不同运输方式的连接点进行查验、卸货、转运、再包装、重新装载等中间衔接环节。这不仅需要更多的人力资源,而且增加货损风险,并且导致更长的运输时间。显然,这些中间衔接环节导致多式联运虽然在技术上可行,但在商业上不具有吸引力。标准化集装箱真正实现各种运输方式之间的无缝衔接后,可以提高运输方式之间的衔接效率、加快运输方式之间的转换速度、减少运输方式转换衔接过程的成本、降低运输方式转换衔接过程所致货损风险。这使多式联运不仅在技术上更加可行,也在商业上更具有吸引力。在运输领域运用电子信息技术领域,一方面,

---

① See Joseph S. Szyliowicz, *Intermodalism: The Challenge and the Promise*, Transportation Law Journal, Vol. 27, p. 301 (2000).

降低人为操作失误的可能性，进一步提高运输方式之间的衔接效率，并加快运输方式之间的转换速度；另一方面，也使货物能够在整个运输过程中被追踪，从而能够较为精确地认定货物所处的地点以及运输所需的时间，进一步降低运输方式之间转换衔接过程的成本，以及相应的货损风险。①

尽管国际上没有针对多式联运的专门统计资料，但依据联合国国际贸易法委员会秘书处就《鹿特丹规则》所作之《文书草案适用范围总论》报告，除湿货（如石油、天然气等）和干散货（如铁矿石、谷物等）外，当今国际海上货物运输中，其他货物的运输几乎都通过集装箱实现"门到门"运输。② 而据联合国贸易和发展会议所作 2019 年《海运述评》，2018 年国际海上货物运输贸易量为 110 亿吨，而其中集装箱贸易占到 24%。如果从历史发展趋势来看，从 20 世纪 80 年代集装箱革命以来，国际海上货物运输中集装箱贸易保持年均 8% 的增长势头。③ 从上述统计数据可以看出，以使用集装箱为基础的多式联运已经成为主要的国际海上货物运输方式之一。这也从一个侧面说明多式联运蓬勃发展的趋势。

法律以多式联运合同为切入点，调整多式联运。蓬勃发展的多式联运必然导致多式联运合同纠纷的频繁发生。而法院在裁决前述纠纷时，首先需要明确自身对于前述纠纷是否具有管辖权；在此基础上，需要进一步解决法律适用问题；而如果法院对前述纠纷的最终裁决，不能通过败诉方于法院地之财产实现，则还需要借助判决的承认与执行制度，在别国实现胜诉方的权益。因此，研究多式联运合同的国际私法问题，是蓬勃发展的多式联运之客观需要。

2. 研究多式联运合同国际私法问题是"一带一路"倡议的现实需要

从我国目前面临的国际贸易环境来看，研究多式联运合同的国际私法问题，

---

① See Thomas Leinbach & Cristina Capineri, *The Global Economy and Freight Transport Flows*, in Thomas Leinbach and Cristina Capineri eds., Globalized Freight Transport Intermodality, E-Commerce, Logistics and Sustainability, Edward Elgar Publishing Limited, 2007, p. 6.

② 参见联合国国际贸易法委员会秘书处：《文书草案适用范围总论》，A/CN. 9/WG. Ⅲ/W. 29，第 12～16 段。

③ See United Nations Conference on Trade and Development, Review of Maritime Transport 2019, UNCTAD/RMT/2019, p. 4.

有助于推动“一带一路”倡议走深走实，进而降低国际贸易不确定性对我国经济环境的影响。作为国际贸易摩擦传导效应的第一环，可以预见，国际货物运输合同纠纷，必然会呈现上升趋势。因而，如何妥善地解决国际货物运输合同纠纷应是当前重要的研究课题。而之所以将研究的重点聚焦于多式联运合同国际私法问题，是因为此种研究有助于推动“一带一路”倡议走深走实，进而通过强化我国与其他国家之间的国际货物贸易，降低我国与别国贸易摩擦带来的影响，以便降低国际贸易不确定性对我国经济环境的影响。

“一带一路”倡议是我国针对新的时代主题、国际经济的整体形势以及纷繁复杂的国际局势，提出的重要构想。2015 年，国家发展和改革委员会、外交部、商务部联合发布的《“一带一路”愿景与行动》明确提出“一带一路”倡议的合作重点之一是“推进建立统一的全程运输协调机制，促进国际通关、换装、多式联运有机衔接，逐步形成兼容规范的运输规则，实现国际运输便利化。”多式联运之所以能够成为“一带一路”倡议的合作重点之一，关键在于多式联运对于“一带一路”倡议的重要性。《“一带一路”愿景与行动》提出了“政策沟通、设施联通、贸易畅通、资金融通、民心相通”的“五通”目标。就“五通”目标之间的关系而言，需要通过资金融通为设施联通提供资金保证，进而畅通贸易，以便落实事关顶层设计的政策沟通，最终实现民心相通。因而，作为国际货物贸易的必然组成部分以及基础设施的最终使用者，同时考虑到“一带一路”倡议涉及国家的地理分布，多式联运必然成为实现“一带一路”倡议“五通”目标的重要推手。最高人民法院 2019 年发布的《“一带一路”进一步司法意见》明确提出，“探索国际海运、中欧班列、陆海新通道、国际公路运输案件的专业化审判机制，正确适用准据法及国际公约，促进国际货物多式联运、跨国铁路单证等国际物流规则完善”。这正是多式联运对于“一带一路”倡议建设之重要性在司法实践中的明确体现。而正如最高人民法院 2015 年发布的《“一带一路”司法意见》所表明，依法行使司法管辖权，加强司法合作以及准确适用国际条约和惯例，能为“一带一路”倡议建设提供司法服务和保障的国际公信力。基于此，研究多式联运合同国际私法问题，能为“五通”目标的实现提供助力,进而推动“一带一路”倡议从大写意走向工笔画。

(二)以陆空联运合同为研究视角的原因

在明确研究多式联运合同国际私法问题的重要性后,进一步需要明确的是,本书为何以陆空联运合同为切入点,主要有以下两方面的原因。

1. 陆空联运是国际航空货物运输的常态

航空货物运输,是指除邮件和旅客行李之外,在一架航空器上运输的任何物品。相较航空旅客运输,航空货物运输对始发地和目的地之间的航线和经停并不敏感。也就是说,对旅客而言,必须毫不延误地将其送到目的地;而货物在不能实现直达的情况下,可以通过不同的航线或者通过多个经停进行运输。

从航空货物运输服务供给的角度来看,航空公司可以分为从事航空旅客运输与航空货物运输的航空公司以及专门从事航空货物运输的航空公司。而如果根据运输货物的不同,专门从事航空货物运输的航空公司还可以细化分为专门从事邮政和快递运输的航空公司,如联邦快递(FedEx)、敦豪(DHL)、美国联合(UPS)等,以及运输其他类型货物的航空公司。需要说明的是,航空器中装运的货物被从事航空旅客运输与航空货物运输的航空公司视为附加的收入来源。对这些公司而言,航空货物运输被视为航空旅客运输的副产品。然而,在一条货运量充足的航线上,如北大西洋航线,航空货物运输可以起到更重要的作用。这是专门从事航空货物运输的航空公司出现的重要原因。

对货物所有人而言,如果其对货物运输的速度与质量,或者说对于及时送达货物以及减少货物运输过程中货损的风险有更高的要求,并且对于货物运输的成本并不敏感,那么航空货物运输相较其他货物运输方式,如铁路货物运输、公路货物运输或者国际海上货物运输,是更优的选择。同时,为适应全球化的供应链条以及全球化的市场,越来越多的公司采用及时生产的宗旨,即货物在生产之时或销售之时到达,从而减少储存货物的费用以及货物变成存货所增加的成本。而航空货物运输也能满足前述需求。也就是说,航空器越来越多地被用作为减少货物存储成本而延伸到天空的仓库。

总体来看,航空货物运输通常包含以下三个阶段:①(1)从托运人所在地到始发地机场。货物首先由货运代理人或托运人自己通过集装箱卡车或散装车,运送到始发地机场货运站。(2)始发地机场查验与装载。货物在始发地机场按照不同目的地以及运输文件上的其他信息,如重量、尺寸、件数和运费类型等,卸载和分类。航空公司根据分拣结果,计算费率并准备一份航空货运单。出口海关查验后,散装货物被整合到航空集装箱②或航空集装板③,然后被装上航空器。(3)运输到目的地机场。货物通过航空器送达距离最终交付地最近的目的地机场。一旦到达目的地机场,货物将被进口海关再次查验并被移至承运人或者货运代理人的仓库中,而后货物在仓库被重新分拣和装载,再由当地货运代理人交付给收货人或由收货人自行提货。不难看出,从整个运输过程来看,由于航空器只能完成机场与机场之间的航空货物运输区段,航空货物运输通常需要公路货物运输辅助,用以完成货物运输初始阶段的接收或者最终阶段的交付。也就是说,陆空联运是国际航空货物运输的常态。

2. 航空运输业对世界经济以及我国经济的重要影响

根据国际航空运输协会(International Air Transport Association,IATA)2018年度报告,④航空公司在2017年运输接近5400万吨货物,占国际货物贸易价值的35%。不难看出,尽管相对于国际海上货物运输,国际航空货物运输的运量不大,但其运输的物品价值较高。这体现出国际航空货物运输在国际货物贸易中的重要地位。还需指出,除运输物品的高附加值外,航空货物运输在国际货物贸易中

① See Bo Feng et al., *Air Cargo Operations: Literature Review and Comparison with Practices*, Transportation Research Part C, Vol. 56, p. 265 (2015).

② 航空集装箱,直接与飞机的货物处理与限动系统衔接的全封闭航空集装单元。参见中华人民共和国交通运输部:《空陆联运集装货物转运操作规范》第3.5条。

③ 航空集装板,由平台构成的航空集装单元,具有标准尺寸的上平面。货物在成单元地被装上飞机前可安置其上并施加保护,直接与飞机的货物处理与限动系统衔接。参见中华人民共和国交通运输部:《空陆联运集装货物转运操作规范》第3.6条。

④ International Air Transport Association, *Annual Review 2018*, IATA, https://www.iata.org/contentassets/c81222d96c9a4e0bb4ff6ced0126f0bb/iata-annual-review-2018.pdf, last visited sept. 9th, 2020.

变得更为重要的另一原因是大幅度增长的专递、快件或小宗包裹业务。该类业务通常要求将专递、快件或小宗包裹在规定的时间期限内,如当天或次日,及时地交付给收货人。因此,在不超过航空器体积或重量限制的情况下,通过航空货物运输相较其他货物运输方式,显然更能满足前述业务对于时间的特殊要求。

更重要的是,与国际海上货物运输一样,航空公司也越来越多地涉足"门到门"货物运输服务或者陆空联运服务,而不是将自己局限于仅提供纯粹的航空货物运输,也即机场到机场之间的航空货物运输。同时,通过航空公司之间的交叉资产性投资、合作安排,如代码共享①、特许经营②等,使航空货物运输越加一体化和全球化。

根据国际航空运输协会《航空运输业对中华人民共和国之重要性》报告,③航空运输业对我国经济的重要性体现在以下两个方面。

第一,航空运输业创造就业岗位。据统计,航空运输业所涉及的航空公司、机场、飞机制造、航行服务业以及航空引致产业为我国提供 140 万个就业岗位。同时,通过从本地制造商处购买产品和服务,航空运输业为我国创造了 230 万个就业岗位。而使用航空运输来到我国的游客,通过其在我国的消费能够间接创造 170 万个就业岗位。此外,如果考虑航空运输业雇佣人员通过其工资进一步购买的其他产品或服务,则航空运输业可以为我国进一步产生大约 70 万个就业岗位。总体而言,航空运输业及其衍生产业能够创造将近 600 万个就业岗位。

---

① 实行代码共享,是指一家承运人允许另一家承运人在一航班上使用其航空公司代码或两家承运人在一航班上共用同一航空公司代码。参见国际民航组织:《国际航空运输管理手册》(第 2 版),Doc 9626。

② 特许经营,是指一家航空承运人将特许经营权或使用其公司各种徽号(诸如航班代码、公司标志和推销符号)的权利授予一个特许经营人,即通常在不违背特许授予人——授予特许经营权的实体——要求用来保证质量的标准和控制的情况下,被授予推销和供应航空服务产品特许权的实体。参见国际民航组织:《国际航空运输管理手册》(第 2 版),Doc 9626。

③ International Air Transport Association, *The Importance of Air Transport to the People's Republic of China*, IATA, https://www.iata.org/en/iata-repository/publications/economic-reports/china--value-of-aviation/, last visited sept. 9, 2020.

第二,航空运输业促进人员与货物的流动,进而拉动外商投资的增长。航空运输业最重要的红利是促进人员与货物的快速流动,以及此种快速流动之于整个产业链的溢出效应。此种溢出效应体现于使用航空运输到达我国游客的消费、航空货物运输所创造的进出口价值以及间接拉动的外商投资。据估算,航空运输业的核心产业、航空公司及其供应链总共为我国提供780亿美元的国内生产总值。而使用航空运输来到我国的游客,通过其消费为我国提供270亿美元的国内生产总值。尽管没有直接的统计数据说明航空运输业间接拉动的外商投资,但仅就其直接拉动的国内生产总值而言,航空运输业之于我国国内生产总值增长的重要意义不言自明。

基于以上分析,本书以陆空联运合同国际私法问题为研究切入点,原因在于以下两点。其一,陆空联运是国际航空货物运输的常态。因此,从重要性的角度出发,研究陆空联运合同国际私法问题更具有实践价值。其二,作为一种特殊类型的多式联运合同,研究陆空联运合同国际私法问题,必然涉及所有类型多式联运合同在国际私法领域的共性问题。因此,研究陆空联运合同国际私法问题,能为解决多式联运合同国际私法问题之方案,提供检验的平台。换言之,研究陆空联运合同国际私法问题可以间接地解决多式联运合同国际私法问题,进而为多式联运这种蓬勃发展的运输模式,提供理论助力。

二、文献综述

国内外法学领域针对多式联运的研究,主要围绕着多式联运合同而展开,研究的重点主要在于调整多式联运合同的实体规则。而就陆空联运合同而言,由于存在调整国际航空运输合同的运输公约,因而,多数学者的研究也主要围绕着公约中的实体规则而展开。由于国际私法是通过解决法律冲突的方式,间接地调整国际民商事法律关系,同时,考虑到国际私法从冲突正义向实质正义的价值取向转变,有必要简要地分析有关多式联运合同的研究成果,以便明确有关多式联运合同实体法规则的总体发展趋势,进而可以基于前述发展趋势,从实质正义的角度考察解决国际私法问题的不同路径选择。

(一)有关多式联运合同的研究成果

1. 国内研究成果

(1)有关多式联运合同实体规则的研究成果

国内学者对于多式联运合同实体规则的研究,主要集中在以下三个方面。

第一,有关多式联运合同一般性问题的研究。这方面的研究多表现为专著或者博士学位论文。比如,贺万忠教授的专著对调整多式联运合同的法律制度、多式联运单据以及多式联运经营人责任制度进行了系统的论述;①杨运涛博士的学位论文则从多式联运法律关系入手,对货物所有人、多式联运经营人与区段承运人之间的法律关系,以及有关多式联运合同纠纷的举证规则进行论述;②而郭萍教授的专著则从比较法的角度,对多式联运、多式联运合同的概念、多式联运单证以及多式联运经营人责任进行研究。③

第二,针对与多式联运合同有关的特定问题的研究。我国学者在这方面的研究成果颇多,大体上可以分为以下三个不同的方向。

第一个方向是针对多式联运的立法研究。比如,李志文教授等对"一带一路"倡议下我国多式联运立法的建构思路,从必要性、可行性、立法的性质以及框架构造方面进行研究,④陈玉梅博士则对如何通过立法的方式完善我国有关多式联运承运人的规定进行分析。⑤

第二个方向是对域外立法的评析。如魏家驹教授对《多式联运公约》的评述,⑥郭萍教授等对日、韩多式联运最新立法的研究,⑦而谢伟等翻译的文章针对

① 参见贺万忠:《国际货物多式运输法律问题研究》,法律出版社2002年版。

② 参见杨运涛:《国际货物多式联运法律关系研究》,对外经济贸易大学2006年博士学位论文。

③ 参见郭萍:《货物多式联运法律制度比较研究》,大连海事大学出版社2012年版。

④ 参见李志文、吕琪:《"一带一路"战略下对我国多式联运立法建构的思考》,载《法学杂志》2016年第4期。

⑤ 参见陈玉梅:《对我国多式联运中承运人立法完善的若干思考》,载《求索》2010年第8期。

⑥ 参见魏家驹:《略论联合国国际货物多式联运公约》,载《法学研究》1981年第6期。

⑦ 参见郭萍、李淑娟:《韩、日多式联运法律现状与发展趋势》,载《中国远洋航务》2013年第4期。

的是德国有关多式联运合同的立法。[1]

第三个方向是对与多式联运合同有关的特定问题的研究。典型的如陈玉梅博士专门针对多式联运中承运人类型、法律地位、权利义务以及责任的研究,[2]丁莲芝博士就多式联运中能够享有责任限额主体、有关货损和迟延责任限额以及责任限额的突破所做的专门研究,[3]胡正良教授等对多式联运经营人责任制度的研究,[4]贺万忠教授对货损定域问题的研究,[5]以及方友熙副教授对多式联运经营人对于区段承运人追偿问题的研究。[6]

第三,对于《鹿特丹规则》中有关多式联运合同条款的研究。吕鸣博士专门针对《鹿特丹规则》扩张适用于多式联运合同后,与运输公约之间冲突的协调进行研究,[7]而袁曾博士则系统地分析《鹿特丹规则》中有关多式联运合同的条款,[8]陈玉梅博士则研究《鹿特丹规则》中履约方制度,对我国调整多式联运中有关主体制度之借鉴。[9]

(2)有关多式联运合同国际私法问题的研究成果

我国学者针对多式联运合同国际私法问题的研究,主要围绕多式联运合同法律适用问题展开。贺万忠教授在其专著中专用一节剖析如何解决多式联运合同

---

① 参见[德]Johannes Trappe:《多式联运:关于当代法律的评论》,谢伟、张文广译,载《中国海商法年刊》2000年第11卷。

② 参见陈玉梅:《多式联运中的承运人法律地位与权利义务研究》,武汉大学2010年博士学位论文。

③ 参见丁莲芝:《国际货物多式联运经营人责任限制问题研究》,华东政法大学2014年博士学位论文。

④ 参见胡正良、赵阳:《国际货物多式联运经营人责任制度研究》,载《大连海事大学学报(社会科学版)》2002年第Z1期。

⑤ 参见贺万忠:《国际货物多式联运中货物损害定域问题探析》,载《法商研究》2003年第5期。

⑥ 参见方友熙:《辨析国际多式联运经营人责任追偿与抗辩》,载《重庆交通大学学报(社会科学版)》2010年第1期。

⑦ 参见吕鸣:《〈鹿特丹规则〉与相关货物运输公约的冲突及其协调》,华东政法大学2010年博士学位论文。

⑧ 参见袁曾:《〈鹿特丹规则〉下多式联运若干问题探讨》,载《中国海商法年刊》2011年第4期。

⑨ 参见陈玉梅:《论〈鹿特丹规则〉对履约方的规制——对我国多式联运中运输责任主体的反思》,载《法学杂志》2010年第8期。

法律冲突,[1]郭萍教授的专著用一节研究多式联运合同法律适用问题,[2]郭萍教授等合著的文章探讨多式联运合同案件管辖权的确定,[3]李天生教授的文章分析包含俄罗斯北方航道运输区段的多式联运合同的法律适用问题。[4]

贺万忠教授的研究,首先分析通过运输公约或者国际组织制定的示范法避免多式联运合同法律冲突的效果,其次研究《多式联运公约》规定的冲突规则,探讨通过这些冲突规则解决多式联运合同法律冲突的效果。而在针对多式联运合同法律适用问题的研究中,贺万忠教授指出,针对多式联运合同的冲突规则,既要有反映其特殊性的确定合同准据法的冲突规则,也要有反映国际货物运输合同共性的冲突规则。而通过对国际货物运输合同主要系属公式的研究,贺万忠教授认为,确定多式联运合同准据法的冲突规则应以最密切联系原则为系属公式,以多式联运经营人住所地或者主营业地作为认定最密切联系国的标准。而对于反映国际货物运输合同共性的冲突规则,如由于接收货物或者交付货物而产生的纠纷,应由接收货物地或者交付货物地法律调整。

对于多式联运合同,郭萍教授提出多式联运合同当事人具有两层次法律选择权的观点,即当事人可以针对多式联运合同选择准据法,也可以针对多式联运合同包含的国际货物运输合同区段选择准据法。郭萍教授认为,第二个层次的选择会否得到认可,因受诉法院是否为运输公约缔约国而不同。而如果出现多部调整同一运输方式的运输公约并存的情况,比如货损发生在国际海上货物运输区段,则应由当事人选择应适用的运输公约。而当货损发生在国内货物运输区段时,该国国内货物运输规则不能适用。

郭萍教授等合著的文章,分析了多式联运合同案件管辖权的确定。该文章指

① 参见贺万忠:《国际货物多式运输法律问题研究》,法律出版社2001年版。

② 参见郭萍:《货物多式联运法律制度比较研究》,大连海事大学出版社2012年版。

③ 参见郭萍、郑志立:《货物多式联运合同诉讼管辖问题》,载《大连海事大学学报(社会科学版)》2009年第4期。

④ 参见李天生:《中俄经北方海航道多式联运法律适用特殊风险分析》,载《政法论丛》2017年第4期。

出,多式联运合同管辖权的确定应包含国际以及国内两个层面,也即确定具有管辖权的国家以及具有管辖权的具体法院,并对确立这两个方面管辖权的规则进行了分析。

李天生教授的文章,对于包含俄罗斯北方航道运输区段的多式联运合同中的不同问题,比如区段运输合同的准据法、迟延交付的责任,以及被保险人的剩余求偿权和保险人的代位求偿权,选择我国法律或者俄罗斯法律导致的后果进行了详尽的分析。

与多式联运合同法律适用问题相关的研究,还包括以下两个方面:

第一,我国参加的运输公约的适用范围。我国参加了调整国际航空运输合同的一系列公约以及调整国际铁路货物运输合同的《国际货协》。我国学者对这些公约的适用范围以及这些公约扩张适用于多式联运合同时,与其他运输公约的冲突进行研究。比如,莫世健教授等合著的文章通过对比我国参加的《国际货协》与《铁路规则》的适用范围条款,简要地分析《国际货协》的适用范围条款。①

第二,如何协调《鹿特丹规则》与其他运输公约的适用关系。由于《鹿特丹规则》将其调整范围扩张到包含国际海上货物运输的多式联运合同,国内一些学者通过研究如何协调其他运输公约与《鹿特丹规则》在适用范围上的冲突,进而明确应适用于多式联运合同所包含货物运输区段的规则。比较典型的有,张湘兰教授等合著的文章以及吕鸣博士的文章均分析了《鹿特丹规则》与其他运输公约冲突的表现以及导致冲突的原因,并剖析了《鹿特丹规则》第 26 条及第 82 条存在的问题。②

2. 国外研究成果

(1)有关多式联运合同实体规则的研究成果

国外学者对于多式联运合同实体规则的研究,大体从以下三个方面进行:

---

① 参见莫世健、陈石:《论国际铁路运输公约对"一带一路"的重要性》,载《山东科技大学学报(社会科学版)》2016 年第 2 期。

② 参见张湘兰、向力:《〈全程或者部分海上国际货物运输合同公约〉对条约冲突的应对》,载《武汉理工大学学报(社会科学版)》2009 年第 2 期;吕鸣:《论国际货物运输公约的冲突:以〈鹿特丹规则〉"上岸"为背景》,载《国际贸易问题》2011 年第 9 期。

第一,通过缔结运输公约的方式,调整多式联运合同的必要性、可行性以及具体方式。在必要性方面,迈伯勒(Myburgh)指出,国内或者区域内调整多式联运合同的立法都并不可取,应通过联合国体系来完成对调整多式联运合同规则的统一。[①] 在可行性方面,贝林杰里(Berlingieri)回顾有关国际海上货物运输规则统一的现状后,指出统一的规则并不一定能保证在实践中的统一适用。[②] 在具体方式上,博内尔(Bonell)对学者以及多式联运业者关于如何统一调整多式联运合同的观点进行分析,[③]泰特利(Tetley)探讨在国际海上货物运输领域规则统一的现状,并基于此,对于未来规则如何实现统一作出分析。[④]

第二,对以往形成的调整多式联运合同规则之述评。尽管在这方面主要的研究成果是对《鹿特丹规则》中有关多式联运合同条款的研究,但也有学者对以往形成的调整多式联运合同的国际规则进行研究。

对于以往形成的调整多式联运合同的规则,比较典型的研究有:马西(Massey)对 1971 年《多式联运公约草案》进行分析;[⑤]德里斯科尔(Driscoll)等学者对 1980 年《多式联运公约》进行分析;[⑥]而金德里德(Kindred)和布鲁克斯(Brooks)合著之书籍,通过对 1991 年《联合国贸易和发展会议和国际商会多式联运单证规则》和前述两部公约的对比,对前述单证规则进行研究。[⑦]

对于《鹿特丹规则》中有关多式联运合同条款的研究,比较典型的有:费弗里

① See Paul Myrburgh, *Uniformity or Unilateralism in the Law of Carriage of Goods by Sea?*, Victoria University of Wellington Law Review, Vol. 31:2, p. 355 – 382 (2000).

② See Francesco Berlingieri, *Uniformity in Maritime Law and Implementation of International Conventions*, The Journal of Maritime Law and Commerce, Vol. 18:3, p. 317 – 350 (1987).

③ See Michael Joachim Bonell, *International Uniform Law in Practice Or Where the Real Trouble Begins*, The American Journal of Comparative Law, Vol. 38:4, p. 865 – 888 (1990).

④ See William Tetley, *Uniformity of International Private Maritime Law-The pros, Cons, and Alternatives to International Conventions-How to Adopt an International Convention*, Tulane Maritime Law Journal, Vol. 24:2, p. 775 – 856 (2000).

⑤ See Eugene A. Massey, *Prospects for a New Intermodal Legal Regime: A Critical Look at the TCM*, The Journal of Maritime Law and Commerce, Vol. 3:4, p. 725 – 757 (1972).

⑥ See William Driscoll & Paul B. Larsen, *The Convention on International Multimodal Transport of Goods*, Tulane Law Review, Vol. 57:2, p. 193 – 281 (1982 – 1983).

⑦ See Hugh Kindred & Mary Brooks, *Multimodal Transport Rules*, Kluwer Law International, 1997.

(Faghfouri)对以往通过运输公约调整多式联运合同的努力进行回顾，并讨论《鹿特丹规则》能否在调整多式联运合同上取得成功；[①]藤田友敬(Tomotaka Fujita)则从《鹿特丹规则》适用范围的角度入手，就该规则适用范围扩张的原因、扩张对于该规则与其他运输公约关系的影响，以及扩张对于承运人以外主体的影响进行分析；[②]莱格罗斯(Légros)则从《公路公约》与《鹿特丹规则》的关系入手，对规则中调整多式联运合同的条款进行分析。[③]

第三，对于围绕着多式联运合同而展开的一系列问题的研究。在这方面，德维特(De Wit)的专著首次对多式联运合同、多式联运单据以及多式联运经营人责任，基于比较法的方法作出系统论述。[④] 除此之外，多数学者的研究仅涉及与多式联运合同有关的某一方面问题的研究，大体可以分为以下两个方向的研究。

其一，对于各国或者区域内有关多式联运合同立法的评述或者比较研究。比较典型的有：乌尔贝克(Ulfbeck)首先分析美国与多式联运合同有关的法案、美国最高法院针对多式联运合同的判例，以及欧洲地区与多式联运合同相关的运输公约，进而通过对比的方式，对调整多式联运合同的规则区域化现象的原因进行探讨。[⑤] 而赫伯(Herber)对荷兰有关多式联运合同的立法作出评述。[⑥]

其二，对于多式联运合同中某一方面特定问题的专门研究。比较典型的研究包括：格里弗斯(Grönfors)对多式联运中的迟延问题进行分析，[⑦]拉蒙特－布莱克

---

① See Mahin Faghfouri, *International Regulation of Liability for Multimodal Transport-in Search of Uniformity*, WMU Journal of Maritime Affairs, Vol. 5:1, p. 95 – 114 (2006).

② See Tomotaka Fujita, *The Comprehensive Coverage of the New Convention: Performing Parties and the Multimodal Implications*, Texas International Law Journal, Vol. 44:3, p. 349 – 373 (2009).

③ See Cécile Légros, *Relations Between the Rotterdam Rules and the Convention on the Carriage of Goods by Road*, Tulane Maritime Law Journal, Vol. 36:2, p. 725 – 740 (2012).

④ See Ralph De Wit, *Multimodal Transport: Carrier Liability and Documentation*, Lloyd's of London Press, 1995.

⑤ See Vibe Ulfbeck, *Multimodal Transport in the United States and Europe-Global or Regional Liability Rules?*, Tulane Maritime Law Journal, Vol. 34:1, p. 37 – 90 (2009).

⑥ See Rolf Herber, *The European Legal Experience With Multimodalism*, Tulane Law Review, Vol. 64:2&3, p. 611 – 629 (1989).

⑦ See Kurt Grönfors, *Liability for Delay in Combined Transport*, The Journal of Maritime Law and Commerce, Vol. 5:3, p. 483 – 490 (1974).

(Lamont-Black)则通过对不同运输公约中有关承运人责任条款的对比,阐明在多式联运合同纠纷中,实现货损赔偿请求的复杂性。①

(2)有关多式联运合同国际私法问题的研究成果

针对多式联运合同国际私法问题的研究,外国学者也主要围绕多式联运合同法律适用问题而展开。在这方面,霍克斯(Hoeks)的专著第一次较为系统地研究该问题。② 该书主要研究运输公约能否适用于多式联运合同以及运输公约中涉及多式联运合同的条款如何适用。然而,从国际私法的角度来看,对于如何确定多式联运合同准据法,该书仅作较为简单的论述,并且缺乏对美国司法实践中的如何确定以及适用多式联运合同准据法的研究。

欧洲学者对于多式联运合同法律适用问题的研究,主要针对运输公约能否适用于多式联运合同。克拉克(Clarke)针对《公路公约》的专著中,基于该公约起草历史以及缔约国案例,详尽地分析《公路公约》的适用范围以及该公约针对多式联运合同的条款。③ 而艾肯斯(Aikens)等合著的针对提单的专著中,全面地剖析《海牙规则》以及《海牙维斯比规则》的适用范围条款以及多式联运提单。④

美国学者对于多式联运合同法律适用问题的研究,主要针对美国联邦最高法院就多式联运合同作出的判例及其在实践中产生的影响。克劳利(Crowley)通过对诺福克南方铁路公司案(Norfolk Southern Railway Co. v. Kirby)的评述指出,尽管美国联邦最高法院将多式联运合同纳入美国联邦法院的事项管辖权(subject jurisdiction)范围内,进而排除美国各州法律的适用,但该判决并未明确适用于多

---

① See Simone Lamont-Black, *Claiming Damages in Multimodal Transport: A Need for Harmonization*, Tulane Maritime Law Journal, Vol. 36:2, p. 707 - 724 (2012).

② See Marian Hoeks, *Multimodal Transport Law: The Law Applicable to the Multimodal Contract for the Carriage of Goods*, Kluwer Law International, 2010.

③ See Malcolm Clarke, *International Carriage of Goods by Road: CMR*, 6th ed., Informa Law from Routledge, 2014.

④ See Richard Aikens, Richard Lord & Michael Bools, *Bill of Lading*, 2nd ed., Informa Law from Routledge, 2016.

式联运合同的规则。[1] 而塔尔博特(Talbot)通过对川崎公司案(Kawasaki Kisen Kaisha Ltd. v. Regal-Beloit Corp.)的评述指出,美国最高法院将调整美国国内货物运输的《卡马克修正案》排除适用于多式联运合同包含的美国国内货物运输区段并不合理,在实践中也会导致许多问题。[2]

此外,一些学者的研究也涉及《鹿特丹规则》与其他运输公约之间适用关系的协调。尼卡基(Nikaki)指出,《鹿特丹规则》草案制定的冲突条款并不能解决所有规则与其他运输公约之间的冲突,并对如何协调这些冲突提出相应的建议。[3] 哈克(Haak)则剖析了《鹿特丹规则》第26条以及第82条存在的问题,并基于《公路公约》缔约国关于公约能否适用于多式联运合同包含的国际公路货物运输区段的不同认识,指出《鹿特丹规则》的规定会给《公路公约》缔约国法院在司法实践中带来困难。[4]

(二)有关陆空联运合同的研究成果

尽管陆空联运是国际航空货物运输的常态,但国内外学者有关国际航空货物运输合同的研究,通常多着眼于通过航空器完成的运输,或者说纯粹的国际航空货物运输合同,少有论及陆空联运合同本身。即便是针对纯粹的国际航空货物运输合同研究,也主要着眼于华沙体系[5]以及《蒙特利尔公约》所包含的实体规则,少有从国际私法的角度切入。比较典型的,从国际私法角度切入,研究国际航空货物运输合同的成果包括:朱子勤的博士学位论文中有一节专门论述国际航空运

① See Michael E. Crowley, *The Limited Scope of the Cargo Liability Regime Covering Carriage of Goods by Sea: The Multimodal Problem*, Tulane Law Review, Vol. 79:5&6, p. 1461 – 1504 (2005).

② See Patrick M. Talbot, *How Swiftly the Carmack Amendment is Washed Away*, The Journal of Maritime Law and Commerce, Vol. 43:1, p. 1 – 36 (2012).

③ See Theodora Nikaki, *Conflicting law in "Wet" Multimodal Carriage of Goods: The UNICITRAL Draft Convention on the Carriage of Goods (Wholly or Partly by sea)*, The Journal of Maritime Law and Commerce, Vol. 37:4, p. 521 – 544 (2006).

④ See Krijn Haak, *Carriage Preceding or Subsequent to See Carriage under Rotterdam Rules*, 2 European Journal of Commercial Contract Law, Vol. 2:1&2, p. 63 – 71 (2010).

⑤ 华沙体系,是指调整国际航空运输合同的一系列公约。此系列公约包含《华沙公约》及修订《华沙公约》的议定书或国际公约。在华沙体系中,涉及国际航空货物运输合同的有《华沙公约》《海牙议定书》《瓜达拉哈拉公约》《蒙特利尔4号议定书》。

输合同的冲突法调整规则;①董玉鹏的博士学位论文通过一章专门分析国际航空运输合同的法律冲突以及法律适用,特别是电子合同的法律适用;②吉赛尔(Giselle)的文章考察在《蒙特利尔公约》不能适用时,《罗马条例Ⅰ》有关运输合同的冲突规范如何适用于国际航空货物运输合同。③

就国内研究国际航空货物运输合同的成果而言,王瀚教授的专著首次系统考察了华沙体系中有关国际航空货物运输合同的规则。④ 针对《蒙特利尔公约》中有关国际航空货物运输合同的规则,我国目前已经有多篇博士学位论文对其进行系统考察。⑤ 同时,一些学者也已经开始关注《蒙特利尔公约》在我国应如何适用,如董念清教授的文章。⑥

就国外研究国际航空货物运输合同的成果来说,研究华沙体系中有关国际航空货物运输合同规则比较权威的有米勒(Miller)的专著。⑦ 而吉穆拉(Giemulla)等编著的针对《蒙特利尔公约》的评述,⑧以及克拉克(Clarke)的专著,⑨是外国运输法领域针对《蒙特利尔公约》所含之规则的权威著作。

需要指出的是,近年来,一些学者开始关注陆空联运合同的国际私法问题。然而,这些研究或是考察不同运输公约适用于陆空联运合同时,应如何处理不同运输公约之间的适用关系,比如,师怡副教授的文章对《蒙特利尔公约》扩张适用

① 参见朱子勤:《国际航空运输关系法律适用问题研究》,中国政法大学2006年博士学位论文。

② 参见董玉鹏:《国际航空运输法律适用研究》,复旦大学2008年博士学位论文。

③ See Deiró Giselle, *Jurisdiction and Conflicts of Laws in Contracts of International Carriage by Air*, Air and Space Law, Vol. 37:4&5, p. 337 – 358 (2012).

④ 参见王瀚:《华沙国际航空运输责任体制法律问题研究》,陕西人民出版社1998年版。

⑤ 参见沈志韬:《国际航空货物运输承运人责任制度研究》,华东政法大学2011年博士学位论文;师怡:《国际航空货物运输承运人责任制度研究》,吉林大学2014年博士学位论文。

⑥ 参见董念清:《论国际航空私法条约适用的强制性》,载《中国法学》2020年第1期。

⑦ See Georgette Miller, *Liability in International Air Transport: The Warsaw System in Municipal Courts*, Kluwer, 1977.

⑧ See Elmar Giemulla eds., *Montreal Convention*, Kluwer Law International, 2006.

⑨ See Malcolm Clarke, *Contracts of Carriage by Air*, 2nd ed., Lloyd's List Law, 2010.

于多式联运合同而导致的与其他运输公约之冲突进行分析,[①]吴静楠硕士全面分析《蒙特利尔公约》扩张适用后,与其他运输公约产生冲突的原因、冲突的表现以及解决冲突的途径;[②]或是考察《蒙特利尔公约》扩张适用可能存在的问题,比如莱卢扎斯(Leloudas)的文章,[③]并没有系统性地研究陆空联运合同国际私法问题之成果。

(三)与合同国际私法问题相关的一般性研究

国内外学者针对合同国际私法问题的研究,主要包括以下几个方面。

第一,对合同案件管辖权的确定进行研究。韩立新教授等合著的针对海事诉讼与仲裁的专著中,分析我国有关国际海上货物运输合同管辖权的规定。[④] 除此之外,我国学者的研究多集中于法院选择条款。比较典型的有如焦燕博士的文章研究法院选择条款的性质;[⑤]吴永辉副教授的文章分析我国《民事诉讼法》针对法院选择条款的规定;[⑥]袁发强教授等合著的文章分析我国《民事诉讼法》对法院选择条款所要求之实际联系。[⑦] 又如,布里格斯(Briggs)有关管辖权以及判决与承认执行的专著基于对判例的评述,详细地分析英国以及欧盟如何针对合同案件确定管辖权;[⑧]西蒙尼德斯(Symeonides)有关美国国际私法的专著详尽地分析美国

---

① 参见师怡:《国际航空货运公约的冲突与协调》,载《北京理工大学学报(社会科学版)》2014年第3期。

② 参见吴静楠:《〈蒙特利尔公约〉与其他国际货运公约的冲突与应对——以 Quantum Corporation v. Plane Trucking 案为引子》,载《黑龙江省政法管理干部学院学报》2019年第6期。

③ See George Leloudas, *Door-to-Door Application of International Air Law Conventions: Commercially Convenient, but Doctrinally Dubious*, Lloyd's Maritime and Commercial Law Quarterly, p. 368 – 405 (2015).

④ 参见韩立新、袁绍春、尹伟民编著:《海事诉讼与仲裁》(第2版),大连海事大学出版社2016年版。

⑤ 参见焦燕:《法院选择协议的性质之辩与制度展开》,载《法学家》2011年第6期。

⑥ 参见吴永辉:《论新〈民诉法〉第34条对涉外协议管辖的法律适用》,载《法律科学(西北政法大学学报)》2016年第5期。

⑦ 参见袁发强、瞿佳琪:《论协议管辖中的"实际联系地"——立法目的与效果的失衡》,载《国际法研究》2016年第5期。

⑧ See Adrian Briggs, *Civil Jurisdiction and Judgments*, 6th ed., Informa Law from Routledge, 2015.

联邦最高法院如何针对合同案件确定管辖权;①而哈特利(Hartley)的专著则通过比较的方式,分析欧盟、美国以及英国对于法院选择条款的规定以及判例;②斯巴卡(Sparka)的专著,同样通过比较的方式,剖析德国、美国以及英国对于国际海上货物运输合同中法院选择条款的规定以及判例。③

第二,对合同法律适用的一般性研究。邵景春教授的专著,系统地研究合同的法律适用问题。④ 傅静坤教授的专著,详尽地分析合同法律适用各方面的问题。⑤ 除此之外,针对国际私法的教材或者专著都设有专章探讨合同法律适用问题。科林斯(Collins)等编著的冲突法专著中,有关合同法律适用的章节是研究英国以及欧盟在合同法律适用方面规则的权威著作。⑥ 而西蒙尼德斯(Symeonides)针对美国冲突法的专著中,有关合同法律适用的章节,基于对案例的评述,讨论美国《第二次冲突法重述》以及《统一商法典》中针对合同的冲突规则。⑦ 西蒙尼德斯还通过分析近40年来,世界各国或地区出台的针对合同的冲突规则,指出合同法律适用各方面的发展趋势。⑧

第三,对合同法律适用中特定问题的研究。我国国际私法领域的博士学位论文,对于合同法律适用各方面问题,如当事人意思自治原则、最密切联系原则、公共秩序或者绝对优先强制性规则的适用都有相关论述。沈涓教授的专著分析当

---

① See Symeon C. Symeonides, *United States of America*, in Bea Verschraegen, International Encyclopedia for Private International Law, Wolters Kluwer Law & Business, 2015.

② See Trevor Hartley, *Choice-of-Court Agreements under the European and International Instruments*, Oxford University Press, 2013.

③ See Felix Sparka, *Jurisdiction and Arbitration Clauses in Maritime Transport Documents*, Springer, 2010.

④ 参见邵景春:《国际合同:法律适用论》,北京大学出版社1997年版。

⑤ 参见傅静坤:《契约冲突法论》,法律出版社1999年版。

⑥ See Lawrence Collins et al., *Dicey, Morris & Collins on the Conflict of Laws* (15th ed.) Sweet & Maxwell, 2012.

⑦ See Symeon C. Symeonides, *Choice of Law*, Oxford University Press, 2016.

⑧ See Symeon C. Symeonides, *Codifying Choice of Law around the World*, Oxford University Press, 2014.

事人意思自治及最密切联系原则的适用。① 除前述文献之外，这一领域比较典型的文章有如许军珂教授的文章分析我国司法实践中当事人意思自治原则的运用；②刘仁山教授等合著的文章针对当事人默示选择准据法进行研究，③田洪鋆副教授的文章对我国法院运用最密切联系原则进行经济分析。④ 而外国学者在这方面的研究，比较有代表性的有如里斯（Reese）的文章考察当事人选择准据法的权利来源；⑤张默（Mo Zhang）的文章研究以格式条款形式存在的法律选择条款的效力如何认定；⑥尼格（Nygh）的专著基于比较的方法全面地讨论当事人意思自治原则在合同领域的适用。⑦

第四，对国际货物运输合同法律适用问题的研究。尽管我国有关国际私法的专著或者教材大多有针对国际货物运输合同公约的述评，但多是从运输公约的角度入手，对于国际货物运输合同法律适用问题却少有关注。其中比较有针对性的有：韩立新教授的专著通过一节研究国际海上货物运输合同法律适用问题。⑧ 国外学者在这方面的研究，主要围绕着欧盟有关合同法律适用的区域性国际私法公约展开。比如，麦克帕兰（Mcparland）针对欧盟 2008 年通过的《罗马条例Ⅰ》的专著、⑨兰多（Lando）关于 1980 年《罗马公约》的文章，⑩从欧盟各国实践、起草历史

① 参见沈涓：《合同准据法理论的解释》，法律出版社 2000 年版。

② 参见许军珂：《论涉外审判中当事人意思自治的实现》，载《当代法学》2017 年第 1 期。

③ 参见刘仁山、黄志慧：《国际民商事合同中的默示选法问题研究》，载《现代法学》2014 年第 5 期。

④ 参见田洪鋆：《经济学视野下最密切联系原则在我国的适用及反思》，载《时代法学》2016 年第 3 期。

⑤ See Willis Reese, *Power of Parties to Choose Law Governing Their Contract*, American Society of International Law Proceedings, Vol. 54, p. 49 – 56 (1960).

⑥ See Mo Zhang, *Contractual Choice of Law in Contracts of Adhesion and Party Autonomy*, Akron Law Review, Vol. 41 : 1, p. 123 – 173 (2008).

⑦ See Peter Nygh, *Autonomy in International Contracts*, Clarendon Press, 1999.

⑧ 参见韩立新编著：《海事国际私法》（第 2 版），大连海事大学出版社 2015 年版。

⑨ See Michael McParland, *The Rome Ⅰ Regulation on the Law Applicable to Contractual Obligations*, Oxford University Press, 2015.

⑩ See Ole Lando, *The EEC Convention on the Law Applicable to Contractual Obligation*, Common Market Law Review, Vol. 24, p. 159 – 214 (1987).

以及条文内容等方面,分析前述条例以及公约中针对国际运输合同制定的冲突规则之合理性以及适用条件。

第五,有关判决承认与执行的研究。国内外学者在这方面的研究主要集中在判决承认与执行的一般性问题上,①少有关注特定类型合同的承认或者执行问题。就我国学者的研究而言,更多关注的是互惠原则的利弊以及改进方式。②

(四)国内外研究综述

现有研究成果已经较为全面地考察了多式联运合同国际私法领域的特定问题,比如运输公约能否适用于多式联运合同。而对于多式联运合同国际私法领域的其他问题,比如多式联运合同法律适用的特殊性,一些学者也进行了探索性的研究。针对陆空联运合同国际私法问题的研究,则主要从运输公约的适用入手,考察不同运输公约适用于陆空联运合同所产生之冲突,应如何解决。

国内外学者不仅全面探讨合同国际私法问题涉及的多方面问题,还提出不同的理论用以解决合同法律适用问题。对于合同国际私法问题,特别是合同法律适用过程中涉及的各种问题,不同学者已有完备而详尽的研究。并在前述研究的基础上,提出各种不同的理论。这些不同理论为如何确定不同类型合同的准据法提供丰富的理论基础,并为解决不同类型合同法律适用问题提供重要的理论支撑。

以上研究成果为本书的研究奠定理论基础。同时,这些研究成果,不仅构成本书研究的出发点,也为本书指明研究方向。然而,上述研究成果仍存在以下问题:

---

① See Arthur T. von Mehren & Donald T. Trautman, *Recognition of Foreign Adjudications: A Survey and a Suggested Approach*, Harvard Law Review, Vol. 81:8, 1601 - 1696 (1968); H. L. Ho, *Policies Underlying Enforcement of Foreign Judgments*, International and Comparative Law Quarterly, Vol. 46:2, p. 443 - 462 (1997); Sirko Harder, *The Effects of Recognized Foreign Judgments in Civil and Commercial Matters*, International and Comparative Law Quarterly, Vol. 62:2, p. 441 - 461 (2013).

② 参见徐伟功:《我国承认与执行外国法院判决制度的构建路径——兼论我国认定互惠关系态度的转变》,载《法商研究》2018 年第 2 期;黄志慧:《我国判决承认与执行中互惠原则实施的困境与出路》,载《政法论坛》2018 年第 6 期;王雅菡:《外国法院判决承认与执行中互惠的认定标准》,载《武大国际法评论》2019 年第 4 期。

第一,缺乏从传统国际私法的研究视角出发的系统性地考察陆空联运合同。有关多式联运合同以及陆空联运合同国际私法问题的研究表明,运输公约成为学者研究的重点,而如何协调不同运输公约之间的适用关系成为学者的研究所预期解决的关键问题。鉴于运输领域长久以来,以运输公约作为调整国际货物运输合同的主要方式,在认定运输公约可以适用于多式联运合同以及陆空联运合同的前提下,学者研究的重点当然是如何协调不同运输公约之间的适用关系。这在一定程度上说明了有关多式联运合同以及陆空联运合同国际私法问题的研究成果并不丰富的原因。然而,学者的研究也表明,不同运输公约之间的协调是棘手且难以妥善解决的。

如果从广义的角度理解,如何协调不同运输公约之间的适用关系,本质上还是为确定调整多式联运合同应适用之规则。这应属于国际私法领域的研究问题。据此,可以认为,有关多式联运合同国际私法问题的研究成果,并不像表面上看起来那样匮乏,而只是这些研究成果的切入角度迥异于传统国际私法研究的重点问题。而现有关于陆空联运合同国际私法问题之研究成果实际与前述研究思路一脉相承,即考察运输公约的适用条件以及适用冲突,并不深入地考察传统国际私法研究的重点问题,如管辖权、法律适用、判决的承认与执行等问题。然而,就陆空联运合同而言,这些传统国际私法议题并非没有研究的必要,比如,如何确定管辖权实际上事关运输公约能否以及如何适用。在此基础上,有必要系统性地从传统国际私法的研究视角考察陆空联运合同。

第二,缺乏针对陆空联运合同特殊性的考察,进而缺乏针对前述特殊性所致国际私法领域特殊问题的分析。对于一般意义上多式联运合同法律适用的特殊性,一些学者进行了探索性的研究。比如贺万忠教授就指出,有关多式联运合同的冲突规则,既要有反映其特殊性的确定合同准据法的冲突规则,也要有反映运输合同共性的冲突规则。① 又如,郭萍教授提出多式联运合同当事人具有两个层

① 参见贺万忠:《国际货物多式运输法律问题研究》,法律出版社 2001 年版,第 475～493 页。

次法律选择权的观点。① 然而，过于关注如何协调不同运输公约之间的适用关系，必然导致针对多式联运合同本身特殊性的研究相对匮乏，或者说缺乏针对该类合同为何在法律适用方面具有特殊性以及产生特殊性之原因的考察。前述判断也可以适用于陆空联运合同这种特殊类型的多式联运合同。

针对陆空联运合同特殊性的研究付之阙如，必然导致运用合同法律适用的一般规律去解决特殊类型的合同，进而将陆空联运合同国际私法问题与一般意义上合同国际私法问题混为一谈。适用于一般意义上合同国际私法问题的原则、规则或方法；运用于陆空联运合同时，是否需要调整。陆空联运合同履行过程中是否会发生特殊问题，需要运用国际私法的一般原理予以特殊应对。各国司法实践中是否存在针对陆空联运合同特定国际私法问题的普遍性做法。这些问题使得针对陆空联运合同国际私法问题的专门性研究成为必要。

总的来说，在调整不同类型国际货物运输合同的运输公约共存，且尚未有生效的调整陆空联运合同的国际公约背景下，明显缺乏专门针对陆空联运合同国际私法问题的系统性研究。因此，有必要以陆空联运合同国际私法问题为题展开研究，以期为航空运输业以及多式联运之发展提供理论助力。

三、研究意义

研究陆空联运合同国际私法问题，从运输法以及国际私法的角度来看，具有如下理论价值与现实意义：

其一，研究如何确定陆空联运合同案件管辖权，有助于管辖权确定方法的进一步发展。尽管调整国际航空运输合同的运输公约规定了管辖权条款，但这类公约只适用于陆空联运合同的特定部分。因此，研究如何确定陆空联运合同案件管辖权，明确如何解决当事人选择的法院与运输公约规定的法院不一致之问题，有助于明确法院选择条款的效力边界。同时，由于国际货物运输合同涉及多国，管辖权积极冲突问题相较其他类型的合同更为复杂，研究如何确定陆空联运合同案

① 参见郭萍：《货物多式联运法律制度比较研究》，大连海事大学出版社2012年版，第129～135页。

件管辖权,也有助于澄清各国行使司法管辖权的限制,或者说解决管辖权冲突问题的方法。

其二,研究陆空联运合同法律适用问题,有助于促进法律选择方法的新发展。由于国际货物运输合同多由运输公约调整,故而,就国际货物运输合同准据法之确定而言,法律选择方法适用之可能较小。然而,调整国际航空货物运输合同的运输公约只在特定条件下调整陆空联运合同,因此,法律选择方法对于陆空联运合同具有广泛的适用空间。因而,通过研究陆空联运合同法律适用问题,可以为法律选择方法适用于国际货物运输合同提供一个切入的角度,也通过对运输实践中惯常做法的理论提升,反向促进法律选择方法的新发展。

其三,研究陆空联运合同判决的承认与执行,有助于扩展判决承认与执行的研究领域。调整国际航空货物运输合同的运输公约并未规定判决的承认与执行条款,因此,陆空联运合同判决,如需在别国法院执行,需要援用该国的判决承认与执行制度。因而,研究前述判决在承认与执行过程中,所须面对的不同问题,必然能够扩展有关判决承认与执行制度的研究视角。

其四,研究陆空联运合同国际私法问题能为实践中亟待解决的问题提供可资参考的答案,进而促进陆空联运的发展。尽管调整国际航空货物运输合同的运输公约在特定情况下适用于陆空联运合同本身,同时,陆空联运合同约定的国际航空货物运输在满足特定条件时,前述公约也会适用于陆空联运合同包含的国际航空货物运输区段。然而,运输公约的调整范围有限,同时,不同法院对于运输公约如何适用有不同的理解,进而使得如何解决陆空联运合同国际私法问题,不仅缺乏预见性,而且缺乏确定性。这会导致两方面的问题:一是缺乏明确的最低责任标准保护托运人或收货人的利益;二是承运人需要负担更高额的运输保险费用。因此,研究陆空联运合同国际私法问题,为该类合同之国际私法问题提供明确且具有预见性的答案,必然可以减低该类合同当事人之间的交易成本以及诉讼成本,进而促进陆空联运的发展。

其五,研究陆空联运合同国际私法问题能为研究多式联运合同提供新视角。

法学领域针对多式联运合同的研究,更多的关注在于,是否需要一部运输公约调整多式联运合同,应以何种法律制度调整多式联运合同,以及这种制度在实践中的可操作性以及必要性。而对于多式联运国际私法问题,不仅少有关注,而且在这方面的研究,呈现区域化的特征。比如,欧洲学者的研究,多数是针对运输公约的适用问题。而美国学者的研究,则主要以美国最高法院判例为中心,展开针对美国国内运输法规适用问题的研究。因而,本书能提供一种新的研究多式联运合同的角度,为调整多式联运合同的法律制度提供另一个方向的论证。

四、研究内容

除引言外,本书正文共七章,围绕着确定管辖权、法律适用以及判决的承认与执行这三个核心问题而展开。具体而言,各章主要包含以下研究内容:

第一章研究陆空联运合同国际私法问题的基础理论。首先,该章明确陆空联运和陆空联运合同的概念。其次,在此基础上,分析陆空联运合同本身的特殊性。并基于此,剖析陆空联运合同在国际私法领域具有特殊性的表现,以及产生特殊性的原因。最后,探讨解决陆空联运合同国际私法问题过程中应遵循的价值取向。

第二章研究如何确定陆空联运合同案件管辖权。由于调整国际航空运输合同的运输公约中有关于管辖权的条款,首先,该章考察陆空联运合同中法院选择条款是否可以排除前述公约中的管辖权条款。其次,通过梳理、比较、分析我国、美国、英国以及欧盟确定管辖权的规则,研究在陆空联运经营人作为法人并且法院地不是其住所地的情况下,确定陆空联运合同案件管辖权的方法。

第三章研究运输公约,主要是《蒙特利尔公约》适用于陆空联运合同所包含的国际航空货物运输区段之条件,以及前述公约扩张适用于陆空联运合同本身的条件。该章首先研究《蒙特利尔公约》的适用范围条款。在此基础上,探讨《蒙特利尔公约》如何适用于陆空联运合同所包含的国际航空货物运输区段。而后通过考察《蒙特利尔公约》扩张适用于陆空联运合同的条件,分析这种扩张适用存在的问题以及产生问题的原因。

第四章研究陆空联运合同法律适用的核心问题,即如何在陆空联运合同中运用法律选择方法确定合同准据法。该章首先探讨判断陆空联运合同法律选择条款效力时,所须面对的几个特殊问题。进而在法律选择条款有效的基础上,研究陆空联运合同当事人明示选择的限度。而后考察不存在法律选择条款时,如何认定陆空联运合同当事人对准据法的默示选择。继而考察在当事人意思自治原则不适用时,针对国际货物运输合同的冲突规则运用于陆空联运合同所存在的困境,并在此基础上,探讨如何制定针对陆空联运合同的冲突规则。最后研究如何在陆空联运合同中适用最密切联系原则。

第五章探讨陆空联运合同准据法适用中的问题。该章首先研究确定陆空联运合同准据法内容的过程中存在的问题。其次,在明确陆空联运合同准据法内容的基础上,探讨陆空联运合同准据法能否适用于陆空联运合同当事人之间产生的侵权责任以及能否适用于陆空联运合同外的第三人。

第六章考察陆空联运合同判决的承认与执行。该章先考察了陆空联运合同判决如何适用《公路公约》规定的判决承认与执行机制。而后,该章遵循承认外国判决的一般程序,首先分析承认陆空联运合同的条件,其次考察陆空联运合同判决在承认国的效力,最后分析执行前述判决时,如何扣押以及执行运输工具。

第七章通过分析我国司法实践中涉及陆空联运合同法律适用问题的案例,研究我国立法以及司法处理陆空联运合同国际私法问题所存在之不足。在此基础上,探讨解决前述问题的不同路径,提出解决这些问题的具体建议。

五、研究方法

本书对陆空联运合同国际私法问题的研究,主要通过以下方法:

第一,理论联系实际的方法。研究陆空联运合同国际私法问题,首先需要系统梳理已经形成的研究资料,整理不同学者的理论研究成果,分析其理论观点,明辨其理论依据,进而提出应对陆空联运合同国际私法问题的理论。而由于陆空联运合同国际私法问题与司法实践密切相关,则需要进一步运用前述理论,就司法实践中出现的陆空联运合同国际私法问题,提出建设性的意见。

第二，规范分析方法。本书通过研究《蒙特利尔公约》以及《公路公约》的适用范围条款，以期明确前述公约能否适用于陆空联运合同包含的相应运输区段，以及前述公约扩张适用于陆空联运合同的条件。同时，通过分析国际公约、区域性立法和国内立法中关于确定管辖权的规则，以及国际组织制定的示范法、区域性立法和国内立法中关于确定合同准据法的冲突规则，考察如何具体地确定陆空联运合同案件管辖权以及陆空联运合同准据法。

第三，比较分析方法。国际上缺乏解决陆空联运合同国际私法问题的统一理论依据、方法、原则和具体规则。因此，针对陆空联运合同国际私法问题，需要比较、分析、总结各国不同的立法规定以及司法实践，才能得出解决陆空联运合同国际私法问题更为适当且具有针对性的建议。

第四，实证分析方法。通过分析有关陆空联运合同的司法案例，一方面，可以发现并归纳源自实践而需要理论解决的问题，为本书提供研究视角和研究内容；另一方面，也可以考察本书提出的解决陆空联运合同国际私法问题之理论在司法实践中的适用效果，反思理论中存在的问题，以便在此基础上针对有关陆空联运合同国际私法问题提出更完善的建议。

第一章　陆空联运合同国际私法问题的基本理论

研究陆空联运合同国际私法问题的基本理论,应当明确以下三个问题:其一,陆空联运和陆空联运合同的内涵,以及本书所研究之国际私法问题的范围。这些基本范畴是本书研究的起点,应首先予以明确。其二,陆空联运合同国际私法问题的特殊性。陆空联运合同在国际私法领域具有特殊性的表现、产生特殊性的原因是本书研究的重点问题。因而,作为研究基本理论的章节,本章应明确阐明前述两个问题。其三,解决陆空联运合同国际私法问题应遵循的价值取向。不管是从冲突正义的角度,抑或实质正义的角度,解决国际私法领域的问题,都必须遵循一定的价值取向。因此,专门研究基本理论的本章,应明确解决陆空联运合同国际私法问题的价值取向,以便后续章节予以援用。

第一节　陆空联运合同国际私法问题的界定

作为一种特殊类型的多式联运以及相对应的调整该种特殊类型多式联运的合同,界定陆空联运以及陆空联运合同的概念,必须以明确界定多式联运以及多式联运合同为前提。同时,也必须分析陆空联运与陆空联运合同相较于一般意义上的多式联运和多式联运合同所具有的特殊性。此外,本书所讨论的国际私法问题之范围,也应予以明确。

一、陆空联运的界定

(一)多式联运的界定

虽然我国现行立法没有专门规定多式联运的概念,但是《多式联运公约》第1条第1款将多式联运定义为:“按照多式联运合同,以至少两种不同的运输方式,由多式联运经营人将货物从一国境内接管货物的地点运到另一国境内指定交付货物的地点。”这一定义是目前世界范围内对多式联运最为权威的界定,不仅体现于各国立法中,而且被国内外学者广泛认可。①

从上述定义来看,排除合同以及国际货物运输的要求,可以认为,多式联运的本质在于使用两种或两种以上运输方式。在此基础上,需要进一步明确以下两个问题:

第一,如何认定运输方式。应以货物运输所发生的媒介结合运输货物所使用的运输工具界定运输方式。《多式联运公约》没有规定运输方式的判断标准。目前在立法层面以及学术界对运输方式的定义仍然存在分歧。从立法上看,我国《民法典》以及《海商法》都没有规定运输方式的概念。从域外立法的角度来看,荷兰关于多式联运的立法,明确列举海运、内河、铁路、公路、航空、管道或者其他运输方式,②而德国关于多式联运的立法,却以不同种类的运输工具来界定运输方式。③ 从不同学者对运输方式的界定来看,其各自采取的标准大相径庭,有认为应以运输所发生的媒介,如陆地、天空或者水面,来界定运输方式,有认为应以运输工具来区分运输方式,也有认为需要结合运输媒介以及运输工具共同判断,还有认为需要结合运输媒介以及运输基本设施共同判断。④

当从法律的角度看待多式联运时,不同运输方式之间的差异,应源于调整不

---

① See United Nations Conference on Trade and Development Secretariat, *Implementation of Multimodal Transport Rules*, UNCTAD/SDTE/TLB/2, para. 4.

② Ibid., para. 235.

③ Ibid., para. 199.

④ See Marian Hoeks, *Multimodal Transport Law: The Law Applicable to the Multimodal Contract for the Carriage of Goods*, Kluwer Law International, 2010, p. 66 – 68.

同运输方式的不同法律制度;而法律制度的不同,则根源于货物在运输过程中面临的不同风险;而不同的风险,则进一步取决于运送货物所采用的不同运输媒介,以及在相同的运输媒介上,运送货物所采用的不同运输工具。因此,认定运输方式比较合理的标准应是通过运输货物所基于的运输媒介结合运输货物所使用的运输工具来共同决定何为运输方式。

第二,如何区分其他使用两种或两种以上运输方式的运输模式与多式联运的不同。需要在多式联运的定义中,增加使用运载单元[①]衔接多种运输方式,实现货物在不同运输方式之间无缝流动,以便区分多式联运与其他使用两种或两种以上运输方式的运输模式。

在国外针对多式联运的论述中,multimodal transport、intermodal transport、combined transport 以及 through transport,这几个术语都表达使用两种或以上运输方式实现全程货物运输的运输模式。厘清这些术语与本书所研究的多式联运之间的关系有助于更准确地界定多式联运的概念。

从运输的角度来看,依据 2016 年我国交通运输部制定的《货物多式联运术语》, multimodal transport 是指:"从接受委托至到达交付,组织使用两种及以上的运输方式完成的货物运输形式。"intermodal transport 是指:"货物由一种且不变的运载单元装载,相继以两种及以上运输方式运输,并且在快速转换运输方式的过程中没有对货物本身进行操作的运输形式。"combined transport 是指"主要部分运输过程采用铁路、内河水运或海运等运输方式,且初始和最终的辅助运输过程采用短距离公路运输的运输形式。"

由于《多式联运公约》的影响,在法律领域,多式联运通常被表述为 multimodal transport。然而,从运输的角度来看,multimodal transport 所指代的运输模式,不拘于是否使用一个合同,也不拘于是否使用运载单元装载货物,更不拘

① 运载单元,是指可以在不同运输方式之间实现快速装卸和转换的标准化储运容器,包括但不限于集装箱、交换箱和厢式半挂车等。参见中华人民共和国交通运输部:《货物多式联运术语》第 2.4 条。

于是否使用两种以上运输方式。因此,在运输过程中,使用两种运输方式或者通过一种运输方式进行多个运输区段的运输模式都可以称为 multimodal transport。因此,multimodal transport 在运输领域,应被更合理地译为"联合运输"。而多式联运在运输领域应被表述为 intermodal transport,因其强调使用运载单元以达到在不同运输方式之间不进行装卸之目的。同时,运输全程也必须采用两种或以上运输方式。据此,应将 intermodal transport 这一概念的核心内涵,即使用运载单元衔接多种运输方式,实现货物在不同运输方式之间的无缝衔接,加入法律领域对多式联运的界定中,以期统一运输领域和法律领域对多式联运概念的界定。

从运输的角度来看,combined transport 是多式联运的一种特殊类型。该种模式的运输实质上是为实现"门到门"运输,即在主要运输方式的基础上,增加公路运输作为辅助,以便完成从托运人到承运人的接收环节或从承运人到收货人的送达环节。然而,从法律的角度来看,combined transport 这一术语的出现,是由于国际上第一次对多式联运合同尝试进行统一规定所形成的 1971 年《多式联运公约草案》对多式联运所使用的表述方式。① 尽管这一公约仅仅停留在草案阶段,但却构成国际商会 1975 年《国际多式联运单据统一规则》的拟定基础。这一规则仍然是一些大型商业组织制定的多式联运规则的基础。② 故而,combined transport 这一术语,是多式联运在法律领域可以替换的另一种表达方式。基于多式联运与 combined transport 在运输领域的包含关系以及在法律上的替代关系,仅就表述的角度而言,可以将 combined transport 称为组合运输,以期从运输的角度区分其与多式联运,而并不从法律的角度对这两个概念进行区分。

through transport 这一概念则源于国际海上货物运输,最初是指通过两个或以上海运承运人完成一个完整的国际海上货物运输中的不同运输区段。然而,随

① 有关这一公约草案的详细讨论,See Eugene A. Massey, *Prospects for a New Intermodal Legal Regime: A Critical Look at the TCM*, The Journal of Maritime Law and Commerce, Vol. 3:4, p. 725 - 757 (1972).

② See United Nations Conference on Trade and Development Secretariat, *Implementation of Multimodal Transport Rules*, UNCTAD/SDTE/TLB/2, para. 16.

着实践的发展,前述用语已不仅适用于国际海上货物运输领域,而是对多个承运人使用一种或者多种运输方式完成运输,但各自完成各自的运输区段,并在此基础上,或由一个承运人对全部运输负责,或由区段承运人对自己履行的运输区段承担责任的运输模式的统称。[①] 不难看出,through transport 这一概念包含的运输模式,实际上等同于联合运输,只是二者适用的领域不同。through transport 适用于法律领域,而 multimodal transport 则多适用于运输领域。据此,本书也将 through transport 称为联合运输。[②]

从法律的角度来看,联合运输如果是由一个承运人对运输全程负责,并且运输过程中使用多种运输方式,就与本书界定的多式联运有重合的地方。比如,在北美,由于地理特征,大宗进出口货物都需要通过国际海上货物运输结合其他运输方式完成,因而,through transport 这一源于国际海上货物运输的概念,由海运承运人基于现实的需要,发展为包含国际海上货物运输,以及公路运输或铁路运输的联合运输。在此种情况下,如果由海运承运人对运输全程负责,则构成国际海上货物运输加其他运输方式的多式联运,从而使联合运输所囊括的运输模式中,包含有多式联运的特定类型。

综上所述,本书将多式联运界定为,通过运载单元,使货物在两种或者以上运输方式之间无缝衔接,实现货物从一国境内接管货物的地点被运到另一国境内指定交付货物的地点。前述运输方式应以运输媒介结合运输工具作为判断标准。

(二)陆空联运的界定

作为一种特殊类型的多式联运,陆空联运的概念,应在多式联运概念的基础上,明确该种运输模式使用的两种运输方式。因此,陆空联运应被界定为:通过运载单元,使货物在航空和公路两种运输方式之间无缝衔接,实现货物从一国境内接管货物的地点被运到另一国境内指定交付货物的地点。

---

① See Ralph De Wit, *Multimodal Transport: Carrier Liability and Documentation*, Lloyd's of London Press, 1995, p. 295.

② 需要指出,联合运输与连续运输并不相同,有关二者的区别,参见郭萍:《货物多式联运法律制度比较研究》,大连海事大学出版社 2012 年版,第 28～29 页。

需要指出的是,《多式联运公约》在第1条第1款但书中明确指出:“为履行单一方式运输合同而进行的该合同所规定的货物接送业务,不应视为国际多式联运。”显然,《多式联运公约》但书中所提及的运输模式,应是指上文所指的组合运输。具体到陆空联运领域,《多式联运公约》但书中所提及的运输模式应是指《蒙特利尔公约》第18条第4款第2句①所调整的运输模式,即陆空组合运输。因此,需要进一步考察的是,前述被《多式联运公约》排除的组合运输,是否也需要从陆空联运的概念中予以排除。

组合运输的出现是由于传统的单式货物运输已经不能满足全球化浪潮所催生的全球化供应链条对门到门运输的需求。这种商业现实促使单式货物运输承运人,在单式货物运输过程中附带其他运输方式以满足“门到门”运输的需求。如果从运输方式的数量来看,这种运输模式应被认为是多式联运,②但运输公约却大多将组合运输在特定情况下视为单式货物运输。比如,已经提及的《多式联运公约》的第1条第1款但书和《蒙特利尔公约》第18条第4款第2句。又如,1999年修订的《铁路规则》第1条第3款规定:“当依据一个运输合同进行的国际运输,包含作为补充跨境铁路运输的缔约国国内公路或者内河运输时,该规则应适用。”

由于陆空组合运输中的公路运输负责完成航空器不能实现的货物装载、交付或者转运,因此,此种公路运输也被称为辅助运输。辅助运输有以下两个特点:第一,辅助运输的目的是直接服务于航空货物运输合同之履行,只是为方便和协助航空货物运输承运人完成航空货物运输而提供装载、交付或者转运等附加性运送服务;第二,构成辅助运输的公路运输并不是独立的运输方式,即托运人只与承运人订立航空货物运输合同,除此之外,并不存在针对公路运输的单独合同关系。③

---

① 《蒙特利尔公约》第18条第4款第2句规定:“但是,此种运输是在履行航空运输合同时为了装载、交付或者转运而办理的,在没有相反证明的情况下,所发生的任何损失推定为在航空运输期间发生的事件造成的损失。”

② 参见林一山:《民法系列——运送法》,台北,三民书局2005年版,第19页。

③ 参见王瀚:《国际航空运输责任法研究》,法律出版社2012年版,第420页。

由于辅助运输的附加性使辅助运输与主要运输方式具有密切联系,故而,运输公约将辅助运输视为主要运输的一部分,而不具有自身的独立性。显然,运输公约是从简化应适用的规则之角度否定辅助运输的独立性,进而将组合运输这种运输模式视为单式运输。然而,这种立法中的拟制并不能否定组合运输使用两种运输方式的实际情况。据此,组合运输作为多式联运的一种特殊形式,仍然满足多式联运的核心要求,即使用两种或以上运输方式,以实现运输方式之间的无缝衔接。

综上,陆空组合运输不需要从陆空联运的概念中被排除,只是调整该种运输模式的规则,不同于其他类型的陆空联运而已。还需要指出的是,除《蒙特利尔公约》第 18 条第 4 款第 2 句规定的组合运输外,《公路公约》第 2 条第 1 款也实际使用两种运输方式的背负式运输,即满载货物的运输工具在另一运输工具上运送货物的运输模式,①从法律规制的角度来看,被视为单式运输。前述背负式运输主要有两种形态,即滚装运输和驮背运输。② 前者是指,滚装船运输货物及其道路运输工具(载货汽车、挂车)的多式联运组织形式,而后者是指,铁路专用平车运输货物及其道路运输工具(载货汽车、挂车)的多式联运组织形式。

二、陆空联运合同释析

(一)多式联运合同释析

《多式联运公约》第 1 条第 3 款是目前国际上认可的针对多式联运合同的定义。根据该款,多式联运合同是指:“多式联运经营人凭以收取运费、负责履行或实现履行国际多式联运的合同。”而从其他国家针对多式联运的立法来看,或是不对多式联运合同作出界定,比如,巴西针对多式联运的立法,③或是简单地将多式联运合同界定为,托运人与多式联运经营人所达成的为完成多式联运的合同;又

① 参见林一山:《民法系列——运送法》,台北,三民书局 2005 年版,第 15 页。

② 参见中华人民共和国交通运输部:《货物多式联运术语》第 2.7 条。

③ See United Nations Conference on Trade and Development Secretariat, *Implementation of Multimodal Transport Rules*, UNCTAD/SDTE/TLB/2, para. 147.

如,印度的《货物多式联运法案》,[①]或是重点界定该法所调整的多式联运;再如,荷兰民法典将多式联运合同规定为承运人(多式联运经营人)与发货人订立一个合同,运输的不同部分由海运、内河、公路、铁路、航空、管道或其他运输方式来完成。[②] 不难看出,从立法的角度来看,对于多式联运合同的界定都体现了一个核心内容,即多式联运合同是多式联运经营人与托运人达成的用以完成多式联运的合同。

从学术的角度来看,有学者将多式联运合同界定为:"多式联运合同包含承运人,即多式联运经营人的一项承诺,通过至少两种运输方式从货物接收地到合同规定的目的地运输货物。"[③]也有学者认为,"多式联运合同是一个货物运输合同,在此合同下,一个承运人向托运人承诺运送货物,规定使用至少两种不同的运输方式,或者允许使用一种以上运输方式,且实际使用两种或以上运输方式。"[④]我国台湾地区有学者认为,多式联运合同是指"运送人与托运人约定由运送人使用两种以上不同种类的运送工具,将货物运抵目的地的一个单一货物运送契约"[⑤]。而我国学者对于多式联运的专题研究,或是仅仅提及多式联运合同,[⑥]或是将多式联运合同视为多式联运的特征,[⑦]或是仅仅从如何判断多式联运合同的存在入手,[⑧]并没有专门界定多式联运合同的概念。不难看出,我国学界对多式联运的研究更侧重于多式联运的概念,原因可能在于,多式联运合同以多式联运为调整

---

① See United Nations Conference on Trade and Development Secretariat, *Implementation of Multimodal Transport Rules*, UNCTAD/SDTE/TLB/2, para. 216.

② Ibid., para. 235.

③ Ralph De Wit, *Multimodal Transport: Carrier Liability and Documentation*, Lloyd's of London Press, 1995, p. 3.

④ Marian Hoeks, *Multimodal Transport Law: The Law Applicable to the Multimodal Contract for the Carriage of Goods*, Kluwer Law International, 2010, p. 63.

⑤ 林一山:《民法系列——运送法》,台北,三民书局2005年版,第52页。

⑥ 参见杨运涛:《国际货物多式联运法律关系研究》,对外经济贸易大学2006年博士学位论文,第5页。

⑦ 参见陈玉梅:《多式联运中的承运人法律地位与权利义务研究》,武汉大学2010年博士学位论文,第20页。

⑧ 参见丁莲芝:《国际货物多式联运经营人责任限制问题研究》,华东政法大学2014年博士学位论文,第79页。

对象。故而,只要明确了多式联运的概念,也就间接地明确了多式联运合同的概念。

尽管从不同角度出发,不同学者对多式联运合同有不同解读,但其共性在于,多式联运合同是多式联运经营人与托运人之间缔结的由多式联运经营人完成或组织完成多式联运之货物运输合同。这一定义强调承运人的单一性以及合同的单一性。因而,根据我国《海商法》第 102 条第 1 款[①]有关多式联运合同的定义,结合本书对于多式联运的界定,可以将多式联运合同初步界定为:多式联运经营人以两种以上的不同运输方式将货物从一国境内接管货物的地点运到另一国境内指定交付货物的地点,并收取全程运费的合同。

然而,从货物运输实践的角度来看,托运人与承运人会达成不同类型的合同以完成多式联运。因而,针对上述多式联运合同的概念,有必要进一步考察两个问题:其一,是否存在实际使用多式联运,但没有缔结多式联运合同的情形;其二,是否存在同样具有承运人单一性以及合同单一性的货物运输合同,以及如果有这种情况,应如何与多式联运合同相区分。

第一,除多式联运合同外,托运人与承运人还可以通过其他两种合同安排实现多式联运。托运人可以通过与多个承运人,在几个不同的合同中,分别就不同运输区段缔结多个合同,或是与多个承运人,在一个合同中,就不同运输区段达成一个合同。然而,前述两种实现多式联运的方式,或是在缔结合同方面是低效的,即需要托运人自己寻找不同运输区段的承运人,并就不同运输区段缔结不同的合同,还需要考虑不同合同之间的衔接;或是在责任划分方面是不明确的,即不能明确回答多个承运人在一个合同中各自的责任期间、各自责任期间的起算与结束等问题。因而,为提高缔结合同的效率并明确责任主体,实现多式联运之合同的缔结方式通常是由托运人通过一个多式联运经营人与托运人缔结一个合同。因此,

① 《海商法》第 102 条第 1 款规定:"本法所称多式联运合同,是指多式联运经营人以两种以上的不同运输方式,其中一种是海上运输方式,负责将货物从接收地运至目的地交付收货人,并收取全程运费的合同。"

可以认为,托运人与承运人以上述方式完成多式联运的合同,并不等同于多式联运合同。多式联运合同必须强调承运人的单一性以及合同的单一性。

第二,可以通过运输方式以及承运人责任的承担方式,进一步区分多式联运合同与同样具有承运人单一性以及合同单一性的其他货物运输合同。如果货物运输合同只约定一种运输方式,则该运输合同显然构成单式货物运输合同。因而,只有在联合运输(through transport)中,才能发现与多式联运合同同样的,不仅使用两种或以上运输方式,而且还具有承运人单一性以及合同单一性的货物运输合同。

涉及多个运输区段或者多种运输方式的联合运输可以进一步分为单纯型联合运输、集合型联合运输以及虚假联合运输。单纯型联合运输(pure through transport)的出现是为解决涉及多个运输区段的国际海上货物运输在转运时风险负担不明之问题。[①] 单纯型联合运输由单一承运人对运输全程负责,但其可能并未履行特定运输区段。在仅使用海运时,该种运输模式应是指《海商法》第 60 条第 1 款[②]所指的运输模式。此种情况下,由于只使用一种运输方式,单纯型联合运输合同也就有别于多式联运合同。显然,使用两种或以上运输方式的单纯型联合运输合同,应被认为是多式联运合同。

当仅使用航空运输时,集合型联合运输(collective through transport)应是指《民用航空法》第 108 条[③]规定的运输模式。由于集合型联合运输合同不具有承运人单一性或者合同单一性,因而,即便使用两种或以上运输方式,集合型联合运输合同也有别于多式联运合同。

虚假联合运输(false through transport)合同,是指承运人仅承担全程运输合同

---

① 参见饶瑞正:《海商法论》,台北,三民书局 2018 年版,第 222 ~ 223 页。

② 《海商法》第 60 条第 1 款规定:"承运人将货物运输或者部分运输委托给实际承运人履行的,承运人仍然应当依照本章规定对全部运输负责。……"

③ 《民用航空法》第 108 条规定:"航空运输合同各方认为几个连续的航空运输承运人办理的运输是一项单一业务活动的,无论其形式是以一个合同订立或者数个合同订立,应当视为一项不可分割的运输。"

中包含的部分运输区段,其他运输区段由该部分运输区段的承运人作为托运人的代理人,寻找其他承运人完成。① 在仅使用海运时,该种运输模式也就是《海商法》第60条第2款②所指的运输模式。由于在虚假联合运输合同中,承运人只对其自身履行的运输区段负责,对于其他运输区段,承运人对托运人只承担代理人的责任,因而,即便使用两种运输方式完成虚假联合运输,虚假联合运输合同也不能等同于多式联运合同。

综上,为进一步区分同样具有主体单一性以及合同单一性,并使用两种或以上运输方式的单纯型联合运输合同和多式联运合同,应在多式联运合同的定义中,明确多式联运经营人对运输全程负责。据此,本书将多式联运合同界定为:多式联运经营人以两种以上的不同运输方式将货物从一国境内接管货物的地点运到另一国境内指定交付货物的地点,收取全程运费并对运输全程负责的合同。

(二)陆空联运合同释析

基于上述多式联运合同的概念,陆空联运合同,应是指陆空联运经营人使用航空以及公路两种运输方式,将货物从一国境内接管货物的地点运到另一国境内指定交付货物的地点,收取全程运费并对运输全程负责的合同。借鉴《海商法》第102条第2款,③陆空联运经营人,应是指本人或者委托他人以本人名义与托运人订立陆空联运合同的人。从陆空联运合同的概念来看,陆空联运经营人应是陆空联运的承运人并应对陆空联运全程运输负责。

针对陆空联运合同的概念有两个需要进一步分析的问题:其一,陆空联运合同概念中,使用航空以及公路两种运输方式,仅指陆空联运合同约定使用,还是可以包括陆空联运合同未明确约定,但履行陆空联运合同过程中,实际使用航空以

---

① See Ralph De Wit, *Multimodal Transport: Carrier Liability and Documentation*, Lloyd's of London Press, 1995, p. 308.

② 《海商法》第60条第2款规定:"虽有前款规定,在海上运输合同中明确约定合同所包括的特定的部分运输由承运人以外的指定的实际承运人履行的,合同可以同时约定,货物在指定的实际承运人掌管期间发生的灭失、损坏或者迟延交付,承运人不负赔偿责任。"

③ 《海商法》第102条第2款规定:"前款所称多式联运经营人,是指本人或者委托他人以本人名义与托运人订立多式联运合同的人。"

及公路两种运输方式？其二，陆空组合运输虽构成多式联运，但运输公约通常将该种运输模式拟制为单式货物运输。因此，需要考察陆空组合运输合同是否也应被视为国际航空货物运输合同，而不构成陆空联运合同。

第一，从货物运输实践的角度来看，应将允许承运人选择运输方式并在实际履行中使用航空以及公路两种运输方式的合同，视为陆空联运合同。[①] 不可否认的是，如果货物运输合同中明确约定使用航空以及公路两种运输模式，则该合同定然构成陆空联运合同。然而，在货物运输实践中，特别是航空货物运输过程中，承运人与托运人多数情况下，并不具体规定运输方式。比如，顺丰航空货运总条件就明确规定："顺丰航空有权不经通知而对货物的全部或部分以任何地面方式运输或安排此种运输。"又如，美国联合（UPS）货运总条件更是明确表明："运输的路线、方式以及模式由美国联合（UPS）自行决定。"考虑到不能使这种类型的合同处于"法律真空"，对于这类货物运输合同，应结合实际履行的情况，确定其所属的合同种类。

通过合同的实际履行来认定货物运输合同所属的种类，并不会导致法律适用上的不确定性、结果的不可预见性，以及承运人可能会故意通过实际履行选择更有利于自己的责任制度。从托运人的角度出发，由于现代"门到门"货物运输的兴起以及运输的专业化，托运人并不关心承运人具体使用何种运输方式或者说并不具有与承运人协商具体使用的运输方式的能力。并且相较运输方式，托运人更关注的是，承运人能不能及时以及安全地将货物运输到目的地。此外，由于货物运输合同多为承运人出于自身利益的考虑单方制定的格式合同，承运人具有运输方式选择权的合同是货物运输实践中的常态，因此，承运人具有运输方式选择权的合同所带来的法律问题是货物运输实践必然导致的后果。

而从司法实践的角度，如何具体地归类货物运输合同，是当事人之间存在争议时，才会发生的问题。即便托运人与承运人约定使用陆空联运，但实际运

---

① 对此问题的不同观点，See Marian Hoeks, *Multimodal Transport Law: The Law Applicable to the Multimodal Contract for the Carriage of Goods*, Kluwer Law International, 2010, p. 88 -91。

输过程中,只使用航空运输或者公路运输,甚至完全没有按照合同约定的运输方式履行货物运输合同,只要运输合同在履行过程中当事人不存在任何争议,如何认定该类合同所属种类,也并不是重要的问题。而如果货物运输合同履行过程中,当事人之间存在争议,那么对于赋予承运人选择权的合同,也必须结合实际履行情况划分货物运输合同的类型。因此,通过实际履行判断货物运输合同的种类,不会导致法律适用上的不确定性以及法律适用结果的不可预见性。而对于承运人故意通过实际履行选择更有利于自己的责任制度之问题,从法律的角度出发,可以赋予法院在多种责任制度之间进行选择的权利,从而在承运人故意滥用选择权的情况下,适用最有利于托运人的责任制度以规制承运人具有运输方式选择权的合同。据此,应将陆空联运合同概念中的使用理解为约定使用陆空联运,或者允许承运人选择运输方式并且在实际履行中使用航空和公路两种运输方式。

第二,约定或实际使用陆空组合运输的合同,仍构成陆空联运合同。从前述《多式联运公约》第 1 条第 1 款和第 3 款有关多式联运和多式联运合同的概念来看,由于该公约明确排除组合运输构成多式联运的可能,因此约定或实际使用组合运输的合同也就不能构成多式联运合同。具体到陆空联运领域,《多式联运公约》排除陆空组合运输,主要是因为《蒙特利尔公约》第 18 条第 4 款第 2 句在特定情况下调整此种运输模式。也就是说,《多式联运公约》排除陆空组合运输是为解决该公约与《蒙特利尔公约》之间可能存在的条约适用冲突,因而,不能认为《多式联运公约》排除陆空组合运输,就使约定或实际使用陆空组合运输的合同,不能构成陆空联运合同。

尽管如此,仍有学者认为,由于公路运输的附加性,其存在的目的只是协助完成航空运输,故而,陆空组合运输中公路运输不具有独立性,陆空组合运输合同也就不能构成陆空联运合同,而应被视为国际航空货物运输合同。也就是说,只有在公路运输与航空运输之于整个货物运输同等重要的情况下,才能构成陆空联运，进而成为陆空联运合同。[①]

上述观点值得商榷，因为判断陆空联运的标准不是特定运输区段之于整个货物运输的重要性，而是实际使用的运输方式之数量。而由于航空器不能完成公路运输能够实现的装载、交付或者转运，因此，对于航空货物运输来说，公路运输必须存在才能够完成整个货物运输服务。因而，即便从重要性的角度来看，公路运输对于航空货物运输而言，也是非常重要的。同时，《蒙特利尔公约》第38条[②]第2款允许在航空运输凭证中列入有关其他运输方式的条件。基于此，即便将陆空组合运输合同视为陆空联运合同，也完全可以在国际航空货物运输区段，将陆空组合运输合同视为《蒙特利尔公约》第18条第4款第2句所规定的“航空运输合同”。前已论及陆空组合运输仍构成陆空联运，因其满足构成多式联运的两个核心要件。据此，从理论上讲，陆空组合运输合同也构成陆空联运合同。

而如果具体到《蒙特利尔公约》，该公约并未否定约定或实际使用陆空组合运输的合同构成陆空联运合同之可能性。一方面，《蒙特利尔公约》第38条第1款明确规定，部分采用航空运输，部分采用其他运输方式的构成多式联运，并且该条没有要求其他运输方式不能是辅助运输，进而使陆空组合运输也可以构成该公约认可的多式联运；另一方面，由于《蒙特利尔公约》适用范围的限制，该公约只适用于陆空联运合同中的国际航空货物运输区段，进而使第38条第1款但书的规定，实际暗含第18条第4款第2句构成该公约不适用于陆空联运合同的例外。也就是说，《蒙特利尔公约》第18条第4款第2句暗含的意思是，该条规定的运输模式应是陆空联运合同，只是在特定条件下该公约例外适用而已。因而《蒙特利尔公约》的规定或是明示，或是暗示该公约认可约定或实际使用陆空结合运输的

① See Elmar Giemulla eds., *Montreal Convention*, Kluwer Law International, 2006, Article 38, para. 9.

② 《蒙特利尔公约》第38条规定：“一、部分采用航空运输，部分采用其他运输方式履行的联合运输，本公约的规定应当只适用于符合第一条规定的航空运输部分，但是第十八条第四款另有规定的除外。二、在航空运输部分遵守本公约规定的条件下，本公约不妨碍联合运输的各方当事人在航空运输凭证上列入有关其他运输方式的条件。”

合同可以构成陆空联运合同。

此外，从《蒙特利尔公约》第 18 条第 4 款的前身——《华沙公约》第 18 条[①]第 3 款的起草历史来看，《华沙公约》将陆空组合运输纳入该公约调整范围内，主要是为简化货物所有人的追偿。《华沙公约》第 18 条第 3 款出现的原因是在该公约起草过程中，有专家认为，当涉及机场外的非航空运输时，收货人或其代理人很难确定货损发生的地点，为方便货物所有人向承运人提出索赔，应推定货损发生在航空运输期间，而由承运人举证证明相反事实，避免承担该公约要求的责任。与之相对的，当采用两种或以上运输方式完成国际航空货物运输时，前述推定应仅限于附属于航空运输的运输方式，以免承运人不适当地承担其他运输方式所导致的损失。因此，《华沙公约》第 18 条第 3 款的推定如欲适用，装货、交货或转运必须附属于航空运输。[②] 显然，从起草历史来看，《华沙公约》第 18 条第 3 款仅强调公路运输的附属性以及由此导致的货损发生地点之推定，并没有涉及陆空组合运输是否不属于陆空联运之问题。

三、陆空联运合同国际私法问题的研究范围

明确陆空联运以及陆空联运合同的内涵后，需要更进一步界定本书研究之国际私法问题的范围，以便在前述范围内，根据陆空联运合同的内涵，考察陆空联运合同国际私法问题的特殊性。我国国际私法学界普遍认为国际私法既包括冲突规范、实体规范，又包括程序规范，同时还包括调整国际民商事关系的直接方法和间接方法。[③] 传统国际私法或者说英美法系国际私法的研究范围，通常包括管辖

---

① 《华沙公约》第 18 条规定："（1）对于任何已登记的行李或货物因毁灭、遗失或损坏而产生的损失，如果造成这种损失的事故是发生在航空运输期间，承运人应负责任。（2）上款所指航空运输的意义，包括行李或货物在承运人保管下的期间，不论是在航空站内、在航空器上或在航空站外降落的任何地点。（3）航空运输的期间不包括在航空站以外的任何陆运、海运或河运。但是如果这种运输是为了履行空运合同，是为了装货、交货或转运，任何损失应该被认为是在航空运输期间发生事故的结果，除非有相反证据。"

② See Georgette Miller, *Liability in International Air Transport: The Warsaw System in Municipal Courts*, Kluwer, 1977, p. 151 – 152.

③ 参见肖永平、毕小婧：《中国国际私法学四十年回顾与展望》，载《武大国际法评论》2018 年第 6 期。

权、法律适用以及判决的承认与执行。综合考量,本书将国际私法问题的研究范围限定在陆空联运合同管辖权的确定、运输公约的适用、陆空联运合同准据法的确定和适用,以及陆空联运合同判决的承认与执行这四个问题。由于对管辖权的确定问题以及判决的承认与执行问题之具体内涵及外延有着较为广泛的共识,以下需要进一步论述本书需要特别界定的法律适用的概念以及准据法的概念。

(一)陆空联运合同法律适用问题的研究范围

我国学者对于合同法律适用的概念有多种解释。有学者认为,合同法律适用是指如何解决涉外合同准据法的确定问题。[①] 如果进一步考察该种对于准据法的理解可以发现,[②]其所定义的合同法律适用是指适用冲突规则确定准据法。也有学者从较广义的层面理解法律适用,其认为:"法律适用过程包含着涉外法律关系的定性、冲突规范的适用以及冲突规范指向的内国法或外国法的适用等数个前后连贯不可分割的环节。"[③]基于此,合同的法律适用应包括,通过冲突规则确定准据法以及准据法的适用。还有学者从更广义的层面理解法律适用,其认为法律适用应是一个动态的、阶段性的过程,包括管辖权的确定和定性、通过冲突规则确定准据法,以及在准据法为外国法时,准据法的查明与适用。[④] 基于此,合同法律适用应包含管辖权的确定、通过冲突规则确定准据法以及合同准据法的适用。

从上述学者针对合同法律适用概念的阐述中不难看出,上述三种对合同法律适用的界定,尽管对于合同法律适用所包含的内容有不同的理解,但都是针对未受国际公约调整的合同,围绕着通过冲突规则确定合同准据法而展开。由于目前没有专门调整陆空联运合同的生效国际公约,陆空联运合同与未受国际公约调整的合同在法律适用方面具有共性,即需要解决可能得到适用的不同法律体系之间

---

① 参见袁发强:《国际私法学》,北京大学出版社 2012 年版,第 220 页。

② "准据法,是经过冲突规范的援引,用于确定涉外民商事关系当事人具体权利义务的实体法,既包括某一国家的实体法、也包括某一国际公约、国际惯例中的实体性规定。" 同上书,第 113 页。

③ 徐鹏:《外国法查明:规则借鉴中的思考——以德国外国法查明制度为参照》,载《比较法研究》2007 年第 2 期。

④ 参见苏晓凌:《外国法的适用——一个宏观到微观的考察》,中国法制出版社 2015 年版,第 14 页。

的冲突。这种共性决定了陆空联运合同法律适用的核心内容应是通过冲突规则确定准据法。

然而,就法律适用问题而言,相较于未受国际公约调整的合同,陆空联运合同具有特殊性。陆空联运合同是陆空联运经营人使用航空以及公路两种运输方式,将货物从一国境内接管货物的地点运到另一国境内指定交付货物的地点,收取全程运费并对运输全程负责的合同。不难看出,由于陆空联运合同的履行有赖于航空以及公路两种运输方式的无缝衔接,因而调整国际公路货物运输合同以及国际航空货物运输合同的运输公约能否适用于陆空联运合同包含的国际货物运输区段是需要考察的问题。同时,调整国际公路货物运输合同以及国际航空货物运输合同的运输公约在特定条件下,还会扩张适用于陆空联运合同。

据此,界定陆空联运合同法律适用,需要考虑运输公约在特定情况下调整陆空联运合同的特殊性。因此,陆空联运合同的法律适用不应仅指通过冲突规则确定该类合同准据法,还应从更广义的层面理解陆空联运合同法律适用。

第一,运输公约如何适用,应被纳入陆空联运合同法律适用所包含的内容中。国际私法的最终任务是确定涉外民商事关系中当事人之间的权利和义务。[①]基于此,其法律适用应是指,确定调整涉外民商事关系当事人之间权利义务的规则。[②]从我国学者对于合同法律适用的理解来看,不管如何定义其范围,都不包括依据国际公约确定当事人之间的权利义务关系。这种理解是将调整当事人之间权利义务关系的规则,仅视为通过冲突规则确定的准据法。这种理解对于受到国际公约调整的合同来说,显然是片面的。受到国际公约调整的合同,确定当事人之间权利义务关系的规则,不仅包括准据法,还包括国际公约中的规则。故而,在运输公约普遍存在的国际货物运输领域,合同法律适用不应仅指通过冲突规则确定准据法,还应包括通过运输公约确定当事人之间的权利义务关系。

此外,如果将运输公约的适用范围条款视为一条单边冲突规则,也即在满足

① 参见刘想树:《国际私法基本问题研究》,法律出版社 2001 年版,第 59 页。

② 参见肖永平:《国际私法原理》(第 2 版),法律出版社 2007 年版,第 16 页。

公约适用条件时,公约缔约国法院应适用公约,①即便坚持合同法律适用仅指通过冲突规则确定准据法,合同法律适用也应包括考察运输公约适用与否。因而,讨论陆空联运合同法律适用问题,不仅需要考察依据冲突规则如何确定陆空联运合同准据法,还需要考察运输公约能否以及如何适用于陆空联运合同。

第二,陆空联运合同准据法的适用,应被纳入陆空联运合同法律适用所包含的内容中。由于陆空联运合同履行过程中涉及主体的多样性以及责任形态的多样性,合同准据法能否扩张适用于合同外第三人或者扩张适用于合同当事人之间产生的侵权责任是需要考察的问题。同时,并非所有国家都有关于陆空联运合同的规定,因而,也需要研究如何处理准据法未对该类合同作出规定这种准据法不能查明的特殊情况。考虑到这些在陆空联运合同准据法适用过程中存在的特殊问题,应将陆空联运合同准据法的适用纳入该类合同法律适用所包含的内容中。

综上,陆空联运合同法律适用应包含考察运输公约能否适用、确定陆空联运合同准据法,以及适用陆空联运合同准据法。这种对陆空联运合同法律适用的界定,既体现陆空联运合同与未受国际公约调整的合同在法律适用方面的共性,也考虑到运输公约在特定情况下调整陆空联运合同的特殊性,以及陆空联运合同准据法在适用过程中的特殊性。

(二)陆空联运合同准据法的界定

在明确陆空联运合同法律适用所包含的内容后,考虑到通过冲突规则确定准据法是陆空联运合同法律适用的核心内容,故而,应对准据法的概念做出详细的分析。我国多数学者对于准据法的界定大体可以分为两种不同的学说:法律体系说以及实体法规则说。

法律体系说认为,准据法是冲突规则所指定的、最终适用于某一涉外民商事

---

① See Malcolm Clarke, *International Carriage of Goods by Road: CMR*, 6th ed., Informa Law from Routledge, 2014, para. 8.

法律关系的法律体系，是确定当事人权利义务的实体法规则所属国家的法律体系。[1] 而实体法规则说则认为，准据法是经过冲突规则指引用来确定国际民商事法律关系当事人权利义务关系的具体实体法规则。[2] 不难看出，这两种学说都是对准据法的静态分析，都是从冲突规则适用结果的角度进行的，都是从案件事实到冲突规则再到准据法这样一种从概念到概念的逻辑推演方法的产物，脱离准据法产生的司法过程，不能揭示或反映准据法的真正内涵。[3]

考虑到对准据法进行静态分析的弊端，为准确把握准据法的概念，应从以下两个方面进行分析。

第一，从动态的角度考察准据法的概念。寻找准据法的过程实际上是在案件事实、冲突规则以及具体的实体法规范中反复探索的过程。这本身就是一个动态化的过程。受诉法院确定其具有管辖权后，依据案件事实确定应适用的冲突规则，进而确定该规则所指向的法律体系，但这并不意味着找到了裁判的依据，还需要进一步确定作为裁判依据的实体法规范。而在适用实体法规范进行裁判的过程中，还可能因存在特定的事实，比如法律规避，或者具体制度，比如法院的公共秩序保留制度，或特定的价值取向，比如立法所要求的保护弱者利益，而或部分否定或完全否定前述找到的实体法规范，进而还需要再经历前述过程，再次寻找作为裁判依据的实体法规范。因而，从确定准据法的司法过程来说，应从动态的角度考察准据法的概念。

第二，在分割论的基础上考察准据法的概念。从学理上讲，分割论是美国冲突法革命中，不同学者提出的解决法律冲突方法的基本分析路径。从司法实践来看，需要法院解决的一般仅仅只会限于案件中个别存在法律冲突的问题。从一定意义上讲，对于当事人之间不存在争议的事项，尽管理论上需要考察其准据法，但

① 参见陈卫佐：《比较国际私法：涉外民事关系法律适用法的立法、规则和原理的比较》，法律出版社 2012 年版，第 156 页。

② 参见肖永平：《国际私法原理》（第 2 版），法律出版社 2007 年版，第 94 页。

③ 参见梁开银：《国际私法之准据法性质认识的发展——以法方法为视角的展开》，载《清华法学》2016 年第 3 期。

实际上并不需要对这些事项确定准据法。从各国针对合同的冲突规则来看,尽管总体趋势是所有关于合同的争议应由同一法律体系调整,但某些特定问题,比如,当事人缔约能力、合同履行的方式等,仍应通过其他规则解决。因而,合同准据法只应针对特定合同争议而言。

综上,应当认为,准据法是经冲突规则指引,判断合同效力的规则或原则,以及解决特定合同争议的规则或原则。准据法包含两个阶段的内容:

第一个阶段是,作为合同效力来源以及判断合同效力依据的特定规则或原则。合同不仅需要法律给予其效力或者说拘束力,使得一方必须履行其所做出的承诺或者承担不履行所做承诺的后果,还需要有法律依据来判断合同是否具有效力。对于具有国际因素的合同而言,这种拘束力以及判断依据是准据法所给予的。而由于合同法律上的拘束力以及判断合同是否具有效力,是由特定法律体系中不同层级或者不同部门的法律规则或者原则决定,并由国家强制力保证实施的。因而,在法律适用的过程中,首先需要寻找准据法中所包含的这一特定的法律体系以判断合同的效力,才能谈得上进一步解决当事人之间有关合同的争议。

第二个阶段是,解决合同争议的实体法规则或者原则。当事人之间对于他们缔结的合同产生争议时,在合同有效的情况下,基于合同自由原则,合同当事人的约定应优先适用,但当事人约定同样要受到准据法中所包含的规则或者原则的限制。而对于当事人规定不明确的问题以及当事人没有作出规定的问题,则需要法官寻找准据法中所包含的规则或者原则来解释合同或者填补合同空白。这些经过法官寻找过程而针对特定争议的规则或原则,共同组成准据法另一方面的内容,即解决当事人之间争议,确定其相互间权利义务关系的裁判依据。

第二节 陆空联运合同国际私法问题的特殊性

陆空联运合同国际私法问题的特殊性源于该类合同本身的特殊性质,因而,本节首先从陆空联运合同的性质入手,探讨陆空联运合同国际私法问题特殊性的成因,其次分析陆空联运合同国际私法问题特殊性的具体表现。

一、陆空联运合同国际私法问题特殊性的成因

本书将陆空联运合同界定为,陆空联运经营人使用航空以及公路两种运输方式,将货物从一国境内接管货物的地点运到另一国境内指定交付货物的地点,收取全程运费并对运输全程负责的合同。从陆空联运合同的概念来看,该类合同不仅仅涉及纯粹的航空货物运输合同,即仅通过航空器这一种运输工具运送货物的合同,也包含公路货物运输合同。同时,根据航空运输转公路运输的作业流程,陆空联运合同还会涉及货物在两种运输方式之间的转运作业。此外,根据陆空联运经营人所提供之运输服务的具体情况,陆空联运合同还可能包含仓储作业,甚至报关作业。针对前述每一项单独的业务,都存在相对应的典型合同。因而,就合同性质而言,陆空联运合同应是一种由多种典型合同混合而成的货物运输合同。

(一)陆空联运合同作为货物运输合同的特殊性

从立法的角度来看,我国《民法典》第 809 条将运输合同界定为:“运输合同是承运人将旅客或者货物从起运地点运输到约定地点,旅客、托运人或者收货人支付票款或者运输费用的合同。”就理论研究而言,通过归纳一些国家以及运输公约对货物运输合同的概念,有学者指出,在货物运输合同中,承运人的主要义务包括:从一地向另一地运输货物、完好地交付货物,以及在特定时限内完成前述两项义务。[①] 也有学者认为,基于运输合同的约定,运送人在运输合同中承担的义务是将托运人所托运的特定物品由某一特定场所运至另一场所,并于目的地将托运的物品送交托运人或托运人指定的收货人。相对地,托运人在运输合同中承担的义务是支付运费。[②] 不难看出,上述有关货物运输合同的概念所强调的核心是承运人运输货物并以此为对价取得运费。因此,承托双方运输货物的合意应是货物运输合同的判断标准。

---

① See Marian Hoeks, *Multimodal Transport Law: The Law Applicable to the Multimodal Contract for the Carriage of Goods*, Kluwer Law International, 2010, p. 45.

② 参见林一山:《民法系列——运送法》,台北,三民书局 2005 年版,第 25 页。

需要进一步考察的是,如果承托双方只有运输货物的合意,而未约定有关运输的其他内容,货物运输合同是否成立的问题。在货物运输实践中,为获得更优惠的运价,并降低交易成本,托运人通常会与货运代理人或者承运人签订长期运输服务协议。此类运输服务协议中,承托双方通常只有运输货物的合意,而并没有详细地约定每一次运输的具体内容。比如,在朗力(武汉)注塑系统有限公司诉天地国际运输代理(中国)有限公司武汉分公司航空货物运输合同纠纷案(以下简称朗力案)中,原被告之间所签订的《国际航空快件运输协议》是"概括性的运输协议,该协议缺乏运输时间、运输目的地、运输标的物、运输方式等运输合同主要条款"。①朗力案一审法院认为:"双方仅依据该概括性协议并未形成完整的运输合同法律关系,该概括性协议在双方之间亦无可履行的合同内容。"在此基础上,一审法院进一步指出,"只有当双方因每一次具体的货物运输事宜由承运人天地国际分公司向托运人朗力公司出具运单时,双方的概括性协议才具备运输合同的主要条款和可履行的合同内容,至此双方的运输合同法律关系才正式形成"。

需要指出的是,前述结合实际履行情况判断是否成立货物运输合同之方式固然可取,但基于合同法理论,合同法律关系成立只需要双方当事人就合同主要条款达成合意即可,不需要完整地约定合同的所有内容。② 对于货物运输合同而言,由于其判断标准是承托双方运输货物的合意,此类合同的主要条款只需要体现前述合意即可。基于此,对于货物运输合同而言,应当认为,只要承托双方存在运输货物的合意就足以认定双方之间成立货物运输合同,至于运输时间、运输目的地、运输标的物、运输方式等,完全可以通过当事人实际履行的情况,认定双方合意之内容。因而,承托双方运输货物合意不仅是判断货物运输合同的标准,也应是判断货物运输合同是否成立的标准。

而从陆空联运合同的概念来看,陆空联运经营人通过完成货物运输而取得托

① 朗力(武汉)注塑系统有限公司诉天地国际运输代理(中国)有限公司武汉分公司航空货物运输合同纠纷案,(2012)鄂武汉中民商外初字第00012号。此案系第一批人民法院为"一带一路"建设提供司法服务和保障的典型案例。

② 参见韩世远:《合同法总论》(第3版),法律出版社2011年版,第72页。

运人支付的运费,托运人与陆空联运经营人之间应存在运输货物的合意。因而,陆空联运合同也应被认为是货物运输合同。在此基础上,需要进一步讨论以下四个问题:(1)陆空联运经营人如果不亲自履行运输,是否能够满足货物运输合同所要求的承运人应履行之运输义务?(2)如果陆空联运经营人不亲自履行运输,并不影响陆空联运合同的性质,则托运人与陆空联运经营人和实际承运人之间应是何种关系?(3)如果向陆空联运经营人交付货物之主体并不是托运人,应如何认定该主体与托运人和陆空联运经营人之间的关系?(4)货物运输合同通常是为第三人——收货人而订立,因此,还需要考察陆空联运合同收货人与托运人以及陆空联运经营人之间的关系。

1. 陆空联运经营人是否亲自履行的影响

从立法的角度来看,1961年《瓜达拉哈拉公约》首创实际承运人制度,该制度在航空货物运输领域渐被广泛接受,《蒙特利尔公约》以及我国《民用航空法》都继受该制度。因此,立法上并不要求陆空联运经营人必须实际履行货物运输。从理论的角度来看,物品在运送人之照管下实施运送,是运输合同与其他合同最重要之区别。前述照管,应是指承运人自接收货物到交付货物过程中的照护与管理。[①] 这也是承运人承担运送期间或者说照管期间货损的依据。同时,承运人应对运送和交付本身负有责任,并且不能对此仅仅做出努力,其在货物运输合同下的给付,不是运输行为,而是运输成功的结果。[②] 也就是说,承运人应被允许通过其他主体实现货物的实际运输,只要能达到合同预期的结果,也即安全、及时地将货物送达合同指定的目的地,并承担照管期间的责任即可,而是否实际履行运输并不重要。从货物运输实践来看,随着货物运输的高度专业化,货物运输过程中的接收、装载、操作、积载、运输、照料、卸载或者交付行为已由不同的专业主体实施,并且这些行为也有各自不同的行为规范,由承运人亲自完成这些行为,在实践中已然不能实现。据此,陆空联运经营人如即便不亲自履行运输,也能满足货物

---

① 参见林一山:《民法系列——运送法》,台北,三民书局2005年版,第33页。

② 参见[德] C. W. 卡纳里斯:《德国商法》,杨继译,法律出版社2006年版,第730页。

运输合同要求的承运人应履行之运输义务。

从前述结论出发,应当将陆空联运经营人视为陆空联运合同之承运人。在此基础上,需要指出的是,陆空联运经营人并不必须是我国《民用航空法》所规定的公共运输企业。由于我国《民用航空法》第106条第1款①要求航空运输承运人必须是公共运输企业,有法院认为,货运代理人以承运人身份签订的航空货物运输合同,不受《民用航空法》调整。② 然而,更合理的解释方式应是,此种情况下货运代理人可以作为缔约承运人,而由公共运输企业作为实际承运人。③ 因此,进一步需要探讨的是托运人与陆空联运经营人和实际承运人的关系。

2. 托运人与陆空联运经营人和实际承运人的关系

从立法旨趣来看,实际承运人制度的出现,是为扩大承担货物运输合同责任之主体的范围,④进而简化托运人或收货人的求偿流程。基于此,就航空货物运输而言,从我国《民用航空法》第138条⑤可以看出,实际承运人应当承担的是一

① 《民用航空法》第106条第1款规定:“本章适用于公共航空运输企业使用民用航空器经营的旅客、行李或者货物的运输,包括公共航空运输企业使用民用航空器办理的免费运输。”而根据《民用航空法》第91条的规定,公共航空运输企业是指“以营利为目的,使用民用航空器运送旅客、行李、邮件或者货物的企业法人”。

② 比如,深圳市百达保运通国际物流有限公司与美亚财产保险有限公司深圳分公司保险人代位求偿权纠纷案中,一审法院认为:“因百达保运通公司并非公共航空运输企业,故本案中无适用《中华人民共和国民用航空法》之余地。”二审法院未审议该判断,而是径直适用《蒙特利尔公约》调整原被告之间的争议。参见广东省深圳市中级人民法院民事判决书,(2016)粤03民终12981号。

③ 参见沈志韬:《论国际航空货运代理人法律地位》,载《北京航空航天大学学报(社会科学版)》2011年第2期。司法实践中,也有此种认定方式。比如,广州艾林敦服饰有限公司与广州利进国际货运代理有限公司航空货物运输合同纠纷上诉案中,二审法院认为,“本案中,利进公司虽不属于公共航空运输企业,但其以自己的名义签发了航空货运单以及订立航班、收取运费,根据上述法律规定,应认定其为案涉航空货物运输合同中的缔约承运人,其作为缔约承运人的相应权利义务应受《民用航空法》上述章节规定的约束”。参见广东省广州市中级人民法院民事判决书,(2014)穗中法民四终字第89号。

④ 参见刘胜军:《论实际承运人的法律地位——从“指导案例51号”切入》,载《法商研究》2017年第5期。

⑤ 《民用航空法》第138条规定:“除本节另有规定外,缔约承运人和实际承运人都应当受本章规定的约束。缔约承运人应当对合同约定的全部运输负责。实际承运人应当对其履行的运输负责。”

种法定的合同责任。如果存在《民用航空法》第 139 条第 3 款[①]的特别约定，实际承运人还可以承担约定的合同责任。正是由于实际承运人承担的是一种特殊的合同责任，因此，托运人应被认为是实际承运人与缔约承运人之间合同的利益第三人。在此基础上，需要进一步考察以下两个问题：

第一，实际承运人与缔约承运人之间的合同关系之类型。由于货物运输实践的复杂性，为履行实际运输，实际承运人与缔约承运人之间可能达成各种不同类型的合同，甚至并不存在合同关系。因而，对我国《民用航空法》第 137 条第 2 款[②]的授权，应从最广义的角度理解，即只要存在实际的履行行为，即构成授权，[③]也就使得实际承运人与缔约承运人之间存在某种合同关系。需要指出的是，在航空货物运输中，实际承运人与缔约承运人之间的合同关系可能包括包机合同、代码共享、合作联营以及特许经营等；而在陆空联运中，如果陆空联运经营人并不实际履行运输，其与实际承运人达成的合同通常是公路货物运输合同或者航空货物运输合同。

第二，托运人债务履行请求权的法源。我国《民法典》在第 522 条第 2 款明确规定，"法律规定或者当事人约定第三人可以直接请求债务人向其履行债务……"按照该规定，在我国法律体系中，第三人针对利他合同债务人之履行请求权可以法定，也可以约定。据此，托运人针对实际承运人的履行请求权当然也可以由实际承运人与缔约承运人约定，但多数情况下应当按照我国《民用航空法》第 138 条而产生。

---

① 《民用航空法》第 139 条第 3 款规定："任何有关缔约承运人承担本章未规定的义务或者放弃本章赋予的权利的特别协议，或者任何有关依照本法第一百二十八条、第一百二十九条规定所作的在目的地点交付时利益的特别声明，除经实际承运人同意外，均不得影响实际承运人。"

② 《民用航空法》第 137 条第 2 款规定："本节所称实际承运人，是指根据缔约承运人的授权，履行前款全部或者部分运输的人，不是指本章规定的连续承运人；在没有相反证明时，此种授权被认为是存在的。"

③ 参见王瀚：《华沙国际航空运输责任体制法律问题研究》，陕西人民出版社 1998 年版，第 159 页。

3. 陆空联运经营人与缔约托运人和实际托运人的关系

货物运输实践中,基于买卖双方采取的国际贸易术语,比如FOB,会存在所谓缔约托运人与实际托运人的区别。在FOB术语下,买方负责办理运输,但买方显然不可能将货物交付给承运人,因而,当卖方向承运人交付货物时,卖方可以成为所谓实际托运人。前述操作在海运中比较常见,故而,我国《海商法》第42条第3项①明确规定缔约托运人与实际托运人。《民用航空法》没有定义托运人,而根据《中国民用航空货物国际运输规则》,托运人应是指“与承运人订立货物运输合同,其名称出现在航空货运单托运人栏内的人”。显然,我国有关航空货物运输的立法,并没有区分缔约托运人与实际托运人。

然而,司法实践中,确实存在涉及陆空联运合同缔约托运人与实际托运人差异,以及各自与承运人之间关系的案件。比如,最高人民法院1997年审理的湖州市汇泰制衣有限公司与大连华迅国际空运有限公司宁波分公司国际航空货物运输运费纠纷再审案。② 该案中,意大利买方与我国卖方签订FOB合同,买方委托意大利国际货运代理人通过陆空联运的方式将货物从我国上海经布鲁塞尔转运到米兰。意大利国际货运代理人委托我国和布鲁塞尔的国际货运代理人完成运输。我国国际货运代理人接收卖方交付的货物,并签发6票东航货运主运单,主运单记载的托运人为我国国际货运代理人,收货人为布鲁塞尔国际货运代理人。我国国际货运代理人还签发7票航空货运分运单,分运单上记载的托运人为我国卖方,收货人为意大利买方。货物运抵意大利,并由买方结算相关费用后,我国国际货运代理人以未支付运费为由,依据分运单起诉我国卖方。尽管FOB术语不能适用于航空运输,而应采用FCA术语,但就实际运输情况而言,安排运输的买方在该案中成为航空运单记载的收货人,而交付货物的卖方却成为航空运单记载

① 《海商法》第42条规定:“……(三)‘托运人’,是指:1.本人或者委托他人以本人名义或者委托他人为本人与承运人订立海上货物运输合同的人;2.本人或者委托他人以本人名义或者委托他人为本人将货物交给与海上货物运输合同有关的承运人的人。……”

② 湖州市汇泰制衣有限公司与大连华迅国际空运有限公司宁波分公司国际航空货物运输运费纠纷再审案,载《最高人民法院公报》1998年第3期。

的托运人,这显然存在缔约托运人与实际托运人的不同。

就意大利国际货运代理人与我国卖方之间的法律关系而言,最高人民法院认为,我国卖方将货物交付给我国国际货运代理人,是按照意大利国际货运代理人的要求将货物送到指定地点的行为,并非向我国国际货运代理人托运,我国卖方只是买方与意大利国际货运代理人之间陆空联运合同的付货人。需要指出的是,这里的付货人应是指实际托运人,即交付货物给承运人,但没有签订运输合同的托运人。

而就意大利国际货运代理人与我国国际货运代理人的法律关系而言,最高人民法院认为,我国国际货运代理人接受卖方货物,填制航空货运单的行为并不是接受卖方的委托,而是作为意大利国际货运代理人的发货代理将该公司收到的货物,向航空公司托运的行为。最高人民法院还指出,国际货运代理企业相互之间转委托的行为,符合国际货运代理行业的惯例。实际上,最高人民法院是将上述法律关系认定为传统意义上的货运代理关系。

对于意大利国际货运代理人转委托的我国国际货运代理人与我国卖方之间的关系,尽管分运单上记载的托运人是我国卖方,但最高人民法院认为,意大利买方与意大利国际货运代理人之间达成陆空联运合同以及支付运费的事实足以排除运单记载对于运输合同的证明效力。而考虑到最高人民法院将意大利国际货运代理人与我国国际货运代理人之间的关系认定为货运代理关系,并且认定我国卖方只是上述陆空联运合同的实际托运人,实际上使我国国际货运代理人与我国卖方之间不具有任何法律关系。

不难看出,由于陆空联运合同存在多层级的代理关系,当事人之间关系,不能仅从表面上按照我国有关航空货物运输的规定,仅从航空货运单来判断,而需要结合案件的具体情况,从合同实际履行、运费支付以及行业惯例等方面认定当事人之间的法律关系。根据最高人民法院的判断,实际托运人只是按照买卖合同履行自身义务的当事人,在运输合同中,其仅仅只是根据陆空联运经营人的指示行事,不能因为航空货运单的记载而成为陆空联运合同的托运人。

4. 收货人与陆空联运经营人和托运人的关系

货物运输合同通常是利他合同,陆空联运合同概莫能外。陆空联运合同下的利益第三人应是收货人。从学理上讲,收货人应是指符合法定事由而确定受领运送之货物权利的人。[①] 就实务的角度而言,收货人应是指航空货运单收货人栏内所载明的人。[②]

进一步需要考察的是,收货人债务履行请求权的法源。如果陆空联运经营人与托运人之间有关于收货人的特别约定,只要该约定不违反我国《民用航空法》第130条的规定,[③]并同时规定在航空货运单中,则该约定应构成收货人履行请求权的基础。然而,多数情况下,收货人需要按照《民用航空法》第120条第1款[④]的规定,在缴付应付款项和履行航空货运单上所列运输条件后,取得履行请求权。需要说明的是:其一,在《民用航空法》第120条下,收货人取得履行请求权是依据法律之规定,需要满足特定的条件;其二,收货人并无支付运费等费用的法定义务,除非另有约定或者收货人欲取得提货权;其三,收货人在《民用航空法》第120条下的权利,取决于托运人在货物运达目的地前是否行使处置权。

(二)陆空联运合同是一种混合合同

由数个典型合同或者非典型合同的因素构成的合同,被称为混合合同。[⑤] 混合合同通常分为4种类型:类型融合合同、双种典型合同、类型结合合同、典型合同附其他类型的从给付。[⑥]

典型合同附其他类型的从给付是指,双方当事人所能提出的给付符合典型契

① 参见林一山:《民法系列——运送法》,台北,三民书局2005年版,第30页。

② 参见《中国民用航空货物国际运输规则》第3条规定:"……(五)'收货人',是指承运人将货物交给航空货运单收货人栏内所载明的人。……"

③ 《民用航空法》第130条规定:"任何旨在免除本法规定的承运人责任或者降低本法规定的赔偿责任限额的条款,均属无效;但是,此种条款的无效,不影响整个航空运输合同的效力。"

④ 《民用航空法》第120条第1款规定:"除本法第一百一十九条所列情形外,收货人于货物到达目的地点,并在缴付应付款项和履行航空货运单上所列运输条件后,有权要求承运人移交航空货运单并交付货物。"

⑤ 参见韩世远:《合同法总论》(第3版),法律出版社2011年版,第50页。

⑥ 参见廖盛林:《混合合同法律适用问题的类型化研究》,载《福建法学》2012年第1期。

约,但一方当事人尚负有其他种类的从给付义务。[①] 约定使用组合运输的合同就属于此类。由于在该类合同中,从给付义务附属于主给付义务,立法上通常援用主给付义务所属之典型合同来调整该类合同。这也是《多式联运公约》将组合运输排除在公约适用范围之外的原因。因为调整该类运输的法律制度应是调整单式运输的运输公约,为不产生条约冲突,需要将该类运输模式排除在外。需要指出的是,《蒙特利尔公约》并没有将陆空组合运输合同视为纯粹的国际航空货物运输合同。

双种典型合同,是指双方当事人互负的对待给付分属不同的典型合同。类型结合合同,是指一方所负数个给付义务属于不同典型合同,其彼此之间居于同等地位,而对方仅负有单一的对待给付义务或者不负有对待给付义务。类型融合合同,是指合同中一方所负给付义务,同时属于不同的典型合同,或者说合同中的给付义务既可以归属于某一个典型合同的主给付义务与对待给付义务,同时也可以归属于另外一个典型合同的主给付义务与对待给付义务。[②]

在货物运输合同中,当事人之间的对待给付义务是,托运人支付运费,承运人进行货物运输。上述对待给付义务是所有货物运输合同之共性,因而,区分不同类型的货物运输合同,应是通过承运人完成运输的不同运输方式。因为陆空联运合同双方当事人的对待给付义务仍是货物运输合同共有的一方从事运输,另一方支付运费,所以,陆空联运合同不属于双种典型合同。同时,在陆空联运合同中,双方互负的对待给付义务只有一个,因而,该类合同也不属于类型结合合同。由于陆空联运的实现有赖于航空运输和公路运输两种运输方式之间的无缝衔接,因此,陆空联运经营人依据陆空联运合同所为给付,需要通过航空以及公路两种运输方式,实现货物的门到门运输。因而,陆空联运经营人所为给付,同时包含不同单式货物运输合同所要求的给付。据此,陆空联运合同应被视为由两种或以上单式货物运输合同融合而成的混合合同。此外,如果陆空联运合同还约定有其他相

① 参见王泽鉴:《债法原理》(第2版),北京大学出版社2013年版,第141页。

② 同上。

关的货物运输服务,比如报关或者仓储,则此种陆空联运合同还混合了货运代理合同的内容。

二、陆空联运合同国际私法问题特殊性的表现

(一)陆空联运合同管辖权确定问题的特殊性

在有关陆空联运合同的国际商事诉讼中,管辖权确定问题的特殊性体现于以下几个方面:

第一,在有关陆空联运合同的国际商事诉讼中,案件管辖权的确定影响陆空联运合同法律适用的不同路径。由于陆空联运合同混合合同的性质,并且目前国际上尚未有生效的专门调整陆空联运合同的运输公约,调整国际航空货物运输合同和国际公路货物运输合同的运输公约具有适用于陆空联运合同的可能性。而运输公约的优先适用性导致陆空联运合同法律适用有两种不同的路径:运输公约缔约国法院的适用路径以及非运输公约缔约国法院的适用路径。运输公约缔约国法院首先需要考察运输公约是否适用于其所受理的陆空联运合同案件。在运输公约不适用的情况下,才能依据法律选择方法确定陆空联运合同准据法。非运输公约缔约国法院则需要运用法律选择方法确定陆空联运合同的准据法。而不同运输公约的缔约国各不相同,并且调整同一运输方式的不同运输公约的缔约国也并不相同,因此,必须确定管辖法院,明确受诉法院是否参加以及具体参加的运输公约,才能明确陆空联运合同法律适用的不同路径。

第二,法院选择条款效力认定问题具有特殊性。2015 年生效的《选择法院协议公约》以法院选择协议为调整对象。然而,《选择法院协议公约》却并不调整货物运输合同中的法院选择条款,①主要的原因在于,多数运输公约都会涉及管辖权问题。基于此,陆空联运合同中法院选择条款的特殊性在于:一方面,没有专门调整该类合同的生效运输公约,而该类合同又属于货物运输合同,其本身不被纳入《选择法院协议公约》的调整范围内,因而,陆空联运合同中的法院选择条款是

---

① 参见《选择法院协议公约》第 2 条规定:"……二、本公约不适用于下述事项:……(六)运输旅客和货物……"

否有效,取决于该条款自身的准据法。在此基础上,可以认为陆空联运合同中法院选择条款之效力认定,并不具有可预见性以及确定性。另一方面,由于陆空联运合同混合合同的性质,运输公约可能适用于该类合同。这也就会产生前述公约中有关法院选择条款的规定是否适用于陆空联运合同的问题,或者说运输公约的适用范围问题。

第三,多种确定管辖权的基础并存。管辖权确定问题涉及如何在不同国家间分配司法管辖权。而从本质上讲,司法管辖权归属一国主权,应属于国际公法领域的问题。因而,在不同国家间不存在约束各自法院如何行使管辖权之国际公约时,平行诉讼问题不可避免。而由于陆空联运合同涉及多个运输区段,履行过程中也涉及多个主体,因而,必然存在多种不同的行使管辖权的基础。这也就使得平行诉讼问题在该类合同中不可避免地更加复杂。因此,比较分析不同国家行使管辖权之基础,明确针对陆空联运合同案件行使管辖权更为适当的基础,以便妥善地解决平行诉讼,也就成为必须考察的问题。

(二)陆空联运合同法律适用问题的特殊性

作为一种货物运输合同,分析陆空联运合同法律适用的特殊性,应对比该类合同与单式货物运输合同法律适用的差异。同时,考虑到目前没有生效的运输公约专门调整陆空联运合同,研究陆空联运合同法律适用的特殊性,还需要比较陆空联运合同与不受国际公约调整的合同在法律适用方面的差异。通过前述比较,陆空联运合同法律适用的特殊性体现为以下三个方面。

第一,法律适用中所需解决问题的多样性。陆空联运合同法律适用问题的多样性,是指该类合同的法律适用问题包括三个方面的内容,即考察运输公约能否适用、陆空联运合同准据法的确定以及准据法的适用。对于没有受到国际公约调整的合同而言,由于各国普遍适用当事人意思自治原则确定合同准据法,法律适用中需要解决的主要问题是对准据法的理解与适用。对于单式货物运输合同而言,由于该类合同多由运输公约调整,法律适用中的主要问题是前述公约能否适用以及对前述公约条文的理解。由于运输公约可能适用于陆空联运合同包含的特定国际货物运输区段,也会在特定条件下适用于陆空联运合同本身,这使没有受到国际公约调整的合同以及受到运输公约调整的单式货物运输合同,在法律适用中需要解决的问题,都会体现于陆空联运合同法律适用中。这导致陆空联运合同法律适用过程中所需解决问题的多样性。

第二,应适用规则的不确定性。尽管单式货物运输合同以及不受国际公约调整的合同在法律适用方面,同样不具有确定性,但陆空联运合同相较于前两类合同,由于以下几方面的原因,应适用规则的不确定性更甚。(1)陆空联运合同法律适用路径的不确定性。由于运输公约在特定条件下适用于陆空联运合同包含的特定国际货物运输区段,乃至于该类合同本身,因而,依据审理陆空联运合同案件法院之不同,陆空联运合同法律适用有两种不同的适用路径:运输公约缔约国法院的适用路径以及非运输公约缔约国法院的适用路径。这种法律适用路径上的差异性,加剧适用于陆空联运合同纠纷之规则的不确定性。(2)运输公约适用与否的不确定性。对于运输公约缔约国而言,以《公路公约》为例,该公约能否适用于陆空联运合同包含的国际公路货物运输区段,缔约国法院有不同见解。受诉法院这种认识上的差异会导致不同的适用结果。对于非运输公约缔约国而言,在满足运输公约适用的条件,且当事人未选择运输公约缔约国法律作为准据法时,会存在当事人选择的准据法与应适用之运输公约之间的冲突。而如何解决前述冲突,在不同受诉法院会有不同的回答。(3)准据法能否适用的不确定性。由于陆空联运过程中涉及多个主体,并且不仅仅只会产生合同之债,陆空联运合同当事人为规避合同中的责任限额条款,往往会起诉其他主体或者以侵权责任为诉讼请求。这可能会使陆空联运合同当事人选择的合同准据法不能得到适用。这也同样加剧应适用规则的不确定性。

第三,应适用规则的确定与实体问题的解决具有关联性。尽管解决法律适用问题通常并不与实体问题的解决相互关联,但在陆空联运合同法律适用中,确定货损发生的运输区段这一实体问题却对法律适用产生影响。通常根据导致货损的事由能否被证实发生在某一特定运输区段,将多式联运运输过程中发生的货损，划分为定域性货损以及非定域性货损。对于定域性货损，不管是运输公约的缔约国法院，还是非运输公约的缔约国法院，都需要考察该运输区段应适用的规则。比如，运输公约或者具有强制适用性的国内运输规则能否适用于多式联运合同。而对于非定域性损失，非运输公约的缔约国法院需要通过冲突规则确定准据法，而运输公约的缔约国法院则需要首先考察涉诉多式联运合同是否满足运输公约扩张适用的条件。只有在运输公约不适用时，运输公约的缔约国法院才需要通过冲突规则确定准据法。

（三）陆空联运合同判决承认与执行的特殊性

判决的执行是民商事诉讼的最后阶段，事关诉讼当事人之实体权利是否能够实现，以及能在多大程度上实现。而在国际民商事诉讼中，外国判决的承认与执行不仅涉及对诉讼当事人实体权利义务的保护，还涉及承认国与原审国之间主权的博弈与平衡。尽管海牙国际私法会议最新通过的《海牙判决公约》就外国判决的承认与执行，第一次做出国际范围内的统一规定，但与《选择法院协议公约》一样，《海牙判决公约》同样不适用于货物运输合同。[①] 因此，如果陆空联运合同判决不能在原审国实现，则需要借助其他国家的外国判决承认与执行机制，在败诉方财产所在地法院实现前述判决。基于此，该类判决的承认与执行的特殊性应包括以下几个方面。

第一，多种承认与执行机制并存。尽管目前没有针对陆空联运合同判决承认与执行的多边框架，但《公路公约》第 31 条用两个条款简短地规定该公约下判决承认与执行机制。同时，欧盟成员国之间存在区域性的判决承认与执行机制。此外，不同国家有关承认外国判决的条件，以及具体的执行方式不可能完全一致。因此，在多种承认与执行机制并存的前提下，各种机制之间的适用关系以及适用范围，是陆空联运合同判决承认与执行需要分析的特殊问题。

第二，判决效力范围问题中的特殊性。从一般意义来讲，需要在外国法院承

① 参见《海牙判决公约》第 2 条规定："1. This Convention shall not apply to the following matters-...(f) the carriage of passengers and goods;..."

认与执行的,主要是针对败诉方的,且胜诉方不能在原审国实现的赔偿。因而,判决效力的范围,并不是主要的问题。然而,对于陆空联运合同判决而言,其效力存在两方面的特殊性:其一,由于货物运输合同履行过程中会存在责任竞合之问题,陆空联运合同判决是否能够以及能够在多大范围内消灭诉讼当事人在同样具有管辖权的承认国法院之诉权,或者说前述外国判决在诉讼当事人之间既判力的客观范围,是需要考察的问题;其二,由于货物运输合同的履行涉及多方主体,而在缔约承运人与实际承运人并存时,还会存在承运人内部追偿问题,因而,陆空联运合同判决是否能够约束在承认国的案外人,或者原审法院已经审议过的争议事实,也是需要具体分析的问题。

第三,具体执行方式上的特殊性。货物运输合同的履行需要借助运输工具,因此,有关货物运输合同的国际商事诉讼通常开始于扣押运输工具,以便于诉讼程序完成后,判决胜诉方具有可以执行之标的。因而,在陆空联运合同判决的执行问题上,需要考虑以下问题:其一,运输工具被扣押地是否可以成为行使管辖权的基础,是首先需要得到明确的问题;其二,执行相关运输工具以实现判决时,如何妥善地顾及其他权利人之利益,特别是考虑航空器通常兼具旅客运输以及货物运输之功能,在此前提下,如何妥善地保护旅客的利益,也是需要分析的问题。

综上,由航空货物运输合同以及公路货物运输合同两种货物运输合同融合而成的特殊性质决定陆空联运合同国际私法问题的特殊性。两种货物运输合同融合而成的性质,第一,使受诉法院需要专门考察适用于不同运输区段的规则。而此种规则,既可能是运输公约,也可能是国内立法。又由于没有统一的管辖权确定规则,不同法院在如何确定针对陆空联运合同案件之管辖权问题上,不可能达成统一的意见。因此,陆空联运合同的管辖权和法律适用问题之间互相影响,相互交织,加剧各自的复杂性,不仅使管辖法院不具有确定性以及可预见性,而且也使应适用规则不具有确定性以及可预见性。第二,也决定陆空联运合同是一种独立类型的货物运输合同,会产生在单式货物运输合同履行过程中不会发生的特殊问题,受诉法院应专门考察调整这些特殊问题的规则。此外,陆空联运合同涉及的运输区段更多,完成运输所需主体更多。这种复杂性导致陆空联运涉及主体的多样性,以及履行过程中责任形态的多样性。不同主体之间,针对不同责任形态,并非统一适用同一准据法,这使陆空联运合同准据法的适用过程更加复杂。而在判决承认与执行阶段,由于管辖权的不确定性以及主体的多样性,陆空联运合同判决是否能被承认以及该类判决的效力范围的问题都需要仔细考察。

第三节　解决陆空联运合同国际私法问题应遵循的价值取向

本书有关国际私法问题的研究范围,总体上可以概括为管辖权的确定、法律适用以及判决的承认与执行。为解决前述不同问题,既有需要遵循的共同价值取向,也有针对特定问题所需遵循的单独价值取向。同时,即便存在共同价值取向,也会因为适用领域的不同,或者有其他同等重要的价值取向,而在实现程度上有所不同。

管辖权的确定和判决的承认与执行中的间接管辖权,都涉及如何在不同国家间协调司法管辖权的问题,因而,需要遵循共同的价值取向。然而,如何确定被承认的外国判决之效力,显然不涉及协调司法管辖权的问题,而应由承认国自行决定。合同法领域至关重要的合同自由原则,在管辖权的确定以及合同法律适用的过程中,都具有重要的意义。然而,管辖权的确定还事关一国司法管辖权的行使。因而,在确定管辖权问题上,体现合同自由原则的当事人意思自治与法律适用领域的当事人意思自治,二者实现程度显然是不同的。据此,本节需要明确的是,解决陆空联运合同在国际私法领域不同问题所应遵循的价值取向及其存在的理由。

一、应遵循价值取向之内容

管辖权的确定问题本质上是在不同国家间分配司法管辖权。在没有分配管辖权的国际公约时,就合同纠纷管辖权的确定而言,应在维护一国司法主权的基础上,尽可能地尊重当事人针对管辖法院的自主选择,以避免管辖权积极冲突。这是合同自由原则在管辖权领域的体现。同时,基于合同正义原则,也应通过不同机制限制一方当事人的单方面选择，以便保证选择管辖法院的意图是真实的，而不是一方强加给另一方的。而如果当事人没有选择管辖法院，且在不同国家法院都具有可适用的管辖权基础时，本着实现司法正义之目的，为保护当事人的合法权益，应由能够实现当事人利益及达到正义目的之法院行使管辖权。①

就法律适用问题而言，都是为在可能适用的多个法律体系中，选择最适当的，只不过不同方法选择的角度不同，或者在同一种研究视角内，对于"适当"的理解不同。② 基于此，可以认为法律适用仍然是在进行一种分配，也即分配立法管辖权。而前述分配必然要遵循一定的价值取向。合同自由原则以及合同正义原则，这两个合同法领域至关重要的原则在分配立法管辖权时，具有重要的意义。这两个原则决定合同法律适用过程中所应遵循的两个重要的价值取向，即实现当事人意思自治的最大化以及实现法律适用结果的公正性。

判决的承认与执行涉及两个方面：第一，原审国法院是否具有管辖权，即间接管辖权的问题；第二，外国判决在承认国的效力问题。间接管辖权的问题与管辖权的确定一体两面，应遵循共同的价值取向。而对于外国判决的效力来说，如果基于保护胜诉方合理期待的价值取向，承认国法院应该按照原审国法律赋予判决效力，但由于判决的效力涉及承认国主权，往往并不能够完全遵循保护胜诉方合理期待的价值取向。因而，外国判决在承认国的效力问题涉及维护承认国主权与保护胜诉方合理期待这两种不同的价值取向。

综上，解决陆空联运合同国际私法问题应遵循三种重要的价值取向：第一，实现当事人意思自治的最大化；第二，实现案件处理结果的公正性；第三，维护法院地国的主权。

二、实现当事人意思自治最大化及其原因

解决陆空联运合同国际私法问题时，实现当事人意思自治的最大化这一价值

---

① 参见陈隆修：《中国思想下的全球化管辖规则》，台北，五南图书出版股份有限公司2013年版，第45页。

② See Symeon C. Symeonides, *The American Choice-of-Law Revolution: Past, Present and Future*, Martinus Nijhoff Publishers, 2006, p. 404.

取向的体现是,应在最大限度上尊重当事人对管辖法院以及准据法的选择。而解决陆空联运合同国际私法问题时,之所以需要遵循当事人意思自治最大化这一价值取向的原因有以下三个方面。

其一,冲突正义与实质正义都试图寻找适当的法律调整国际民商事法律关系。而在合同领域,当事人意思自治能够实现冲突正义以及实质正义所预期实现的目标。

当事人意思自治有助于实现冲突正义所追求的目标。传统国际私法学说,基于萨维尼法律关系本座说,认为国际私法的功能就是确保每一个具有涉外因素的案件能够依据与该案件具有最适当联系的国家的法律来解决,而不是直接寻找适当的法律,更不是寻找适当的法律适用结果。尽管不同学说对适当性的理解存在差异,但大多数认为,通过一定的客观连接点找到的适当的国家的法律,就是适当的法律。① 因而,传统国际私法学说以及基于这些学说的冲突规则所理解的冲突正义,实际上就是寻找空间上适当的法律。②

陆空联运合同准据法包含两方面的内容:第一个方面是确定合同效力的特定法律体系;第二个方面是解决合同争议的具体规则。就第一个方面而言,通过客观连接点确定的特定国家之法律体系是适当的。基于合同自由原则,各国合同法的出发点应为:除非存在例外情况,否则合同应被认为是有效的。因此,如果某国法律使具有国际因素的合同无效,那么该国法律应是确定合同效力最适当的法律体系。因为该国法律对合同的适用相对于其他国家而言,是更加必要的。基于此,不难理解的是,该国法律必须与合同具有一定的客观联系,否则其适用不具有正当性基础。因此,通过客观连接点确定的特定国家之法律体系在空间上是适当的。然而,就第二个方面而言,通过客观连接点确定的特定国家的规则,并不一定是空间上适当的法律。基于合同自由原则,合同当事人可以自由约定他们之间的

① See Symeon C. Symeonides, *The American Choice-of-Law Revolution: Past, Present and Future*, Martinus Nijhoff Publishers, 2006, p. 405.

② 参见张丽珍:《冲突法的正义问题研究》,华东政法大学 2014 年博士学位论文,第 30 页。

权利义务关系。因此,解决合同争议的具体规则,只是基于公平地调整当事人之间权利义务关系以及商业上便利性的需要,解决当事人在合同中没有做出规定的问题。因而,对于具有国际因素的合同而言,确定准据法的第二个方面,实际需要回答的问题是,哪一国法律的适用对于解决当事人在合同中没有作出规定的问题是更适当的。从这个角度来看,传统冲突规则中用以决定合同准据法的客观连接点所指向的国家的依据,比如,合同缔结地或者合同履行地,由于合同类型、合同内容以及个案事实的差异,就从陆空联运合同准据法的第二个方面内容来看,原则上并不存在哪一国的规则比另一国的规则更适当的理由。可以认为,对于陆空联运合同准据法的第二个方面而言,只有当事人自己选择的法律才是空间上最适当的。而由于在司法实践中,否定合同效力毕竟不是常态,则可以认为,确定准据法的第二个方面更为重要。因此,只有当事人意思自治才能实现寻找空间上适当的法律,达到冲突正义所预期实现的目标。

当事人意思自治同样有助于实现实质正义的目标。晚近国际私法学说,在批判传统冲突规则机械性以及僵硬性的基础上,基于具有国际因素的案件在性质上与纯粹的国内案件并无本质区别这一前提,一般认为受诉法院不应放弃公平正义地解决争议的责任。因此,国际私法所试图实现的正义,也不应该仅仅局限于传统的冲突正义,而应当寻找适当的法律,从而达成法律适用结果的适当性,也即实现实质正义。① 从晚近国际私法学说、方法或者规则所提倡的实质正义的角度出发,一般认为,法律除非必要,不会代替当事人决定对于他们而言什么是适当的。因而,只有当事人合意选择的准据法对他们而言才是适当的。据此,当事人意思自治同样能够实现晚近国际私法学说所提倡的实质正义。

其二,确定合同准据法的冲突规范有其自身预期实现的目标,而法院针对国际民商事诉讼行使管辖权,需要有管辖权基础。当事人意思自治有助于实现冲突规范的目标,并为法院行使管辖权提供正当性基础。

---

① See Symeon C. Symeonides, *The American Choice-of-Law Revolution*: *Past*, *Present and Future*, Martinus Nijhoff Publishers, 2006, p. 406.

法律适用的确定性、法律适用过程的简易性、法律适用结果的可预见性以及一致性是确定合同准据法的冲突规则所预期实现的目标。法律适用的确定性，是指对于合同当事人而言，准据法应当明确并且不应超出他们的合理预期。① 通常而言，在缔结合同时，合同当事人基于合同准据法可以在合同履行时以及合同产生争议时保护其合法利益的信赖，协商合同内容。因此，合同准据法应依据当事人的合意得到确定，并且除非存在适当理由，否则不能排除当事人合意选择的准据法的适用。

法律适用过程的简易性，是指对合同准据法的确定应当尽可能简化。这不仅要求确定合同准据法的规则本身应当简便易行，而且法院适用前述规则的司法过程也应简化。② 而当事人意思自治使得合同准据法的确定，更多地依赖当事人的合意而不是司法程序，这不仅能够使当事人简便地确定合同准据法，也能够简化法院确定准据法的司法过程。

法律适用结果的可预见性涉及当事人对合同所可能产生的法律结果应当是可预见的。③ 一方面，当事人意思自治避免了当事人对合同准据法的争议，这使当事人能够对合同从缔结到履行完毕的整个过程中所可能发生的争议的法律后果，产生合理的预见。另一方面，由当事人在合同缔结时选择合同准据法，而不是在争议产生时，由法院确定准据法，不仅可以使当事人明确他们之间的权利义务关系，还可以使他们明确在合同履行中需要遵守的行为标准。

法律适用结果的一致性不仅指不同的争议解决机构所适用的准据法应是一致的，也指在不同的争议解决机构，准据法适用的结果也应是一致的。从理论上讲，当事人意思自治能够使不同的争议解决机构适用同一合同准据法，进而最大

---

① See Willis Reese, *Conflict of Laws and the Restatement Second*, Law and Contemporary Problems, Vol. 28:4, p. 686 (1963).

② See Mo Zhang, *Rethinking Contractual Choice of Law: An Analysis of Relation Syndrome*, Stetson Law Review, Vol. 44:3, p. 842 (2015).

③ See Robert A. Leflar, *Conflicts Law: More on Choice-Influencing Consideration*, California Law Review, Vol. 54:4, p. 1586 (1966).

限度地实现适用上的一致性。然而,当事人意思自治不能实现适用结果的一致性。尽管如此,适用结果上的不一致性是在任何涉及法律适用问题的案件中都不能避免的一个问题。因而,当事人意思自治至少有助于实现法律适用结果的一致性。

传统上,英美法系以是否能够向被告送达诉讼通知(service of a claim form)作为行使管辖权的基础,对定居在法院地的被告行使对人管辖。而大陆法系传统上尽管存在以国籍为行使管辖权之基础和以住所为行使管辖权之基础的分歧,但从《布鲁塞尔公约》《布鲁塞尔条例Ⅰ》《布鲁塞尔条例Ⅰ修订》的发展脉络可以看出,①大陆法系普遍已经接受以住所为行使一般管辖权的条件。不难看出,至少在一般管辖权问题上,世界各国已经存在一定的共同发展趋势。而以住所为管辖权基础,本质上是从被告对于法院地司法管辖权的服从之角度论证行使管辖权的正当性。② 而当事人选择管辖法院时,如同以住所为管辖权基础,体现当事人自愿服从其选定的管辖法院,进而为该法院行使管辖权提供坚实的正当性基础。

其三,就法经济分析的角度而言,当事人意思自治是有利的。当事人意思自治不仅对于合同当事人以及国家而言是有利的,并且从成本收益的角度来看也是有利的。

允许当事人意思自治对当事人本身是有利的。经济学上一般将个人假定为理性人以及追求利益最大化。基于此种假设,当事人当然不会合意选择对自己不

① 参见《布鲁塞尔公约》第2条:"Subject to the provisions of this Convention, persons domiciled in a Contracting State shall, whatever their nationality, be sued in the courts of that State."《布鲁塞尔条例Ⅰ》第2条:"Subject to this Regulation, persons domiciled in a Member State shall, whatever their nationality, be sued in the courts of that Member State."《布鲁塞尔条例Ⅰ修订》第4条:"Subject to this Regulation, persons domiciled in a Member State shall, whatever their nationality, be sued in the courts of that Member State."

② See J. McIntyre Machinery, Ltd. *v.* Nicastro, 131 S. Ct. 2780, 2787 (2011).

利的准据法。① 因而,允许当事人意思自治,实际上是允许当事人最大化自己的收益。在此基础上,如果不存在负外部性,即合同双方并不承担与交易有关的所有成本,而是将这些成本转嫁给第三人或者社会承担,②则可以实现经济学上所界定的帕累托交易,即至少使一个人变得更好并且没有人因该交易而变得更坏。尽管此种交易在现实世界几乎不可能实现,但即便考虑负外部性,只要对第三方福利的减损没有超过对合同当事人福利的增加,此种交易也实现卡尔多—希克斯效率。③ 因而,从法经济分析的角度来看,应允许当事人意思自治,进而实现效率的最大化,除非合同当事人不承担负外部性或者合同当事人通过意思自治实现的福利小于合同所导致的负外部性时,才能限制当事人意思自治。

就国家的角度出发,允许当事人意思自治也是有利的。由于代理成本、利益集团游说,以及立法者不可能对法律的效果具有完全的认识,国家制定的法律总是会存在缺陷或者说并不是有效率的。④ 允许当事人意思自治,实际上是允许当事人离开不具有效率的法律,进而从经济学的意义上,形成一个有关准据法的市场。这就促使在这个市场中提供准据法的国家,一方面,需要形成新的有效率的规则,来吸引更多的合同当事人选择该国法律;另一方面,也促使该国不断修正不具有效率的法律,来使更多的合同当事人保持对该国法律的选择。⑤ 因此,就国家的角度而言,当事人意思自治也为更有效率法律的制定提供可能。

就成本收益的角度出发,允许当事人意思自治同样是有利的。一方面,由于

---

① See Giesela Ruhl, *Party Autonomy in the Private International Law of Contracts Transatlantic Convergence and Economic Efficiency*, in Eckart Gottschalk *et al.*, Conflict of Laws in A Globalized World, Cambridge University Press, 2007, p. 177.

② 参见李凤琴:《国际合同法律适用发展趋势研究——以意思自治原则为中心》,华东政法大学2011年博士学位论文,第61页。

③ See Richard Posner, *Economic Analysis of Law*, 9th ed., Wolters Kluwer Law & Business, 2014, § 1.2.

④ See Erin A. O'Hara & Larry E. Ribstein, *From Politics to Efficiency in Choice of Law*, The University of Chicago Law Review, Vol. 67:4, p. 1157 (2000).

⑤ See Larry E. Ribstein, *Choosing Law by Contract*, The Journal of Corporation Law, Vol. 18:2, p. 249 – 250 (1993).

谈判与起草合同条款本身是存在成本的,[①]除非必要,理性的合同当事人可以通过当事人意思自治的方式,将合同中非必须协商解决的问题交由准据法规制。这实际上减少了缔结合同所需要的成本。另一方面,在当事人自行承担选择法院地以外法律作为准据法所导致的诉讼成本的情况下,理性的合同当事人不会选择他们完全不熟悉的法律。因而,当事人意思自治不仅会减少诉讼成本,也会减少当事人查明准据法的成本。[②]

三、实现案件处理结果公正性的方式

实现案件处理结果的公正性这一价值取向体现在三个方面:其一,管辖权积极冲突时,应由能够实现当事人利益及达到正义目的之法院行使管辖权;其二,在法律适用的过程中,应以实现法律适用结果的公正性为目标;其三,在确定外国判决在承认国之效力时,应以保护胜诉方的合理期待为重要考量因素。而为实现案件处理结果的公正性,应从以下几点入手。

首先,保障当事人合意的自主自愿。从历史的维度来看,合同正义原则经历了从形式正义到实质正义的转变。实质正义在合同法律适用领域的体现就是实现法律适用结果的公正性。20世纪以来,随着国家干预经济的逐步深入,国家介入了社会财富的分配。为实现真正的自由竞争,避免垄断,立法和判例不仅对部分具有优势地位的主体的缔约自由进行限制,还允许法官介入当事人之间的合同,协调各种利益和矛盾,实现从形式正义到实质正义的转变。[③] 合同正义的内涵也从仅仅强调交易的自由,转变为更加关注当事人之间权利义务分配是否公平,以及当事人之间的合同对合同外第三人的影响;表现在合同法律适用领域,就是通过调整合同纠纷的规则,实现法律适用结果的公正性。

合同形式正义仅仅强调合意的自主性,即当事人自主决定与谁缔结合同、是

---

① 参见[澳] 迈克尔·J.温考普、[澳]玛丽·凯斯:《冲突法中的政策与实用主义》,阎愚译,北京师范大学出版社2012年版,第30~31页。

② See Larry E. Ribstein, *Choosing Law by Contract*, The Journal of Corporation Law, Vol. 18:2, p.250-252 (1993).

③ 参见王利明:《合同法研究》第1卷,中国人民大学出版社2002年版,第180页。

否缔结合同、采取何种形式缔结合同,以及设定合同的内容。[①] 而为切实维护合同当事人所享有的前述自主缔结合同的权利,从实质正义的角度出发,需要借助法律对合同关系缔结的自愿性进行干预,防止一方当事人利用经济上的优势地位,强迫另一方合同当事人接受不平等的合同条款。在陆空联运合同管辖权的确定中,为实现实质正义,应保证当事人选择管辖法院的意图是真实的。而在陆空联运合同法律适用方面,不仅要从当事人缔约自主性的角度分析对当事人之间缔结的以格式条款形式存在的法律选择条款,还需要从缔约自愿性的角度分析,以便在尊重当事人选择的基础上,实现公正的法律适用结果。

其次,保障当事人法律地位平等。法律选择方法的发展历程反映了从形式正义到实质正义的转变,体现为从选择立法管辖权到选择法律内容的转向。社会正义观的演进决定法律选择方法的改进与发展。形式正义观念下的冲突规则,更关注同样情况同样对待,以便实现法律适用过程的确定性和可预见性。而随着美国冲突法革命对传统冲突规则的扬弃,出现各种以选择法律内容为出发点,以法律适用结果为导向,关注个案处理结果公正与否的法律选择方法或者规则。这些方法或规则都体现了实质正义的要求。[②] 从国际私法法律选择方法的发展历程不难看出,在合同法律适用领域,体现实质正义要求的价值取向也应是实现法律适用结果的公正性。

合同形式正义要求合同当事人法律地位应是平等的。无论是自然人还是法人,无论其经济实力,也无论其缔约能力,法律上的地位应一律平等。而合同实质正义则进一步要求协调经济地位不平等的合同当事人之间在缔约能力上的差异,对相对弱势一方如消费者的特殊法律地位进行承认,并予以倾向性保护。这反映到合同法律适用中,就表现为冲突规则通常对涉及弱势方的合同,不仅限制当事人所能选择的法律的范围,而且赋予弱势方的属人法针对这些弱势方所制定的具有保护性的国内强制性规则一定的优先适用性,从而实现合同正义所要求的倾向

① 参见汪渊智、冯锦生:《论合同正义》,载《政法论坛》1996 年第 6 期。
② 参见杜新丽:《国际私法中法律选择方法的价值探究》,载《政法论坛》2005 年第 6 期。

性保护。由于在货物运输领域,一般认为承运人相较托运人而言,更具有优势地位,进而需要通过运输公约,在国际范围内对承运人的责任作出最低限度的规定,从而防止承运人滥用优势地位,制定不平等的合同条款。因而,运输领域体现出对托运人的倾向性保护。据此,对于陆空联运合同法律适用问题,应注意运输领域前述特殊性,在解决有关法律适用问题中注意对托运人的倾向性保护。同时,因为运输公约的目的是规定承运人所应承担的最低责任,进而实现承托双方法律地位的真正意义上的平等,所以非运输公约缔约国法院在当事人没有选择准据法或者选择非运输公约缔约国法律作为准据法的情况下,考察应否适用运输公约时,保障当事人法律地位平等应是重要的考量因素。

在国际民商事诉讼中,可得行使管辖权的法院众多,原告可以在对被告来说并不便利的法院,发起对被告产生困扰或者压迫性的诉讼,进而达到原告的特定诉讼策略。一定意义上讲,这是滥用诉讼权利的一种方式。而为保障当事人法律地位在诉讼程序上的平等,使得被告免于接受不适当法院的管辖,一方面,应以不方便法院原则作为法院行使管辖权的限制;另一方面,在管辖权积极冲突时,应由能够实现当事人利益及达到正义目的之法院行使管辖权,也即适用方便法院原则作为法院针对非居民被告行使管辖权的基础。①

再次,保证当事人诚实信用地履行合同条款。自德国民法将诚实信用原则作为债之履行的基本原则后,诚实信用原则的适用范围不断扩大。② 我国《民法典》已将诚实信用原则确立为民事领域的一项基本原则,③从而使该原则与合同正义原则逐渐脱离。然而,由于这两项原则之间,从实质正义的角度出发,具有内容上的牵连性,因此,应将诚实信用原则的部分内容放置在合同正义原则下。诚实信用要求合同当事人以善意的方式履行其义务,不得滥用权利,不规避法律或合同

① 参见陈隆修:《中国思想下的全球化管辖规则》,台北,五南图书出版股份有限公司2013年版,第59页。

② 参见韩世远:《合同法总论》(第3版),法律出版社2011年版,第41页。

③ 参见《民法典》第7条规定:“民事主体从事民事活动,应当遵循诚信原则,秉持诚实,恪守承诺。”

规定的义务。[1] 而所谓善意的履行，要求合同当事人恪守诺言，诚实不欺，在不损害他人以及社会利益的情况下追求自己的利益。[2] 这种善意以及不滥用权利的履行，最终会实现合同当事人之间利益的平衡，进而实现合同实质正义所追求的结果公正性。这一要求反映到陆空联运合同法律适用中，实际上是要求合同当事人，除非存在例外情况，否则应尊重并恪守合同条款。这能够有效地减少恶意的平行诉讼，以及对于已经订立的法律选择条款的不当争议，从而减轻当事人的诉累。同时，也能降低受诉法院的司法成本。而在判决承认与执行问题上，可以认为，判决向败诉方施加了特定的义务。而基于诚实信用原则，一方面，败诉方应当善意地履行判决施加的义务；另一方面，外国判决被承认后，也应尽可能赋予外国判决效力，以保证胜诉方的合理期待。

最后，保证第三人的利益不受损害。任何合同都会产生一定的外部效应，从而影响合同外第三人的利益。随着现今社会从个人本位向社会本位的演进，合同正义理应将合同对合同外第三人的影响纳入考虑范围，而不应仅关注合同当事人之间的权利义务关系，从而至少保证合同当事人不以损害合同外第三人利益的方式谋求私人利益。从法律适用的角度出发，保证第三人利益不受损害最明显的体现就是，合同当事人不能通过变更准据法的方式来损害第三人已经获得的权益。由于陆空联运经营人可能本身仅仅只是组织陆空联运，从而使陆空联运经营人需要通过代理，甚至复代理的方式，与实际承运人缔结运输合同。同时，由于陆空联运本身涉及航空运输以及公路运输两种运输方式的无缝衔接，相较单式运输，陆空联运在实际运输过程中涉及的主体更多。因此，在陆空联运合同法律适用的过程中，从合同正义的角度出发，需要考虑这些与陆空联运合同有牵连的主体的利益，从而保证陆空联运合同当事人不能通过选择准据法的方式来损害这些主体应有的利益。而在判决承认与执行领域，按照不损害第三人利益之要求，只有在保证第三人诉讼权益不被侵害的情况下，外国判决才能对该第三人产生

① 参见王利明：《合同法研究》第1卷，中国人民大学出版社2002年版，第165页。
② 参见韩世远：《合同法总论》（第3版），法律出版社2011年版，第40页。

效力。

四、法院地国主权的限制

与实现当事人意思自治的最大化以及实现案件处理结果的公正性这两项价值取向不同,维护法院地国主权这一价值取向主要的作用是限制。主权体现为立法、司法以及执法管辖权。立法管辖权,是指一国制定适用于人、行为或者财产之法律的权力。司法管辖权,是指通过司法程序将法律适用于人或财产的权力。执法管辖权,是指一国通过强制力实施法律的权力。① 就管辖权的确定、法律适用以及判决的承认与执行这三个问题,主权的限制主要体现为以下三个方面。

第一,限制法院选择条款。法院选择条款,是指合同当事人合意指定解决他们之间所发生诉讼之法院的合同条款。② 与其他合同条款一样,法院选择条款同样是当事人合意的产物,要受到意思瑕疵的影响,如欺诈、胁迫以及显失公平等。然而,与合同中其他条款不同的是,法院选择条款不直接决定当事人之间的权利义务关系,而是以指定管辖法院为目的。从该特殊目的来讲,法院选择条款更类似合同中的法律选择条款以及仲裁条款。尽管具有前述相似性,但与法律选择条款以及仲裁条款相比,法院选择条款仍有其自身的特殊性。法律选择条款以及仲裁条款所需解决的问题,本质上都是当事人可以合意决定的。是否选择仲裁程序是当事人合意的体现,而准据法主要的内容是依据当事人的合意确定解决合同争议的规则或者原则,仍然体现当事人的合意。然而,法院选择条款却是对作为国家主权组成部分的管辖权的选择。正是这种选择决定法院选择条款不仅具有双重效力,而且具有双重性质。

法院选择条款会发生两方面的效力:其一,赋予当事人指定的法院以管辖权。该法院本身可能对于当事人之间的合同具有管辖权,但在更多情况下,当事人指定的法院本身不具有对合同的管辖权。其二,排除其他法院的管辖权。对于当事

---

① See Symeon C. Symeonides, *United States of America*, in Bea Verschraegen, International Encyclopedia for Private International Law, Wolters Kluwer Law & Business, 2015, p. 28.

② See Trevor Hartley, *Choice-of-Court Agreements under the European and International Instruments*, Oxford University Press, 2013, para. 1.03.

人指定的法院以外的其他法院,即便其本身具有对合同的管辖权,也由于法院选择条款的存在,而不应行使或者说被当事人合意排除管辖权。需要指出的是,法院选择条款的排除效果并非绝对的,当事人的合意对被排除管辖权的法院并不一定具有约束力。尽管被当事人指定的法院可以通过一定的方式,促使未被指定的法院不行使管辖权,或者在判决承认与执行阶段,不认可违背法院选择条款所作出的判决,但这都不影响未被指定的法院行使其自身所具有的管辖权。因此,除非各国间达成国际公约,如《选择法院协议公约》,从国际公法的角度约束各国司法管辖权的范围,否则法院选择条款的排除效果只能导致未被指定的法院不应行使而非不能行使管辖权。

同时,法院选择条款具有双重性质。一方面,作为当事人合意的产物,法院选择条款不应被视为仅具有程序性,其效力会受到当事人合意瑕疵的影响。另一方面,由于法院选择条款的特定目的,其也不应仅被视为具有合意性,法院选择条款是否能达到授予管辖权以及排除管辖权的效果会受到法院地法律的影响。

据此,法院选择条款赋予特定法院管辖权效果之实现有赖于该条款本身有效。因而,即便不是受诉法院也可以排除法院选择条款之效力。比如,我国法院完全可以按照《民事诉讼法》第 35 条,[①]以被选择的法院不具有实际联系为由,否定法院选择条款的效力。同时,法院选择条款的排除效果实际也取决于未被指定的法院是否接受。比如,按照《民事诉讼法》第 35 条,我国法院显然不能接受排除我国专属管辖权的法院选择条款。不难看出,当事人协议选择管辖法院需要受到多方面的限制,而这些限制实际上体现了各国法院维护本国司法管辖权的价值取向。

第二,限制当事人意思自治。从各国针对合同的冲突规则来看,直接限制当事人意思自治本身,表现出以下两方面的发展趋势。

---

① 《民事诉讼法》第 35 条规定:“合同或者其他财产权益纠纷的当事人可以书面协议选择被告住所地、合同履行地、合同签订地、原告住所地、标的物所在地等与争议有实际联系的地点的人民法院管辖,但不得违反本法对级别管辖和专属管辖的规定。”

其一,绝对优先强制性规则限制当事人意思自治。强制性规则是随着福利国家的出现、国家干预经济的强化而逐渐形成的一类规则。尽管不同学者对强制性规则的界定各不相同,但就强制性规则的性质而言,该类规则体现制定规则的国家所欲保护的特定利益,而该类规则最根本的特质是,强制作用于落入其适用范围内的所有法律关系,而不考虑当事人的意愿。① 强制性规则可以分为两类,即国内强制性规则,以及国际强制性规则或称为绝对优先强制性规则。国际私法领域更多关注排除冲突规则指引或者当事人选择,直接得到适用的国际强制性规则。

各国针对合同的冲突法规则普遍取消对准据法与合同或者当事人之间关联性的要求,从而使不是法院地国或者准据法国的第三国,在与合同或者当事人具有一定联系时,该国所制定的绝对优先强制性规则,需要在法院地适用准据法的过程中得到适用。然而,绝对优先强制性规则的适用必然会排除当事人意思自治,因而为防止前述规则的滥用,各国针对合同的冲突法规则一般都将第三国的范围限于与合同具有密切联系的国家或者仅止于合同履行地,并且还赋予受诉法院以自由裁量权用以决定这类规则最终能否得到适用。②

其二,公共秩序限制当事人意思自治。公共秩序,是指一国在特定时期内,特定条件下,在特定问题上的重大或根本利益所在,它可以表现为法律的基本原则,以及诸如宪法、刑法、警察与公共治安法、财政法和税法之类的强行法。③ 公共政策是国际私法领域最难界定的概念之一。这不仅源于公共政策所根植的一国社会价值观念在不同时期、不同场合以及不同条件下的变化,也在于公共政策本身作为整个国际私法体系的"安全阀",起到否定另一国法律适用的作用,从而使得

---

① 需要指出的是,在我国学者的论述中,强制性规则也被称为直接适用的法。据学者考察,这两个概念实际上体现同一内容。因而,在本书中,对前述两个概念不做区分,而统一采用强制性规则的称谓。参见卜璐:《国际私法中强制性规范的界定——兼评〈关于适用《涉外民事关系法律适用法》若干问题的解释(一)〉第10条》,载《现代法学》2013年第3期。

② 参见董金鑫:《合同领域的第三国强制规范适用研究》,武汉大学2014年博士学位论文,第106~145页。

③ 参见黄进:《宏观国际法学论》,武汉大学出版社2007年版,第226页。

其本身在概念以及外延上应具有一定的可变性以及不确定性,以适应不同案件中的实际需要。

强制性规则的勃兴,使公共秩序的适用范围以及适用的可能逐渐缩小。就合同法律适用而言,前述缩小化趋势,一方面表现为,多数国家的冲突规则仅仅允许法院地公共秩序适用;[①]另一方面表现为,各国冲突规则在适用公共秩序的条件上的严格化。[②]

无论是通过绝对优先强制性规则还是公共秩序来限制当事人意思自治,都是为了保护弱者,实现当事人之间的正义或者保证国家利益不受损害。因而,限制当事人意思自治实际上体现一国适用其本国法律的意图,是维护一国立法管辖权的体现。

第三,限制外国判决的效力。在判决国与承认国之间不存在共同缔结的有关判决承认与执行的国际公约时,国际公法层面各国主权平等的重要推论是一国主权的行使是否能够在另一国发生效力完全由另一国决定。因而,在承认外国判决有损于承认国的社会公共秩序时,也就不存在承认外国判决的可行性。更重要的是,承认外国判决实质上不是承认判决本身,而是承认外国判决调整原告及被告之间法律关系后,对民事主体权益重新分配的效果,或者说是外国判决的实质确定力。[③] 这实际等同于认可外国能够在本国行使执行管辖权。因而,如果承认法院正在分配承认国管辖范围内的民事主体的权益或者已经分配前述权益,此时承认外国判决将有损于承认国的主权,外国判决不能发生效力。此外,在承认国已经承认某国判决的分配效果的前提下,为保证承认国管辖范围内民事主体权益的稳定性,嗣后其他国家判决的分配效果也不会得到承认。因此,维护法院地国主权在执法管辖权方面的主要限制体现为限制外国判决可能发生的效力。

---

① See Symeon C. Symeonides, *Codifying Choice of Law around the World*, Oxford University Press, 2014, p. 159.

② 参见马德才:《从公共秩序的限制适用趋势分析我国有关立法之完善》,载《法学杂志》2012 年第 5 期。

③ 参见陈启垂:《外国判决的承认与执行》,载台北,《月旦法学杂志》2001 年总第 75 期。

本章小结

本章围绕陆空联运和陆空联运合同的内涵、本书所研究之国际私法问题的范围、陆空联运合同国际私法问题的特殊性和解决陆空联运合同国际私法问题应遵循的价值取向等问题，界定本书研究的核心问题、研究范围以及基本理论。基于本书国际私法问题的研究范围，以及陆空联运合同法律适用和准据法概念，本书研究陆空联运合同国际私法问题的思路是，首先考察陆空联运合同管辖权的确定方法；其次分析运输公约，特别是《蒙特利尔公约》的适用问题；再次研究如何确定陆空联运合同准据法，进而探讨陆空联运合同准据法的适用；最后分析陆空联运合同判决承认与执行问题。前述研究思路，符合陆空联运合同国际私法问题所含内容之间的理论联系，厘清问题的研究脉络，有助于把握问题的来龙去脉，有助于确定研究问题的症结，进而可以使研究结论能够为陆空联运合同国际私法问题的解决提供借鉴。

第二章　陆空联运合同案件管辖权的确定

管辖权,是指法院对于涉外民商事案件进行审理和裁判的权力或者权限。①在国际民商事诉讼中,管辖权的确定仅解决如何在不同国家间分配司法管辖权,而不涉及在具有管辖权的国家内部,由哪个法院具体地审理国际民商事诉讼案件。考虑到承认与执行外国判决的重要前提是原审法院具有管辖权,因此,本章所研究之管辖权的确定不仅包括直接管辖权的确定,也包括间接管辖权的确定。本章首先分析确定管辖权的意义和基础,在此前提下,分别讨论如何通过陆空联运合同中法院选择条款确定管辖法院,以及在没有前述条款时,如何确定陆空联运合同案件管辖权。

第一节　管辖权确定的意义与基础

一、管辖权确定的意义

第一章已经论及管辖权的确定会决定陆空联运合同法律适用的不同路径。除此之外,管辖权的确定还会在一般意义上影响准据法的确定与适用。这不仅是管辖权确定的意义,也是本书考察陆空联运合同管辖权确定问题的重要原因。

管辖权的确定问题与法律适用问题通常被认为是两个相对独立的问题。我国学者在讨论这两个问题时,一般在国际民商事诉讼程序法中研究管辖权的确

---

① 参见李双元等:《国际民事诉讼法概论》(第 3 版),武汉大学出版社 2016 年版,第 161 页。

定,而在冲突法中分析法律适用,并且国际私法理论研究的重点一直是法律适用问题。然而,无论是传统的法域选择方法,还是美国冲突法革命后兴起的规则或者结果选择方法,就其本质而言,都是为解决如何在可得适用的多个法律体系中,选择最适当的。只不过不同方法选择的角度不同,或者在同一种研究方法内,对于“适当”的理解不同。基于此,可以认为法律适用仍然是在进行一种分配,而与管辖权确定的不同之处仅在于,管辖权确定问题需要解决的是如何分配司法管辖权,而法律适用问题需要解决的则是如何分配立法管辖权。因此,管辖权的确定与法律适用是需要依次解决,但又密不可分的两个问题。

从理论层面来看,一方面,管辖权的确定是国际民商事诉讼面临的首要问题,不解决管辖权的问题,其他问题便无从谈起。因而,管辖权的确定是法律适用的前提,只有在受诉法院解决管辖权问题后,才会遇到法律适用问题。而由于各国法院不会适用别国的冲突规则来确定准据法,因而,确定了管辖权实际上就确定了应适用的冲突规则,进而对于准据法的确定产生影响。即便对于相同的冲突规则,不同国家的法院也会有不同的理解,也就会导致适用不同的法律。另一方面,法律适用一定意义上也影响着管辖权的确定。毋庸置疑的是,受诉法院有适用法院地法的倾向。这意味着,如果是国际民商事诉讼,法院地法则有适用上的利益,受诉法院会倾向认定其对案件具有管辖权。存在管辖权积极冲突时,如果法院地法有适用上的利益,即便确定管辖权可能会导致平行诉讼,法院也不会放弃自身的管辖权;而在管辖权消极冲突时,如果法院地法有适用上的利益,特别是涉及本国国民的保护时,即便法院可能不存在确定管辖权的基础,法院也不会放弃对案件的管辖。因而,从理论层面来看,管辖权的确定与法律适用是两个相互独立,但又互相深刻影响的问题。

而在具体制度层面,管辖权的确定制约或者影响着法律适用,表现在以下几个方面。

第一,管辖权的确定制约着识别制度的适用。受诉法院的不同影响识别的结果,从而控制对准据法的选择。法院地法是识别的根据,因而,某一案件归属哪国法院管辖,也就意味着应依据该国法律做出识别。由于识别是一种法律解释活动,必然夹杂着法官个人的意志和认识倾向,同一案件事实在不同国家的法院,由不同法官进行识别,结果可能大相径庭。

第二,管辖权的确定制约着反致制度的适用。尽管各国针对合同的冲突规则普遍排除反致的适用,但仍有一些国家允许当事人明示选择反致的适用。因而,不同国家针对反致的不同态度,不仅决定能否适用反致,也决定准据法的援引方向,进而间接决定准据法的选择。

第三,管辖权的确定影响着限制当事人意思自治机制的适用。公共秩序或者绝对优先强制性规则的运用与受诉法院有着密切的联系,对案件准据法的适用产生十分重要的影响。由于公共秩序在概念以及外延上具有一定的可变性以及不确定性,一旦某国法院确定管辖权,也就处在灵活运用公共秩序的有利位置,也就享有对外国法律的适用进行权衡利弊和比较取舍,甚而评判外国法律的权力。同理,一旦某国法院确定管辖权,法院也就取得考察准据法国或者第三国绝对优先强制性规则能否适用的权力,并能够保证法院地的绝对优先强制性规则得到适用。基于此,管辖权的确定对于准据法的适用会产生十分重要的影响,也即管辖权的确定使受诉法院取得判断准据法能否适用的决定权。

第四,管辖权的确定影响着冲突规则的适用。受诉法院的不同,也会影响冲突规则的具体适用,进而影响准据法的确定。尽管当事人意思自治是各国普遍接受的针对合同的冲突规则,但在当事人没有进行选择时,不同国家确定准据法的方法各不相同。即便是普遍得到认可的最密切联系原则,不同国家对其的适用也不同:欧洲国家倾向将合同通过最密切联系原则场所化,而美国法院则倾向通过政府利益分析的方法确定与合同具有最重要联系的国家。因而,不同受诉法院对于冲突规则的运用会对准据法的确定产生影响,进而使管辖权的确定影响准据法的确定。

第五,管辖权的确定影响准据法的查明制度。受诉法院的不同直接影响准据法的查明,以及无法查明时,如何确定递补性的规则。由于目前并没有统一查明问题的国际公约,并且不同国家基于对外国法认识的不同立场,对于查明制度以及不能查明的补救措施,规定各不相同。因而,管辖权的确定直接影响着最终适用的准据法。

不难看出,管辖权的确定与法律适用,无论是在理论层面,还是在具体制度层面,都存在深刻的相互制约以及影响。诚然,在理论研究中可以将两个问题孤立地看待,但将二者结合起来,更有利于从司法实践的角度理解法律适用的整个过程。

二、管辖权确定的基础

管辖权是主权的重要组成部分,因此,在符合国际法且没有国际条约约束的前提下,一国可以根据自身需要设定管辖权规则。这也是国际范围内较难统一有关管辖权之规定的原因。然而,随着全球化趋势沛然而来,各国有关管辖权之规则,已有趋向一致之趋势,进而也就具备统一的可能性,2015 年生效的《选择法院协议公约》即为例证。因此,以下首先讨论英美法系和大陆法系行使管辖权的基础,以便明晰两大法系行使管辖权基础的趋同趋势以及仍存在的差异之处,进而明确本书有关管辖权问题的研究重点及研究思路。

(一)英美法系确定管辖权的基础

传统实践中,英美法系皆以送达诉讼通知作为行使管辖权的条件,并区分对人管辖权以及对物管辖权。[①] 对人管辖权,或称对人诉讼,"乃为其诉讼之目的在于解决当事人对于争执的标的物的权利与利益,而法院判决之效力只及于诉讼当事人间"[②]。然而,与英国法院固守以送达诉讼通知作为行使管辖权之基础不同,美国联邦最高法院自 1945 年国际鞋业案(International Shoe Co. v. Washington,以下简称国际鞋业案)以来,通过判例,逐步发展并形成新的管辖权基础,也即以美国宪法正当程序条款为限制,以联系原则作为行使管辖权之基础,[③]而送达诉

① 本书仅在第六章讨论执行航空器时,涉及对物管辖权,本章仅讨论对人管辖权。

② 陈隆修:《国际私法管辖权评论》,台北,五南图书出版股份有限公司 1986 年版,第 29 页。

③ See Restatement (Fourth) of the Foreign Relations Law of the United States, § 422 Personal Jurisdiction: "(1) Courts in the United States exercise jurisdiction to adjudicate only if they have personal jurisdiction. (2) The Due Process Clauses of the Constitution require sufficient contacts with the forum and that the exercise of jurisdiction be reasonable..."

讼通知则成为行使管辖权的条件而非基础。①

英国法院于以下三种情况下可以将诉讼通知送达给被告:其一,被告亲自于法院地时;其二,被告承认法院之管辖权时;其三,虽被告不在法院地,但依据英国《民事诉讼规则》(Civil Procedure Rules)允许法院送达诉讼通知。② 英国法院固守以送达诉讼通知作为行使管辖权的条件,这会导致两方面的后果:其一,英国法院可能审理一些并不适于英国法院审理的案件。比如,被告临时过境英国,但案件争议与英国并无任何联系。针对此种情况,英国法院通过不方便法院原则(forum non conveniens)排除不适当的管辖权。其二,由于被告不在法院地,英国法院不能针对应由英国法院审理的案件行使管辖权。比如侵权行为发生在英国,但在起诉时被告不在法院地。为解决该问题,立法确立向不在法院地之被告送达诉讼通知之法定条件。③

美国联邦最高法院在国际鞋业案中指出,正当程序条款仅仅要求,当被告不在法院地领土范围内时,为使被告服从法院对其个人的判决,被告必须与法院地具有一定的最低联系,以使对其的诉讼不至于违反公平对待和实质正义。④ 美国联邦最高法院通过后续判决逐步形成判断是否满足正当程序要求的两层次标准:第一个层次是被告是否与法院地具有最低联系,第二个层次是行使管辖权的合理性。⑤ 而在谢弗案(Shaffer v. Heitner)中,美国联邦最高法院认为,无论是行使对人管辖权、对物管辖权,还是准对物管辖权,都需要遵照联系原则,满足正当程序

---

① See Restatement (Fourth) of the Foreign Relations Law of the United States, § 423 Service of Process: "(1) A court in the United States may exercise in personam jurisdiction over a defendant only if the defendant has been properly served or has waived service. Service in State court is governed by State rules. Service in federal court is governed by federal rules. Service upon a foreign state is governed by the Foreign Sovereign Immunities Act in both State and federal courts..."

② 参见陈隆修:《国际私法管辖权评论》,台北,五南图书出版股份有限公司1986年版,第36页。

③ See Paul Torremans ed., *Cheshire, North & Fawcett on Private International Law*, 15th ed., Oxford University Press, 2017, p. 765-766.

④ See International Shoe Co. v. Washington, 326 U. S. 310, 316 (1945).

⑤ See Asahi Metal Indus. Co. v. Superior Court, 480 U. S. 102, 113-114 (1987).

条款之要求。①

需要说明的是,冯迈伦和特劳特曼两位教授依据被告、法院以及涉诉争议之间的联系将美国法院的对人管辖权划分为一般管辖权与特别管辖权。② 前述划分方法为美国联邦最高法院所接受。③ 更为重要的是,以送达诉讼通知作为行使管辖权之基础,在美国法院并非完全不能适用。美国联邦最高法院在伯纳姆案(Burnham v. Superior Court)中认为,通过向临时过境的自然人送达诉讼通知而行使对人管辖权,不违反正当程序条款,④但通过向临时过境的法人员工送达诉讼通知而行使对法人的对人管辖权,是不被正当程序条款所允许的。⑤

(二)大陆法系确定管辖权的基础

大陆法系传统上少有直接规定国际民商事案件管辖权,因而,大陆法系国家多依据本国国内民商事案件管辖规则来确定国际民商事案件管辖权。在此前提下,根据是否区分国内民商事诉讼与国际民商事诉讼,可以将大陆法系有关管辖权基础的理论区分为以下两类。⑥

第一类,不区分国内民商事诉讼与国际民商事诉讼。该类学说包括,逆推知说与单纯类推适用说。逆推知说认为从国内民商事诉讼法有关管辖权的规则,可以推知该国法院是否具有国际民商事诉讼的管辖权。原因在于,国内民商事诉讼法有关管辖权的规则具有所谓双重机能性,不仅适用于国内民商事诉讼,也适用于国际民商事诉讼。类推适用说认为,诉讼法的基本理念,比如,司法应以实现程序正义为目标、应保证当事人之间诉讼权利义务对等、不浪费司法资源等,不仅能够适用于国内民商事诉讼,也能适用于国际民商事诉讼。故而,如果成文法没有明确规定,基于前述基本理念上的一致性,国际民商事诉讼的管辖规则应类推适

---

① See Shaffer v. Heitner, 433 U. S. 186, 207 (1977).

② See Arthur T. von Mehren & Donald T. Trautman, *Jurisdiction to Adjudicate: A Suggested Analysis*, Harvard Law Review, Vol. 79:6, p. 1121 – 1179 (1966).

③ See Helicopteros Nacionales de Colombia, S. A. v. Hall, 466 U. S. 408, 414 (1986).

④ See Burnham v. Superior Court, 495 U. S. 604, 619 (1990).

⑤ See Martinez v. Aero Caribbean, 764 F. 3d 1062, 1067 – 1069 (9th Cir., 2014).

⑥ 参见吴光平:《涉外财产关系案件的国际裁判管辖权》,载《法学丛刊》2006 年第 1 期。

用国内民商事诉讼的管辖规则。在此基础上,单纯类推适用说不再进一步分析国际民商事诉讼与国内民商事诉讼在程序细节上的差异,而直接类推适用国内民商事诉讼的管辖规则,用以确定国际民商事诉讼的管辖权。

第二类,区分国内民商事诉讼与国际民商事诉讼。该类学说包括修正类推适用说、利益衡量说以及新类型说。修正类推适用说承认类推适用说的大前提,即国际民商事诉讼与国内民商事诉讼在诉讼法基本理念上的一致性。然而该学说与单纯类推适用说的不同之处在于,修正类推适用说认为国际民商事诉讼涉及境外原告或被告,案件事实、证据、证人或者裁判结果等可能涉及不同国家。因此,不能够完全按照国内民商事诉讼的管辖规则类推适用,而应考虑前述差异,依据国际民商事诉讼的特殊性,修正适用国内民商事诉讼管辖规则。利益衡量说主张,应根据利益衡量诉争案件诸要素的结果,规定国际民商事诉讼管辖权规则。持利益衡量说的部分学者认为,衡量诉争案件诸要素时,不能完全抛弃国内民商事诉讼管辖权规则,而应重新评估国内民商事诉讼管辖权规则的机能与意义,并根据前述衡量结果,进而决定国际民商事诉讼管辖权规则。持利益衡量说的另一部分学者则主张应该完全抛弃国内民商事诉讼管辖权规则,根据诉讼当事人之便利、公平与可预见性、裁判的效率和公平性、调查取证的难易程度、判决在外国法院是否能够实现、诉讼与法院地之间的牵连以及诉讼与法院地法之间的牵连等七个要素对诉讼进行利益衡量。新类型说主张国际民商事诉讼管辖权不应受国内民商事诉讼管辖规则的拘束,而应建立专门针对国际民商事诉讼自身特殊性的管辖规则。而就如何建立前述专门规则,该学说认为,一方面,应依案件之类型形成国际民商事诉讼管辖权规则;另一方面,也应考虑具体案件中所存在的特殊情况,修正依据前述规则做出之结果。

从整体上来看,大陆法系有关管辖权的理论,除是否区分国内民商事诉讼与国际民商事诉讼这一理论前提的不同外,都是在规则的确定性以及实现个案正义这两个价值取向之间进行选择。或是以规则确定性为首要考量,比如,逆推知说以及类推适用说;或者以个案正义为首选要素,比如,利益衡量说以及新类型说。

而这种取舍上的困难实际上源于大陆法系长久以来的成文法传统，这使大陆法系法官不具有英美法系法官所拥有的广泛自由裁量权，进而可以在一个整体标准之上，如不方便法院原则或者联系原则，依据个案的不同情况，考察自身是否具有管辖权。因此，对于大陆法系国家来说，具体的基本管辖权规则，结合一定范围内的自由裁量权背离基本规则，应是大陆法系管辖权理论的适当出发点。《布鲁塞尔公约》《布鲁塞尔条例Ⅰ》《布鲁塞尔条例Ⅰ修订》基本采纳前述理论框架，以住所作为行使一般管辖权的标准，同时允许欧盟成员国法院在特定情况下针对非居民被告行使特别管辖权。

综上所述，尽管大陆法系和英美法系关于住所的定义并不相同，但如果被告在法院地有住所，则无论是从大陆法系确定管辖权之基础，还是从送达诉讼通知，抑或联系原则来看，法院都可以针对被告行使一般管辖权。两大法系管辖权规则主要的不同在于针对非居民被告如何行使管辖权。基于此，考虑到本章研究的主题是陆空联运合同案件管辖权的确定，需要考察的是该类案件管辖权确定过程中的特殊问题。因此，本章将住所的概念，以及基于住所而产生的一般管辖权，排除在本章的考察范围之外。同时，考虑到陆空联运合同诉讼多源于陆空联运经营人的违约行为，而自然人作为陆空联运经营人缔结陆空联运合同的可能性相对较小。由于法院选择条款为货物运输实践中，当事人选择管辖法院的主要方式，其也应被纳入本章的考察范围。尽管《选择法院协议公约》不适用于国际货物运输合同，但该公约对于法院选择条款的规定，仍具有重要的借鉴和参考价值。所以，讨论法院选择条款时，也需要将《选择法院协议公约》作为研究对象。最后，在比较分析的基础上，本章试图提出如何确定陆空联运合同案件管辖权的规则体系。

第二节　以法院选择条款为基础确定管辖权

国际商事交易中的一个常见问题是，当事人在缔结合同时，并不能明确地知道应由哪国法院解决有关合同的争议。[①] 因此，为避免平行诉讼导致的确定管辖权之复杂性以及相应的高昂诉讼成本，国际商事合同的当事人有必要在合同中规定解决国际商事合同争议的管辖法院。由于国际商事合同涉及多国主体，为避免在当事人一方所在地起诉可能给其他当事人带来的诉讼程序上的不利，也为选择一个具有丰富的解决特定类型合同争议经验的法院，国际商事合同的当事人合意选择一个中立法院是常见现象。[②] 而由于国际货物运输往往会涉及多个国家，相较于其他类型的国际商事合同而言，国际货物运输合同争议之管辖权法院更不易确定。因而，在国际货物运输合同中规定具有管辖权的法院，相比于其他类型的国际商事合同而言，不仅有必要，而且更具实际意义。

基于以上原因，当事人在国际货物运输合同中通常会规定法院选择条款。确定陆空联运合同管辖权，应首先考察该类合同中的法院选择条款。同时，这种探讨应针对陆空联运合同中法院选择条款所需要解决的特殊问题，而不是在一般意义上研究法院选择条款。因此，本章首先简要介绍法院选择条款的一般性问题。在此基础上，考察通过法院选择条款确定陆空联运合同管辖权需要面对的两个特殊问题：一是航空运输总条件中法院选择条款并入陆空联运合同之效力认定问题；二是具有优先且强制适用性的运输公约，对陆空联运合同中法院选择条款效力之影响问题。

一、法院选择条款概述

第一章已经论及法院选择条款不仅具有效力上的双重性，而且还具有性质上的双重性。因此，法院选择条款赋予管辖权之效果能否实现，有赖于该条款本身是否有效。同时，法院选择条款排除管辖权之效果能否实现，取决于未被指定的法院是否接受。因而，本部分需要进一步论述法院选择条款的效力应如何认定，并从比较法的维度，考察各国法院在多大程度上接受法院选择条款的排除效力。

---

① See Trevor Hartley, *Choice-of-Court Agreements under the European and International Instruments*, Oxford University Press, 2013, para. 1.01.

② See Felix Sparka, *Jurisdiction and Arbitration Clauses in Maritime Transport Documents*, Springer, 2010, p. 5.

(一)法院选择条款的概念和分类

法院选择条款,是指合同当事人合意指定解决当事人之间所发生诉讼之法院的合同条款。① 法院选择条款效力上的双重性决定了如何划分该类条款。从总体上讲,法院选择条款可以分为具有排除效果以及不具有排除效果这两大类。

如果法院选择条款不具有排除其他法院管辖权的效果,比如,如果法院选择条款规定,该合同下所产生的诉讼应在某国某法院或者另一国的某法院提起,则该条款应被认为是非排他性法院选择条款;而如果法院选择条款具有排除其他法院管辖权的效果,则其被称为排他性法院选择条款。

由于减少平行诉讼的风险和提高解决争议之法院的可预见性与效率是法院选择条款重要的作用,在这方面非排他性法院选择条款发挥的作用显然不如排他性法院选择条款。因而,国际以及区域针对管辖权的公约,比如,《选择法院协议公约》第 3 条第 2 款②以及《布鲁塞尔条例 I 修订》第 25 条第 1 款③都规定,除非当事人另有约定,否则法院选择条款应被认为是排他性的。然而,在判断法院选择条款是否具有排除其他法院管辖权的效果时,合同的措辞并不必然产生决定性影响,更准确的判断标准应是在合理解释法院选择条款措辞的基础上,判断法院选择条款是否要求或者当事人是否有义务在特定的法院解决争议。④ 就排他性法院选择条款的认定而言,还需要进一步考察以下两个问题。

第一,如果法院选择条款指定某国的多个法院,那么该类条款是否仍具有排他性。在此种情况下,当事人当然可以选择某国的任意法院,除非该国国内程序规则明确将审理国际民商事诉讼的管辖权赋予某一特定法院。尽管如此,

---

① See Trevor Hartley, *Choice-of-Court Agreements under the European and International Instruments*, Oxford University Press, 2013, para. 1.03.

② 《选择法院协议公约》第 3 条第 2 款规定,"除非当事人另有明示约定,指定某个缔约国法院或者某个缔约国的一个或者多个特定法院的法院选择协议应被视为排他性的"。

③ 《布鲁塞尔条例 I 修订》第 25 条第 1 款规定:"... Such jurisdiction shall be exclusive unless the parties have agreed otherwise..."

④ See Lawrence Collins eds., *Dicey, Morris & Collins on the Conflict of Laws*, 15th ed., Sweet & Maxwell, 2012, p. 606.

由于该类法院选择条款实际上排除其他任何国家法院的司法管辖权,而司法管辖权是属于国家而不是某个法院,所以,该类法院选择条款同样也应具有排他性。

第二,如果法院选择条款对不同当事人分别指定不同国家的不同法院,比如,法院选择条款规定,一方当事人只能在某国某法院起诉,另一方当事人只能在另一国的某法院起诉,该条款是否也具有排他性。依据《选择法院协议公约》解释报告,如果该种类型的法院选择条款对不同当事人所指定的法院都在同一缔约国内,则该种类型的法院选择条款也具有排他性。① 推而广之,如果不考虑《选择法院协议公约》对指定的多个法院必须都在某个缔约国的限制,对不同当事人分别指定不同国家法院的法院选择条款,也应认为具有排他性。原因仍在于,司法管辖权属于国家主权,只要排除其他国家法院的司法管辖权,该类法院选择条款也应认为具有排他性。只不过此种类型的法院选择条款的特殊性在于,针对不同的当事人,被排除司法管辖权的国家并不相同,并且被指定的法院不在同一国家,但只要针对不同当事人所指定的法院是唯一的,该类法院选择条款也应具有排他性。

需要指出的是,在司法实践中,基于合同本身的需要以及当事人的合意,不一定必然会订立排他性法院选择条款。并且合同中的法院选择条款,并不一定能够被明确地划分为排他性或者非排他性。比如,在国际金融领域,常见的法院选择条款是借款方针对出借方提起的诉讼由某国法院排他性管辖,出借方针对借款方提起的诉讼可由该国法院或者其他国家依照其本国法有管辖权的法院管辖。这种法院选择条款对不同当事人具有不同效果,对于一方具有排他性,但对于另一方不具有排他性,被称为单边法院选择条款或者不对称法院选择条款。②

---

① See Trevor Hartley & Masato Dogauchi, *Explanatory Report of Convention of* 30 *June* 2005 *on Choice of Court Agreements*, Hague Conference on Private International Law, 2005, para. 104.

② 参见郭玉军、司文:《单边法院选择条款的法律效力探析》,载《国际法研究》2014 年第 4 期。

(二)法院选择条款效力的认定

1. 确定法院选择条款效力规则的比较观察

关于法院选择条款效力认定问题的总体趋势是,有关法院选择条款的不同争议应适用不同的法律。前述趋势体现于国际公约、区域公约以及各国立法中确定法院选择条款效力的规则中。

《选择法院协议公约》将法院选择条款的效力分为形式效力以及实质效力。前者是指法院选择条款的缔结方式,由《选择法院协议公约》的规定决定;①后者是指对法院选择条款合意瑕疵的评价,如欺诈、胁迫或者显失公平等,由被选择的法院地所在国的法律决定。② 同时,《选择法院协议公约》的解释报告明确指出,决定实质效力的规则,包括被选择法院地所在国的国际私法规则。③ 此外,在例外的情况下,如依据未被指定但受理案件的法院地法律,法院选择条款的一方当事人无缔约能力,未被选择但受理案件的法院地法律也可以否定法院选择条款的效力。④

《布鲁塞尔条例Ⅰ修订》同样区分法院选择条款的形式效力以及实质效力。前者由《布鲁塞尔条例Ⅰ修订》设定的规则决定;⑤后者则由被选择的法院所在成

① 参见《选择法院协议公约》第3条第3款规定:"一项排他性选择法院协议必须用以下方式缔结或者以文件形式证明:1. 以书面形式;或者2. 以其他任何联系方式,且该方式能提供可获取的信息,使其日后可予使用。"

② 参见《选择法院协议公约》第5条第1款规定:"在一项排他性选择法院协议中指定的某缔约国的一个或者多个法院对该协议适用的争议有管辖权,除非根据该国法律该协议是无效的。"

③ See Trevor Hartley & Masato Dogauchi, *Explanatory Report of Convention of* 30 *June* 2005 *on Choice of Court Agreements*, Hague Conference on Private International Law, 2005, para. 125.

④ 参见《选择法院协议公约》第6条第2款规定:"根据受理案件的法院所在地国家的法律,一方当事人缺乏缔结该协议的能力。"

⑤ 参见《布鲁塞尔条例Ⅰ修订》第25条第1款规定:"... The agreement conferring jurisdiction shall be either: (a) in writing or evidenced in writing; (b) in a form which accords with practices which the parties have established between themselves; or (c) in international trade or commerce, in a form which accords with a usage of which the parties are or ought to have been aware and which in such trade or commerce is widely known to, and regularly observed by, parties to contracts of the type involved in the particular trade or commerce concerned."

员国的法律，包括该国的国际私法规则决定。①

我国《民事诉讼法》以及《民事诉讼法司法解释》都没有规定法院选择条款的效力如何认定。然而，无论是《民事诉讼法》第 35 条，还是《民事诉讼法司法解释》第 529 条，②都要求选择我国法院或者外国法院时，必须以书面协议形式做出，并且所选择的法院必须与争议具有实际联系。因而，可以认为前述两个要求就成为我国法院判断法院选择条款有效性的标准。而就法院选择条款本身的准据法而言，最高人民法院在一则指导性案例中明确指出："协议选择适用法律与协议选择管辖法院是两个截然不同的法律行为，应当根据相关法律规定分别判断其效力。对协议选择管辖法院条款的效力，应当依据法院地法进行判断。"③这说明，在我国司法实践中，应由法院地法决定法院选择条款的效力。

从国际公约、区域立法来看，普遍认可有关法院选择条款的不同争议应适用不同的法律，并且在多数情况下，应适用法院地法律决定法院选择条款之效力。因此，可以认为，法院选择条款效力的独立性得到普遍的承认。那么进一步的问题是，为什么需要将法院选择条款与主合同效力相分离，以及有关法院选择条款的不同争议应如何适用法律更加合理。

2. 法院选择条款效力的独立性

确立法院选择条款与主合同效力的可分离性源于以下两方面原因：其一，为

---

① 参见《布鲁塞尔条例 I 修订》第 25 条第 1 款规定："If the parties, regardless of their domicile, have agreed that a court or the courts of a Member State are to have jurisdiction to settle any disputes which have arisen or which may arise in connection with a particular legal relationship, that court or those courts shall have jurisdiction, unless the agreement is null and void as to its substantive validity under the law of that Member State..."《布鲁塞尔条例 I 修订》序言 20："Where a question arises as to whether a choice-of-court agreement in favour of a court or the courts of a Member State is null and void as to its substantive validity, that question should be decided in accordance with the law of the Member State of the court or courts designated in the agreement, including the conflict-of-laws rules of that Member State."

② 《民事诉讼法司法解释》第 529 条规定："涉外合同或者其他财产权益纠纷的当事人，可以书面协议选择被告住所地、合同履行地、合同签订地、原告住所地、标的物所在地、侵权行为地等与争议有实际联系地点的外国法院管辖。根据民事诉讼法第三十四条和第二百七十三条规定，属于中华人民共和国法院专属管辖的案件，当事人不得协议选择外国法院管辖，但协议选择仲裁的除外。"

③ 山东聚丰网络有限公司诉韩国 MGAME 公司、第三人天津风云网络技术有限公司网络游戏代理及许可合同纠纷管辖权异议上诉案。参见(2009)民三终字第 4 号。

高效地解决争议。如果法院选择条款与主合同效力不分离,那么出现合同争议时,法院选择条款的效力同样会存在争议。这必然会导致受诉法院必须首先决定自身是否具有管辖权,从而导致诉讼程序冗长以及司法资源浪费,不利于争议的高效解决。其二,为保护当事人的合理预期。因为法院选择条款本身不直接决定当事人之间的权利义务关系,只是为解决当事人之间争议而存在,所以在当事人之间存在争议时,他们制定的解决争议的条款如不能有效适用,当事人预期的目标就很难实现。因此,从保护当事人合理预期以及高效解决争议的角度来看,法院选择条款效力的可分离性应得到确认。

3. 确定法院选择条款效力规则的应然选择

解决有关法院选择条款不同争议较合理的方式是,区分法院选择条款的形式要求与实质问题,分别适用不同的法律。同时,还应根据法院选择条款自身的双重性质,进一步区分不同实质问题应适用的法律。

就法院选择条款的形式要求而言,《选择法院协议公约》对形式的要求,只是为明确公约的适用范围,适用范围一旦确定,缔约国就不能通过国内法对法院选择条款的形式施加更多的限制。并且《选择法院协议公约》允许缔约国认可不满足该公约,但满足该国国内法形式要求的法院选择条款,尽管在此种情况下,该条款应不具有排除别国法院管辖权的效果。① 同样的,《布鲁塞尔条例 I 修订》对形式的要求,不是为限制当事人缔结法院选择条款的方式,而只是为确定当事人之间对于法院选择条款是否存在合意。② 因此,基于法院选择条款的合意性,只要当事人可以证明法院选择条款的存在,为最大限度地尊重当事人对争议解决方式的选择,对法院选择条款的形式不应作出限制性的规定。

就法院选择条款的实质问题而言,《选择法院协议公约》适用被选择的法院

---

① See Trevor Hartley & Masato Dogauchi, *Explanatory Report of Convention of* 30 *June* 2005 *on Choice of Court Agreements*, Hague Conference on Private International Law, 2005, para. 110.

② See Adrian Briggs, *Civil Jurisdiction and Judgments*, 6th ed., Informa Law from Routledge, 2015, p. 172.

地所在国的法律,包括该国的国际私法规则,决定该公约所调整的法院选择条款之效力。需要指出的是,由于法院选择条款本身具有性质上的双重性,不能机械地仅适用一个准据法。

正如第一章所述,法院选择条款是否能达到授予管辖权以及排除管辖权的效果会受到受诉法院地法律的影响。从实践的角度来看,在管辖权问题上,要求受诉法院适用被选择的法院地所在国法律,不必要地增加了国际民商事诉讼的复杂程度,加剧了受诉法院查明外国法律的难度。而从理论上讲,由于法院选择条款以选择管辖权为目的,使该条款天然就具有程序性质。基于国际私法长期坚持的程序问题适用法院地法规则,具有程序性质的法院选择条款适用法院地法具有合理性。更重要的是,法院选择条款具有赋予以及排除法院管辖权的双重效果。为防止当事人将与法院地没有多少联系的争议提交给法院审理,从而节省司法资源,也为防止当事人不当地排除法院自身的管辖权,保护法院地国的主权,以法院地法律决定法院选择条款的效力也具有适当性。更为关键的是,由于法院选择条款以选择管辖法院为目的,所以在一定程度上是当事人之间合意对国家司法管辖权的选择,而这种选择只能在国家允许的情况下产生效力。据此,应通过法院地法律决定法院选择条款是否能够达到选择管辖法院的效果。

法院选择条款主要是为解决当事人之间有关合同的纠纷,该条款本身不应被视为只具有程序性,其效力会受到当事人合意瑕疵的影响。因此,适用当事人合意选择的准据法,尊重当事人意思自治,具有正当性。因此,法院选择条款本身的成立、效力、范围以及解释等问题,应通过当事人合意选择的准据法来确定。

综上,认定法院选择条款效力比较合理的方式应是,区分法院选择条款的形式、效果与效力,分别适用不同的法律。除非存在明确要求,否则不应对法院选择条款的形式做出限制,而法院选择条款所具有的选择管辖法院的效果应由法院地法律决定。同时,作为当事人合意的结果,法院选择条款的效力应由当事人选择的准据法决定。

(三)法院选择条款限制平行诉讼的效果

法院选择条款排除特定法院行使管辖权的效力,体现于法院选择条款对于平行诉讼的限制。需要指出的是,法院是否行使作为主权组成部分的管辖权,不应受到当事人合意的影响。从这个意义上讲,法院选择条款对于受诉法院仅具有说服力,而不具有拘束力。因而,从一定程度上来讲,平行诉讼的问题不可避免。本部分试图讨论的是,法院选择条款对平行诉讼所能产生的限制。这种限制,主要从两方面进行考察:其一,作为被指定的法院,其对于当事人在其他法院提出的诉讼可以采取的措施;其二,当事人违反法院选择条款起诉时,未被指定但受理诉讼的法院可以采取的措施。

1.《选择法院协议公约》有关平行诉讼的规定

针对《选择法院协议公约》第5条的解释报告指出,除非排他性法院选择条款本身无效,否则被指定的缔约国法院不能依据该国国内的程序规则,比如,不方便法院原则或者未决诉讼而排除管辖。① 而依据《选择法院协议公约》第6条,当事人在被选择的法院以外的缔约国法院提起诉讼时,除非存在该条规定的例外情况,否则应当中止或者放弃前述诉讼。

《选择法院协议公约》第6条规定的例外情况包括:(1)排他性法院选择条款无效;(2)依据受理案件的法院所在地国家的法律,一方当事人缺乏缔结该条款的能力;(3)承认排他性法院选择条款有效,将导致明显的不公正或者明显违背受理案件法院所在地国家的公共政策;(4)基于当事人不可控制的例外原因,该条款不能被合理地履行;(5)被选择的法院已决定不审理该案。第一、第二以及最后一项例外毋庸赘言。而依据《选择法院协议公约》解释报告,不能履行例外适用于当事人不能在被选择的法院提出诉讼的情况。比如,被指定的法院所在国发生战争或者由于政治原因,被指定的法院不复存在。该项例外实际上是不可抗力原则适用的结果。② 而第三项例外的存在,主要是由于法院选择条款的效力必须通过被选择的法院所在国之法律判断,因此,需要在例外的情况下,给予未被指

① See Trevor Hartley & Masato Dogauchi, *Explanatory Report of Convention of* 30 *June* 2005 *on Choice of Court Agreements*, Hague Conference on Private International Law, 2005, para. 134.

② Ibid., para. 154.

定但受理诉讼的法院否定法院选择条款效力的权力，以免该国的利益受到损害。从《选择法院协议公约》第6条的措辞来看，这些例外情况的适用条件应被严格限制。依据《选择法院协议公约》解释报告，明显不公正的情况包括但不限于：(1)当事人在指定法院不能得到公正的审判；(2)在指定的法院存在针对特定当事人的限制，阻止其提出诉讼或者在诉讼中提出抗辩。① 而明显违背公共政策，是指明显违背受诉法院所在国的基本规范或者原则，而不仅仅只是违反受诉法院所在国的强制性规则。②

不难看出，尽管《选择法院协议公约》没有否定未被选择的法院受理案件的权力，但严格地限制前述法院继续审理案件的权力。因而，尽管《选择法院协议公约》的规定不能够完全解决平行诉讼的问题，但至少有助于有效地限制平行诉讼。同时，除非排他性法院选择条款无效，否则《选择法院协议公约》对被选择的法院施加必须审理案件的义务。因而，可以认为，在《选择法院协议公约》下，排他性法院选择条款的效力得到最大限度的支持，这有助于在国际范围内有效地限制平行诉讼问题。

2.《布鲁塞尔条例Ⅰ修订》有关平行诉讼的规定

《布鲁塞尔条例Ⅰ修订》第31条第2款比《选择法院协议公约》更进一步，其规定在出现平行诉讼时，未被指定的法院，必须停止诉讼，等待被选择法院对法院选择条款的效力做出认定。③ 如果有效，其他成员国法院必须放弃管辖，只有在被选择的法院认定法院选择条款无效的情况下，其他成员国法院才能依据《布鲁塞尔条例Ⅰ修订》中的其他条款认定其是否具有管辖权，并且被选择法院对法院选择条款效力的认定，应得到其他成员国的认可。④

---

① See Trevor Hartley & Masato Dogauchi, *Explanatory Report of Convention of* 30 *June* 2005 *on Choice of Court Agreements*, Hague Conference on Private International Law, 2005, para. 152.

② Ibid., para. 153.

③ 《布鲁塞尔条例Ⅰ修订》第31条第2款规定："Without prejudice to Article 26, where a court of a Member State on which an agreement as referred to in Article 25 confers exclusive jurisdiction is seised, any court of another Member State shall stay the proceedings until such time as the court seised on the basis of the agreement declares that it has no jurisdiction under the agreement."

④ See Gothaer Allgemeine Versicherung AG and Others v. Samskip GmbH, Case C－456/11, para. 39.

尽管《布鲁塞尔条例Ⅰ修订》第31条第2款的适用只针对排他性法院选择条款,并且同样存在例外,但由于《布鲁塞尔条例Ⅰ修订》推定法院选择条款具有排他性,并且例外规定针对的是《布鲁塞尔条例Ⅰ修订》中具有更高位阶的被告自愿服从法院管辖(应诉管辖)以及专属管辖权规则。因此,第31条第2款不适用的情况很少发生,而针对该款的例外情况由于满足其他具有优先适用性的管辖权规则之适用条件,使当事人之间的法院选择协议不具有适用的可能。因而,可以认为,《布鲁塞尔条例Ⅰ修订》的规定能够有效地排除在当事人达成法院选择条款的情况下,平行诉讼发生之可能。

3. 我国立法有关平行诉讼的规定

由于我国《民事诉讼法》以及《民事诉讼法司法解释》的相关规定,在我国法院,法院选择条款难以发挥限制平行诉讼之作用。一方面,《民事诉讼法》实际联系的要求,结合最高人民法院依据法院地法决定法院选择条款效力的认定方式,使我国法院很容易排除选择外国法院的法院选择条款;另一方面,即使选择外国法院的法院选择条款满足实际联系的要求,依据《民事诉讼法司法解释》第531条①,只要我国法院也具有行使管辖权的条件,那么除非该国与我国有共同缔结或者参加的国际条约对此另有规定,否则我国法院也可以行使管辖权。尽管此种情况下,被告可以依据《民事诉讼法司法解释》第530条②,基于不方便法院原则,提出管辖异议,但该条本身的要求是,前述管辖异议需要同时满足该条所列6项条件。

① 《民事诉讼法司法解释》第531条规定:"中华人民共和国法院和外国法院都有管辖权的案件,一方当事人向外国法院起诉,而另一方当事人向中华人民共和国法院起诉的,人民法院可予受理。判决后,外国法院申请或者当事人请求人民法院承认和执行外国法院对本案作出的判决、裁定的,不予准许;但双方共同缔结或者参加的国际条约另有规定的除外。外国法院判决、裁定已经被人民法院承认,当事人就同一争议向人民法院起诉的,人民法院不予受理。"

② 《民事诉讼法司法解释》第530条规定:"涉外民事案件同时符合下列情形的,人民法院可以裁定驳回原告的起诉,告知其向更方便的外国法院提起诉讼:(一)被告提出案件应由更方便外国法院管辖的请求,或者提出管辖异议;(二)当事人之间不存在选择中华人民共和国法院管辖的协议;(三)案件不属于中华人民共和国法院专属管辖;(四)案件不涉及中华人民共和国国家、公民、法人或者其他组织的利益;(五)案件争议的主要事实不是发生在中华人民共和国境内,且案件不适用中华人民共和国法律,人民法院审理案件在认定事实和适用法律方面存在重大困难;(六)外国法院对案件享有管辖权,且审理该案件更加方便。"

这种运用方式,实际上会使不方便法院原则在我国法院适用的可能性相对较低。

综上,法院选择条款,特别是排他性法院选择条款的效力,在世界范围内得到普遍认可。平行诉讼发生的可能,在当今世界已经在很大程度上被法院选择条款所限制。这不仅是当事人意思自治在管辖权确定问题上的胜利,也是全球化时代,各国深度融合的情况下,促进商贸往来、高效解决争议的现实需要。

二、航空运输总条件中法院选择条款的并入问题

法院选择条款的并入通常是指合同当事人通过援用其他合同中的法院选择条款来约定当事人之间合同(以下简称并入合同)的管辖法院。① 在货物运输合同领域,并入法院选择条款是常见做法。比如,在国际海上货物运输中,租约下出租人在对承租人以外的主体签发的提单中并入租约中的法院选择条款。而就一般意义上的多式联运合同而言,当多式联运经营人不具有运输工具时,其需要与运输工具所有人签订租约或者与其签订货物运输合同以便履行多式联运合同。在此种情况下,通常会在多式联运合同中并入多式联运经营人签订的单式运输合同中或者租约中的法院选择条款。并入其他合同中的法院选择条款之目的在于使多份具有相关性的合同,在解决争议的方式上达成一致,进而避免在不同法院提起针对相互之间存在关联的合同的不同诉讼,从而减少多重诉讼出现的可能,并且减轻当事人的诉累。② 因此,在明确如何认定法院选择条款的效力以及该条款所具有的排除效果之基础上,需要进一步考察航空运输总条件中法院选择条款的并入问题。

航空运输总条件,"是指航空公司对大批量的公共航空运输合同所预先制定的,由合同一方当事人——航空公司在合同缔结时,向合同另一方当事人旅客、托运人提出的合同条款"③。航空运输承运人为"节约合同成本、提高交易速度和经

① See Lawrence Collins eds., *Dicey, Morris & Collins on the Conflict of Laws*, 15th ed., Sweet & Maxwell, 2012, p. 604.

② See Felix Sparka, *Jurisdiction and Arbitration Clauses in Maritime Transport Documents*, Springer, 2010, p. 120.

③ 郝秀辉:《论"航空运输总条件"的合同地位与规制》,载《当代法学》2016 年第 1 期。

济效率"①,将航空运输合同中具有共性的内容一般化,以便重复使用,实际上使得航空运输总条件成为航空运输合同的重要组成部分。② 学者研究航空运输总条件的重点在于航空运输总条件中可能会影响旅客权益的特别条款,如超售、退票或者延误条款。③ 部分学者关注在航空货物运输领域,比如,如何规制在航空货运单中并入航空承运人有关货物运输的航空运输总条件,特别是该条件中有关争议解决的法院选择条款以及法律适用条款。因为《选择法院协议公约》并不调整国际货物运输合同,所以研究如何规制航空运输总条件并入陆空联运合同,不仅需要借鉴规制航空客运合同中并入航空运输总条件的研究成果,更需要考察区域立法以及英、美法院在司法实践中,如何规制提单中并入租约中法院选择条款。

1. 并入问题的本质

基于适用不同法律调整法院选择条款效力之立场,首先,需要明确的是并入法院选择条款应属形式、效果,抑或效力问题。从理论上讲,如果将并入法院选择条款理解为并入合同当事人之间合意约定合同之条款,则应由并入合同之准据法调整是否并入法院选择条款问题;而如果从并入合同的当事人选择管辖法院的角度来看,也即视并入法院选择条款为并入合同当事人选择管辖法院的一种特殊方式,则应由法院选择条款的准据法调整是否并入。

将并入法院选择条款视为当事人选择管辖法院的一种特殊方式更为可取。一方面,由于法院选择条款效力与主合同效力的可分离性,不能将法院选择条款视为一般意义上的合同条款;另一方面,并入其他合同条款的本质不在于并入本身,而是在于通过并入,即用其他合同中的约定代替当事人之间并入合同的约定。因而,并入法院选择条款之本质还是在于约定管辖法院,而不仅仅只是并入。据此,应当由当事人选择的法院选择条款之准据法调整并入问题,也即应将并入问

① 郝秀辉:《论"航空运输总条件"的合同地位与规制》,载《当代法学》2016 年第 1 期。

② 参见贺大伟:《论公共航空承运人运输总条件的法律属性及其适用困境消解》,载《政治与法律》2018 年第 1 期。

③ 同上书,第 141 ~ 146 页。

题纳入法院选择条款的效力问题中。在此基础上,需要进一步从比较法的维度考察规制提单中并入租约中法院选择条款的不同方法。

2. 调整并入问题规则观察

《布鲁塞尔条例Ⅰ修订》中没有专门规定法院选择条款的并入问题。然而,根据欧盟法院的判决,《布鲁塞尔条例Ⅰ》对形式的要求,是为清晰并明确地确定当事人之间接受特定法院管辖之合意的存在,而不是将法院选择条款限于某种特定的形式。① 因此,《布鲁塞尔条例Ⅰ修订》第25条有关形式的要求,实质上是为了解决当事人之间是否存在选择管辖法院的合意。

《布鲁塞尔条例Ⅰ修订》第25条第1款第3项②指出,在国际贸易中,法院选择条款的形式可依据惯例确定,该惯例是当事人知道或应当认识到,并且在该特定国际贸易领域,被合同当事人广泛了解并且经常遵守的。该要求实际上极大地放松了对法院选择条款形式的要求。就陆空联运合同而言,只要当事人能证明,在双方从事的陆空联运运输实践中,并入法院选择条款满足《布鲁塞尔条例Ⅰ修订》第25条第1款第3项之要求,也就能证明当事人已经认识到并且同意被并入的法院选择条款。

我国《海商法》第95条但书部分明确规定:“但是,提单中载明适用航次租船合同条款的,适用该航次租船合同的条款。”基于此条,就如何认定提单中并入租

---

① See Mainschiffahrts-Genossenschaft e. G. (MSG) v. Les Gravières Rhénanes SARL. Case C – 106/95, para. 15. 需要指出的是,该判决针对的是《布鲁塞尔公约》第17条关于法院选择协议之规定,但由于《布鲁塞尔条例Ⅰ修订》序言34明确指出,“Continuity between the 1968 Brussels Convention, Regulation (EC) No 44/2001 and this Regulation should be ensured, and transitional provisions should be laid down to that end. The same need for continuity applies as regards the interpretation by the Court of Justice of the European Union of the 1968 Brussels Convention and of the Regulations replacing it”,故而,欧盟法院的判决对《布鲁塞尔公约》《布鲁塞尔条例Ⅰ》的解释,同样可以适用于《布鲁塞尔条例Ⅰ修订》的相同条款。据此,本书后续章节将欧盟法院针对《布鲁塞尔公约》《布鲁塞尔条例Ⅰ》的判决,一体适用于解释《布鲁塞尔条例Ⅰ修订》的规定。

② 《布鲁塞尔条例Ⅰ修订》第25条第1款:“... (c) in international trade or commerce, in a form which accords with a usage of which the parties are or ought to have been aware and which in such trade or commerce is widely known to, and regularly observed by, parties to contracts of the type involved in the particular trade or commerce concerned.”

约仲裁条款的效力,我国学者形成3种不同的意见。① 然而,最高人民法院通过对下层法院提出问题的答复,限制解释《海商法》第95条,并对仲裁条款的并入设置3个条件:其一,提单背面记载的有关并入的格式条款,并不能构成租约仲裁条款的有效并入。② 其二,即便提单正面载明租船合同仲裁条款并入提单,但如果没有明确记载被并入提单的租船合同当事人名称及订立日期,也不产生约束提单持有人的合同效力。③ 其三,即便在提单正面记载并入租约,但如果没有关于租约中仲裁条款并入提单的明示记载,也不能产生租约仲裁条款并入提单的法律效果。④

从最高人民法院提出的严格要求来看,实际上是要求提单的持有人明确地知道被并入提单的租约以及租约的条款。前述严格要求也应当适用于并入法院选择条款。需要指出的是,我国法律要求管辖法院与争议必须有实质联系,因而,即便按照前述严格要求并入法院选择条款,如果不满足实质联系的要求,该法院选择条款仍旧是无效的。

而从规制航空客运合同中并入航空运输总条件的研究成果来看,学者们也普遍认可,从保护消费者合法利益的立场出发,并入航空客运合同的航空运输总条件应当提请消费者注意。⑤ 但对于航空运输总条件中对消费者权益会产生重大影响的特别条款,则需要承运人履行特别告知义务,也即"以合理的方式提请对方

---

① 参见韩立新、袁绍春、尹伟民编著:《海事诉讼与仲裁》(第2版),大连海事大学出版社2016年版,第246~247页。

② 参见最高人民法院《关于原告中国平安财产保险股份有限公司大连分公司与被告中远航运股份有限公司、广州远洋运输公司海上货物运输合同保险代位求偿案所涉仲裁条款是否有效的请示的复函》,〔2006〕民四他字第49号。

③ 参见最高人民法院《关于原告太平洋财产保险股份有限公司上海分公司诉被告太阳海运有限公司、远洋货船有限公司、联合王国保赔协会海上货物运输合同纠纷管辖权异议案请示的复函》,〔2008〕民四他字第50号。

④ 参见最高人民法院《关于上诉人德宝海运株式会社、哈池曼海运公司与被上诉人上海森福实业公司管辖异议一案的请示的复函》,〔2010〕民四他字第52号。

⑤ 参见郝秀辉:《论"航空运输总条件"的合同地位与规制》,载《当代法学》2016年第1期。

注意该等条款并按消费者的要求加以说明”①。

综上，并入法院选择条款应被视为约定法院选择条款的一种特殊方式。无论是就立法规定、司法实践，抑或是理论研究的角度而言，都需要相对方合理认识并入陆空联运合同之航空运输总条件。尽管现代货物运输中托运人与承运人在缔约能力上，并非绝对不一致，并不需要按照保护消费者的理念要求承运人履行特别告知义务，但通过并入的方式约定法院选择条款，通常仍是承运人的单方行为，因而，还是需要要求承运人履行提示托运人注意之义务，以便承运人能够通过合理的途径明确地知道被并入的法院选择条款。

三、《蒙特利尔公约》对法院选择条款效力的影响

为平衡承、托双方的法律地位，防止承运人滥用其优势地位制定限制或者免除自身责任的条款，各国通过缔结运输公约规定承运人应承担的最低限度的责任。在缔约国法院，这些运输公约直接且优先适用于公约适用范围内的国际货物运输合同。尽管这些运输公约主要的目的是统一缔约国针对特定种类国际货物运输合同的实体规范，但这些运输公约同样对于法院选择条款具有影响。

上述影响表现为两种方式：其一，直接限制。规定管辖法院条款的运输公约，直接限制当事人可选择的法院的范围。如《蒙特利尔公约》第 33 条就明确将有关货损的诉讼限制在承运人住所地、主要营业地或者订立合同的营业地的法院，以及目的地的法院。其二，间接限制。这种间接限制主要发生在国际海上货物运输中。由于调整国际海上货物运输合同的两部主要运输公约，即《海牙规则》以及《海牙维斯比规则》都没有规定管辖法院，并且这两部公约规定的责任限额并不相同，因而，当承运人通过单方制定的法院选择条款选择在责任认定标准上较为宽松的缔约国或者直接选择非运输公约缔约国进行诉讼，而托运人在与国际海上货物运输合同具有一定联系的运输公约缔约国法院提起诉讼时，如果按照法院地法认定法院选择条款的效力，缔约国法院会基于运输公约优先适用于海运合同否

① 贺大伟：《论公共航空承运人运输总条件的法律属性及其适用困境消解》，载《政治与法律》2018 年第 1 期。

定承运人单方制定的法院选择条款的效力。

由于目前没有生效的专门调整陆空联运合同的运输公约,直接限制该类合同中法院选择条款的情况不会发生。然而,当发生定域性损失,且陆空联运合同包含的国际航空货物运输区段属于《蒙特利尔公约》调整时,则会出现与上述间接限制类似的情况,也即陆空联运经营人约定的法院不是《蒙特利尔公约》规定的四个法院,而托运人或者收货人在《蒙特利尔公约》规定的四个法院起诉。因此,本部分有必要讨论这种陆空联运合同中约定的管辖法院不同于《蒙特利尔公约》规定的管辖法院之情况(以下简称约定与规定冲突情况)。

从航空货物运输实践来看,约定与规定冲突情况发生的可能性较小。陆空联运合同多数情况下会按照《蒙特利尔公约》第 33 条的规定指定管辖法院。比如,中国国际航空公司货物运输总条件第 13.5 条就明确约定,“在公约适用的前提下,关于损失的诉讼可以根据索赔人的选择,或者在我们总部所在地法院,或者在缔结合同的我们的分支机构所在地法院,或者在目的地法院等司法管辖权范围内进行”。这就使约定与规定冲突情况发生的可能性较低。

约定与规定冲突情况的本质问题在于,当适用《蒙特利尔公约》调整陆空联运合同包含的国际航空货物运输区段时,应仅适用《蒙特利尔公约》有关货损的实体规范,还是应当一体适用《蒙特利尔公约》包含的争议解决条款。在运输公约规定争议解决条款的前提下,一方面,法院选择条款作为实现实体规范的机制,不能被人为地与实体规范割裂开来;另一方面,运输公约本身不允许任何背离,在公约可得适用的前提下,任何减轻承运人责任的条款的效力,包括法院选择条款,都应当是无效的。据此,如果出现约定与规定冲突情况,公约缔约国法院应当按照运输公约之规定,否定选择非公约指定法院的法院选择条款之效力。

第三节 以陆空联运合同为基础确定管辖权

因为法院选择条款的排除效果,能够有效地抑制平行诉讼,所以只有在陆空联运合同未规定法院选择条款或者该条款无效时,受诉法院才能够根据法院地国程序规则、对该国具有约束力的区域立法或者国际公约确定其是否具有管辖权。因而,本节与下一节逻辑上并非递进关系,而是并列关系,基于不同的管辖权确定基础。本节首先一般性论述区域公约以及我国立法,如何以诉争合同为依据确定管辖权。其次考察前述规则,如何在陆空联运经营人作为法人并且为非居民被告时,具体地适用于陆空联运合同。

《布鲁塞尔条例Ⅰ修订》第7条第1款规定,货物交付地或提供服务地法院,可以对非居民被告行使管辖权。同时,我国《民事诉讼法》第28条以及第272条规定,运输始发地法院、运输目的地法院、合同签订地或合同履行地法院,可以对非居民被告行使管辖权。究其本质,前述条款都是以诉争合同与法院地空间上的联系,作为法院行使管辖权的标准。

一、《布鲁塞尔条例Ⅰ修订》第7条第1款

《布鲁塞尔条例Ⅰ修订》第7条第1款①规定了当事人之间存在合同关系时,可以对非居民被告行使管辖权的法院。该条第1款第1项规定,发生争议的义务之履行地法院,对合同争议具有管辖权;第2项规定,除当事人另有约定外,有关货物买卖合同的争议,由货物实际交付地或者约定交付地法院管辖,有关服务合同的争议,由提供服务地法院管辖;第3项规定,如果第2项不适用,则需要依据第1项的规定确定管辖法院。

基于此,依据《布鲁塞尔条例Ⅰ修订》第7条第1款,以陆空联运合同为基础确定管辖权,首先需要明确该合同所属种类,以及相应的交付地或服务提供地应如何理解。而如果陆空联运合同既不属于货物买卖合同,也不属于提供服务合

---

① 《布鲁塞尔条例Ⅰ修订》第7条第1款:"A person domiciled in a Member State may be sued in another Member State:(1)(a) in matters relating to a contract, in the courts for the place of performance of the obligation in question;(b) for the purpose of this provision and unless otherwise agreed, the place of performance of the obligation in question shall be:—in the case of the sale of goods, the place in a Member State where, under the contract, the goods were delivered or should have been delivered,—in the case of the provision of services, the place in a Member State where, under the contract, the services were provided or should have been provided;(c) if point (b) does not apply then point (a) applies."

同，则需要确定产生争议之义务的履行地。

《布鲁塞尔条例Ⅰ修订》第7条第1款没有规定货物运输合同应属于提供服务合同，还是货物买卖合同。依据欧盟法院的判决，认定合同类型的标准是该合同的特征性义务。① 虽然陆空联运合同作为货物运输合同，与货物买卖合同具有天然的联系，但该类合同本身是以运输货物，而不是买卖货物作为主要义务或者特征性义务的。故而，陆空联运合同不能被认为是货物买卖合同。而对于提供服务合同的界定，从欧盟法院一系列的判决来看，应是以一方当事人为一定的行为用以取得报酬为标准，并且报酬并不限于金钱。② 基于第一章的论述，作为一种运输合同，陆空联运合同的特征性义务应是承运人通过运输行为获取运费。故而，应将该类合同视为提供服务合同。

由于陆空联运合同的履行涉及多个国家，可以认为该类合同在多个国家提供服务，故而，如何认定服务提供地并用以决定管辖法院，是需要进一步考虑的问题。对此问题的回答，可以从一则乘客诉航空公司的案件中得到启示。对于涉及多个履行地点的服务合同，欧盟法院一般认为，应由主要服务提供地的法院行使管辖权。③ 然而，由于航空运输本质上提供的是从始发地到目的地的，不能分割并且完全一致的服务，该服务显然不能确定主要的服务提供地点。在此种情况下，欧盟法院将航空客运运输合同争议的管辖法院限制在始发地以及目的地。不仅因为这两个地点与航空运输合同的标的有直接关系，而且这两个地点与争议具有足够密切的联系，此外，这两个地点被明确地规定在合同中而具有可预见性。④ 航空旅客运输合同与陆空联运合同，除运输对象不同外，仅就其运输本质而言，并无区别。因而，基于欧盟法院的判决，可以认为，对于陆空联运合同，一方当事人

---

① See Car Trim GmbH v. Key Safety Systems Srl, Case C－381/08, para. 31.

② See Adrian Briggs, *Civil Jurisdiction and Judgments*, 6th ed., Informa Law from Routledge, 2015, p. 223.

③ See Wood Floor Solutions Andreas Domberger GmbH v. Silva Trade SA, Case C－19/09, para. 33.

④ See Peter Rehder v. Air Baltic Corporation, Case C－204/08, para. 42, para. 44 & para. 45.

也可以在始发地及目的地之间选择管辖法院。

二、我国《民事诉讼法》第28条与第272条

具体讨论如何针对陆空联运合同适用我国《民事诉讼法》第28条①与第272条②之前，首先需要明确的是，《民事诉讼法》第28条是否能够适用于国际民商事诉讼。尽管从条文结构来看，我国《民事诉讼法》第28条规定的应是国内民商事案件管辖权，但在一些具有涉外因素的陆空联运合同诉讼中，我国法院也通过该条确定案件的管辖权。比如，中国人民财产保险股份有限公司广州市分公司与域多利货运有限公司案。该案涉及运输的始发地是美国，在国际航空货物运输途中经过中国香港特别行政区和中国澳门，最终抵达中国珠海。二审法院认为：

> 涉案保险货物为域多利货运有限公司承运的航空设备，运输目的地为珠海市，依照《中华人民共和国民事诉讼法》第二十七条，“因铁路、公路、水上、航空运输和联合运输合同纠纷提起的诉讼，由运输始发地、目的地或者被告住所地人民法院管辖”的规定，原审法院对本案具有管辖权，故域多利货运有限公司提出本案应当适用香港或澳门法律，由香港或澳门法院管辖的上诉理由不成立，本院不予采纳。③

在福州天恒船务有限公司诉远大物产集团有限公司、宁波中盟钢铁有限公司等海上货物运输合同纠纷管辖权异议案中，最高人民法院认为：

---

①　《民事诉讼法》第28条规定：“因铁路、公路、水上、航空运输和联合运输合同纠纷提起的诉讼，由运输始发地、目的地或者被告住所地人民法院管辖。”

②　《民事诉讼法》第272条规定：“因合同纠纷或者其他财产权益纠纷，对在中华人民共和国领域内没有住所的被告提起的诉讼，如果合同在中华人民共和国领域内签订或者履行，或者诉讼标的物在中华人民共和国领域内，或者被告在中华人民共和国领域内有可供扣押的财产，或者被告在中华人民共和国领域内设有代表机构，可以由合同签订地、合同履行地、诉讼标的物所在地、可供扣押财产所在地、侵权行为地或者代表机构住所地人民法院管辖。”

③　中国人民财产保险股份有限公司广州市分公司与域多利货运有限公司管辖裁定书案，(2014)珠中法立民终字第300号。

天恒船务公司与中盟钢铁公司之间的纠纷属于海上货物运输合同纠纷。依照《民事诉讼法》第28条及《海事诉讼特别程序法》第4条、第6条第2款第(2)项的规定,因海上货物运输合同纠纷提起的诉讼,由运输始发地、目的地、被告住所地、转运港所在地海事法院管辖。①

显然,按照最高人民法院的理解,《民事诉讼法》有关国内民商事案件管辖权的规定,可以被用于确定国际民商事案件管辖权。

从理论上讲,国际民商事案件管辖权与国内民商事案件管辖权应是不同性质的管辖权,不能用国内民商事案件管辖权规则确定国际民商事案件管辖权。然而,我国立法并没有严格区分国内民商事案件管辖权与国际民商事案件管辖权。同时,由于《民事诉讼法司法解释》中调整国际民商事案件中法院选择条款的第529条,实际照搬《民事诉讼法》第35条,使第35条可以统一适用于国内民商事案件和国际民商事案件中的法院选择条款。故而,从目前《民事诉讼法》不区分国内民商事案件管辖权与国际民商事案件管辖权的实际情况来看,我国关于国际民商事案件管辖权的理论学说应是逆推知说或者单纯类推适用说。基于此,《民事诉讼法》第28条也应可以适用于国际货物运输合同,即当陆空联运经营人为非居民被告时,运输始发地法院或者目的地法院,也具有陆空联运合同案件管辖权。

我国《民事诉讼法》第272条专门规定如何针对非居民被告行使管辖权。当第272条适用于陆空联运合同案件时,存在以下两个问题。

第一,合同签订地法院行使管辖权并不适当。在普遍运用网络信息技术的当下,货物运输合同,乃至于任何合同的缔结,都可以通过网络信息技术实现,除非合同中明确约定签订地,否则很难从物理空间上明确地认定合同签订地。而在货物运输实践中,尽管运输单据仅仅只是货物运输合同的初步证据,但多数情况下,运输单据完全可以等同于货物运输合同,也即承托双方并不专门订立一份货物运

① 福州天恒船务有限公司诉远大物产集团有限公司、宁波中盟钢铁有限公司等海上货物运输合同纠纷管辖权异议案,(2011)民提字第313号。

输合同。故而,合同签订地即便存在,也只能运用于某些边缘案件中。更为重要的是,即便签订单独的货物运输合同,相比于起运地、交付地等与运输合同具有实际联系的地点,货物运输合同的签订地与运输合同本身的联系并不紧密。故而,就实现个案正义的角度而言,合同签订地法院行使管辖权并不具有适当性。

第二,《民事诉讼法》第 272 条与第 28 条的适用关系以及如何理解合同履行地。从适用条件来看,由于第 272 条以被告在我国没有住所为前提,因此,陆空联运合同案件之被告如果在我国没有住所,则应当适用《民事诉讼法》第 272 条确定管辖权。否则,应适用第 28 条。在此种情况下,更进一步的问题是,如何理解合同履行地。可以将运输始发地、目的地解释为合同履行地。原因在于,尽管《民事诉讼法》第 24 条规定合同履行地法院行使针对合同诉讼的管辖权,并且《民事诉讼法司法解释》第 18 条细化规定如何认定合同履行地,但由于第 28 条专门调整运输合同,可以认为《民事诉讼法》第 28 条相对于前述两条是针对运输合同履行地之特别规定。基于此,对陆空联运合同诉讼这类货物运输合同案件而言,应当参照第 28 条判断何为第 272 条规定的合同履行地。

第四节 以陆空联运经营人法院地行为确定管辖权

由于法人是法律拟制的主体,法院对其行使管辖权的基础是其与法院地之间的联系,而这种联系是通过法人从事的商业行为而形成的。[①] 非居民被告为法人时,需要通过其分支机构、子公司或者其他实体,完成其在法院地的商业行为。此种情况下,对非居民被告行使管辖权的核心问题是,前述这些主体在法院地的商业行为,在何种情况下,能够归于非居民被告。陆空联运经营人法院地行为或是与陆空联运合同有关,或是与陆空联运合同无关。本节分别针对前述两种情况,考察陆空联运经营人作为非居民被告且为法人时,法院如何依据陆空联运经营人

① See J. J. Fawcett, *A New Approach to Jurisdiction over Companies in Private International Law*, International and Comparative Law Quarterly, Vol. 37:3, p. 646 (1988).

通过其分支机构、子公司或者其他实体在法院地实施的行为，确定陆空联运合同案件管辖权。

一、法院地行为与案件有关时的确定方法

《布鲁塞尔条例Ⅰ修订》第7条第5款属于法院依据非居民被告在法院地实施的行为，针对该行为导致的诉讼，具有管辖权的情况。

《布鲁塞尔条例Ⅰ修订》第7条第5款规定，[①]对于分支机构、代表机构或者其他实体在营业过程中导致的争议，在前述这些主体所在地，可以对外国母公司提起诉讼。针对前述规定，需要明确以下两个问题：

第一，分支机构、代表机构或者其他实体如何认定。就分支机构或者代表机构而言，依据欧盟法院的判决，需要有使得这些机构能轻易地被识别之标志。这要求分支机构或者代表机构在法院地具有持久性的外观、有管理人员、具有与第三人进行商业谈判的能力，并且第三人知道在必要时其会与这些分支机构或者代表机构的外国母公司发生法律上的联系。[②] 就其他实体而言，欧盟法院认为，如果两个独立的公司具有相同的名字以及相同的管理层，并且其中一个公司代表另一个公司缔结合同。在这种情况下，即便从公司法的角度来看，这两个公司是两个独立的实体，但与这两个独立的实体进行商业往来的第三方，可以将代表另一个公司缔结合同的其他公司视为《布鲁塞尔条例Ⅰ修订》第7条第5款下的其他实体。[③]

第二，能够行使管辖权的争议如何认定。欧盟法院认为，对于分支机构或者代表机构而言，运营这一概念，不仅包含对分支机构或者代表机构进行的适当管理行为，还包括这些机构在营业地以外国母公司名义从事的行为。因此，分支机构或者代表机构所在地法院只能针对前述行为导致的诉讼行使对外国母公司的

---

① 《布鲁塞尔条例Ⅰ》第7条第5款："A person domiciled in a Member State may be sued in another Member State:...(5) as regards a dispute arising out of the operations of a branch, agency or other establishment, in the courts for the place where the branch, agency or other establishment is situated."

② See Somafer SA v. Saar-Ferngas AG, Case C-33/78, para. 12.

③ See SAR Schotte GmbH v. Parfums Rothschild SARL, Case C-218/86, para. 13.

管辖权。[①] 而对于其他实体而言，依据欧盟法院的意见，其他实体所在地法院仅能就其他实体代表非居民被告缔结的合同所导致的纠纷行使管辖权。[②]

从以上分析可以看出，在《布鲁塞尔条例Ⅰ修订》下，依据分支机构、代表机构或者其他实体在法院地的行为，起诉外国母公司受到严格限制。一方面，这些主体必须具有能够轻易地被识别之标志；另一方面，仅就与合同有关的争议而言，分支机构、代表机构或者其他实体所在地法院的管辖权，被严格地限制在以外国母公司名义缔结的合同，对于其他类型的合同，法院不具有管辖权。因而，对于陆空联运合同来说，根据《布鲁塞尔条例Ⅰ修订》第 7 条第 5 款，不能依据区段承运人在法院地运送货物的行为，起诉陆空联运经营人，除非该区段承运人代表陆空联运经营人签订陆空联运合同。同时，也不能依据陆空联运经营人的分支机构或者代表机构以自己名义签订的陆空联运合同起诉陆空联运经营人。

二、法院地行为与案件无关时的确定方法

我国《民事诉讼法》第 272 条，属于法院依据非居民被告在法院地实施的行为，针对与该行为无关的纠纷，具有管辖权的情况。从实际效果来看，法院针对非居民被告与法院地行为无关的诉讼行使管辖权，实际上是将非居民被告视为法院地居民。故而，需要考察的是，将非居民被告视为法院地居民的标准，以及这一标准如何在陆空联运合同案件中适用。

如果依据我国《民事诉讼法》第 272 条的规定，由代表机构所在地法院对非居民被告行使管辖权，则首先需要考察代表机构如何认定。《民事诉讼法》没有对代表机构如何界定作出规定。而依据 2018 年我国国务院修订的《外国企业常驻代表机构登记管理条例》第 2 条的规定，代表机构"是指外国企业依照本条例规定，在中国境内设立的从事与该外国企业业务有关的非营利性活动的办事机构。代表机构不具有法人资格"。依照该条例的规定，代表机构不能在我国从事营利性活动，而由于本文所讨论的陆空联运合同一定是在营利性活动中签订的，故而

① See Somafer SA v. Saar-Ferngas AG, Case C－33/78, para. 13.

② See SAR Schotte GmbH v. Parfums Rothschild SARL, Case C－218/86, para. 15.

签订陆空联运合同的只能是设立该代表机构的外国母公司。因而，代表机构在《民事诉讼法》第272条中的作用，仅仅是指明一个能够对其外国母公司行使管辖权的法院所在地。

比如，在国泰航空有限公司郑州代表处与河南晟龙贸易有限公司航空货物运输合同纠纷上诉案①中，二审法院认为：

根据《外国企业常驻代表机构登记管理条例》第二条的规定，外国企业常驻代表机构属于从事与该外国企业业务有关的非营利性活动的办事机构，并不具有法人资格，其虽取得《外国（地区）企业常驻代表机构登记证》和《组织机构代码证》，但没有领取营业执照，其在我国境内的一切业务活动，应由其所代表的外国企业承担法律责任。

尽管该案不涉及管辖权的确定，但其基本原理是一致的。如果代表机构的责任由被代表之外国公司负责，则代表机构所在地法院针对非居民被告行使之管辖权，当然也是直接针对该非居民被告自身。

据此，就陆空联运合同而言，即便该合同与我国没有任何实质联系，只要陆空联运经营人在我国具有代表机构，同样也可以在其代表机构所在地的法院起诉陆空联运经营人。当然，基于《民事诉讼法司法解释》第530条所确定的不方便法院原则，对与我国不具有实质联系的诉讼，我国法院可以排除管辖。需要指出的是，如果诉讼与我国的联系仅仅在于多式联运经营人的代表机构在我国，此种情况下，我国法院应会排除管辖。而具有其他联系时，也不需要在代表机构所在地法院起诉。因此，代表机构所在地能够在司法实践中适用的可能性很小，特别是对于陆空联运合同这种与多国都具有联系的合同而言。

综上，在全球化的时代，由于非居民被告是法人时，必然与多国具有商业上的

① 国泰航空有限公司郑州代表处与河南晟龙贸易有限公司航空货物运输合同纠纷上诉案，(2016)豫民终365号。

联系,基于这些联系所引起的诉讼,行为地法院可以行使管辖权。原因在于,一方面,不允许法院地管辖发生在本地的行为,不符合属地管辖的一般原理。因而,允许行为地法院针对非居民被告法院地行为导致的诉讼行使管辖权具有理论上的适当性。另一方面,非居民被告基于这些商业上的联系,获得经济利益,进而也需要承担为获得这些经济利益所须付出的成本,包括到行为地进行诉讼的成本。因而,允许行为地法院针对非居民被告法院地行为导致的诉讼行使管辖权具有合理性。反之,基于非居民被告法院地的行为,针对与行为无关的诉讼行使管辖权,明显是一种不适当管辖或者说过度管辖。一方面,能够针对法人所为之所有行为行使管辖权的法院,只能是法人的设立地或者主营业地法院。如果不是法人的设立地法院或者主营业地法院,针对作为法人的非居民被告行使一般管辖权,不具有理论上的正当性。另一方面,根据联系原则,法院行使管辖权需要基于受诉行为与法院地之间的联系,如果不属于前述联系,显然也与联系原则本身的理论基础存在冲突。

本章小结——陆空联运合同管辖权的确定方法

鉴于上述对确定管辖权的不同理论依据之研究以及对司法实践的分析,本书认为,在陆空联运经营人为法人且为非居民被告时,确定陆空联运合同案件管辖权,应首先通过陆空联运合同中的法院选择条款。不存在该条款或者该条款无效时,应判断与陆空联运合同具有最密切联系的国家,并由该国法院行使管辖权。

第一,应依据陆空联运合同中的法院选择条款确定管辖权。从比较分析的角度来看,法院选择条款的排除效力能够有效地抑制平行诉讼的发生,减少司法资源的浪费。同时,法院选择条款的赋予效果也能够有效地抑制挑选法院现象的发生,减少当事人在确定管辖权问题上花费的时间,实现争议的高效解决。此外,法院选择条款还能够减少判决承认与执行阶段,当事人对于管辖权问题的争议,实现判决的顺利执行。故而,应首先通过法院选择条款确定管辖权。这不仅是对当事人意思自治的尊重,也是在全球化时代,各国深度融合的背景下,促进商贸往来、高效解决争议的现实需要。

而对于陆空联运合同而言,管辖法院的不同会导致法律适用路径的不同,尊重法院选择条款,也能够使当事人明确陆空联运合同法律适用的路径,进而减少应适用规则的不确定性。同时,并入法院选择条款应被视为约定法院选择条款的一种特殊方式,需要相对方合理认识并入陆空联运合同之航空运输总条件。此外,如果出现陆空联运合同中约定的管辖法院不同于《蒙特利尔公约》规定的管辖法院之情况,公约缔约国法院应当按照运输公约之规定,否定选择非公约指定法院的法院选择条款之效力,以维护运输公约的优先且强制适用性,并保证运输公约所统一的国际货物运输合同规则能够得到适用。

第二,陆空联运合同当事人没有选择管辖法院时,应由与陆空联运合同具有最密切联系的国家之法院行使管辖权。陆空联运经营人为法人且为非居民被告时,法院对其行使管辖权违背原告就被告的一般原则。从法院的角度来看,其行使管辖权的依据在于,国家对其领域内发生的行为具有排他性的属地管辖权。而从外国法人的角度来看,其通过法院地行为获得经济利益,进而也需要承担为获得这些经济利益所须付出的成本,包括到行为地进行诉讼的成本。结合来看,就公平正义的角度而言,只有在前述经济利益超过外国法人到行为地进行诉讼的成本,并且陆空联运合同与法院地存在空间上的联系或者多式联运经营人法院地行为导致诉讼的情况下,法院才能行使管辖权。

基于此,一方面,大陆法系国家行使管辖权的理论基础是属地原则。据此,空间上的联系是大陆法系国家法院考察是否行使管辖权的出发点。因而,对于大陆法系国家而言,陆空联运合同准据法可以作为法院是否行使管辖权的裁量要素,但不能作为基本原则。特别是当陆空联运合同案件主要争议的是事实问题,比如货损的定域问题,或者陆空联运合同当事人之间未约定准据法时,依据合同准据法行使管辖权不具有适当性。另一方面,依据非居民被告法院地行为,针对与该行为无关的诉讼行使管辖权应被严格限制。前已论及,这种行使管辖权的方式本身与其自身的理论基础背道而驰。故而,只有在非常例外的情况下,比如,受诉法院是法院地居民寻求司法救济的最后法院时,法院才能够行使管辖权。

确定管辖权本质上是在各国间分配司法管辖权,因此,完全可以借鉴分配立法管辖权领域已经形成的最密切联系原则,从个案正义出发,弹性地确定陆空联运合同案件管辖权如何分配。而大陆法系管辖权理论的差异在于,如何在规则的确定性以及实现个案正义这两个价值取向之间选择,因而,如果选择最密切联系原则作为法院在确定管辖权方面,行使裁量权的基础,用以实现个案正义,就必须进一步提供确定的规则,也即通常情况下,与陆空联运合同具有最密切联系的法院。

因为陆空联运合同之履行涉及多个运输区段,会与多国产生联系,仅以单独行为确定管辖权不具有确定性和可预见性;而且多式联运合同履行中涉及的主体众多,依据营业行为认定联系,限制法院的管辖范围,很难防止平行诉讼或者多重诉讼的出现,增加当事人的诉讼费用以及造成司法资源的浪费,不利于多式联运合同案件的高效解决。所以由陆空联运合同起运地或者目的地法院行使管辖权应是最合理的选择。一方面,陆空联运合同与这些法院具有空间上的联系。同时,陆空联运经营人、其分支机构及子公司或者与其具有一定关联的其他实体为履行陆空联运合同,会在陆空联运合同起运地或者目的地从事一定的行为。故而,这些法院能对前述这些主体行使管辖权,这有利于陆空联运合同案件的高效解决。考虑到陆空联运经营人从多式联运合同的履行中所获得的利益,使其服从合同起运地或者目的地法院的管辖,也具有合理性。另一方面,陆空联运合同未规定法院选择条款时,由陆空联运合同起运地或者目的地法院行使管辖权,具有可预见性以及确定性,这同样有助于减少应适用规则的不确定性。

第三章 《蒙特利尔公约》的适用问题

受诉法院确定其对于陆空联运合同纠纷具有管辖权后，需要进一步明确的是调整陆空联运合同纠纷的规则。第一章已经论及陆空联运合同法律适用有两种不同的路径，运输公约缔约国法院的适用路径以及非运输公约缔约国法院的适用路径。而两种不同路径都必须考察的问题是，《蒙特利尔公约》能否适用于陆空联运合同包含的国际航空货物运输区段。这是因为，一方面，《蒙特利尔公约》目前已经有 137 个缔约国，[①]完全不在《蒙特利尔公约》缔约国之间开展的国际航空货物运输实属罕见情况；另一方面，《蒙特利尔公约》第 38 条明确规定该公约可以适用于陆空联运合同包含的国际航空货物运输区段。基于此，本章以《蒙特利尔公约》的适用问题为研究重点。同时，考虑到《公路公约》也有适用于陆空联运合同的可能，故此，本章也将《公路公约》的适用问题纳入考察范围。本章首先考察《蒙特利尔公约》适用的必要性和可行性，以及该公约本身的适用条款；在此基础上，区分定域性货损和非定域性货损，分别讨论《蒙特利尔公约》和《公路公约》的适用条件和适用限制。

---

① 参见国际民航组织：《Current Lists of Parties to Multilateral Air Law Treaties》，载国际民航组织网，https://www.icao.int/secretariat/legal/List%20of%20Parties/Mtl99_EN.pdf，最后访问日期：2020年9月9日。

第一节 《蒙特利尔公约》适用的原因及适用的条件

一、《蒙特利尔公约》适用的必要性和可行性

研讨《蒙特利尔公约》适用的必要性需要明确的根本问题是，当满足该公约适用条件时，运用该公约而非当事人选择的准据法以调整陆空联运合同的理由。而由于适用《蒙特利尔公约》实际上将陆空联运合同分割为不同部分，进而针对不同部分分别确定准据法，故就公约适用的可行性而言，需要明确两个问题：其一，陆空联运合同不同部分适用不同准据法的理论基础；其二，在前述理论基础上，如何具体地分割陆空联运合同。

（一）《蒙特利尔公约》适用的必要性

从一般意义上讲，发生定域性货损并且满足运输公约适用条件时，运输公约缔约国法院适用运输公约，还是适用当事人选择的准据法调整多式联运合同，是所有类型多式联运合同法律适用过程中都会发生的问题。而具体到陆空联运合同中则是指，在满足《蒙特利尔公约》适用条件时，运用该公约还是运用当事人选择的准据法调整陆空联运合同。适用运输公约而不是当事人选择的准据法，并非基于先验的立场，即运输公约应当适用而得出的结论，而是在合理解读运输公约的适用范围条款后，结合陆空联运合同自身性质，并从运输实践出发而得出的结论。

第一，适用《蒙特利尔公约》有助于实现运输公约统一调整航空运输合同之目的。由于运输公约都具有强制适用性，如果陆空联运合同包含的国际航空货物运输区段不由《蒙特利尔公约》调整，则必然存在承运人通过合同约定避免该公约适用的可能性。这不仅与该公约调整国际航空运输之目的背道而驰，也与该公约的规定存在冲突。[①]

① 参见《蒙特利尔公约》第 26 条规定："任何旨在免除本公约规定的承运人责任或者降低本公约规定的责任限额的条款，均属无效，但是，此种条款的无效，不影响整个合同的效力，该合同仍受本公约规定的约束。"

第二,适用《蒙特利尔公约》是基于陆空联运合同由不同单式货物运输合同混合而成的性质。陆空联运合同的混合合同性质决定了在发生定域性货损时,该类合同与单式货物运输合同并无不同,所以适用于单式货物运输区段的规则同样也应适用于陆空联运合同。或者说,不管是依据单式货物运输合同履行单式货物运输,还是依据陆空联运合同履行单式货物运输,适用的规则应是一致的。

第三,适用运输公约也是陆空联运蓬勃发展的现实需要。现今并没有一部统一调整陆空联运合同的运输公约,相较于通过国内法或当事人约定调整陆空联运合同,适用运输公约不仅更适用于发生在国际货物运输区段的货损,而且能够很好地平衡陆空多式联运经营人与托运人之间的权利义务关系,从而实现法律适用结果的公正性,并且使应适用规则具有确定性以及可预见性。

综上,就陆空联运合同而言,发生定域性货损且满足《蒙特利尔公约》适用条件时,适用该公约不仅具有理论上的适当性,也能够满足实际需要。前述结论也可以适用于一般意义上的多式联运合同。

(二)《蒙特利尔公约》适用的可行性

就合同性质而言,陆空联运合同与一般意义上的多式联运合同并无不同。因此,可以通过分析解决多式联运合同法律适用问题的不同理论,明确陆空联运合同不同部分适用不同法律的理论基础。就解决多式联运合同法律适用问题的不同理论而言,荷兰学者提出吸收理论、特殊性理论以及结合理论,我国学者提出多式联运合同当事人具有两层次法律选择权的理论。同时,还有学者在分析如何设计针对多式联运合同的冲突规则时,提及有关多式联运合同法律适用的理论。

吸收理论将多式联运合同包含的运输区分为主要部分与非主要部分,非主要部分被主要部分吸收,进而适用主要部分应适用的法律。① 区分主要部分以及非主要部分的常见标准是运输的距离。比如,《内河公约》第 2 条第 2 款第 2 项就规

① See Marian Hoeks, *Multimodal Transport Law: The Law Applicable to the Multimodal Contract for the Carriage of Goods*, Kluwer Law International, 2010, p. 71 - 72.

定,在海运距离比内河航运的距离更长的情况下,《内河公约》不适用。[①] 此种情况下,海上货物运输部分是主要部分,不能被内河货物运输所吸收。运输公约扩张适用于组合运输的理由就是,公约调整的运输为主要部分,从而吸收另一种非主要运输,进而使组合运输在法律意义上被视为国际单式货物运输。然而,需要指出的是,由于个案差异,并不一定能通过一个标准明确判断主要运输与非主要运输。这会导致在判断主要与否问题上的随意性。同时,吸收原则的应用,使得发生在非主要运输中的货损必须适用调整主要运输的法律。这会导致强制适用于非主要运输的规则不能适用。

特殊性理论将多式联运视为由各个单式货物运输无缝衔接而成的独立运输方式,应由合同当事人选择适用的规则。此种理论认为,多式联运经营人依据多式联运合同履行的单式货物运输,不具有独立的意义,不是独立的给付,只是构成多式联运中的一个环节,与转运、仓储等其他给付共同构成完整的多式联运运输链条。[②] 特殊性理论不仅将多式联运合同视为一种独立的货物运输合同,而且不认为多式联运经营人履行的单式货物运输是独立的给付,并最终使运输公约不能适用于多式联运中的国际单式货物运输区段。因此,由于多式联运合同自成一体,准据法应由当事人自主决定。特殊性理论是调整多式联运合同的统一责任制[③]在法律适用问题上的体现。运用特殊性理论,显而易见的好处是可以避免运输公约能否适用于多式联运合同包含的相应国际单式货物运输区段的争议;同时,基于此种理论所形成的调整多式联运合同的运输公约,也不会与调整国际单

---

① 参见《内河公约》第2条第2款规定:"This Convention is applicable if the purpose of the contract of carriage is the carriage of goods, without transshipment, both on inland waterways and in waters to which maritime regulations apply, under the conditions set out in paragraph 1, unless:(a) a maritime bill of lading has been issued in accordance with the maritime law applicable, or (b) the distance to be travelled in waters to which maritime regulations apply is the greater."

② See Marian Hoeks, *Multimodal Transport Law: The Law Applicable to the Multimodal Contract for the Carriage of Goods*, Kluwer Law International, 2010, p. 75.

③ "统一责任制,是指多式联运经营人对运输全程负责,并且全程运输采用单一的合同约定的责任制度或者法律规定的责任制度"。参见郭萍:《货物多式联运法律制度比较研究》,大连海事大学出版社2012年版,第78页。

式货物运输合同的运输公约在适用范围上产生冲突。然而,理论上否定多式联运合同所包含的单式货物运输区段的独立意义,并不一定会在立法以及司法实践中被接受。从立法规定来说,运输公约中已有明确规定,公约适用于多式联运合同所包含的相应国际单式货物运输区段,如《蒙特利尔公约》第38条第1款。显然,基于规则的统一适用性,运输公约不会放弃对多式联运合同包含的相应国际单式货物运输区段的调整。从司法实践来看,基于平衡双方权利义务并出于公平正义的考虑,法院也不会允许当事人通过特殊性理论,或是实现完全由当事人自主决定准据法,进而逃避具有强制适用性的规则,或是随意决定合同中的权利义务,进而损害合同外第三人之利益。

结合理论将多式联运合同分割为不同的单式货物运输合同,分别确定应适用的规则,并依据当事人可以推知的意思,解决调整不同给付的规则之间的冲突。① 结合理论是调整多式联运合同的网状责任制②在法律适用问题上的体现。其实质是根据需要将多式联运合同中的某个单式货物运输区段独立出来,单独确定其应适用的规则。这种理论一方面兼顾运输公约基于规则统一适用的需求,调整多式联运合同所包含的相应国际单式货物运输区段的要求;另一方面只需要针对特定部分或者特定问题确定应适用的规则,从而简化法律适用的过程。然而,结合理论也需要面对两个问题:其一,调整非定域性货损的准据法。非定域性货损或是不能明确发生在哪个运输区段,或是由于经过多个运输区段而累积发生,这类损失不能明确地归因于多式联运合同包含的任何单式货物运输区段,③结合理论不能明确调整该类损失的规则。其二,不同单式货物运输区段的划分。对于发生在不同运输方式衔接部分的货损,如在两种运输方式间的转运环节或者仓储环

① See Marian Hoeks, *Multimodal Transport Law: The Law Applicable to the Multimodal Contract for the Carriage of Goods*, Kluwer Law International, 2010, p.73.

② "所谓网状责任制,是指多式联运经营人对运输全程负责,其责任根据适用于货物损害发生区段的法律予以确定"。参见郭萍:《货物多式联运法律制度比较研究》,大连海事大学出版社2012年版,第77页。

③ 参见贺万忠:《国际货物多式联运中货物损害定域问题探析》,载《法商研究》2003年第5期。

节,由于不同案件的不同情况,很难找到一种明确的划分方法,确定将前述损失归于哪个运输区段。这也是结合理论不能解决的问题。

我国学者提出的多式联运合同当事人具有两层次法律选择权的理论认为,多式联运合同当事人不仅可以选择适用于多式联运合同全程的法律,也可以就多式联运合同包含的单式货物运输区段进行法律选择,但多式联运合同当事人对于国际单式货物运输区段准据法的选择应受运输公约的限制。[①] 前述理论是在结合理论的基础上,增加当事人对多式联运合同本身的法律选择权,可被认为是修正的网状责任制[②]在多式联运合同法律适用问题上的体现。这种理论有助于解决结合理论所不能解决的两个问题。然而,两层次法律选择权理论也存在缺陷。一方面,多式联运合同中的法律适用问题,不应分为两个层次。单式货物运输区段应是多式联运合同的有机组成部分,不应该有所谓上下的层次之分。另一方面,对于多式联运合同所包含的单式货物运输区段,当事人的选择不应仅让位于运输公约,还应让位于具有强制适用性的国内货物运输规则。[③] 否则,多式联运经营人在追偿上会存在困难。

我国有学者还指出,针对多式联运合同法律适用的冲突规则,不仅需要反映多式联运合同与国际单式货物运输合同有别的特殊性质,还需要反映多式联运合同与国际单式货物运输合同的共性。[④] 对于多式联运合同的特殊性质,也即如何确定多式联运合同准据法,应以最密切联系原则为方法,通过特征性履行方法确定与多式联运合同具有最密切联系的国家;而对于多式联运合同与国际单式货物运输合同的共性,即多式联运合同与国际单式货物运输合同都包含三个阶段——

---

① 参见郭萍、郑志立:《论货物多式联运合同的法律适用》,载《中国海商法年刊》2009 年第 Z1 期。

② “修正的网状责任制,是对网状责任制加以修订所形成的责任制度,即在网状责任制的基础上,通过法律的规定或者合同的约定,在出现非定域性损失或产生无法律规定的真空状态时,以法律规定或合同约定的形式确定多式联运经营人所应承担的责任”。参见郭萍:《货物多式联运法律制度比较研究》,大连海事大学出版社 2012 年版,第 78 页。

③ 对此问题更详细的论述,参见本书第四章第二节第四部分。

④ 参见贺万忠:《国际货物多式运输法律问题研究》,法律出版社 2002 年版,第 489 页。

为运输而接收货物、运输及交付货物,应由接收货物地或者交付货物地法律调整。[①] 这种理论也存在两方面的缺陷:其一,在法律适用方面,多式联运合同与国际单式货物运输合同的共性在于,发生定域性货损时,适用于国际单式货物运输区段的规则同样可以适用于多式联运合同;而多式联运合同与国际单式货物运输合同在法律适用方面的差异在于,发生非定域性货损时,多式联运合同当事人相较于国际单式货物运输合同当事人,享有更充分的选择准据法的自由。故而,多式联运合同当事人没有选择准据法或选择无效时,应区分多式联运合同当事人对于定域性货损以及非定域性货损的争议,分别规定冲突规则,而不是一体适用接收货物地或者交付货物地法律。其二,不应以最密切联系原则这种在适用中具有不确定性的法律选择方法作为确定准据法的主要方式,而应通过当事人意思自治结合客观连接点认定多式联运合同准据法,最密切联系原则只应被用于确定调整合同效力的规则。[②] 由于我国学者提出的解决多式联运合同法律适用问题之不同理论,都以区分多式联运合同与国际单式货物运输合同为基础,可以将这些不同的理论统称为区分理论。

综上,基于上述分析以及《蒙特利尔公约》本身的规定,可以认为,陆空联运合同不同部分适用不同规则的理论基础应是结合理论与区分理论的融合。这种理论可以被称为修正的结合理论。修正的结合理论应包含两个方面:一方面,应承认陆空联运合同包含的单式货物运输区段之独立性,并分别判断国际单式货物运输区段的法律适用问题。陆空联运的过程中,必然包含单式货物运输,因而,不能从理论上,人为地排除这些实际发生的单式货物运输区段所具有的独立性。基于此,必然要承认陆空联运合同包含航空货物运输与公路货物运输两个运输区段,并在这些运输区段具有国际性时,单独判断调整这些运输区段的规则。另一方面,就如何具体地分割陆空联运合同,应认为调整陆空联运合同的规则并非两个层次,而应是两个部分。一部分是调整定域性货损的规则,另

① 参见贺万忠:《国际货物多式运输法律问题研究》,法律出版社 2002 年版,第 492 ~ 493 页。

② 对此问题更详细的论述,参见本书第四章第五节。

一部分是调整包括非定域性货损在内的其他纠纷如运费问题的规则。前者应包含调整相应运输区段的运输公约、具有强制适用性的国内运输规则或者当事人合意选择的准据法。而由于目前没有统一调整陆空联运合同的运输公约,因而,除定域性货损之外的其他纠纷,应由当事人合意选择的准据法调整。需要指出的是,对于非定域性货损,当涉诉陆空联运合同满足《蒙特利尔公约》或《公路公约》①扩张适用之条件时,陆空联运合同当事人合意选择的准据法也应让位于前述公约。

二、《蒙特利尔公约》的适用条件

明确《蒙特利尔公约》适用的必要性和可行性后,需要进一步分析该公约本身的适用条件。需要指出的是,华沙体系和《蒙特利尔公约》在适用范围条款上并无本质差异,皆以公约或议定书规定的国际运输划定自身的适用范围,但由于缔约国的不同,②华沙体系中的不同国际公约或议定书在特定条件下仍有适用的可能。因而,在考察《蒙特利尔公约》适用范围条款之后,还需要明确该公约与华

① 参见《公路公约》第 2 条第 1 款规定:"Where the vehicle containing the goods is carried over part of the journey by sea, rail, inland waterways or air, and, except where the provisions of article 14 are applicable, the goods are not unloaded from the vehicle, this Convention shall nevertheless apply to the whole of the carriage. Provided that to the extent it is proved that any loss, damage or delay in delivery of the goods which occurs during the carriage by the other means of transport was not caused by act or omission of the carrier by road, but by some event which could only have occurred in the course of and by reason of the carriage by that other means of transport, the liability of the carrier by road shall be determined not by this Convention but in the manner in which the liability of the carrier by the other means of transport would have been determined if a contract for the carriage of the goods alone had been made by the sender with the carrier by the other means of transport in accordance with the conditions prescribed by law for the carriage of goods by that means of transport. If, however, there are no such prescribed conditions, the liability of the carrier by road shall be determined by this Convention"。需要说明的是,《公路公约》前款适用于一种特殊类型的多式联运,即公路运输结合背负式运输。由于现今国际航空货物运输实践中,并不存在背负式运输,即满载货物的汽车直接驶入航空器中,因此,尽管《公路公约》第 2 条明确提及航空,但本书不讨论此种可能存在的陆空联运。就《公路公约》第 2 条如何适用,参见 Marian Hoeks, *Multimodal Transport Law: The Law Applicable to the Multimodal Contract for the Carriage of Goods*, Kluwer Law International, 2010, p. 196 – 214。

② 《华沙公约》目前有 157 个缔约国,《海牙议定书》目前有 137 个缔约国。See ICAO, *Current Lists of Parties to Multilateral Air Law Treaties*, ICAO, https://www.icao.int/secretariat/legal/List%20of%20Parties/WC-HP_EN.pdf, last visited: Sept. 9th, 2020.

涉体系之间的适用关系。

（一）《蒙特利尔公约》适用范围条款研究

1.《蒙特利尔公约》适用的合同类型

《蒙特利尔公约》第1条①第1款规定："本公约适用于所有以航空器运送人员、行李或者货物而收取报酬的国际运输。本公约同样适用于航空运输企业以航空器履行的免费运输。"需要指出的是，《蒙特利尔公约》第1条第2款对于国际运输的定义中，实际包含当事人约定的要求。一般认为，这一要求实际等同于要求当事人之间存在合同关系，而依据《蒙特利尔公约》第1条第3款的措辞，该合同通常也应被认为是货物运输合同而非其他类型的合同。② 然而，仅就《蒙特利尔公约》本身的措辞而言，当事人约定并不意味着当事人之间必须达成一个完整的合同，也不意味着当事人之间的合同，从类型来看，必须是货物运输合同，只要当事人之间存在关于货物运输的约定即可。

据此，《蒙特利尔公约》适用于租用航空器并提供运输的合同中的运输部分，应不存在问题。比如，在我国法院审理的一起航空货物运输合同纠纷中，尽管原、被告签订的是包机运输协议，但合同约定的仓位被原告全部用于运输，实际上应将该协议认定为航空货物运输合同。基于此，原审法院首先判断《蒙特利尔公约》能否适用，由于涉案纠纷是关于运费如何计算的问题，原审法院最终适用我国

---

① 《蒙特利尔公约》第1条，适用范围："一、本公约适用于所有以航空器运送人员、行李或者货物而收取报酬的国际运输。本公约同样适用于航空运输企业以航空器履行的免费运输。二、就本公约而言，'国际运输'系指根据当事人的约定，不论在运输中有无间断或者转运，其出发地点和目的地点是在两个当事国的领土内，或者在一个当事国的领土内，而在另一国的领土内有一个约定的经停地点的任何运输，即使该国为非当事国。就本公约而言，在一个当事国的领土内两个地点之间的运输，而在另一国的领土内没有约定的经停地点的，不是国际运输。三、运输合同各方认为几个连续的承运人履行的运输是一项单一的业务活动的，无论其形式是以一个合同订立或者一系列合同订立，就本公约而言，应当视为一项不可分割的运输，并不仅因其中一个合同或者一系列合同完全在同一国领土内履行而丧失其国际性质。四、本公约同样适用于第五章规定的运输，除非该章另有规定。"

② See Malcolm Clarke, *Contracts of Carriage by Air*, 2nd ed., Lloyd's List Press, 2010, p. 43.

法律作为准据法。①

而由于《蒙特利尔公约》要求当事人之间约定运输，而不是约定安排运输，因此，该公约应不适用于货运代理合同。比如，在中外运空运发展股份有限公司华东分公司诉被告江苏天行健国际物流有限公司等货运代理合同纠纷案中，原告与被告达成货运代理协议，而后原告与案外人签订包机运输协议，并由案外人代理的航空公司作为实际承运人。被告向托运人以承运人代理人的身份签发未显示实际承运人的航空货运单，后由于发生货损，原、被告之间发生纠纷。该案涉及在多层级代理关系存在时，不同层级代理人之间的法律关系。因为原告在该案中只是代理被告与实际承运人的代理人签订包机运输协议，所以尽管案件涉及从上海到德国的航空货物运输，但由于原、被告之间只是约定安排运输，而不是约定运输，不应由《蒙特利尔公约》调整。一、二审法院就原、被告之间的法律关系性质的认定与前述判断一致。②

2.《蒙特利尔公约》适用的条件

从《蒙特利尔公约》第1条第1款和第2款的规定来看，除当事人之间存在合同约定外，关于该公约的适用，还需要说明以下几个问题。

第一，如何认定运输。《蒙特利尔公约》第1条第2款对国际运输的界定更多关注于运输的国际性而非运输本身，因而，从该公约本身来看，运输的概念似乎是不言自明的。有学者认为，运输应被认为是社会流通过程中的运输，即利用一定

---

① 原审法院认为："结合本案《仁川—青岛包机运输协议》的约定，可知，原告委托被告包机运输的方式从韩国仁川直飞中国青岛，故航空运输的出发地和目的地为韩国和中国，涉案的航空运输发生在不同国家领域范围内，符合《蒙特利尔公约》中关于国际航空运输的规定。"在此基础上，原审法院进一步指出："本案的审理应先适用《蒙特利尔公约》，对《蒙特利尔公约》未作规定的部分，应适用中华人民共和国法律。"参见上海市浦东新区人民法院民事判决书，(2018)沪0115民初5179号。

② 一审法院认为："货运代理合同中货运代理人的主要义务为托运人安排运输，将货物交付实际承运人，当货交承运人之后，货运代理人即完成了货运代理人义务，其并不对整个运输过程负责。"在此基础上，一审法院进一步指出："原告在合同中仅负责货物的打板交接及货上飞机的过程，对此后货物的运输行为原告并无履行义务，也不承担相应责任。故原告的法律定位并非运输合同的承运人，双方也不是运输合同关系。合同约定的双方权利义务及合同的实际履行情况都符合货运代理合同关系的法律特征，原、被告之间系货物运输代理合同关系。"二审法院认可一审法院对于原被告之间法律关系的认定。

的运输路线和交通工具,将物品或者旅客从一地运送至另一地的活动,其目的在于实现人或者物品的空间位移。① 也有学者认为,运输是利用交通工具,将物品或旅客由某地载运至一定之目的地。② 还有学者认为,运输就是将某物从一地移动到另一地的行为。③ 基于此,应当认为,只要货物实际发生空间上的移动,就都应被认为是运输。④

第二,如何认定国际运输。依据《蒙特利尔公约》第1条第2款,该公约所适用的国际运输主要包括以下两种情况。

第一种情况,运输的始发地以及目的地在两个不同缔约国的单程运输。就单程运输而言,如果始发地或者目的地不在《蒙特利尔公约》的缔约国内,或者始发地以及目的地都不在该公约的缔约国内,则不属于该公约所规定的国际运输。《蒙特利尔公约》没有对单程运输中的经停地作出要求。因而,在单程运输中即使存在约定的经停地,或者由于天气原因、技术故障或为飞行安全而迫降,或者在未约定的地点经停,都不影响《蒙特利尔公约》的适用,只要单程运输本身的始发地和目的地满足该公约的要求即可。⑤ 需要指出的是,由于《蒙特利尔公约》与其他运输公约一样,也认可缔约承运人及实际承运人的分野以及连续运输,因而,只要运输整体上被认为是国际航空运输,即便合同中的一个航段属于国内运输,无

① 参见雷孟林:《运输合同法总论》,人民交通出版社2006年版,第1页。

② 参见林一山:《民法系列——运送法》,台北,三民书局2005年版,第3~4页。

③ See Elmar Giemulla eds., *Montreal Convention*, Kluwer Law International, 2006, Article 1, para. 2.

④ 需要指出的是,尽管对于运输货物而言,通过空间移动认定运输并无不妥,但对于运输人员而言,前述认定方式会扩大《蒙特利尔公约》的适用范围。对于飞行教学中的学员、飞行测试中的试飞员或者在航空器上履行职务的航空公司工作人员等,由于在航空器上的这些人员也发生空间上的位移,前述认定运输的方式会使得《蒙特利尔公约》适用于这些通常不被认为是航空运输的行为。由于本书仅讨论货物运输,不对此问题深入研究,简单的结论应是,尽管前述人员同意飞行,但其没有同意运输合同本身,也就是说,《蒙特利尔公约》不适用的原因是缺乏运输合同,而不是缺乏飞行本身。See Malcolm Clarke, *Contracts of Carriage by Air*, 2nd ed., Lloyd's List Press, 2010, p. 37-38.

⑤ See Elmar Giemulla eds., *Montreal Convention*, Kluwer Law International, 2006, Article 1, para. 5.

论该国是否属于《蒙特利尔公约》的缔约国，该航段仍受该公约的调整。[①]

第二种情况，运输的始发地以及目的地在同一缔约国内，但在另一国有约定经停地点的往返运输。《蒙特利尔公约》不适用于发生在非缔约国内的往返运输，或者在缔约国发生的没有约定经停地点的往返运输。约定的经停地点是否属于缔约国、约定的经停地点的数量以及经停的目的在所不问。[②] 经停地通常被界定为，根据合同，履行合同的航空器在履行合同约定之运输的过程中将经停的地方，不考虑降落之目的以及旅客在该地中断其旅行的任何权利。[③] 不难看出，往返运输的约定通常发生在旅客运输中。在货物运输中，只在特殊条件下，有可能发生往返运输。比如，货物运达目的地而无人接收，承运人依据托运人的指示而将货物运回始发地。然而，考虑到《蒙特利尔公约》是以当事人之间约定的运输，而不是以实际发生的运输来判断该公约是否适用，故而，该公约是否适用于这种实际发生的往返运输，需要考察当事人之间的货物运输合同。

第三，如何认定出发地点和目的地。在纯粹的国际航空货物运输合同中，需要按照合同约定判断出发地和目的地，[④]且前述两个地点是十分明确的。然而，在陆空联运合同中，关于出发地和目的地存在两种不同解释的可能——既可以被认为是航空货物运输区段的出发地点和目的地，也可以被认为是陆空联运合同约定的整个运输之出发地点和目的地。如果严格按照《蒙特利尔公约》第1条第2款的规定，根据当事人约定认定出发地和目的地，则第二种解释更为合理。然而，《蒙特利尔公约》第38条第1款明确规定，该公约除第18条第4款外，并不扩张

---

① 参见[美]乔治·汤普金斯：《从美国法院实践看国际航空运输责任规则的适用与发展：从1929年〈华沙公约〉到1999年〈蒙特利尔公约〉》，本书译委会译，法律出版社2014年版，第74页。需要指出的是，与其他运输公约不同，《蒙特利尔公约》不仅允许当事人通过一个合同来完成连续运输，还允许当事人通过一系列合同来实现连续运输。在当事人通过一系列合同实现连续运输时，关键的判断标准在于，运输合同各方认为几个连续的承运人履行的运输是一项单一的业务活动，也即必须存在客观的证据显示，一系列合同的所有当事人都将多个连续的航段视为一项单一的运输。

② See Malcolm Clarke, *Contracts of Carriage by Air*, 2nd ed., Lloyd's List Press, 2010, p.43.

③ See Grein v. Imperial Airways[1937] 1 K.B. 50, p.80.

④ See Elmar Giemulla eds., *Montreal Convention*, Kluwer Law International, 2006, Article 1, para.9.

适用于陆空联运合同本身。据此，更为合理的是，将出发地和目的地理解为陆空联运合同约定的航空货物运输区段的出发地点和目的地。

第四，如何认定货物。货物运输合同当然是以运输货物为目的，然而，《蒙特利尔公约》却没有对"货物"这一概念作出明确规定。这主要是由于《蒙特利尔公约》不同缔约国国内法对"货物"这一概念不可能达成一致的理解。① 然而，货物这一概念的界定，一方面，事关《蒙特利尔公约》的适用范围，这显然不是合同准据法能够解决的；另一方面，诉诸缔约国的不同理解，又会导致法律适用问题的不确定性。因此，从《蒙特利尔公约》适用一致性的目的出发，货物应是旅客行李之外，可以被运输且承运人同意运输的任何事物。② 这种从货物运输实际出发的理解，不仅有助于扩大《蒙特利尔公约》的适用范围，实现该公约统一调整有关航空货物运输的目标，而且也帮助减少有可能产生的争议，提高诉讼效率以及法律适用结果的可预见性。

第五，如何认定航空器。《蒙特利尔公约》有关国际运输的定义虽提及航空器，但没有界定航空器的概念。一般认为，应采纳《芝加哥公约》附件 7 对于航空器的认定，即"航空器是能从空气的反作用而不是从空气对地面的反作用，在大气中获得支撑的任何机器"③。需要指出的是，《芝加哥公约》是一部调整国家之间关系的国际公法条约，而不是一部调整私人之间关系的统一实体法公约。因此，在考察《蒙特利尔公约》中航空器之概念时，必须注意两部公约在性质上的差异。④ 此外，由于科学技术不断发展，对于航空器的认定不能仅仅局限于《芝加哥公约》的规定，而应依据航空运输实践的不断发展而扩展航空器概念，因此，更可行的方法是在不同的个案中进行单独判断。

---

① 关于法国与英国不同的认定货物之标准，参见 Georgette Miller, *Liability in International Air Transport: The Warsaw System in Municipal Courts*, Kluwer, 1977, p. 10 – 11。

② See Malcolm Clarke, *Contracts of Carriage by Air*, 2nd ed., Lloyd's List Press, 2010, p. 38.

③ 国际民航组织：《国际民用航空公约附件 7：航空器国籍和登记标志》（第 5 版），第 1 页。

④ See Elmar Giemulla eds., *Montreal Convention*, Kluwer Law International, 2006, Article 1, para. 28.

第六,如何认定免费运输的例外情况。《蒙特利尔公约》所要求的当事人之间有关运输之约定,与其他运输公约所要求的最大的不同在于,《蒙特利尔公约》同样适用于免费运输。《蒙特利尔公约》规定,可适用的免费运输应满足由航空运输企业进行运输以及通过航空器进行运输这两个条件;虽然该公约没有对航空运输企业作出规定,但一般认为,对于此处的航空运输企业,航空运输应是其从事的商业行为的一部分,尽管不一定必须是其主营业务。以航空器进行运输,通常要求运输必须是以获利为目的且通过系统并且连续地使用航空器来完成的。①基于此,不难看出,《蒙特利尔公约》将适用范围扩展到免费运输是极为有限的扩张。一方面,由不从事航空运输业的飞机所有人提供的偶然或者单独的免费航空运输应被排除在该公约的适用范围之外;另一方面,即便是从事航空运输业的企业所进行的免费运输,也应与《蒙特利尔公约》适用的商业运输是等同的。这意味着,尽管承运人在免费运输中不收取运费,但考虑整个运输的情况,承运人在免费运输中获得的其他利益应相当于从事商业运输的航空运输企业所获得的运费。②

(二)《蒙特利尔公约》与华沙体系之间的适用关系

自 1929 年以来,为提高承运人的责任限额以适应国际社会的经济发展,应对国际航空运输实践以及科学技术发展带来的问题,《华沙公约》经过了多次修订或者补充。在货物运输方面,主要的修订包括:1955 年修订《华沙公约》的《海牙议定书》简化运输凭证规则,统一航空货运单应载明的事项;1961 年《瓜达拉哈拉公约》补充规定《华沙公约》未作规定的缔约承运人以及实际承运人;1975 年《蒙特利尔 4 号议定书》将承运人对每公斤货物的责任限额定为 17 特别提款权。③

---

① See Elmar Giemulla eds., *Montreal Convention*, Kluwer Law International, 2006, Article 1, para. 34.

② Ibid., para. 3A.

③ 参见师怡:《国际航空货物运输承运人责任制度研究》,吉林大学 2014 年博士学位论文,第 10~12 页。

尽管华沙体系内不同的公约、议定书以及补充议定书之间存在密切的联系，但其仍是各自独立的国际公约，有着不同的缔约国。这就导致国际航空货物运输合同法律适用情况，需要根据不同货物的国际航空货物运输区段分别判断应适用的运输公约。因而，出台《蒙特利尔公约》的主要目的之一，就是结束这种纷繁复杂的法律适用状态。尽管《蒙特利尔公约》第55条[①]明确了该公约与华沙体系之间的适用关系，但该公约并未否定华沙体系内各个公约的效力，也未要求缔约国必须退出其所参加的华沙体系内的公约。因此，在特定情况下，华沙体系内的公约仍有适用的可能，除非《蒙特利尔公约》完全取代华沙体系。

华沙体系以及《蒙特利尔公约》在适用范围条款上并无本质差别。基于《条约法公约》第30条第4款[②]的基本原则，解决《蒙特利尔公约》与华沙体系之间适用冲突应分为三步。首先，明确产生争议的陆空联运合同所包含的航空运输区段的始发地及目的地，以及始发地国和目的地国各自参加的调整国际航空运输合同的运输公约；其次，如果前述国际运输满足《蒙特利尔公约》的适用条件，那么依据《蒙特利尔公约》第55条，该公约优先于华沙体系内的公约适用；最后，如果前述国际运输不满足《蒙特利尔公约》的适用条件，则对于往返运输应适用始发地

---

① 《蒙特利尔公约》第55条，与其他华沙公约文件的关系："在下列情况下，本公约应当优先于国际航空运输所适用的任何规则：一、该项国际航空运输在本公约当事国之间履行，而这些当事国同为下列条约的当事国：(一)一九二九年十月十二日在华沙签订的《统一国际航空运输某些规则的公约》(以下简称华沙公约)；(二)一九五五年九月二十八日订于海牙的《修订一九二九年十月十二日在华沙签订的统一国际航空运输某些规则的公约的议定书》(以下简称海牙议定书)；(三)一九六一年九月十八日在瓜达拉哈拉签订的《统一非缔约承运人所办国际航空运输某些规则以补充华沙公约的公约》(以下简称瓜达拉哈拉公约)；(四)一九七一年三月八日在危地马拉城签订的《修订经一九五五年九月二十八日订于海牙的议定书修正的一九二九年十月十二日在华沙签订的统一国际航空运输某些规则的公约的议定书》(以下简称危地马拉城议定书)；(五)一九七五年九月二十五日在蒙特利尔签订的修订经海牙议定书或者经海牙议定书和危地马拉城议定书修正的华沙公约的第一号至第三号附加议定书以及蒙特利尔第四号议定书(以下简称各个蒙特利尔议定书)；或者二、该项国际航空运输在本公约的一个当事国领土内履行，而该当事国是上述第(一)项至第(五)项所指一个或者几个文件的当事国。"

② 《条约法公约》第30条第4款规定："遇后订条约之当事国不包括先订条约之全体当事国时：(甲)在同为两条约之当事国间，适用第三项之同一规则；(乙)在为两条约之当事国与仅为其中一条约之当事国间彼此之权利与义务依两国均为当事国之条约定之。"

与目的地国共同参加的公约,对于单程运输应适用始发地国参加的公约。如果不存在前述公约,则需要通过法院地的国际私法规则确定准据法。

综上,修正的结合理论为《蒙特利尔公约》适用于陆空联运合同提供理论上的可行性。同时,《蒙特利尔公约》适用的必要性,源于运输实践的需要以及陆空联运合同本身的特殊性质。而就《蒙特利尔公约》本身的适用条件而言,一方面,根据该公约自身的适用范围条款,应以陆空联运合同包含的航空货物运输区段是否满足该公约所规定的国际运输作为该公约适用与否的判断标准;另一方面,从《蒙特利尔公约》与华沙体系之间的适用关系来看,应以陆空联运合同包含的航空货物运输区段所涉国家为出发点,根据不同情况分别判断应适用的运输公约。

第二节 定域性货损时《蒙特利尔公约》的适用问题

发生定域性损失且满足《蒙特利尔公约》的适用条件时,基于修正的结合理论以及《蒙特利尔公约》第 38 条,该公约应当适用于陆空联运合同包含的国际航空货物运输区段。因此,进一步的问题是,如何理解《蒙特利尔公约》第 18 条第 3 款规定的"航空运输期间",或者说应当如何界定《蒙特利尔公约》的适用范围。而当定域性损失发生在公路货物运输区段时,依据《蒙特利尔公约》自身的适用范围条款,并不适用于此种情况。然而,在航空货物运输实践中,承运人通常通过以下两种方式缔结陆空联运合同:其一,直接与托运人达成陆空联运合同。在此种情况下,航空承运人作为陆空联运经营人签发航空货运单,并自行安排公路货物运输。其二,由货运代理人作为缔约承运人,而航空承运人作为实际承运人。在此种情况下,货运代理人作为陆空联运经营人签发航空分运单(house air waybill),而航空承运人作为实际承运人向货运代理人签发航空主运单(master air waybill)。[①] 不管在

① See George Leloudas, *Door-to-Door Application of International Air Law Conventions: Commercially Convenient, but Doctrinally Dubious*, Lloyd's Maritime and Commercial Law Quarterly, p. 370 (2015).

何种缔结模式下,当事人为实现应适用规则的确定性和可预见性,通常选择将华沙体系或《蒙特利尔公约》扩张适用于整个陆空联运合同。此时,如果公路运输区段满足《公路公约》的适用条件,就会造成《公路公约》与华沙体系或《蒙特利尔公约》的适用冲突。本节将讨论这一问题的解决方式。

一、《蒙特利尔公约》适用的范围

由于华沙体系在一定范围内仍有适用的可能,并且该体系的规定对于理解《蒙特利尔公约》的规定仍具有指导意义。所以本部分将通过比较华沙体系以及《蒙特利尔公约》的适用范围条款,明确《蒙特利尔公约》的适用范围。

(一)机场的界限

依据《华沙公约》第 18 条第 2 款及第 3 款的规定,构成《华沙公约》规定的航空运输期间必须同时满足两个条件,即货损发生在航空承运人掌管期间且货损发生在机场范围内。[①] 由于《华沙公约》没有规定机场的概念,应遵循《芝加哥公约》规范机场的附件 14,将机场界定为:"全部或部分用于航空器进场、离场和地面活动的陆上或水上的一划定区域(包括建筑物、设施和设备)。"从划定区域的措辞来看,应有必要的边界、围墙或者其他措施,以便区分机场与周边区域的界限。

随着航空运输业的发展,在一些繁忙的机场,与货物装卸以及交付有关的某些行为,如仓储,只能在机场边界之外完成。为将发生在航空承运人掌管之下,但发生于机场边界之外的货损,纳入《华沙公约》的调整范围之内,部分案例试图从功能的角度重新认定机场。一种观点认为,机场边界之外的仓库如被用于仓储从机场运来或者准备运往机场进行航空运输的货物,并且靠近机场边界,就应将机场边界之外的仓库被认定为如同在机场之中。[②] 另一种观点认为,如果承运人在其处理货物时,运用了机场设施的通常功能,《华沙公约》起草者的一般意图应是

① See Georgette Miller, *Liability in International Air Transport: The Warsaw System in Municipal Courts*, Kluwer, 1977, p. 144.

② See Rolls Royce plc & Anor v. Heavylift-Volga Dnepr Ltd. & Anor, [2000] C. L. C. 1120, para. 32.

将其纳入该公约规定的航空运输期间。换言之,应以被用于处理货物的机场设施划定机场的范围。

不难看出,从功能的角度认定机场,不可避免地需要在个案中,针对不同机场的情况分别认定。同时,这种功能认定方法显然也只能适用于一些特殊情况。与之相比,通过机场边界认定《华沙公约》适用范围,不仅清晰、明确,而且符合《华沙公约》条款的规定。因此,机场边界应是通常意义上认定《华沙公约》适用范围的方法。

需要说明的是,航空运输业不断发展的另一方面影响在于,机场已经不单单只是航空运输的枢纽,而是机场所在区域的经济枢纽。因此,除用于仓储等待运输或者等待交付之货物的仓库外,大型枢纽机场还存在用以完成交付收货人之前进口查验手续的海关监管仓库。如果海关监管仓库也在机场的范围之内,且货损发生在承运人将货物运往海关监管仓库的机场内部路上运输中,也应由航空运输承运人承担责任。比如,"法国航空公司与智傲物流有限公司货物运输合同违约赔偿纠纷上诉案"(以下简称法航案)。该案涉及运输航空发动机,货物到达上海浦东机场进入机场货运站的仓库后,承运人委托的短驳运输承运人并没有采用航空运输合同中约定的特种运输车辆将货物从机场货运站仓库运到海关监管仓库,货物因此被收货人拒收,并相应产生检修费用。一审法院认为:"短驳路程是由机场货运站的仓库到海关监管仓库。货物并没有出关,整个路程属于机场的海关监管范围内。"①故应当适用《蒙特利尔公约》来判断是否发生货损,以及应当如何赔偿。然而,在承运人已经将货物运抵海关监管仓库等待查验的情况下,需要判断承运人是否失去对货物法律或事实上的掌管,以便明确承运人责任期间是否终止。因此,需要进一步讨论的是承运人责任期间应如何认定,或者说掌管的含义。

---

① 法国航空公司与智傲物流有限公司(GEOLOGISTICS LIMITED)货物运输合同违约赔偿纠纷上诉案,(2007)沪一中民五(商)终字第27号。

(二)掌管的含义

除《华沙公约》在机场内的限制外,《蒙特利尔公约》第 18 条[①]第 3 款对航空运输期间或者说承运人责任期间,仅规定航空运输期间系指货物处于承运人掌管之下的期间。掌管通常,是指基于运输合同施加给承运人的保管义务,货物处于承运人控制之下的期间。这种控制给予承运人足够的权利,保护货物免受损害。[②] 因而,仅从字面意思来看,《蒙特利尔公约》第 18 条第 3 款将该公约变为一部从整体上调整陆空联运合同的运输公约,即从陆空联运承运人接收货物开始,到交付货物为止,都应由《蒙特利尔公约》调整。

然而,从《蒙特利尔公约》第 38 条的规定来看,除非存在第 18 条第 4 款第 2 句的例外情况,否则该公约只适用于航空运输。因此,不能仅从字面意思理解第 18 条第 3 款。

虽然不能仅从字面意思理解《蒙特利尔公约》第 18 条第 3 款,但该款的措辞却带来一个实践上的问题,也即如果承运人从机场向其在机场之外的仓库运输货物,该段运输处于机场之外,依据《蒙特利尔公约》第 18 条第 4 款,不应适用该公约的规定,但当货物在承运人掌管的仓库时,依据该公约第 18 条第 3 款,该公约则应当恢复适用。也就是说,《蒙特利尔公约》从货物运出机场后不再适用,当货物运到机场外仓库时,又恢复适用。对于这种碎片化地适用《蒙特利尔公约》的方式,司法实践中有以下两种解决途径:

① 《蒙特利尔公约》第 18 条规定:“一、对于因货物毁灭、遗失或者损坏而产生的损失,只要造成损失的事件是在航空运输期间发生的,承运人就应当承担责任。二、但是,承运人证明货物的毁灭、遗失或者损坏是由于下列一个或者几个原因造成的,在此范围内承运人不承担责任:(一)货物的固有缺陷、质量或者瑕疵;(二)承运人或者其受雇人、代理人以外的人包装货物的,货物包装不良;(三)战争行为或者武装冲突;(四)公共当局实施的与货物入境、出境或者过境有关的行为。三、本条第一款所称的航空运输期间,系指货物处于承运人掌管之下的期间。四、航空运输期间,不包括机场外履行的任何陆路、海上或者内水运输过程。但是,此种运输是在履行航空运输合同时为了装载、交付或者转运而办理的,在没有相反证明的情况下,所发生的任何损失推定为在航空运输期间发生的事件造成的损失。承运人未经托运人同意,以其他运输方式代替当事人各方在合同中约定采用航空运输方式的全部或者部分运输的,此项以其他方式履行的运输视为在航空运输期间。”

② See Elmar Giemulla eds., *Montreal Convention*, Kluwer Law International, 2006, Article 18, para. 36.

第一,将前述从机场到机场外仓库的地面运输视为航空运输的一部分。比如,美国法院在一些涉及《华沙公约》第 18 条第 2 款的案件中指出,只要航空承运人依据航空运输合同对货物仍保持实际或者推定占有,航空运输期间就没有结束。① 如果将这种认定方式适用于《蒙特利尔公约》,当然能避免前述碎片化地适用《蒙特利尔公约》,但这种方法显然忽视了《蒙特利尔公约》本身只调整航空运输之目的。同时,这种认定不仅与《蒙特利尔公约》第 18 条第 4 款第 1 句的规定相违背,将该公约调整的货损发生之地域范围扩大到机场之外,而且与该公约第 18 条第 4 款第 2 句的规定相违背,因为按照该句规定,只有发生非定域性货损时,从机场到机场外仓库的辅助运输才能被纳入航空运输期间。

第二,限制解释掌管的含义。上述碎片化地适用《蒙特利尔公约》主要源于对承运人掌管货物的理解包括货物在仓库由其照管期间。尽管《蒙特利尔公约》没有排除这种解释的可能,但这种理解方式显然会导致上述实践中的问题。因而,更可取的方式是,基于《蒙特利尔公约》的调整对象是运输行为,而不是仓储行为,应将承运人掌管理解为其在机场范围内掌管。② 比如,在上述法航案中,二审法院在肯定海关监管仓库仍在机场范围内的前提下,从掌管的角度进一步论证航空承运人是否应当承担责任。法院还指出,在产生检修费用的短驳期间,"货物仍处于承运人法航(通过其代理人机场货运站的代理人浦运公司)掌管期间,故该段期间是航空运输责任期间"。

综上所述,陆空联运合同中的航空货物运输区段在满足《蒙特利尔公约》适用范围条款之要求时,该公约的适用并不存在问题。然而,由于对航空运输期间措辞上的修改,导致该公约可能适用于其不调整的行为。因而,更好的方式是在解释该公约适用范围之起止时,将该公约所删除的《华沙公约》对机场的规定添加进来,也就是说《蒙特利尔公约》的适用范围仍应被限制在机场边界之内。需

① See Victoria Sales Corp. v. Emery Air Freight, Inc., 917 F.2d 705, 710 (1990).

② See George Leloudas, *Door-to-Door Application of International Air Law Conventions: Commercially Convenient, but Doctrinally Dubious*, Lloyd's Maritime and Commercial Law Quarterly, p. 381 (2015).

要说明的是,在航空运输总条件中,航空承运人通常以接收和交付作为自身责任期间的起止。比如,《顺丰航空有限公司货物国际运输总条件》第 39 条就规定:“对于任何货物因毁灭、遗失、损坏或延误而产生的损害,如果造成这种损害的事故是发生在本条件第一条所定义的运输期间,顺丰航空及与此次运输相关的连续承运人应对托运人、收货人或其他人承担责任,但法律规定免除责任的除外。”而该文件第 1 条所界定的运输期间是指“自托运后至交付前,托运货物处于承运人掌管之下的全部期间”。所以即便货物在尚未交付收货人或者尚未由下一程运输的承运人掌管时,于机场之外发生货损,也不会存在责任期间的空白。

二、《蒙特利尔公约》适用的限制

尽管目前尚未有案例涉及当事人扩张适用《蒙特利尔公约》,进而导致《蒙特利尔公约》与《公路公约》在定域性货损发生于公路运输区段时,可能存在的适用冲突之问题,但已有案例解决华沙体系下,与前述问题类似的当事人扩张适用华沙体系下运输公约,而与《公路公约》产生适用冲突的问题。比如,在量子案(Quantum Corp Ltd. v. Plane Trucking Ltd.)中,原告将涉案货物从新加坡发往爱尔兰都柏林,该案第二被告法国航空公司作为承运人,负责将该批货物从新加坡运往都柏林,法航将该批货物用飞机从新加坡运至巴黎戴高乐机场后,将之交给该案另一被告以公路运输的方式将该批货物从巴黎运往都柏林,该批货物在运往英国的途中被盗。该案涉及的航空货运单规定,《海牙议定书》调整陆空联运合同。故该案的核心问题是应当适用《公路公约》还是《海牙议定书》于巴黎到都柏林之间的公路运输。为明确如何解决该问题,本部分首先讨论《公路公约》的适用条件。在此基础上,讨论量子案如何解决华沙体系下运输公约与《公路公约》的适用冲突问题,以期明确当事人扩张适用《蒙特利尔公约》时,如何在国际公路运输区段,协调《蒙特利尔公约》与《公路公约》的适用关系。

(一)《公路公约》的适用条件

《公路公约》第 1 条和第 2 条划定该公约本身的适用条件。《公路公约》第

1 条①明确该公约所调整的公路运输合同之范围,第 2 条明确该公约扩张适用于公路运输结合航空、铁路、海运或者内河背负式运输这一特殊类型的多式联运合同之条件。依据《公路公约》第 1 条,适用该公约需要注意以下三个问题:

第一,承托双方应达成公路货物运输合同。承托双方之间的公路货物运输合同应约定使用《公路公约》要求的运输工具,并且运输本身应具有国际性。《公路公约》第 1 条第 2 款明确规定该公约所要求使用的运输工具:“就本公约而言,车辆指 1949 年《公路交通公约》第 4 条所界定的机动车辆,拖挂车辆,拖车和半拖车。”而根据《公路公约》第 1 条第 1 款的规定,该公约适用于任何为取得报酬而通过车辆在道路上运送货物的合同,如果合同约定的接收货物和指定交货地点位于两个不同的国家,而至少其中一个是缔约国时,不考虑当事人的居住地和国籍。不难看出,该公约要求合同约定的接收货物的地点或者交付地点,在两个不同的国家。接收货物一般是指为运输之目的,承运人占有或者控制货物;②而交付通常是指一种行为,借此行为承运人向收货人移交对货物的保管,而收货人明示或默示地接受交付,并据此取得对货物的权利与控制。③ 即便不能在合同约定的交付地点交付货物,或者货物未到达指定的交付地点,或者货物被运回接收货物的

① 《公路公约》第 1 条:“1. This Convention shall apply to every contract for the carriage of goods by road in vehicles for reward, when the place of taking over of the goods and the place designated for delivery, as specified in the contract, are situated in two different countries, of which at least one is a Contracting country, irrespective of the place of residence and the nationality of the parties. 2. For the purpose of this Convention, ‘vehicles’ means motor vehicles, articulated vehicles, trailers and semi-trailers as defined in article 4 of the Convention on Road Traffic dated 19 September 1949. 3. This Convention shall apply also where carriage coming within its scope is carried out by States or by governmental institutions or organizations. 4. This Convention shall not apply: (a) To carriage performed under the terms of any international postal convention; (b) To funeral consignments; (c) To furniture removal. 5. The Contracting Parties agree not to vary any of the provisions of this Convention by special agreements between two or more of them, except to make it inapplicable to their frontier traffic or to authorize the use in transport operations entirely confined to their territory of consignment notes representing a title to the goods.”

② See Elmar Giemulla eds., *Montreal Convention*, Kluwer Law International, 2006, Article 18, para. 42.

③ Ibid., para. 43.

地点，也都不影响《公路公约》的适用，只要承托双方之间合同的约定满足前述适用范围条款的要求。① 还需指出，接收货物的地点或者交付货物的地点，只要其中一个地点位于《公路公约》缔约国，该公约即可适用。这显然是为扩张该公约的适用范围，以期将更多的公路货物运输合同纳入该公约的调整范围内。

第二，承托双方之间的公路货物运输合同的运输对象是货物。讨论《蒙特利尔公约》的适用范围时，已经说明本着《蒙特利尔公约》适用一致性的目的，对货物的解释，应认为是旅客行李之外，任何实际被运输的物体。这种理解也应被用于理解《公路公约》适用范围条款中的货物。② 然而，需要指出的是，《公路公约》第1条第4款明确排除该公约不适用的两种货物，即"公约不适用于有关遗体以及家具的运输"。

第三，承托双方之间的公路运输合同应是有偿的。与《蒙特利尔公约》不同，依据《公路公约》第1条第1款，《公路公约》只适用于有偿运输。尽管有偿性多数情况下意味着托运人支付运费，但是有偿性并非一定意味着金钱，还可以是托运人给予承运人的任何种类的利益，只要这些利益与承运人承担运输所付出的成本是相称的，并且使承运人的运输行为受到强制适用的《公路公约》调整是合理的即可。③ 因此，对于运输合同是否有偿，在特殊情况下需要通过个案事实，特别是当事人之间表现于公路货物运输合同中的意图进行判断。

（二）《蒙特利尔公约》与《公路公约》之间的适用关系

在明确《公路公约》适用条件的基础上，分析《蒙特利尔公约》与《公路公约》之间的适用关系的核心问题是，当满足《公路公约》适用条件时，应当适用《公路公约》调整陆空联运合同包含的国际公路货物运输区段，还是依据当事人的选择，适用《蒙特利尔公约》。而回答这一问题需要区分以下两种情况。

---

① See Malcolm Clarke, *International Carriage of Goods by Road*: *CMR*, 6th ed., Informa Law from Routledge, 2014, para. 18.

② Ibid., para. 11.

③ See Elmar Giemulla eds., *Montreal Convention*, Kluwer Law International, 2006, Article 1, para. 3A.

1. 公路货物运输区段不具有国际性

第一种情况是陆空联运合同整体具有国际性，但公路货物运输区段为国内运输。对于此种情况，有学者指出，一个公路货物运输合同所包含的国内公路货物运输区段，不管是在国际公路货物运输区段之前，还是之后，只要整个公路货物运输具有国际性，该国内公路货物运输区段也应由《公路公约》调整。①

这种理解与学者在针对《公路公约》的评论中，明确地论断"《公路公约》绝不会适用于国内公路运输"相违背。② 同时，上述观点是对《公路公约》适用范围条款中接收货物概念的扩大化解释，其实质是认为，该公约所规定的接收货物，不是意味着接收货物开始国际公路货物运输，而是指接收货物开始国际货物运输。这种理解实际上是对《公路公约》适用范围的不当扩大。原因在于以下几个方面：

第一，从《公路公约》的序言③和第 1 条的规定来看，该公约只适用于国际公路货物运输，而不适用于国内公路货物运输。因此，扩大《公路公约》的适用范围，不符合该公约本身之目的。并且这种扩张适用会损害非《公路公约》缔约国调整本国国内公路货物运输的权力。

第二，《公路公约》适用于国内公路货物运输会导致追偿问题上的不公平。如果认为《公路公约》适用于国内公路货物运输，那么陆空联运经营人对于国内公路货物运输应承担《公路公约》所规定的责任限额，但国内公路货物运输区段承运人则可以援用国内法规定的责任限额。如果国内法与《公路公约》的规定存在差异，陆空联运经营人或是自身承担差额，或是能够要求更高的责任限额。这种结果无论是对陆空联运经营人来说，还是对国内公路运输承运人来说显然都是

---

① See Malcolm Clarke, *International Carriage of Goods by Road*: *CMR*, 6th ed., Informa Law from Routledge, 2014, para. 18.

② See R. Loewe, *Commentary on the Convention of* 19 *May* 1956 *on the Contract for the International Carriage of Goods by Road*, ECE/TRANS/14, para. 40.

③ 《公路公约》序言："THE CONTRACTING PARTIES, HAVING RECOGNIZED the desirability of standardizing the conditions governing the contract for the international carriage of goods by road, particularly with respect to the documents used for such carriage and to the carrier's liability. HAVE AGREED as follows."

不公平的。

第三,扩张适用于国内货物运输区段的理由会导致适用上的矛盾。依据《公路公约》第17条第1款,①该公约应适用于从接收货物到交付货物的整个运输过程。如果认为接收货物意味着开始国际货物运输,那么《公路公约》不仅仅只适用于国内公路货物运输,而且应适用于整个货物运输合同。显然,扩张适用于国内货物运输区段的理由会导致适用上矛盾的结果。因此,《公路公约》不能因陆空联运合同整体具有国际性,而适用于该合同包含的国内公路货物运输区段。

2. 公路货物运输区段具有国际性

第二种情况是陆空联运合同具有国际性,并且该合同包含的公路货物运输区段也具有国际性。在此种情况下,学者们普遍认为,如果国际公路货物运输区段满足《公路公约》适用范围条款所设定的条件,该公约应当适用。② 而学者在针对《公路公约》的评论中也明确指出,通过其他运输方式完成部分运输区段后,如果货物被重新装载于车辆,并且该运输区段满足《公路公约》国际性的要求,该公约将适用于该运输区段。③

然而,在司法实践中,对于上述情况,英国和德国法院却有不同见解。在量子案中,英国商事法院法官认为,《公路公约》不能适用于该案,主要理由有以下两点:

第一,该案涉及的合同从整体上看不是国际公路货物运输合同,进而不能适用《公路公约》。商事法院法官认为,《公路公约》的适用范围条款是依据合同规定,而不是损害发生时,依据实际发生的运输判断该公约的适用范围。而在量子案中,法航签发的航空货运单仅仅许可,而不是要求法航通过公路进行第二程运

① 《公路公约》第17条第1款:"The carrier shall be liable for the total or partial loss of the goods and for damage thereto occurring between the time when he takes over the goods and the time of delivery, as well as for any delay in delivery..."

② See Marian Hoeks, *Multimodal Transport Law: The Law Applicable to the Multimodal Contract for the Carriage of Goods*, Kluwer Law International, 2010, p. 155 – 157.

③ See R. Loewe, *Commentary on the Convention of* 19 *May* 1956 *on the Contract for the International Carriage of Goods by Road*, ECE/TRANS/14, para. 26.

输。因而,量子案涉及的货物运输合同所约定的运输之主要特征是航空运输。故该案涉及的合同应被认为是国际航空货物运输合同,而不是国际公路货物运输合同。①

第二,《公路公约》缔约方的目的仅是在有限的范围内调整某种特殊类型的多式联运合同,量子案涉及的运输情况不属于这一范围。《公路公约》第2条规定将该公约的适用范围扩张到公路运输结合背负式运输的多式联运合同,而该公约的签署议定书指出,缔约国着手缔结调整多式联运合同的公约。② 据此,英国商事法院的法官认为,除第2条规定的情况之外,《公路公约》不适用于多式联运合同。

英国上诉法院在针对量子案的上诉审理中,却作出与商事法院截然相反的认定。英国上诉法院认为,审查《公路公约》能否适用于量子案中的国际公路货物运输区段,关键在于考察以下两个问题。

其一,《公路公约》是否只适用于明确约定通过公路进行运输的合同。上诉法院区分四种情况:合同约定只进行公路运输;合同约定进行公路运输,但承运人可以选择通过其他运输方式履行全程或部分运输区段;合同没有对运输方式做出规定或者约定使用不特定的几种运输方式,其一是公路运输;合同约定通过其他运输方式进行运输,但承运人可以选择通过公路运输方式履行全程或部分运输区段。就第一种情况而言,《公路公约》的适用是显而易见的。然而,在货物运输实践中,多数合同对运输方式不作规定或者交由承运人选择。因而,如果将《公路公约》的适用仅限于第一种情况,无疑会严重限制该公约的适用范围。这就与该公约本身之目的——标准化调整国际公路货物运输合同的规则相违背。因此,与商事法院法官的观点不同,上诉法院的法官认为《公路公约》的适用,应取决于依据承托双方之间合同而实际发生的国际公路货物运输,而不仅仅只适用于约定进行

---

① See Quantum Corp. Ltd. v. Plane Trucking Ltd. ,[2001] C. L. C. 1192, 1201.

② 参见《公路公约》签署议定书:"The undersigned undertake to negotiate conventions governing contracts for furniture removals and combined transport..."

国际公路货物运输的合同。①

其二,如何认定《公路公约》适用范围条款所规定的接收与交付货物。上诉法院认为,由于《公路公约》的适用取决于依据承托双方之间合同而实际发生的国际公路货物运输,故而,该公约同样调整陆空联运合同中的国际公路货物运输区段。据此,进一步的问题在于,如何认定《公路公约》适用范围条款规定的接收货物以及交付货物。上诉法院认为,应将之视为承运人以公路运输承运人的身份接收和交付货物。②

此外,对于商事法院法官在初审判决中认为《公路公约》不能适用的另外两个理由,公约第 2 条和该公约签署议定书的规定,以及从整体上判断合同的性质的方法,上诉法院也予以否定。上诉法院认为,依据《公路公约》第 2 条,对于该公约所调整的特殊类型的多式联运合同,该公约的规定只在货损发生于背负式运输区段时,需要让位于其他运输公约。也就是说,《公路公约》第 2 条暗含该公约可以适用于该条调整的特殊类型多式联运合同所包含的国际公路货物运输区段。从这个角度出发,《公路公约》第 1 条适用于陆空联运合同中的国际公路货物运输区段,并不违反该公约第 2 条的规定。③ 就《公路公约》签署议定书而言,上诉法院认为,缔约方着手缔结有关多式联运合同的公约,仅仅意味着缔约方试图形成一部调整多式联运合同的公约。这与《公路公约》自身的适用范围并无必然关联。④ 而对于商事法院法官所使用的通过合同主要特征判断合同性质的方法,上诉法院认为,这种方法,会导致主要特征是国际公路货物运输的多式联运合同由《公路公约》调整,这反而与该公约缔约方在签署议定书中的态度不一致。并且认定主要特征并没有确定的标准。这会不当扩大法官的裁量权。⑤

然而,德国最高法院在 2008 年的一起判决中认为,《公路公约》并不适用于多

① See Quantum Corp. Ltd. v. Plane Trucking Ltd. ,[2002] C. L. C. 1002, 1008 - 1009.

② Ibid. , p. 1011.

③ Ibid.

④ Ibid. , p. 1010.

⑤ Ibid. , p. 1019.

式联运合同所包含的国际公路货物运输区段。该案涉及从日本东京通过海运,经荷兰鹿特丹港到德国门兴格拉德巴赫的多式联运合同。多式联运合同当事人选择日本东京地方法院管辖,适用日本法律。由于货损发生在鹿特丹港到门兴格拉德巴赫之间的国际公路货物运输区段,德国上诉法院认为,《公路公约》应当适用,所以德国法院具有管辖权。然而,德国最高法院却推翻上诉法院的判决,认定《公路公约》不能适用。理由主要有两个方面:(1)德国最高法院认为,《公路公约》适用范围条款中"在道路上运送货物的合同"的措辞,说明该公约仅仅只适用于国际公路货物运输合同。(2)《公路公约》第2条以及签署议定书中的规定,说明《公路公约》只有在满足第2条规定的情况下,才有限度地扩张适用于多式联运合同。除此之外,其他任何类型的多式联运合同,不管是合同自身还是合同包含的国际公路货物运输区段都不由《公路公约》调整。①

通过分析英国以及德国法院的判决,可以看出,《公路公约》能否适用于陆空联运合同包含的国际公路货物运输区段的核心的争议在于两个方面,即《公路公约》是否只适用于约定进行国际公路货物运输的合同,以及应如何理解《公路公约》第2条及签署议定书的规定。可以认为,应当按照英国上诉法院的理解认识《公路公约》第2条以及签署议定书,也即这两条的规定都不解决该公约是否适用于陆空联运合同包含的国际公路货物运输区段的问题,该问题应由该公约第1条解决。而对第1条的理解,英国上诉法院的观点同样具有合理性,也即从运输实践来看,不能仅将《公路公约》的适用范围局限于合同约定进行国际公路货物运输的合同。也就是说,在道路上运输货物,不意味着仅仅只通过道路运输货物,这会不当地限制该公约的适用范围。基于此,应将《公路公约》适用范围条款所规定的接收货物以及交付货物理解为,以国际公路货物运输承运人的身份实际接收货物以及交付货物。这既符合《公路公约》本身的目的,也不会使该公约扩张适用于国内公

---

① See Peter Laurijssen, *Quantum Corporation Inc. v. Plane Trucking Ltd. Revisited by German Supreme Court*: *Consideration on the German Federal High Court's Decision of* 17 *July* 2008, European Transport Law, Vol. 44, p. 143 – 145 (2009).

路货物运输。

综上，只有当陆空联运合同包含的公路货物运输区段满足《公路公约》的适用条件时，《公路公约》的规定才能够优先于当事人的选择而得到适用。因而，当定域性货损发生在公路货物运输区段且该运输区段满足《公路公约》的适用条件时，应当适用《公路公约》。除此之外，应按照陆空联运合同的约定，适用华沙体系或者《蒙特利尔公约》。

第三节 非定域性货损时《蒙特利尔公约》的适用问题

根据修正的结合理论，发生非定域性损失时，应由当事人合意选择的准据法调整陆空联运合同当事人之间的权利义务关系。然而，根据《蒙特利尔公约》第18条第4款第2句的规定，发生非定域性损失时，公约扩张适用于特定类型的陆空联运合同——陆空组合运输合同。因此，本节首先讨论在发生非定域性货损时，《蒙特利尔公约》扩张适用于陆空联运合同的条件。而后从一般意义上考察运输公约扩张适用可能存在的问题，以及导致前述问题的原因。

一、《蒙特利尔公约》扩张适用的条件

华沙体系以及《蒙特利尔公约》中针对陆空联运合同的规定并无本质区别。因此，就发生非定域性货损时，《蒙特利尔公约》适用之条件，本部分结合《蒙特利尔公约》的条款以及华沙体系下针对相同条款的判例予以研究。

（一）《蒙特利尔公约》扩张适用规定的本质

《蒙特利尔公约》第18条第4款第2句是一个证据规则，即除非有证据证明货损发生在辅助运输区段，否则陆空组合运输中所发生的所有损失，应被认为发生在航空运输期间，进而由航空运输承运人承担责任，并由《蒙特利尔公约》调整。[①] 因此，当辅助运输区段发生定域性货损时，除非满足《公路公约》或其他运

① See Elmar Giemulla eds., *Montreal Convention*, Kluwer Law International, 2006, Article 18, para. 92.

输公约的适用条件,否则应由当事人合意选择的准据法调整该货损。比如,美亚财产保险有限公司上海分公司诉捷达国际运输公司保险人代位求偿权纠纷案。由于涉案货物的生产商位于法国布拉尼亚克,被告委托法国当地货运代理人安排了涉案货物自法国布拉尼亚克至我国上海的陆空联运。布拉尼亚克机场的装卸公司在该机场货运区域进行卸货作业时,包装货物的板条箱坠落在地,导致货损发生。审理法院援用《蒙特利尔公约》第18条第4款,并认为:“本案中,涉案货物运至机场的目的是为航空运输,且在机场卸货时发生事故,应属航空运输期间。”[①]这种认定方式显然是对《蒙特利尔公约》第18条第4款第2句规定的误解,该条规定并不适用于发生定域性货损的情况。正确的判断路径是,因为货损发生在机场货运区域,所以货损发生在航空运输期间,应由航空承运人承担责任。

《蒙特利尔公约》第18条第4款第2句规定了发生非定域性损失时,该公约扩张适用于陆空组合运输的条件。第一章已经论及约定或实际使用陆空组合运输的合同,构成陆空联运合同。因而,《蒙特利尔公约》仅在发生非定域性损失时,扩张适用于陆空组合运输合同这种特定类型的陆空联运合同。而其他类型的陆空联运合同,如上一节提及的量子案中发生争议的陆空联运合同,发生非定域性损失时,还是需要通过当事人合意选择的准据法调整陆空联运合同当事人之间产生的争议。

(二)《蒙特利尔公约》扩张适用的条件

从《蒙特利尔公约》第18条第4款第2句本身的措辞来看,该句的适用除发生非定域性损失外,关键的认定标准在于如何界定《蒙特利尔公约》规定的“为履行航空运输合同而进行的装载、交付或者转运”如何界定,即辅助运输。

非定域性损失应属于事实认定,可以被归为程序问题。根据“谁主张,谁举证”的原则,应由主张发生非定域性损失的一方举证,并需要达到法院地民事诉讼证据规则所要求的证明标准。然而,如果双方皆不能明确举证证明货损发生的运

---

① 美亚财产保险有限公司上海分公司诉捷达国际运输公司保险人代位求偿权纠纷案,(2013)浦民六(商)初字第3090号。

输区段,则需要法院自行判断此种情况应属于定域性货损或是非定域性货损。比如,域多利货运有限公司、中国人民财产保险股份有限公司广州市分公司保险人代位求偿权纠纷上诉案。在该案中,托运人以及航空运输承运人皆不能证明货损发生的货物运输区段,但“均认为货损应该是由叉车造成的”。在此基础上,二审法院认为:

> 在货物从香港运至珠海的过程中外包装未再次发生包装破损,也没有证据证明正常运输过程中的颠簸会导致同样的货损出现的情况下,从发现包装破损的时间、地点及最有可能造成货损的原因来看,在空运期间叉车造成案涉货物外包装破损进而损坏其内的货物具有高度可能性,本院确认案涉货损系发生在航空运输期间。①

显然,二审法院是依据我国《民事诉讼法司法解释》第 108 条②的高度可能性的证明标准,结合案件事实自行判断货损发生的区段的。

美国第二巡回上诉法院在商业联盟案(Commercial Union v. Alitalia Airlines)中,考察了与《蒙特利尔公约》第 18 条第 4 款第 2 句措辞一致的《华沙公约》第 18 条第 3 款第 2 句的适用条件。因而,该案能为认定陆空组合运输中的辅助运输提供一定的启示。美国第二巡回上诉法院在审查《华沙公约》的起草背景后指出,该公约规定的陆空组合运输中的辅助运输对于航空运输来说并不重要。然而,《华沙公约》本身以及该公约的起草过程中,并没有规定某一航空运输重要与否的标准。因而,法院应做出自己的认定。美国第二巡回上诉法院认为,如果合同约定的运输主要是航空运输,但也履行非航空运输,那么不管非航空运输是否规定于合同中,在发生非定域性损失时,《华沙公约》第 18 条第 3 款的规定都

① 域多利货运有限公司、中国人民财产保险股份有限公司广州市分公司保险人代位求偿权纠纷上诉案,(2018)粤 04 民终 454 号。

② 《民事诉讼法司法解释》第 108 条第 1 款规定:“对负有举证证明责任的当事人提供的证据,人民法院经审查并结合相关事实,确信待证事实的存在具有高度可能性的,应当认定该事实存在。”

应适用。[1] 显然,这一判断将实际履行作为认定辅助运输的标准,但这种认定方式显然存在问题。以量子案为例,如果该案中发生的是非定域性损失,那么按照这一标准,《华沙公约》应当适用,但量子案中涉及的公路运输明显不应被认为是陆空组合运输中的辅助运输。这种认定方式完全忽视运输距离,尽管其不是判断辅助运输的唯一标准,但在判断是否构成辅助运输时,也是需要考察的。

从上述案件来看,可以根据运输的目的结合运输距离共同判断何为陆空组合运输中的辅助运输。该辅助运输实际上是为完成不能通过航空器完成的从托运人所在地到始发机场的货物运输区段、从目的地机场到收货人所在地的货物运输区段,以及两个机场间不能通过航班进行的转运。因此,为装载而运输应被认为是,承运人在托运人的住所或者工厂接收货物,并将之运送到在技术上、航空运输管理上以及交通联系上最近的一个机场,以便将货物装上航空器所需之运输。与之相对的,则应是为交付而运输。而转运应是指,航空运输由于技术上、航空运输管理上的因素,必须将货物在某机场卸下,再利用与该机场距离最近的机场将货物运抵目的地。[2]

综上,可以认为,《蒙特利尔公约》规定该公约扩张适用条件的条款,没有明确规定如何认定辅助运输,使该公约扩张适用的条件不得不寻求学理解释或者由法院在个案中自主认定。这不仅有损《蒙特利尔公约》的统一适用,也给陆空联运合同法律适用增加不确定性。

二、《蒙特利尔公约》扩张适用的问题及其成因

《蒙特利尔公约》规定该公约扩张适用条件的条款过于简单,没有明确界定扩张适用条件中关键判断标准的认定方式。因而,对于扩张适用的条件不得不寻求学理解释或者由法院在个案中自主认定。造成前述困境的原因,有以下三个方面。

---

① See Commercial Union Ins. Co. v. Alitalia Airlines, S. A., 347 F. 3d 448, 467 - 468 (2nd Cir., 2003).

② 参见林一山:《民法系列——运送法》,台北,三民书局 2005 年版,第 18 页。

第一,《蒙特利尔公约》自身的立法理念。由于《蒙特利尔公约》不以陆空联运合同为主要的调整对象,而该公约起草者又不能不顾及蓬勃发展的陆空联运以及国际航空货物运输的实际情况,故而,《蒙特利尔公约》中扩张调整陆空联运的条款,并没有在该公约的起草历史中被详细地讨论。① 不难看出,限于《蒙特利尔公约》自身的立法理念,在该公约起草过程中,缔约国很难制定完善的扩张《蒙特利尔公约》适用范围的条款。这就导致该公约扩张适用的困境。

第二,《蒙特利尔公约》缔约国的不同司法实践。尽管《蒙特利尔公约》扩张适用于陆空联运合同的条款明确规定,只有在特定情况下,该公约才能够扩张适用,但由于缔约国法院的不同认识,缔约国法院之间对于如何认定扩张适用的条件很难达成共识。不难看出,《蒙特利尔公约》缔约国法院就该公约扩张适用于陆空联运之条件的不同认识,导致《蒙特利尔公约》扩张适用的困境。

第三,运输公约内容上的差异。现行的国际货物运输法律制度是基于国际单式货物运输的概念建立起来的,并根据每种运输方式的特定风险以及实践,发展演变成不同的运输公约。② 在诸多核心问题上,如承运人责任基础、责任限额的计算方式、运输合同下的单据、托运人责任等方面,各个国际运输合同公约间存在巨大差异。有学者指出,无论是通过《条约法公约》,还是通过修改运输公约,抑或是退出运输公约,都无法妥善协调不同运输公约之间的冲突。③ 不难看出,尽管集装箱为货物在不同运输方式间的无缝衔接提供可能,但扩张适用于多式联运合同的运输公约,无法找到协调公约自身与其他运输公约之间适用关系的较好途径。这会造成运输公约扩张适用的困境。前述论断当然也能够适用于《蒙特利尔公约》扩张适用问题之成因。

---

① See George Leloudas, *Door-to-door Application of International Air Law Conventions: Commercially Convenient, but Doctrinally Dubious*, Lloyd's Maritime and Commercial Law Quarterly, p. 378 (2015).

② See Krijn F. Haak & Marian Hoeks, *Arrangements of Intermodal Transport in the Field of Conflicting Conventions*, The Journal of International Maritime Law, Vol. 10:5, p. 423 (2004).

③ See Theodora Nikaki, *Bringing Multimodal Transport Law into the New Century: Is the Uniform Liability System the Way Forward?*, Journal of Air Law and Commerce, Vol. 78:1, p. 98 – 107 (2013).

本章小结

随着《蒙特利尔公约》缔约国的逐渐增多,该公约已经成为世界范围内调整航空运输的最主要规则。故如欲明确可以适用于陆空联运合同的规则,则首先需要明确《蒙特利尔公约》适用于陆空联运合同包含的航空运输区段的可行性与必要性。在能够适用的基础上,还需明确《蒙特利尔公约》适用的条件以及扩张适用于陆空联运合同本身的条件。此外,由于《公路公约》是国际范围内调整国际公路货物运输合同的主要公约,因而,该公约适用于陆空联运合同包含的公路运输区段的条件,以及《公路公约》与《蒙特利尔公约》可能存在的适用冲突,也是需要解决的问题。

第四章　陆空联运合同准据法的确定

根据修正的结合理论以及有关《蒙特利尔公约》和《公路公约》适用范围的讨论,需要在以下两种情况下适用当事人合意选择的准据法解决陆空联运合同当事人之间的纠纷:其一,发生定域性货损,且《蒙特利尔公约》、华沙体系或者《公路公约》不能得到适用;其二,除定域性货损外,陆空联运合同当事人之间发生其他纠纷。需要说明的是,如果发生非定域性货损,且产生争议的陆空联运合同属于《蒙特利尔公约》第 18 条第 4 款第 2 句所调整的特殊类型陆空联运合同,则当事人合意选择的准据法也不能得到适用。

从总体上看,合同准据法的确定可以通过前后相继的两种方法:首先,通过主观法律选择方法,即当事人意思自治原则,明示或者默示选择准据法;在当事人没有做出选择或者选择无效时,则需要通过客观法律选择方法,运用针对不同类型合同的冲突规则或者最密切联系原则确定准据法。需要指出的是,尽管合同当事人明示选择准据法体现为法律选择条款,但认定该条款的效力,与当事人选择准据法过程中可能存在的其他问题相互独立,并且该条款不存在或者无效,是考察当事人默示选择以及运用客观法律选择方法的前提。基于此,本章首先分析如何认定陆空联运合同中法律选择条款的效力。其次,在前述条款有效的基础上,探讨陆空联运合同当事人选择准据法的范围以及限制。再针对不存在前述条款或者前述条款无效之情况,分析如何认定当事人默示选择。最后,讨论针对运输合同的冲突规则和最密切联系原则如何适用于陆空联运合同。还需要指出的是,就准据法的确定与适用的一些共性问题而言,陆空联运合同与一般意义上的国际商事合同[①]并无本质不同。因而，本章与下一章考察这些法律适用方面的共性问题时，会从一般意义上的国际商事合同入手，分析解决前述共性问题的总体趋势，并在此基础上，探讨该趋势如何适用于陆空联运合同。

第一节　陆空联运合同中法律选择条款效力的认定

法律选择条款是当事人合意选择调整他们之间争议之准据法的合同条款。[②]由于法律选择条款是当事人合意选择准据法，而不是约定他们之间的实体权利义务，所以认定法律选择条款的效力，不仅需要从当事人合意的角度进行考察，还需要从国际私法的角度进行分析。而前述分析应包含以下两个步骤：受诉法院首先需要确定法律选择条款自身的准据法，即应由哪一国的实体法规范决定当事人选择准据法之合意是否存在与是否有效，再依据该规范决定法律选择条款是否存在或者是否具有效力。而在前述两个步骤中，认定陆空联运合同中法律选择条款的效力，除需要确定法律选择条款自身的准据法外，还需要解决以下三个问题：(1)当多个条款都表达当事人选择准据法的合意时，应如何协调？(2)法律选择条款以格式条款的形式存在时，效力如何认定？(3)电子运输单证与纸质运输单证中的法律选择条款，是否存在根本差异，进而需要通过不同的规则认定其效力？

一、法律选择条款的准据法

(一)法律选择条款的独立性

具体分析法律选择条款的准据法之前，首先需要说明的是，法律选择条款的效力应独立于其所属合同(主合同)之效力。《法律选择原则》第7条[③]首次确立法律选择条款与主合同效力上的可分离性。这意味着，一方面，对法律选择条款

---

① 国际商事合同，是指商人之间的国际合同或者交易具有商事性质的国际合同。参见张圣翠主编：《国际商法》(第7版)，上海财经大学出版社2016年版，第42页。

② See Bryan Garner eds., *Black's Law Dictionary*, 9th ed., Thomson Reuters, 2009, p.275.

③ 《法律选择原则》第7条规定："不能仅以某项法律选择所适用合同无效为由就该项法律选择提出异议。"

是否成立的判断,应独立于对主合同是否成立的判断。如果合同双方对所缔结的合同的成立存在争议,则首先需要依据《法律选择原则》为法律选择条款所设定的规则确定法律选择条款是否成立,进而依据该条款确定的准据法判断主合同成立与否。另一方面,对法律选择条款效力的判断,应独立于对主合同效力的判断。除非影响主合同效力的事由同样适用于法律选择条款,否则主合同是否有效,不影响法律选择条款是否有效。与之相对,主合同的效力取决于法律选择条款所确定的准据法。确立法律选择条款效力的独立性主要基于以下两方面的原因。

第一,法律选择条款本身的特殊性决定该类条款应具有效力上的独立性。从合同法的角度来看,作为当事人合意的结果,法律选择条款与合同中的其他条款一样,同样要受到当事人意思表示瑕疵的影响,如意思表示错误、欺诈、胁迫等。然而,从国际私法的角度来看,法律选择条款却具有其他合同条款所不具有的特殊目的——指定合同的准据法。正是这种特殊目的决定了法律选择条款应具有效力上的独立性。依据合同自由原则,当事人可以自由地通过合同的约定直接确定他们之间的权利义务关系。然而,当事人所享有的这种自由并不是绝对的,要受到合同准据法的限制。而合同准据法,在法律选择条款有效的情况下,是由法律选择条款确定的。因而,法律选择条款尽管不直接确定当事人之间的权利义务关系,但是该条款间接地确定当事人之间合同自由的界限,从而间接地确定当事人之间的权利义务关系。而这种间接性就使认定法律选择条款的效力,应区别于认定主合同的效力。否则必然会面临这一问题,即对主合同有效性存在争议,则法律选择条款的效力就无法确定,也就无法依据法律选择条款确定准据法,进而需要通过法院地冲突规则确定准据法。一方面,这与当事人约定法律选择条款的初衷相违背;另一方面,这也使确定合同效力的规则不具有可预见性,不利于国际商事交易的开展。为解决前述问题,法律选择条款的效力应独立于主合同的效力。

第二,法律选择条款与仲裁条款以及排他性法院选择条款功能上的一致性,也是确立法律选择条款效力上的独立性的重要原因。仲裁条款效力上的独立性在国际商事仲裁中已被广为接受,[①]排他性法院选择条款效力上的独立性也在2005年《选择法院协议公约》中得到确认。[②] 从功能上讲,前述条款同法律选择条款一样,都是为解决当事人之间的争议,而非直接确定当事人之间的权利义务关系。换言之,这些条款虽然包含在主合同当中,但它们并不直接确定当事人之间的权利义务,在合同不发生争议的情况下,这些条款也不会发生作用。这种功能上的一致性,使法律选择条款效力上的独立性也应得到确认。

(二)认定法律选择条款效力的规则

由于法律选择条款的效力独立于主合同的效力,故应通过专门的规则决定该条款效力。由于法律选择条款是当事人合意的产物,故需要通过法律选择条款的准据法,确定当事人选择准据法的合意是否满足一定形式、是否存在以及是否有效。当事人选择准据法的合意是否满足一定形式,应属于法律选择条款是否具有形式效力;而当事人选择准据法的合意是否存在以及是否有效,则应属于法律选择条款是否具有实质效力。

1. 法律选择条款形式效力的认定规则

就法律选择条款是否具有形式效力问题,世界范围内决定法律选择条款效力的规则,或者同《法律选择原则》第5条一样,通过一个实体规则直接规定,“法律选择不受任何形式要求的限制,除非当事人另有约定”,或者如《罗马条例Ⅰ》第11条第2款[③]一样,规定具有多个连接点的冲突规则,尽可能使法律选择条款不

---

① See Nigel Blackaby et al., *Redfern and Hunter on International Arbitration*, 6th ed., Oxford University Press, 2015, p. 106.

② 参见《选择法院协议公约》第3条第4款规定:“构成合同一部分的排他性选择法院协议应被视为独立于合同其他条款的一项协议。排他性选择法院协议的有效性不能仅因合同无效而受到影响。”

③ 《罗马条例Ⅰ》第11条第2款:“A contract concluded between persons who, or whose agents, are in different countries at the time of its conclusion is formally valid if it satisfies the formal requirements of the law which governs it in substance under this Regulation, or of the law of either of the countries where either of the parties or their agent is present at the time of conclusion, or of the law of the country where either of the parties had his habitual residence at that time.”需要说明的是,《罗马条例Ⅰ》第11条还针对缔结合同的不同情况,以及不同类型的合同分别规定如何认定法律选择条款之形式效力,本书仅选择第2款作为代表。

因为形式要求而无效。

据此，就立法趋势而言，除消费合同或者雇佣合同等涉及弱者保护，需要对法律选择条款的形式进行严格规定的合同外，各国通常不对法律选择条款的形式提出要求，或者通过提供多个连接点，尽可能使之有效。[①]

2. 法律选择条款实质效力的认定规则

各国针对法律选择条款效力的冲突规则，通常选择当事人所选择的准据法、法院地法或当事人属人法，作为判断法律选择条款是否具有实质效力的准据法。[②] 然而，任何一种单一方法都存在弊端，理由如下。

依当事人选择的准据法作为判断依据，具有可预见性并且在最大限度上尊重当事人意思自治。然而，从逻辑上讲，不能倒果为因地用法律选择合意所确定的结果，决定当事人是否达成法律选择合意。故而，这种方法不是逻辑推演的结果，而是实践的需求。

将法院地法作为判断依据，不仅简单明确，也能够避免依据当事人所选择的准据法作为判断依据所存在的逻辑上的瑕疵，并且从体系一致性的角度来看，如果当事人选择法律的权利来源于法院地冲突规则，那么通过法院地法判断当事人之间的法律选择合意也是应有之义。[③] 然而，此种方法的问题在于，如果合同中不存在排他性法院选择条款，考虑到原告挑选法院的问题，此种方法剥夺被告否定对其不利的法律选择条款的可能性。即便合同中存在排他性法院选择条款，在当事人选择中立法院的情况下，将法院地法作为判断法律选择条款的准据法，也会将法律选择条款的效力置于不确定的状态下。而在双方选择某一方住所地法院时，则会存在对另一方不利的情况。

依据当事人属人法作为判断依据，主要的优势在于行为效果的可预见性。对于依据属人法所为的行为，当事人对其效果一定具有最大限度的预见性，特别是

---

① See Symeon C. Symeonides, *Codifying Choice of Law around the World*, Oxford University Press, 2014, p. 135 – 136.

② Ibid., p. 133 – 134.

③ 参见沈涓：《法律选择协议效力的法律适用辩释》，载《法学研究》2015 年第 6 期。

对于单方行为或者默示能否达成法律选择条款的问题。然而,此种方法所导致的必然问题是:如果仅适用一方的属人法,必然会对另一方造成不公正;如果考虑所有合同当事人的属人法,必然会导致法律适用问题的复杂以及诉讼程序的冗长。

据此,在上述任何一种单一方法都存在弊端的前提下,可以考虑结合两种方法认定法律选择条款的实质效力。比如,《法律选择原则》第 6 条就规定:"当事人是否同意某项法律选择,依声称所约定的法律确定,但如果该法律无法合理确定一当事人是否同意某项法律选择的,依该当事人营业所所在国的法律作此确定。"综合来看,尽管结合两种方法决定法律选择条款的实质效力是比较可取的方式,但更为合理的组合应是以法院地法作为一般规则,以当事人属人法作为例外。原因在于,一方面,以法院地法作为一般规则在理论上是自洽的。以法院地法为一般规则时,避免适用当事人所选择的准据法作为判断依据所存在的理论问题。另一方面,由一方当事人援用其属人法作为例外,不仅能够避免将该方法作为一般方法所存在的缺陷,也能纠正适用法院地法可能导致的对一方不利的结果,以及结果的不确定性问题。

综上,就法律选择条款的形式效力而言,除非合同双方的缔约能力不平等,否则不应对法律选择条款的形式提出要求;而针对法律选择条款的实质效力,更合理的方法是将法院地法作为判断效力的一般规则,而允许当事人通过援用属人法来否定依据法院地法判定的结果。

二、法律选择条款并存的协调

通常而言,在国际商事合同中,只应有一个法律选择条款。多个法律选择条款并存不仅会导致法律适用过程的复杂化,也会导致应适用规则的不确定性。然而,第三章已经论及,满足《蒙特利尔公约》适用条件时,该公约或是能够适用于陆空联运合同包含的国际航空货物运输区段,或是可以扩张适用于特定类型的陆空联运合同。因而,陆空联运合同的承运人责任条款,通常会约定适用运输公约。比如,《天地国际运输代理运输总条件》中的责任条款就明确规定:如果对贵方的运输货物的运输全部或部分通过空运进行,而且目的地或转运地与货物始发地非同一个国家,则应适用强制适用的《1929 年华沙条约》(Warsaw Convention 1929)及《1955 年海牙议定书》(Hague Protocol 1955)或《1975 年蒙特利尔 4 号议定书》(Montreal Protocol No. 4 1975)或《1999 年蒙特利尔公约》(Montreal Convention 1999)对其进行的修改。这些国际条约管辖我方的运输并将我方对运输货物的丢失、损害或延误的责任限于每公斤 19 特别提款权。

显然,该条款体现了一方当事人选择适用某种规则调整定域性货损的意图。因而,陆空联运合同完全有可能包含多条涉及选择准据法合意的条款。在此基础上,需要明确以下两个问题:

第一,选择运输公约作为发生争议时应适用之规则的条款,能否被认为是法律选择条款?海运合同中的首要条款也表明当事人选择准据法的合意。故而,多条涉及选择准据法合意的条款并存之现象,同样也存在于海运合同之中。首要条款通常规定,海运合同应受某一运输公约或纳入运输公约的某一国家之国内法调整。① 反对将首要条款视为法律选择条款的主要理由在于,当事人不能选择运输公约作为准据法。但就作为解决合同争议的实体规则而言,运输公约与国内法并无本质区别。同时,减少对当事人选择的直接限制是国际商事合同法律适用的趋势之一。

基于以上两点,当事人可以选择运输公约作为解决合同争议的实体规则。因而,首要条款应是当事人对调整特定合同争议的准据法之选择。前述理由同样也可以适用于陆空联运合同,因而,约定适用运输公约调整承运人责任的条款,也应被认为是法律选择条款。

第二,在选择运输公约的条款可以构成法律选择条款的基础上,如何解决多条法律选择条款并存之问题?对此,需要区分当事人在合同中明确约定如何解决多条法律选择条款并存之问题和没有明确约定两种情况,分别讨论相应的解决方式。

① 参见张湘兰主编:《海商法》(第 2 版),武汉大学出版社 2014 年版,第 116 页。

在陆空联运合同可能包含多条法律选择条款的前提下，如果当事人明确约定如何协调，则应按照当事人的意图，区分不同情况适用不同规则。比如，美国联合(United Parcel Service，UPS)运输总条件就明确约定，“公约或者其他强制性规则不适用时，美国联合的责任只依据本条件调整”。

如果当事人没有明确约定，则应依据分割论及各自不同的适用条件进行协调。分割论具有两方面的含义：第一，结果意义上的分割论。这种意义上的分割论是指，案件中不同争诉问题适用不同准据法的结果。结果意义上的分割论，或是基于受诉法院适用分别分析案件中的不同争诉问题、分别确定准据法的方法，或是源于立法中，针对不同的合同争议，分别规定准据法。需要指出的是，前述分析方法或者立法规定并不一定产生不同问题适用不同准据法的结果。只有在前述方法或者立法规定造成案件中不同问题适用不同的准据法的结果时，才是结果意义上的分割论。第二，方法意义上的分割论。方法意义上的分割论，是指当事人行使立法赋予他们的权利，针对合同中不同部分，确定不同准据法。各国针对合同的冲突规则，通常赋予当事人针对合同不同部分适用不同准据法的权利。① 当事人一旦行使这种权利，则必然导致合同不同部分适用不同的准据法的后果。这种分割应受到两方面的限制：(1)逻辑融贯性要求。分割时应当注意，各个不同争诉问题及其所应适用的准据法之间要具有融贯性，也即适用多个准据法不能产生矛盾。(2)强制性规则的限制。当事人不能通过分割合同以适用不同准据法的方式，规避强制性规则的适用。②

据此，如果陆空联运合同当事人没有明确约定如何协调多条并存的法律选择条款，则应按照不同法律选择条款自身的适用条件和适用范围，将有关陆空联运合同的不同争议，归属到不同法律选择条款下。更重要的是，应以当事人的选择在整体上是自洽的为出发点，运用合同解释方法合理划分不同法律选择条款适用

① See Symeon C. Symeonides, *Codifying Choice of Law around the World*, Oxford University Press, 2014, p. 122.

② 参见王卿：《论国际私法中的“分割方法”》，载《法律方法》2012 年第 12 卷。

的范围，而不应该在出现矛盾时，断然否定当事人的选择。

三、以格式条款形式存在的法律选择条款效力的认定

陆空联运合同中的法律选择条款通常体现为陆空联运经营人一方制定的格式法律选择条款。格式条款，是指当事人为重复使用而预先拟定，并在订立合同时未与对方协商的条款。格式条款最重要的特征是，合同相对人在订约中处于附从性的地位。这种附从性的地位包含两方面的内容：一方面，拟定格式条款的一方将条款订入合同时，并未与对方协商，相对人对于格式条款只有整体接受或者拒绝的权利，而没有进一步协商的权利。因而，就是否达成格式条款而言，相对人只能附从于格式条款拟定人。① 另一方面，尽管订立格式条款的双方当事人之法律地位，在抽象意义上是平等的，但拟定格式条款的一方通常在经济上处于优越地位，具有更强的缔约能力。因而，就格式条款本身的内容而言，相对人同样也只能附从于格式条款拟定人。

格式条款的优势在于提高交易活动的效率、节省缔约时间和费用、预先设定风险的负担并确定潜在的法律责任。相对而言，格式条款使得合同相对人的缔约自由受到较大限制。同时，格式条款的拟定方，往往会规定有利于自己的内容，限制或者免除自身的责任，并且规定不利于相对人的条款或者不合理的风险分担。正是这种利弊并存的特质，使得世界各国立法对于格式条款并不全然否定，同时也不会完全放任。

从国际私法的角度来看，世界各国立法少有针对格式法律选择条款的专门规定。② 这是因为，一方面，法律选择条款并不直接调整当事人之间的权利义务关系，而是通过指定准据法的方式，间接调整合同双方权利义务。当事人的具体权利义务在这样的条款中不仅不会有具体的体现，而且在未具体确定准据法之前，具体权利义务的内容也不确定，很难说这种条款到底是否只利于一方，或者不合

---

① 参见苏号朋：《格式合同条款研究》，中国人民大学出版社 2004 年版，第 44 页。

② 参见刘非非：《涉外格式合同法律选择条款——质疑与规制》，载《河南省政法管理干部学院学报》2009 年第 3 期。

理地免除一方的责任,或者不合理地分配风险。另一方面,多数国家针对双方缔约能力不平等,一方可能滥用自身优势地位的合同,如消费者合同、雇佣合同或者保险合同等,都具有特定的限制当事人选择自由的冲突规则。换句话说,国际私法径直以限制当事人选择自由的方式,规制格式法律选择条款所可能导致的当事人之间实体权利义务不公平问题。

然而,货物运输合同并不归属于上述需要从弱者保护的角度限制当事人选择自由的合同类型。故仍需要通过决定法律选择条款效力的规范来判断陆空联运合同中格式法律选择条款的效力。本节第一部分已经说明,在合同双方的缔约能力相对一致时,法律选择条款之准据法通常不会特别要求法律选择条款的形式。因此,认定格式法律选择条款的效力,需要从当事人法律选择合意之实质效力的角度入手。基于格式条款两方面的附从性,认定格式法律选择条款的实质效力,需要考察以下两个问题。

第一,在格式法律选择条款中,当事人之间是否存在选择准据法的合意。就此问题,有学者指出,法律选择条款使合同以及合同当事人服从于准据法,并且准据法可能对于一方或者双方而言不是本国法。因此,就法律选择条款而言,关键是当事人应在相互的基础上行使自治,进而决定调整他们之间合同的准据法。① 而为保证当事人在相互的基础上行使自治,必须同时满足两个条件:当事人自由地缔结合同并且自愿与对方达成合同,以及当事人之间应在自由协商的基础上公平缔约。② 基于前述认识可知,格式条款是拟定方制定的,其只实现拟定方的自治,而没有在相互的基础上实现双方的自治,所以格式法律选择条款的双方当事人之间应不存在选择准据法的合意。

上述观点值得商榷,因为这种观点忽视格式法律选择条款与其他类型格式条款的相似性,以及当事人之间法律选择合意的特殊性。一方面,格式条款本身是

---

① See Mo Zhang, *Contractual Choice of Law in Contracts of Adhesion and Party Autonomy*, Akron Law Review, Vol. 41:1, p. 134 (2008).

② Ibid., p. 135 – 136.

从效率角度限制契约自由，既然可以接受通过格式条款约定当事人之间的权利义务，就没有理由对格式法律选择条款施加不同的限制。另一方面，法律选择条款是双方当事人合意对准据法的选择，而不是对实体权利义务的规定。这是法律选择条款与其他条款在当事人合意问题上最大的不同。既然是选择，那么完全可以由一方先做出选择，而由另一方选择同意或者选择与其他当事人签订合同。这既体现当事人面对格式条款时，所应有的选择自由，也体现法律选择条款对当事人合意的要求与其他条款的不同之处。

第二，如果拟定格式条款的一方，选择对合同相对方不利的准据法，是否导致选择准据法的合意无效。对此，有学者指出，由于格式条款本身缺乏有效的缔约程序，拟定方不仅会制定对自己有利的合同条款，而且可以选择使这些条款有效的准据法。① 而由于法律选择条款的特殊性，合同相对方可能对于法律选择条款所指向的准据法，不具有合理的认识。这就会导致法律选择条款的效果，超出当事人的合理预期。也就是说，格式法律选择条款会对合同相对方造成不公平或者不合理的结果。②

上述观点对于陆空联运合同来说，不具有合理性。在货物运输实践中，托运人与陆空联运经营人的缔约能力并不一定不对等。③ 这导致多式联运经营人很难制定完全有利于自己的格式法律选择条款。同时，从货物运输实践的角度来看，陆空联运合同中的格式法律选择条款，一般指定多式联运经营人住所地法律作为准据法。而托运人作为业者，应具有较强的收集信息的能力，并且可以通过网络手段查找到合同的具体内容。因而，在签署陆空联运合同前，托运人能够对合同的准据法有所了解，不会出现完全超过其预期的情况。即便合同中的格式条款只有利于一方，并且通过法律选择条款选择使这种条款有效的准据法，仍可以

① See Mo Zhang, *Contractual Choice of Law in Contracts of Adhesion and Party Autonomy*, Akron Law Review, Vol. 41:1, p. 143 (2008).

② Ibid., p. 140.

③ 参见胡绪雨：《国际海上班轮货物运输合同中强制性规则的适当性》，载《中国法学》2016 年第 6 期。

通过法院地强制性规则或者其他手段加以调整。只损害一方当事人利益,且无法在司法程序中得到纠正的情况,在司法实践中鲜有发生。

综上所述,只需通过认定法律选择条款实质效力的规范,认定陆空联运合同中格式法律选择条款之效力即可。不应以该类条款所具有的特殊形式,而对其效力的认定提出更高的标准。

四、电子运输单证中法律选择条款效力的认定

现代信息技术的兴起,特别是网络技术的发展以及电脑的普及,使货物运输合同的电子化,即使用电子运输单证替代纸质运输单证成为可能。电子运输单证发轫于海上货物运输,表现为纸质提单的电子化。提单电子化主要源于以下两方面的原因:

第一,纸质提单在流通中所存在的问题使纸质提单电子化成为必要。在国际海上货物运输中,纸质提单的流转主要是以邮寄方式进行的。这会导致提单晚于船舶到达目的地港,并为海运欺诈提供可乘之机。[①] 这些问题催生纸质提单的电子化。

第二,现代信息技术的发展为纸质提单电子化提供可行性。网络技术的发展使运输企业可以通过互联网实现与客户之间或者与其他企业之间的信息交流。而通过电子信息数据交换系统(electronic data interchange),可以将纸质提单中的信息按照一定标准进行电子化处理,进而将这种电子化的数据通过网络传递。[②] 这为提单电子化提供核心的技术支撑。加密技术、电子签名以及电子签名认证的发展与成熟,为提单电子化提供安全保障。[③]

上述因素共同促成提单电子化的兴起。然而,提单电子化仅仅只是对纸质提单中所包含信息的技术处理,使这些信息可以通过互联网流转。其仅仅只是改变纸质提单的流转方式,避免纸质提单在流转中可能出现的问题。可以说提单电子

---

① 参见傅廷中:《海商法》(第2版),法律出版社2017年版,第105~106页。

② 参见马迁:《电子提单面临的法律问题及其立法建议》,载《理论探索》2007年第6期。

③ 参见向在胜:《电子提单法律问题研究》,武汉大学2005年博士学位论文,第17页。

化只是对于纸质提单的技术革新。[①]

纸质提单的电子化,逐渐影响其他运输方式中所使用的运输单据,使运输公约开始逐渐认可电子化的运输单据。比如,《蒙特利尔公约》第4条第2款就明确规定,"任何保存将要履行的运输的记录的其他方法都可以用来代替出具航空货运单"。更为显著的例子是,涉及电子公路运单的2008年《公路公约》议定书,[②]该议定书第2条第2款明确规定,"满足议定书要求的电子公路运单与公约规定的运单具有同等效果"[③]。而该议定书下的电子公路运单的核心概念是"由承运人通过电子通讯手段签发的运单"[④]。可以看出,电子运输单证只是改变纸质运输单证的存在形式。因而,如果陆空联运合同当事人约定使用电子运输单证,在国际私法问题上,该类单证与纸质运输单证无本质不同。

而从电子运输单证的存在形式来看,其主要影响如何认定当事人是否存在法律选择合意。在这方面,对于当事人签名效力的认定是重要内容,因为签名的主要功能就在于标示当事人的身份并表明该签字人对所签文件的承认与认可。[⑤]因此,签名实际上体现当事人对于法律选择条款是否存在合意,而基于法律选择

① 需要指出的是,现今海上货物运输实践中,尚未有一种完全取代纸质提单的电子运输单证存在。See David A. Bury, *Electronic Bills of Lading: A Never-Ending Story?*, Tulane Maritime Law Journal, Vol. 41:1, p. 212 (2016).

② 该议定书已于2011年6月5日生效,目前有26个缔约国。参见联合国条约登记网2020年9月9日, https://treaties. un. org/pages/ViewDetails. aspx? src = TREATY&mtdsg_no = XI-B - 11 - b&chapter = 11&clang = _en。

③ Additional Protocol to the CMR concerning the Electronic Consignment Note, Article 2 Scope and effect of the electronic consignment note, "2. An electronic consignment note that complies with the provisions of this Protocol shall be considered to be equivalent to the consignment note referred to in the Convention and shall therefore have the same evidentiary value and produce the same effects as that consignment note."

④ Additional Protocol to the CMR concerning the Electronic Consignment Note, Article 1 Definitions, "Electronic consignment note" means a consignment note issued by electronic communication by the carrier, the sender or any other party interested in the performance of a contract of carriage to which the Convention applies, including particulars logically associated with them electronic communication by attachments or otherwise linked to the electronic communication contemporaneously with or subsequent to its issue, so as to become part of the electronic consignment note.

⑤ 参见何其生:《论电子仲裁协议的要件》,载《法学评论》2003年第4期。

合意的存在，才能进一步判断此种合意是否有效。但由于手写签名在电子运输单证的流通过程中无法实现，所以电子签名成为必要。基于该种签名的特殊形式，需要有特定的规则来认定其效力。可以考虑以《公路公约》2008 年议定书第 3 条第 1 款和第 2 款①为基础，并结合联合国国际贸易法委员会制定的《电子签字示范法》第 6 条第 3 款②作为认定电子化陆空联运运单签名可靠性的标准。要求电子签名的可靠性，本质上是为实现电子签名与手写签名效果的一致性。而为确保这种一致性，就必须要求保证电子签字技术可靠、签字完整并且签字人对签字具有唯一控制。在满足这些要求后，电子签名应能有效地证明陆空联运合同当事人之间存在法律选择合意。

第二节 陆空联运合同当事人明示选择的限度

国际私法中的当事人意思自治，是指在具有国际因素的合同中，当事人可以通过他们之间协商一致的意思表示合意选择适用于他们之间合同的准据法。③当事人可以通过明示或者默示的方式选择准据法。针对明示选择，主要讨论的问

---

① Additional Protocol to the CMR concerning the Electronic Consignment Note, Article 3 Authentication of the electronic consignment note, "1. The electronic consignment note shall be authenticated by the parties to the contract of carriage by means of a reliable electronic signature that ensures its link with the electronic consignment note. The reliability of an electronic signature method is presumed, unless otherwise proved, if the electronic signature: (a) is uniquely linked to the signatory; (b) is capable of identifying the signatory; (c) is created using means that the signatory can maintain under his sole control; and (d) is linked to the data to which it relates in such a manner that any subsequent change of the data is detectable. 2. The electronic consignment note may also be authenticated by any other electronic authentication method permitted by the law of the country in which the electronic consignment note has been made out."

② 《电子签字示范法》第 6 条第 3 款规定："就满足第 1 款所述要求而言，符合下列条件的电子签字视为可靠的电子签字：(a)签字生成数据在其适用的范围内与签字人而不是还与其他任何人相关联；(b)签字生成的数据在签字时处于签字人而不是还处于其他任何人的控制中；(c)凡在签字后对电子签字的任何篡改均可被觉察；(d)如签字的法律要求目的是对强制涉及的信息的完整性提供保证，凡在签字后对该信息的任何篡改均可被察觉。"

③ 参见韩德培主编：《国际私法》(第 3 版)，高等教育出版社、北京大学出版社 2014 年版，第 200 页。

题是,当事人明示选择的限度;对于默示选择,需要讨论的问题是,如何推定默示选择,以及默示选择存在的证明标准。

就明示选择的限度而言,可以分为两种情况:其一,限制当事人意思自治本身;其二,限制当事人的选择。本节以《法律选择原则》为分析对象,考察当事人意思自治的限度。2015 年海牙国际私法会议通过的《法律选择原则》体现了当事人意思自治原则在国际商事合同法律适用领域的发展趋势。《法律选择原则》是由来自世界范围内的国际私法、国际商法以及国际仲裁领域的法律专家组成的工作组 5 年的工作成果,不仅系统总结了世界各国针对当事人意思自治的规定,而且规定了如何解决当事人意思自治在适用中出现的一些新问题。从总体趋势来看,就国际商事合同而言,不仅直接限制当事人意思自治的情况正在逐渐变少,而且针对当事人选择本身的限制也正在不断缩小。本节首先讨论针对当事人选择本身的限制,而后讨论直接限制当事人意思自治的情况。

一、当事人选择的限制

针对当事人选择的限制正在不断缩小这一趋势,从《法律选择原则》来看,体现为以下几个方面:

第一,允许合同当事人进行部分或者多重选择。[①] 部分或者多重选择,是指当事人可选择适用于合同全部或仅适用于合同一部分的法律,或者针对合同的不同部分选择的不同法律。比如,本章第一节论及的陆空联运合同包含多条法律选择条款之现象,本身就是当事人针对陆空联运合同不同部分选择不同准据法的体现。如果当事人仅仅针对合同一部分选择准据法,其他部分就需要通过法院地有关合同的冲突规则确定准据法;如果当事人针对不同部分选择不同的准据法,当事人则需要审慎选择,不同的选择之间不能产生逻辑上的不一致,即不同部分应能被不同的法律调整且相互间不产生冲突。世界范围内有关合同的冲突规则大

① 参见《法律选择原则》第 2 条第 2 款规定:“当事人可选择:(a)适用于合同全部或仅适用于合同一部分的法律;和(b)针对合同不同部分的不同法律。”

多允许合同当事人进行部分或者多重选择。[①] 尽管从解决争议的角度而言，一个合同适用一种法律可能更有利，并且实践中的当事人可能更倾向选择一个法律适用于合同全部，这样不仅更简洁，而且不会产生不同法律在其适用范围上的争议，但考虑到当事人意思自治给予当事人充分的选择准据法的自由，不应从理论上否定当事人部分或者多重选择的自由。这种多重选择对于陆空联运合同来说更重要，由于该类合同由不同单式货物运输合同混合而成，不同部分适用不同的法律不仅更贴合这类合同的性质，而且在发生定域性货损时，不同部分适用不同法律有助于减少运输公约以及具有强制性的国内运输规则与当事人选择的准据法之间的冲突。

第二，以不能有损于合同效力或者第三方权利为前提，允许合同当事人随时做出或者变更选择。[②] 反对当事人在合同缔结后选择或者重新选择准据法的主要理由是，关于准据法的选择必须在合同缔结时做出，合同不能存在于无法律的"真空"。[③] 然而，当事人意思自治必然意味着，当事人可以合意在任何时候做出或者变更他们的选择。即便当事人在合同缔结时没有选择准据法，也可以通过法院地有关合同的冲突规则确定准据法，合同不会完全处于法律真空。因而，合同当事人有权随时做出选择或者变更选择。需要指出的是，当事人选择或变更的权利必然要受到一定的限制，也即合同缔结后做出选择或者变更选择，既不能影响合同的效力，也不能影响合同外第三人已经获得的权利。这种限制不仅有利于实现当事人意思自治的最大化，也有利于保护合同外第三人的利益。就陆空联运合同而言，当事人当然可以随时做出选择或者变更选择，但由于该类合同的履行涉及主体众多，不能损害第三人权利这一要求就显得更为重要。这就需要考察陆空联运合同准据法扩张适用于合同外第三人的条件，进而明确可能有损于合同外第

---

① See Symeon C. Symeonides, *Codifying Choice of Law around the World*, Oxford University Press, 2014, p. 122.

② 参见《法律选择原则》第 2 条第 3 款规定："可随时作出选择，也可随时修改所作的选择。合同订立后作出选择或修改，无损于合同正式效力或者第三方权利。"

③ 参见贺万忠：《论合同的"浮动"准据法》，载《甘肃政法学院学报》1999 年第 4 期。

三人权利的情况,以便作出相应规制。

第三,不要求所选择的法律与当事人或其交易之间有关联。① 当事人意思自治在最初得到认可时的基本共识是,被选择的法律体系必须与合同具有一定的联系。从理论上讲,关联性要求主要是为防止当事人通过当事人意思自治,规避一国的强制性规范,从而有损于该国的利益。② 然而,随着绝对优先强制性规范,特别是第三国绝对优先强制性规范的广泛适用,前述关切已能被很好地解决,不需要通过关联性的要求限制当事人本应享有的自由。从实践的角度讲,随着电子商务的兴起,全球范围内交易去地域化的趋势越发明显,并且随着国家广泛参与到商业行为中,使与交易双方都没有关联的中立国的法律,更受当事人青睐。此外,对于某些特定交易,某些与合同不具有联系的国家的法律可能更为发达、完善,更利于争议的解决。这些原因促成世界范围内有关合同的冲突规则,除个别例外,已经基本不再提及关联性要求。③ 可以认为,被选择的法律与当事人或其交易之间的关联性要求,不管是在理论上或者是在司法实践中都已无存在的必要。需要指出的是,尽管陆空联运合同当事人应具有选择与当事人或其交易之间无关的法律作为准据法的权利,但由于该类合同多由多式联运经营人单方制定,故陆空联运合同多数情况下普遍选择多式联运经营人住所地法律作为准据法,前述权利在该类合同中体现得并不充分。

第四,允许由当事人自主决定是否排除反致。④ 世界范围内多数国家的国际私法法典,或是在一般条款中排除反致的适用,或是在除合同领域外的其他领域,

① 参见《法律选择原则》第2条第4款规定:"不要求所选择的法律与当事人或其交易之间有关联。"

② See Adeline Chong, *The Public Policy and Mandatory Rules of Third Countries in International Contracts*, Journal of Private International Law, Vol. 2:1, p. 31 (2006).

③ See Symeon C. Symeonides, *Codifying Choice of Law around the World*, Oxford University Press, 2014, p. 119 - 120.

④ 参见《法律选择原则》第8条规定:"法律选择不涉及当事人所选择法律的国际私法规则,除非当事人另有明确规定。"

有限度地允许反致的适用。[①] 显然，多数国家有关合同的冲突规则，排除反致在合同领域的适用。当事人达成法律选择条款的目的是避免通过冲突规则决定准据法的不确定性。因而，允许反致的适用就使前述不确定性不可避免，从而与当事人推定的目的不符。然而，当事人意思自治本身并不排斥反致，或者说当事人如果不反对前述不确定性，则没有理由否定反致的适用。因此，一些国家有关合同的冲突规则，允许当事人通过明示的方法表明适用反致的意图。[②]《法律选择原则》基于最大化当事人意思自治的目的，延续这一趋势。对于多式联运合同来说，调整该类合同的国际公约、示范合同以及国内立法普遍规定，在发生定域性货损时，调整发生货损之运输区段的规则可以适用于多式联运合同。基于此，就需要考察前述调整多式联运合同的规定，能否被认为是一种冲突规则。并在此基础上分析多式联运合同当事人是否反对适用反致制度导致的应适用规则的不确定性。

二、当事人选择的范围

当事人意思自治选择范围的扩大化，是基于商业实践的需要而产生的一种不可避免的趋势。随着全球化进程的加速以及国际经济交往的日益扩大，一些国际组织针对国际贸易特点而制定的规则，摆脱了国内法仅仅只适用于国内交易的弊端。同时，由于前述规则的广泛适用，国际商事交易当事人相对熟悉该规则，并且相较于当事人所属国法律，前述规则相对具有中立性。[③] 因而，在国际商事仲裁中，逐渐开始允许当事人合意选择前述非国家规则作为当事人合同的准据法或在准据法没有规定的情况下作为补充。得到适用的非国家规则包括但不限于国际商会制定的示范法、国际统一私法会议制定的《国际商事合同通则》、联合国国际贸易法委员会制定的示范法，以及一些广泛适用的国际公约，如《联合国国际销售

① See Symeon C. Symeonides, *Codifying Choice of Law around the World*, Oxford University Press, 2014, p. 139.

② Ibid.

③ See Markus Petsche, *The Application of Transnational Law (Lex Mercatoria) by Domestic Court*, Journal of Private International Law, Vol. 10:3, p. 506 – 507 (2014).

合同公约》等。

然而,在国际民商事诉讼程序中,世界范围内有关合同的冲突规则目前多数只允许当事人将非国家规则通过并入的方式转化为当事人之间合同条款的一部分,而不能够将之作为当事人之间合同的准据法。① 需要指出的是,从陆空联运合同中多条法律选择条款并存的现状来看,在货物运输实践中,选择运输公约作为准据法实际上是非常普遍的做法。因而,本部分不讨论所有种类的非国家规则能否作为准据法,仅针对运输实践,考察当事人直接选择运输公约作为合同准据法的可能性。不同学者提出的反对非国家规则在国际民商事诉讼程序中作为准据法的理由主要有以下两点。

1. 认定可以适用的非国家规则的合理标准难以制定

《法律选择原则》第 3 条②首次将当事人可以选择之准据法的范围扩展到非国家规则。依据海牙国际私法会议对《法律选择原则》第 3 条的解释报告,其对可被选择适用的非国家规则设定了来源与性质两个方面的标准。③

就来源方面的标准而言,可以被选择为准据法的非国家规则必须在国际、跨国家或区域范围内被普遍接受。《法律选择原则》解释报告指出了符合这一要求的 3 种非国家规则,即《联合国国际销售合同公约》《国际商事合同通则》《欧洲合同法原则》,并指出符合这一标准的非国家规则会逐渐增多,因而上述 3 个例子并不是穷尽的。④ 从《法律选择原则》解释报告给出的范例来看,该解释报告对普遍接受的理解是从规则被使用的角度出发的,即上述三种非国家规则,在国际商业实践中被普遍作为当事人制定合同条款的补充、参照或者直接被当事人并入合

① See Symeon C. Symeonides, *Codifying Choice of Law around the World*, Oxford University Press, 2014, p. 142.

② 《法律选择原则》第 3 条规定:“当事人所选择的法律可以是国际、跨国家或区域范围内作为一套中性、平衡规则被普遍接受的法律规则,除非诉讼地法律另有规定。”

③ See Permanent Bureau of the Hague Conference on Private International Law, *Principles on Choice of Law in International Commercial Contracts*, The Hague Conference on Private International Law, 2015, para. 3. 1.

④ Ibid. , para. 3. 5.

同。然而，接受的主体以及如何认定普遍接受的标准并不明确。

从性质方面的标准来看，《法律选择原则》第 3 条明确要求，非国家规则必须是一套规则且具有中立以及平衡的特性。就一套规则的要求而言，《法律选择原则》解释报告指出，该特性并不意味着规则的全面性，而只要求所选择的非国家规则必须在国际背景下，能够解决一般的合同问题。① 《法律选择原则》对非国家规则性质的这一要求并无必要。考虑到《法律选择原则》允许当事人针对合同的不同部分选择不同的准据法，即便当事人所选择的非国家规则不是成套的而仅仅是个别规则，也可以通过再针对另外的部分选定一个准据法的方式解决。中立的特性要求非国家规则由中立以及公正的代表不同法律、经济以及政治观点的机构制定。② 从《法律选择原则》解释报告对中立这一特性的阐述来看，其实际上是对非国家规则来源而不是性质方面的要求，更为合理的解释应该是，中立性是对非国家规则来源要求中未能明确的问题的进一步阐释，即代表不同法律、经济以及政治观点的机构所制定的非国家规则，通常是国际、跨国家或区域范围内的；而由于其广泛的代表性，这些机构制定的非国家规则，一方面可以被认为是中立的，另一方面也表明这些机构的成员国普遍接受这些非国家规则。平衡的特性主要是为防止所选择的非国家规则只利于合同的一方。③ 这一对非国家规则性质的要求尽管必要，但在《法律选择原则》所调整的国际商事范围内，却并不具有实际意义。由于《法律选择原则》排除对消费者合同以及雇佣合同的适用，对于其所调整的国际商事合同来说，如何判断合同只有利于一方，明显缺乏一个可以适用的标准。

考虑到《法律选择原则》规定的缺陷，如何制定一个合理的标准认定可以适用的非国家规则仍然是需要探讨的问题。作为当事人合意体现的仲裁程序，只要

---

① See Permanent Bureau of the Hague Conference on Private International Law, *Principles on Choice of Law in International Commercial Contracts*, The Hague Conference on Private International Law, 2015, para. 3. 10.

② Ibid., para. 3. 11.

③ Ibid., para. 3. 12.

当事人之间达成合意,对以何种法律作为准据法,实际上没有限制的必要。这也是非国家规则在国际商事仲裁领域得到广泛认可的原因。然而,国际民商事诉讼程序是国家公权力的体现,更多考虑的不是当事人的合意或者所适用的规则对解决争议的适当性,而是实现当事人之间的正义。因此,以一定的标准确定哪些非国家规则能够适用是必要的。

通过分析《法律选择原则》设定之标准,可以认为,应以国际、跨国家或区域范围内代表不同法律、经济以及政治观点的机构制定,并在商业实践中被普遍接受,作为认定可以适用的非国家规则的合理标准。从这个角度来看,运输公约作为不同国家在承托双方利益平衡上达成妥协的产物,不仅能够较公正合理地调整承托双方之间的权利义务关系,而且在国际货物运输中被广泛地适用。显然,以运输公约作为合同准据法应是合理的。即便是没有生效的运输公约,如《多式联运公约》,由于该公约不仅是各国针对多式联运合同立法的重要参考,也是商业上广为使用的针对多式联运合同的示范合同的主要参考对象,所以也应允许当事人选择《多式联运公约》作为陆空联运合同准据法。

2. 非国家规则无法确定当事人之间的权利和义务

有学者认为,非国家规则不是一个自洽的法律体系,选择非国家规则可能意味着合同落入法律"真空",无法确定当事人之间的权利义务关系。[①] 尽管运输公约不能决定合同的效力,但至少可以作为调整其他合同争议的准据法。非国家规则的出现是由于第二次世界大战后国际贸易的蓬勃发展,使从事国际商业交易的主体迫切需要基于国际商业交易的反复实践并针对具体的交易类型进行个性化规定。[②] 同时,在法律全球化的背景下,各国法律规定的趋同性,也为某些规则在国际商业实践中得到广泛接受奠定基础。这也促使非国家规则的出现。因而,从

---

① See Roy Goode eds., *Transnational Commercial Law*, 2nd ed., Oxford University Press, 2015, p. 23.

② See Friedrich K. Juenger, *The lex Mercatoria and Private International Law*, Uniform Law Review, Vol. 5:1, p. 178 (2000).

这一角度看，在解决合同争议方面，非国家规则在一定程度上要比国内法更适于国际商事交易，在此范畴内选择国际运输公约并无不妥。

然而，在合同效力来源以及判断合同效力依据方面，则必须由特定国家的法律体系设定合同自由的界限并且认可合同的效力。有学者指出，一方面，当事人合同中的约定实际上是有层次之分的，也即合同规定是具有内部层级的。这也就意味着合同本身能够决定其自身的效力。另一方面，合同也可以将自身是否有效的问题提交由合同确定的仲裁机构解决，即将合同自身效力的认定通过合同规定外部化。因而，合同自身应能决定其效力，而不需要依赖特定的法律体系。① 这种观点忽略了合同本身不可能规定所有的事项这一事实。也就是说，合同本身不可能是自洽的。在此基础上，合同自身很难完整地决定自身的效力，故需要填补合同空白的规则存在。而即便是仲裁程序，在当事人不履行仲裁结果时，也要通过司法程序实现最终的仲裁结果，并且仲裁结果要受到司法程序的限制。更重要的是，由于不存在超国家实体，也不存在与国家平行的实体，合同的拘束力必须由特定国家予以保证。基于前述原因，非国家规则不能作为合同效力的来源以及判断合同效力的依据。

综上所述，不应通过运输公约认定陆空联运合同的效力，但应当允许当事人选择运输公约解决有关陆空联运合同的其他争议。而如果出现多条法律选择条款并存的现象，则需要根据上一节提出的协调方法，将有关陆空联运合同的不同争议，归属到不同法律选择条款之下。需要说明的是，我国《法律适用法司法解释(一)》第7条②明确授权当事人选择尚未对我国生效的国际条约。同时，最高人民法院在第109号指导案例中指出：“我国没有加入《联合国独立保证与备用信用证公约》，本案当事人亦未约定适用上述公约或将公约有关内容作为国际交易规

---

① See Gunther Teubner, *Global Bukowina: Legal Pluralism in the World Society*, in Gunther Teubner eds., Global Law Without A State, Dartmouth, 1997, p. 15 – 17.

② 《法律适用法司法解释(一)》第7条规定：“当事人在合同中援引尚未对中华人民共和国生效的国际条约的，人民法院可以根据该国际条约的内容确定当事人之间的权利义务，但违反中华人民共和国社会公共利益或中华人民共和国法律、行政法规强制性规定的除外。”

则订入保函,依据意思自治原则,《联合国独立保证与备用信用证公约》不应适用。"[①]不难看出,当事人选择运输公约作为准据法至少在我国法院是可行的。同时,对我国法院来说,当事人约定适用运输公约应是与合同并入运输公约并行的一种援用运输公约之方式。

三、绝对优先强制性规则限制当事人意思自治

分析绝对优先强制性规则限制陆空联运合同当事人意思自治,需要明确两个问题:其一,如何认定绝对优先强制性规则;其二,绝对优先强制性规则适用于陆空联运合同的条件。

(一)绝对优先强制性规则的认定

1. 绝对优先强制性规则的认定方式

一般认为,应从冲突法以及实体法两个层面认定绝对优先强制性规则。[②] 从冲突法的角度来看,绝对优先强制性规则应可以排除冲突规则,直接适用。[③] 需要说明的是,由于准据法本身是冲突规则选择的结果,不能由冲突规则适用的结果排除冲突规则自身,故而从逻辑推演的角度来看,准据法国的绝对优先强制性规则不能适用。然而,普遍接受的观点是,选择准据法就是选择准据法包含的整个法律体系,不仅包括该国的国内强制性规则,也包括该国的绝对优先强制性规则。[④] 因此,也需要考察准据法国绝对优先强制性规则的适用问题。绝对优先强制性规则与传统多边冲突规则不同,不是在立法管辖权之间选择,而是一种解决

① 安徽省外经建设(集团)有限公司诉东方置业房地产有限公司保函欺诈纠纷案,(2017)最高法民再134号。

② 《法律适用法司法解释(一)》第8条规定:"有下列情形之一,涉及中华人民共和国社会公共利益、当事人不能通过约定排除适用、无需通过冲突规范指引而直接适用于涉外民事关系的法律、行政法规的规定,人民法院应当认定为涉外民事关系法律适用法第四条规定的强制性规定:(一)涉及劳动者权益保护的;(二)涉及食品或公共卫生安全的;(三)涉及环境安全的;(四)涉及外汇管制等金融安全的;(五)涉及反垄断、反倾销的;(六)应当认定为强制性规定的其他情形。"从该条来看,我国法院适用的绝对优先强制性规则,从实体法角度而言,应涉及社会公共利益;从冲突法角度而言,应排除冲突规范的适用;从范围而言,只能是狭义的法律以及行政法规中的规定。

③ 参见卜璐:《国际私法中强制性规范的界定——兼评〈关于适用《涉外民事关系法律适用法》若干问题的解释(一)〉第10条》,载《现代法学》2013年第3期。

④ See Peter Nygh, *Autonomy in International Contracts*, Clarendon Press, 1999, p. 213.

法律冲突的实体法方法。[①] 因此,绝对优先强制性规则通常表现为国内立法直接规定具有涉外因素的合同当事人之间的权利义务关系,而不是通过冲突规则,间接调整具有涉外因素之合同当事人之间的权利义务关系。

从实体法的层面来看,绝对优先强制性规则之目的是保护重要的公共利益。[②] 它是随着国家干预经济而出现的,主要是对合同内容直接进行规定或者认定合同效力的规则。而这些规则无疑都体现了国家对于合同关系的直接干预,用以防止合同当事人滥用优势地位,或者向一方当事人提供倾向性的保护。因此,与其说绝对优先强制性规则以保护公共利益为目的,不如说其体现国家适用这些规则调整特定问题的需求。而这种需求也就进一步决定这些规则可以否定冲突法方法的基础——各国法律平等适用——而得以直接适用;这也就决定这些规则在冲突法层面的特征。因此,某一规则本身的目的才是判断其能否成为绝对优先强制性规则的依据。同时,绝对优先强制性规则本身体现了国家在适用这些规则上的利益,因而,其与政府利益分析方法在理论基础方面,有相似之处。因此,可以吸收政府利益分析方法,通过判断规则背后的政府政策以及目的认定某一规则本身是否能被认为是绝对优先强制性规则。然而,需要指出的是,从方法层面来看,相较于政府利益分析方法的法院地法倾向,绝对优先强制性规则更多地体现实体法层面对于传统多边冲突规则的纠正。因而,不管是法院地国还是准据法国,甚至是第三国的绝对优先强制性规则都有适用的可能。

2. 运输领域绝对优先强制性规则之认定

货物运输实践表明,托运人并不一定处于绝对的弱势地位。然而,基于传统上对承运人具有优势缔约能力的推定,以及设定针对承运人运输行为之必要规则的需求,各国立法中针对货物运输合同的规定,都设定了承运人责任以及注意义务的最低标准。这些规则本身具有强制性。然而,除非这些强制性规则明确规定

---

① 参见杨华:《"直接适用的法"论要》,载《理论月刊》2013 年第 8 期。

② 参见肖永平、龙威狄:《论中国国际私法中的强制性规范》,载《中国社会科学》2012 年第 10 期。

其具有直接适用的效力,否则其能否构成绝对优先强制性规则还需要在个案中进行判断。

从对比的角度来看,各国针对消费者或者雇员这种在合同交易中具有弱势地位的主体所制定的强制性规则,体现了各国提供给这些主体的必要之倾向性保护。因而,在一定条件下,这些为消费者或者雇员提供保护的国内强制性规则也应具备直接适用的效力。比如,《罗马条例Ⅰ》第 6 条第 2 款[①]以及第 8 条第 1 款[②]都规定,即便当事人选择消费合同或雇佣合同的准据法,依该条例确定的准据法国提供给消费者或者雇员保护的强制性规则,[③]也不能被减损。

此外,一国或者多国发起的经济制裁,也应被认为构成绝对优先强制性规则。[④] 而经济制裁中包含有一类特殊的制裁措施——禁运。因而,当陆空联运合同运输的货物中包含违禁品时,也应被认为是违反绝对优先强制性规则。需要指出的是,在货物运输实践中,不同承运人的运输总条件中通常明确约定不承运禁运物品。比如,敦豪(DHL)运输总条件中就明确约定:"有下列情形之一的快件

---

① 《罗马条例Ⅰ》第 6 条第 2 款:"Notwithstanding paragraph 1, the parties may choose the law applicable to a contract which fulfils the requirements of paragraph 1, in accordance with Article 3. Such a choice may not, however, have the result of depriving the consumer of the protection afforded to him by provisions that cannot be derogated from by agreement by virtue of the law which, in the absence of choice, would have been applicable on the basis of paragraph 1."

② 《罗马条例Ⅰ》第 8 条第 1 款:"An individual employment contract shall be governed by the law chosen by the parties in accordance with Article 3. Such a choice of law may not, however, have the result of depriving the employee of the protection afforded to him by provisions that cannot be derogated from by agreement under the law that, in the absence of choice, would have been applicable pursuant to paragraphs 2, 3 and 4 of this Article."

③ 需要说明的是,《罗马条例Ⅰ》序言 37 明确规定:"Considerations of public interest justify giving the courts of the Member States the possibility, in exceptional circumstances, of applying exceptions based on public policy and overriding mandatory provisions. The concept of 'overriding mandatory provisions' should be distinguished from the expression 'provisions which cannot be derogated from by agreement' and should be construed more restrictively."因此,在《罗马条例Ⅰ》的适用范围内,该条例第 6 条第 2 款以及第 8 条第 1 款规定的强制性规则,并不构成绝对优先强制性规则。然而,从一般意义上讲,《罗马条例Ⅰ》第 6 条第 2 款以及第 8 条第 3 款规定的强制性规则,同样排除当事人的选择,而必须得到适用。同时,保护消费者和雇员也应属于公共利益的范畴。故此,本书不采纳《罗马条例Ⅰ》所做区分,而将该条例第 6 条第 2 款以及第 8 条第 1 款规定的强制性规则理解为绝对优先强制性规则。

④ 参见杜涛:《国际经济制裁法律问题研究》,法律出版社 2015 年版,第 249 页。

将不予运输：……以及属于禁运或限运的物品……”因而，在实践中，违反禁运规定的陆空联运合同几乎不存在。

基于以上分析，在陆空联运合同的背景下认定绝对优先强制性规则，应判断各国就货物运输合同所制定的强制性规则能否具有优先适用的效力，需要分析规则本身是否体现各国提供给托运人必要之倾向性保护，如是，则应认为这些规则构成绝对优先强制性规则。换句话说，能够限制陆空联运合同当事人意思自治的绝对优先强制性规则，仅指体现各国提供给托运人倾向性保护政策的强制性规则。

（二）绝对优先强制性规则的适用条件

就绝对优先强制性规则的适用条件而言，应分别讨论法院地国、准据法国以及第三国绝对优先强制性规则的适用条件。就适用法院地国与准据法国绝对优先强制性规则的条件而言，主流观点是，法院地国及准据法国的绝对优先强制性规则都应得到适用。[①] 然而，就陆空联运合同法律适用问题而言，应以实现当事人意思自治最大化为最重要的价值取向。因而，即便是法院地国及准据法国绝对优先强制性规则，其适用仍应具备一定的合理基础。否则，对法院地国绝对优先强制性规则不加限制的适用，不仅会加剧挑选法院的现象，也助长法官适用法院地法律的倾向。而绝对优先强制性规则，或是否定当事人合意对合同的约定，或是直接否定合同或者合同条款的效力。这与当事人选择准据法之目的背道而驰。因此，准据法国绝对优先强制性规则的适用也应受到限制，否则有损当事人的合理预期。

尽管多数情况下，绝对优先强制性规则本身并不会明确自身的适用范围，但可以通过以下 3 个否定性的因素判断法院地国与准据法国绝对优先强制性规则的适用条件：（1）合同与法院地国或者准据法国不能没有任何联系。尽管这种联系不需要达到最密切，甚至密切的程度，但这种联系必须满足与案件有关的绝对优先强制性规则自身适用所明示或者暗含的联系。（2）不应将绝对优先强制性

① See Adeline Chong, *The Public Policy and Mandatory Rules of Third Countries in International Contracts*, Journal of Private International Law, Vol. 2:1, p. 27 (2006).

规则适用于不需要或者不在规则保护范围内的主体。比如,体现各国提供给托运人倾向性保护政策的强制性规则,一个暗含的适用条件就是只针对本国托运人。因而,当涉诉争议中不存在满足条件的托运人时,前述规则不应适用。(3)不能在缔约时,使当事人的合理预期落空。这里涉及的是我国一些学者提及的管理型强制性规则,也即有关审批、登记及其他行政管理性质的强制性规则,不应由于一方当事人未遵守这些规定而使合同归于无效。①

针对第三国绝对优先强制性规则,目前倾向承认第三国绝对优先强制性规则可以适用,但应更严格地要求适用条件。比如,《罗马条例Ⅰ》第9条第3款②对于第三国绝对优先强制性规则的适用,规定了三方面限制:其一,第三国的范围限于合同约定的履行地或者实际履行地;其二,绝对优先强制性规则应使合同的履行不合法;其三,受诉法院通过考察绝对优先强制性规则的本质、目的及适用与否的结果,自由裁量其是否适用。③ 然而,《法律选择原则》第11条第2款却规定:"诉讼地法律决定法院何时可以或者必须适用或者考虑到另一法律的绝对优先强制性规定。"④这种规定实际上将第三国的某种规定是否属于绝对优先强制性规则、第三国绝对优先强制性规则能否得到适用,以及可能得到适用的第三国的范围完全交由法院地自由裁量。就实际效果而言,过量的自由裁量权或导致第三国的范围扩大,超出当事人的合理预期,或导致本应适用的第三国绝对优先强制性规则不能适用,不符合该条的立法本意。基于前述分析,可以认为,与特定国际合

① 参见肖永平、张弛:《论中国〈法律适用法〉中的"强制性规定"》,载《华东政法大学学报》2015年第2期。

② 《罗马条例Ⅰ》第9条第3款:"Effect may be given to the overriding mandatory provisions of the law of the country where the obligations arising out of the contract have to be or have been performed, in so far as those overriding mandatory provisions render the performance of the contract unlawful. In considering whether to give effect to those provisions, regard shall be had to their nature and purpose and to the consequences of their application or non-application."

③ 关于这些限制的详细讨论,参见 Michael McParland, *The Rome Ⅰ Regulation on the Law Applicable to Contractual Obligations*, Oxford University Press, 2015, p. 705 – 714。

④ 关于该款的详细讨论,参见 Permanent Bureau of The Hague Conference on Private International Law, *Principles on Choice of Law in International Commercial Contracts*, The Hague Conference on Private International Law, 2015, para. 11.19 – 11.22。

同具有某种联系是适用第三国绝对优先强制性规则的前提，可以通过最密切联系、密切联系或者合同履行地等不同的标准判断前述联系。

综上所述，只有在法院地国、准据法国以及第三国与陆空联运合同具有一定的联系时，才能适用该国的绝对优先强制性规则。而前述联系因所涉国家不同，所要求的程度也不尽相同。上一小节已经明确，能够限制陆空联运合同当事人意思自治的绝对优先强制性规则，仅指体现各国提供给托运人倾向性保护政策的强制性规则。因而，托运人住所地成为在陆空联运中适用绝对优先强制性规则所需联系的核心判断标准。据此，如果陆空联运合同的履行不涉及托运人住所地，则不应当适用该国的绝对优先强制性规则；如果涉及，则应适用托运人住所地国的绝对优先强制性规则，无论该国是法院地国、准据法国抑或是第三国。

四、国内强制性规则限制当事人意思自治

通常情况下，国内强制性规则既不会限制当事人的选择，也不会直接限制当事人意思自治，只是作为准据法的一部分强制适用于具有涉外因素的合同本身。然而，根据修正的结合理论，调整定域性货损的规则应根据货损发生的运输区段确定。而由于各国立法中有关货物运输合同的规定，都设定了承运人责任以及注意义务的强制性最低标准，因而，当货损发生在国内运输区段时，如果该国法院既不是陆空联运合同当事人选择的管辖法院，该国法律也不是陆空联运合同当事人选择的准据法，就会产生准据法与该国具有强制性的国内货物运输规则冲突的问题。比如，从我国浦东机场出发，经过荷兰阿姆斯特丹机场转运，运往荷兰国内的陆空联运，如果当事人选择我国法院，并以我国法律作为准据法，那么当货损发生在荷兰国内运输区段时，就会产生上述冲突。

在运输实践中，上述问题发生的可能较小。原因在于，一方面，各国针对多式联运合同的立法，通常以网状责任制①规定承运人的责任，允许调整发生定域性

① 不管是网状责任制度、经修订的网状责任制度，还是经修订的统一责任制度，本质上都是对于定域性货损，由其他法律制度调整，差别只在于适用的条件不同。基于此，本部分将这些制度统称为网状责任制度。

损失之货物运输区段的规则适用。比如,我国《民法典》第842条。[①] 另一方面,陆空联运合同当事人也会在合同中明确约定,允许强制性规则适用。比如,《美国联合(UPS)运输总条件》就明确约定:“……其他强制性规定适用时,美国联合(UPS)的责任应由该规则调整。”

然而,考虑到货物运输实践的多样性,上述两个条件完全有可能并不存在。因而,需要从理论和司法实践两个维度考察,具有强制性的国内货物运输规则能否限制陆空联运合同当事人合意选择的准据法。

从理论层面来看,应适用国内货物运输规则。一方面,国内货物运输规则不应只适用于约定进行国内运输的合同,而不适用于约定进行国际运输,但实际履行国内运输的合同。这种适用方式,为陆空联运经营人提供通过合同约定规避应适用法律的可能。另一方面,国内货物运输规则的适用,使得托运人与陆空联运经营人,陆空联运经营人与区段承运人之间适用同样的规则。这有利于陆空联运经营人追偿,并且不会造成多式联运经营人或者区段承运人承担不同货物运输规则对于责任限额规定差异所造成的差额无法追偿问题。

在美国司法实践中,即使受诉法院是美国法院,并且货损发生在美国内陆,美国法院仍会尊重多式联运合同当事人选择的准据法,不适用具有强制性的国内货物运输规则。前述认定是基于美国最高法院的两份判决得出的,这两份判决分别解决以下两个问题:

第一,联邦法律适用于陆海联运合同,而不是州法。美国有两部联邦法律调整货物运输合同,即调整国际海上货物运输的1936年《海运法案》,以及调整美国国内陆上货物运输的《卡马克修正案》。[②] 前者并入《海牙规则》,调整始于或者终于美国港口的国际海上货物运输;后者则统一调整美国国内的陆上货物运输,包

① 《民法典》第842条规定:“货物的毁损、灭失发生于多式联运的某一运输区段的,多式联运经营人的赔偿责任和责任限额,适用调整该区段运输方式的有关法律规定;货物毁损、灭失发生的运输区段不能确定的,依照本章规定承担赔偿责任。”

② 关于《卡马克法案》的内容、历史演进以及美国最高法院针对该法案的重要判决,参见CNA Ins. Co. v. Hyundai Merchant Marine Co., Ltd., 747 F.3d 339, 352–366 (6th Cir., 2014)。

括公路运输和铁路运输。在美国联邦政体下,存在联邦与州两套立法以及司法系统。因而,美国最高法院在诺福克南方铁路公司案(Norfolk Southern Railway Co. v. Kirby)中首先明确联邦法律,而不是州法适用于陆海联运合同。诺福克南方铁路公司案涉及一份从澳大利亚到美国内陆的陆海联运合同,通过回答陆海联运合同是否属于海事合同,以及有关陆海联运合同的争议本质上不应由州法调整,美国最高法院认定,应由联邦法律统一调整陆海联运合同。

就陆海联运合同是否属于海事合同而言,美国最高法院认为,判断产生争议的合同是否构成海事合同,不能只考察涉诉争议是否涉及船舶,也不能只考察合同的缔结地或者履行地,根本的问题是合同的本质以及特征,真正的标准是该合同是否涉及国际海上货物运输服务或者海运业。基于此,美国最高法院认为,诺福克南方铁路公司案中的合同属于海事合同,并指出如此认定的两个理由:第一,涉案提单的主要内容是完成从澳大利亚到美国东海岸的国际海上货物运输。尽管涉案提单要求履行一定的铁路运输以便完成整个陆海联运,但基于上述方法,通过铁路运输的事实并不改变该案中合同是海事合同的本质。第二,涉案提单的主要目标是从事国际海上货物运输。美国最高法院认为,国际运输业已经进入新的纪元,也即通过有效利用所有可用的运输方式——多式联运,实现门到门运输。而随着运输的发展,国际海上货物运输不再局限于从港口到港口,路上运输成为国际海上货物运输不可分割的部分。这种发展趋势反映在合同领域就是全程运输提单的广泛使用,即货物所有人可以通过一个货物运输合同完成跨越海洋到内陆交付地的运输。因而,将陆上运输吸收到海运提单中不应使这种类型的海运提单成为非海运合同。①

美国最高法院认为,一致性解释海事合同应是判断陆海联运合同争议是否应由州法调整的核心关切。基于此,美国最高法院认为,应由联邦法律调整陆海联运合同争议。一方面,为维护联邦法律调整海事合同的完整性,应由 1936 年《海

---

① See Norfolk Southern Railway Co. v. Kirby, 543 U. S. 14, 23 - 26 (2004).

运法案》统一调整海事合同;另一方面,如果由州法调整,则由于州法的多样性必然导致矛盾与无效率,这也会损害海事合同的统一解释。①

不难看出,尽管美国最高法院没有明确说明,但实际上该法院通过吸收理论,将涉及美国的陆海联运合同中的陆上运输吸收到该合同所包含的国际海上货物运输中,进而使该合同成为海事合同,而由联邦法律调整。这背后的政策原因在于,多式联运合同的不同部分适用同一法律能够减少不同部分适用不同准据法导致的低效率,并且避免不同适用可能导致的冲突,进而带来规则适用上的一致性。

第二,在联邦法律适用于陆海联运合同的前提下,《卡马克修正案》不适用于约定进口货物运输的陆海联运合同包含的美国内陆运输区段。美国最高法院在川崎公司案(Kawasaki Kisen Kaisha Ltd. v. Regal-Beloit Corp.)中明确认定,调整美国国内陆上货物运输的《卡马克修正案》不适用于约定进口货物运输的陆海联运合同包含的美国内陆运输区段。川崎公司案涉及从我国起运,通过海运以及铁路运输,到达美国内陆的陆海联运。涉案陆海联运合同体现在全程运输提单中并规定,如果运输涉及美国,则美国 1936 年《海运法案》适用于运输全程。除详细分析《卡马克修正案》条文以及历史演进外,美国联邦最高法院多数法官认为《卡马克修正案》不适用的理由在于:一方面,不同部分适用不同规则不利于货物所有人便利地解决争议,因为这需要法院确定货损发生的区段,而在实践中,这通常难以实现;另一方面,涉及美国的多式联运合同多如同本案一样,约定《海运法案》适用于运输全程,适用《卡马克修正案》有损当事人约定的实现,进而违背《海运法案》之目的,不利于促进涉及海运合同的有效缔结。② 可以看出,前述理由自诺福克南方铁路公司案中美国最高法院认定陆海联运合同应由联邦法律调整的原因。

尽管美国最高法院在川崎公司案中没有解决涉及出口货物运输的陆海联运合同包含的美国内陆运输区段能否由《卡马克修正案》调整,但从美国联邦巡回

---

① See Norfolk Southern Railway Co. v. Kirby, 543 U. S. 14, 28 – 29 (2004).

② See Kawasaki Kisen Kaisha Ltd. v. Regal-Beloit Corp., 561 U. S. 89, 108 – 111 (2010).

上诉法院后续判例,[①]以及学者的意见来看,[②]基于美国最高法院尊重当事人选择,以及试图对调整多式联运合同的规则进行统一之意图,《卡马克修正案》也不能适用。

美国最高法院通过诺福克南方铁路公司案和川崎公司案明确,应由联邦法律调整陆海联运合同,并认定《卡马克修正案》不适用会导致3个问题:(1)为美国陆上承运人提供不应有的保护。由于《卡马克修正案》对承运人的责任要求比《海运法案》严格,《卡马克修正案》不适用于陆上货物运输区段,实际上降低对承运人责任的要求,可能导致承运人注意义务的降低,进而使陆上运输风险增加。[③](2)与《海运法案》自身的规定不相符。尽管《海运法案》允许当事人扩张该法案的适用范围,但该法案也明确规定,在该法案适用范围外,有法律规定承运人责任时,该法案的规定并不适用。[④] (3)统一适用《海运法案》仍会导致法律适用的多样性。由于《海运法案》自身不能适用于海运区段之外,该法案适用于陆海联运合同包含的其他运输区段时,只能依据合同当事人在陆海联运合同中的约定。这显然与美国最高法院试图避免不同部分适用不同规则的初衷相违背,因为当事人可以不约定《海运法案》适用于运输全程。当然,适用国内货物运输规则必然导致应适用规则不具有确定性以及可预见性,但正如索托马约尔大法官(Justice Sotomayor)在川崎公司案反对意见中所指出的,多式联运合同不同部分适用不同的规则,是多式联运实践中的常态。[⑤] 故而,前述不确定性以及不可预见性,并不

---

① See CNA Ins. Co. v. Hyundai Merchant Marine Co., Ltd., 747 F.3d 339, 366 (6th Cir., 2014).

② See Patrick Talbott, *How Swiftly the Carmack Amendment is Washed Away*, The Journal of Maritime Law and Commence, Vol. 43:1, p. 29 (2012).

③ Ibid., p. 33.

④ See United States Code Annotated, 2000 Main ed., Title 46 Appendix, Chapter 28, § 1311. Liabilities before loading and after discharge; effect on other laws, "Nothing in this Act shall be construed as superseding... any other law which would be applicable in the absence of this Act, insofar as they relate to the duties, responsibilities, and liabilities of the ship or carrier prior to the time when the goods are loaded on or after the time they are discharged from the ship".

⑤ See Kawasaki Kisen Kaisha Ltd. v. Regal-Beloit Corp., 561 U.S. 89, 133 (2010).

会妨碍多式联运的发展。

尽管上述分析并非专门针对陆空联运合同的,但其原理应是相通的。可以认为,发生定域性货损时,如果陆空联运合同当事人选择的准据法与具有强制性的国内货物运输规则产生冲突,应适用国内货物运输规则。需要指出的是,前述适用应限制在最小限度内,应从有利于陆空联运经营人追偿的角度出发,将可以适用的规则限于免责条款以及责任限额。①

五、公共秩序限制当事人意思自治

在合同法律适用领域,公共秩序适用的范围以及可能在逐渐缩小。这一趋势表现为以下三个方面:(1)第三国公共秩序不应得到适用。由于公共秩序存在可变性并且其根植于一国的社会观念,使法院在案件裁决过程中,不仅很难准确地判定第三国公共秩序的范围和内容,也很难接受与本国价值观念不符的别国公共秩序。(2)从适用范围、程度以及标准上限制公共秩序。从适用范围出发,必须区分国内法意义上的公共秩序以及国际私法意义上的公共秩序,只有国际私法意义上的公共秩序才能得到适用。从程度上讲,适用外国法律必须明显违背一国公共秩序时,才能通过公共秩序排除外国法的适用。而从标准上来说,公共秩序的适用标准趋向于客观说,也即在援用公共秩序时,应区分是外国法的内容,还是外国法适用的结果,违反法院地公共秩序。② 只有在例外的情况下,才能依据公共秩序排除外国法律本身。(3)排除外国法律后并不必然适用法院地法律。应根据个案的情况,或是通过分割的方法,对其他争议适用当事人选择的准据法;或是通过最密切联系原则确定与争议具有最密切联系的法律,而不应一概适用法院地法。

然而,《法律选择原则》在保留法院地公共秩序适用可能的同时,却在第 11 条第 4 款规定:"一国法律将在没有做出法律选择的情况下适用的,由诉讼地法律决

---

① 对此问题更详细的论述,参见本书第五章第一节第二部分。

② 参见马德才:《从公共秩序的限制适用趋势分析我国有关立法之完善》,载《法学杂志》2012年第 5 期。

定法院何时可以或者必须适用或者考虑到该国的公共政策。”针对《法律选择原则》的解释报告并没有说明这种扩张的基础。《法律选择原则》扩张公共秩序的适用范围值得商榷。各国针对合同的冲突法规则之所以拒绝第三国公共秩序的适用，一方面是由于公共秩序的模糊性，使法院在案件裁决过程中，很难准确地判定第三国公共秩序的范围和内容；另一方面是由于公共秩序根植于一国的社会价值观念，法院很难接受与本国价值观念不符的别国公共秩序。相应地，当别国的公共秩序是基于国际社会普遍接受的价值观念时，很难认为受诉法院不是在适用本国的公共秩序。

据此，可以认为，只应通过法院地公共秩序在特定条件下限制当事人意思自治。尽管存在限制适用的趋势，但通过公共秩序排除外国法的适用，仍有存在的必要，这是由于各国都有必须得到保护的特定社会秩序或者价值观念。然而，前述社会秩序或者社会价值观念，主要体现于民事领域，特别是婚姻、家庭领域。而在商事领域，由于经济全球化、贸易自由化以及网络信息化，世界各国通过完善国内法、认可广为接受的国际惯例、制定国际公约的方式，寻求各国民商事法律制度之间的协调，推动国际民商事法律的合作共赢，体现各国法律间的趋同性。[①] 而这种法律上的趋同性使通过公共秩序排除外国法的适用在商事领域不具有合理性基础。同时，各国在反垄断、反倾销或者金融等涉及国家利益的领域制定的绝对优先强制性规则，使公共秩序的功能逐渐被绝对优先强制性规则所替代。故而，在国际商事合同法律适用领域，只有在特定的条件下，才可以援用公共秩序。

而国际货物运输能够实现资源在全球范围内的配置以及产品在全球范围内的销售，进而将各国经济紧密地联系在一起，不仅促进经济全球化，而且也是国际货物贸易的必要条件。因而，基于国际货物运输行为本身的重要性，其不应也不能通过一国的公共秩序加以排除；而如果运输的货物本身违法，比如走私或者违反联合国禁令运输违禁货物等，可以通过绝对优先强制性规则规制。因此，陆空

---

① 参见李双元：《国际私法（冲突法篇）》（第 3 版），武汉大学出版社 2016 年版，第 212 页。

联运合同能够援用公共秩序的情况,只限于通过法院地公共秩序实现第三国绝对优先强制性规则的间接适用。① 货物运输合同涉及多个国家,并且货物运输合同中普遍存在选择中立法院地法,或者与合同无关的国家的法律作为准据法的情况。因而,在法院地不允许第三国绝对优先强制性规则直接适用的前提下,与货物运输合同有关的第三国之绝对优先强制性规则如欲得到适用,只能通过间接适用的方法,也即通过法院地公共秩序实现第三国绝对优先强制性规则的适用。

第三节 陆空联运合同当事人默示选择的认定

默示意思自治,是指当事人未明确表明合同所应适用的法律,但法院或其他主管机关可根据合同的有关条款、词语以及其他有关事实推定当事人默示同意合同受某一国家法律的支配。② 上述概念有关默示意思自治之内涵是正确的。然而,从名称来说,更合适的称谓应是默示选择。原因在于,当事人意思自治是指当事人合意选择准据法,选择的方式存在明示或者默示的区别,但当事人意思自治本身不应有明示或者默示之分。③ 同时,一些学者将默示选择视为明示选择的一种特殊表现形态,④也是值得商榷的。这一观点混淆明示选择与明确选择,将明示选择视为明确选择,进而将默示选择视为明示选择的特殊类型。无论是明示选择,还是默示选择,都只体现当事人明确的法律选择合意,两者应是并行的概念。明示选择体现为法律选择条款,而默示选择没有通过法律选择条款表达出来,需要法官将之推定出来。可以认为,当事人明确的法律选择合意体现为明示选择或者默示选择,但不能说默示选择是明示选择的特殊形态。需要指出的是,法官推

① 关于第三国绝对优先强制性规则如何通过法院地公共秩序间接适用,参见卜璐:《第三国强制性规范在国际私法中的适用》,载《苏州大学学报(哲学社会科学版)》2013 年第 6 期。

② 参见黄进主编:《国际私法》(第 2 版),法律出版社 2005 年版,第 300 页。

③ 参见陈为:《论中国合同准据法选择方式的完善——以当事人默示选择为分析视角》,载《社科纵横》2012 年第 1 期。

④ 参见刘仁山、黄志慧:《国际民商事合同中的默示选法问题研究》,载《现代法学》2014 年第 5 期。

定默示选择,更准确地讲,应是认定合同当事人明确选择准据法的合意,[①]而不是法官借当事人意思自治之名,通过自由裁量权,行自行推断之实。[②] 因此,为限制法官自由裁量权,推定默示选择必须有对考察因素的限制,也必须有对证明程度的限制。

各国针对合同的冲突规则多数都认可通过默示选择的方式,确定当事人之间的法律选择合意。[③] 因而,本节首先通过比较分析的方法,考察法官推定默示选择需要考虑的因素以及证明默示选择存在的标准,并在此基础上推演,如何在陆空联运合同中运用默示选择。由于我国没有明确规定是否采纳默示选择,[④]基于此,本节仅以《罗马公约》《罗马条例Ⅰ》《法律选择原则》这些具有代表性的针对合同的冲突规则,作为比较分析的对象。需要说明的是,默示选择与最密切联系原则都需要法官根据一定的因素推定合同准据法。因此,有必要首先明确上述两种方法之间的界限。

一、默示选择与最密切联系原则的界分

有学者认为默示选择与最密切联系原则的具体特点具有以下两方面的明显区别:[⑤]

第一,法律推定所斟酌的内容不同。法院在推定当事人默示的法律选择时,一般仅考虑可以暗示当事人关于法律选择意思之契约情况;反之,推定最密切联系时,法院通常应当斟酌契约之全部情况,既包括契约之内在情况,也包括契约之外在情况。

---

① 参见刘仁山、黄志慧:《国际民商事合同中的默示选法问题研究》,载《现代法学》2014 年第 5 期。

② 参见沈涓:《合同准据法理论的解释》,法律出版社 2000 年版,第 77 页。

③ See Symeon C. Symeonides, *Codifying Choice of Law around the World*, Oxford University Press, 2014, p. 120.

④ 参见《法律适用法司法解释(一)》第 6 条第 2 款规定:“各方当事人援引相同国家的法律且未提出法律适用异议的,人民法院可以认定当事人已经就涉外民事关系适用的法律做出了选择。”对于该款规定是否认可默示选择,学者有不同见解,有认为构成明示选择的,参见徐伟功:《法律选择中的意思自治原则在我国的运用》,载《法学》2013 年第 9 期;也有认为构成默示选择的,参见吕岩峰:《关于涉外合同法律适用问题的法律实践》,载《法治研究》2013 年第 11 期。

⑤ 参见赖来焜:《国际私法中——“最重要牵连关系”之研究》,载《法学丛刊》2002 年第 3 期。

第二,法律推定的归宿与结论指向不同。法院在推定当事人默示的法律选择时,推定之归宿与结论指向当事人关于法律选择之意思;反之,推定最密切联系时,推定的归宿与结论则是与契约有最密切关系的国家。

不难看出,推定默示选择与最密切联系的因素具有重合的部分。然而,推定默示选择最终的目的是确定合同当事人的法律选择合意,是推断当事人的主观意图,而推定最密切联系则是考察与合同具有密切联系的法律体系,是一种客观性的推定。[①] 陈隆修教授认为:“所谓当事人有默示之意思表示,不外是案件之事实上有着强烈地影响法官决定准据法的考量因素而已。”[②]因此,只有反映当事人主观意图的合同因素能够明显地确认合同当事人选择准据法的合意,才能证明存在默示选择。否则,需要通过冲突规则决定合同准据法。而只有在冲突规则不能适用或者产生不公正之适用结果时,才能运用最密切联系原则确定合同准据法。

二、推定默示选择的因素

国际商事合同中不存在法律选择条款或者该条款无效时,目前国际范围内普遍接受以下四种推定默示选择的因素。

其一,合同中包含某一法律体系的特定条款或者术语。

需要指出的是,一方面,第一节已经说明,陆空联运合同的承运人责任条款通常会约定适用运输公约,但这并不是当事人针对整个合同所选择的准据法;另一方面,如何理解某一术语的独特性,不同法院之认识不尽相同。况且即便存在这样独特的法律术语,也只能说明合同当事人更熟悉该国法律,并不能完全等同于当事人默示选择该国法律作为准据法。因而,可以认为,对陆空联运合同来说,特定条款或者法律术语,应仅仅作为推定当事人默示选择合同某一部分或者某一问题准据法的因素之一。

其二,当事人之间依据示范合同缔约,而该示范合同一般被认为受某一国法

---

① 参见沈涓:《合同准据法理论的解释》,法律出版社 2000 年版,第 78 页。

② 陈隆修:《国际私法契约评论》,台北,五南图书出版股份有限公司 1986 年版,第 56 页。

律调整。示范合同是根据法规以及惯例确定的,具有合同示范作用的文件。① 这里的示范合同并不是指格式合同,而是由商业实践中被广泛适用的示范条款组成的合同。合同当事人可以在示范合同的基础上根据自己的需要进行调整。这有利于促进商业交易,减少缔约成本。示范合同通常出现在保险、再保险以及货物运输等领域。《罗马公约》解释报告②以及《法律选择原则》解释报告③都认可这种推定默示选择的因素。

对于航空货物运输而言,航空运输承运人通常以国际航空运输协会决议600b——运输总条件——为蓝本,根据自身的需求,制定航空货物运输合同。④然而,需要指出的是,由于针对货物运输合同的示范合同通常包含法律选择条款,如果当事人采用示范合同,但没有规定法律选择条款,只能说明合同双方之间并没有形成法律选择合意。《罗马公约》生效后,仅就英国法院的司法实践来看,目前还未有案例仅以当事人使用示范合同而推定货物运输合同的准据法。而就《罗马公约》生效前的案例来说,在一起涉及英国船东与荷兰承租人的案件中,尽管当事人使用以英文写成的示范合同,并且提交英国上诉法院审查的问题是,合同当事人是否默示选择英国法律,但上诉法院却认为该案中当事人之间不存在法律选择合意,而直接以最密切联系原则确定准据法。⑤ 可以认为,示范合同这一因素需要与其他因素结合,才能推定默示选择。示范合同这一因素自身,至少在货物运输领域,不能单独作为推定默示选择的因素。

其三,合同中的法院选择条款以及仲裁条款。法律选择条款、法院选择条款

---

① 参见王利明:《合同法研究》第1卷,中国人民大学出版社2002年版,第383页。

② See Mario Giuliano, Paul Lagarde, *Report on the Convention on the Law Applicable to Contractual Obligations*, [1980] O. J. C282/1, Article 3, para. 3.

③ See Permanent Bureau of the Hague Conference on Private International Law, *Principles on Choice of Law in International Commercial Contracts*, The Hague Conference on Private International Law, 2015, para. 4. 9.

④ See Malcolm A. Clarke, David Yates, *Contracts of Carriage by Land and Air*, 2nd ed., Informa Law from Routledge, 2008, p. 477 – 492.

⑤ See Coast Lines v. Hudig Chartering, [1972] 2 Q. B. 34.

以及仲裁条款都是以解决当事人之间的争议为目的。这种相似的目的使法官在当事人没有明示选择准据法,但达成法院选择条款或者仲裁条款时,很容易依据上述条款推定默示选择。

就仲裁条款而言,《罗马公约》的解释报告明确指出,基于案件情况,选择在某地仲裁并表明仲裁员应适用该地法律时,才能够推定默示选择。① 而《法律选择原则》第4条更是明确指出:"当事人之间约定将裁定合同争议的管辖权赋予某一法院或仲裁庭,该约定本身不等同于法律选择。"不难看出,尽管仲裁条款被认为是表明当事人之间默示选择的重要因素,但条款本身并不必然等于法律选择。当事人可以只选择仲裁这种争议解决方式,而不选择仲裁地,比如当事人选择某一国际仲裁机构,而将仲裁地交由该机构决定。即便当事人选择仲裁地,仲裁员也并不一定必须适用仲裁地的法律。同时,由于当事人可以选择仲裁员,仲裁地的法律也并不一定是仲裁员最熟悉的法律。② 从司法实践的角度来看,在一起德国公司与日本公司签订的以纽约土产格式达成的租船合同纠纷中,由于该合同约定伦敦仲裁条款,但没有规定法律选择条款,英国商事法院认为,当事人依据以英文写成的示范合同缔约,并同意在伦敦仲裁,可以认为默示选择英国法律。③ 不难看出,仲裁条款本身并不能表明当事人之间的法律选择合意,必须与其他因素结合才能推定默示选择。

对法院选择条款来说,《罗马公约》解释报告明确说明,在某些案件中选择特定法院能够毫无疑问地表明当事人选择法院地法调整合同,但这一因素应受到合同中其他条款以及整个案件事实的限制。④ 而《罗马条例Ⅰ》在序言12中明确规定:"授予成员国一个或者多个法院排他性管辖权的法院选择条款,应仅是当事人

① See Mario Giuliano, Paul Lagarde, *Report on the Convention on the Law Applicable to Contractual Obligations*, [1980] O. J. C282/1, Article 3, para. 3.

② See Peter Nygh, *Autonomy in International Contracts*, Clarendon Press, 1999, p. 118.

③ See Egon Oldendorff v. Libera Corp. (No. 2), [1996] C. L. C. 482, 510.

④ See Mario Giuliano, Paul Lagarde, *Report on the Convention on the Law Applicable to Contractual Obligations*, [1980] O. J. C282/1, Article 3, para. 3.

法律选择合意是否清楚地证明需要考察的因素之一。"①尽管《罗马公约》《罗马条例Ⅰ》《法律选择原则》都排除法院选择条款对于推定当事人默示选择的决定性作用,但三者的区别在于《法律选择原则》还将非排他性法院选择条款包含在内。排他性法院选择条款具有更强的推定当事人默示选择的效力。因为该条款明确规定并且唯一限制当事人解决争议的地点,从传统国际私法将合同与某国联系起来的观点来看,在当事人没有选择准据法时,该地点的法律当然具有作为准据法的适当性。而由于当事人在非排他性法院选择条款下可以选择提起诉讼的地点,非排他性法院选择条款并不具有与排他性法院选择条款一样的推定当事人默示选择的效力。尽管可以认为,当事人选择某地法院诉讼是因为该法院的中立性以及专业性,但与仲裁条款不同,当事人对于诉讼程序没有更多的可选择性。同时,适用法院地法对法院地法官更方便,而且能够减少适用外国法律所消耗的司法资源以及适用错误的可能。因此,排他性法律选择条款应被认为是推定当事人默示选择最为有力的因素。

其四,相关交易中的法律选择条款。相关交易可以区分为以下两种情况。第一,合同当事人之间的先前交易。如果当事人之间先前交易所缔结的合同中包含法律选择条款,而产生争议的合同中没有法律选择条款,并且没有表明合同当事人改变法律选择合意的因素,这可以使法院毫无疑问地认为,产生争议的合同应由先前交易所缔结合同的准据法调整。② 这是《罗马公约》的解释报告所举的例子,也是《法律选择原则》的解释报告认可的通过相关交易中法律选择条款推定当事人默示选择的唯一情况。③ 在一起代理合同佣金纠纷中,原被告基于先前缔

---

① 《罗马条例Ⅰ》序言 12:"An agreement between the parties to confer on one or more courts or tribunals of a Member State exclusive jurisdiction to determine disputes under the contract should be one of the factors to be taken into account in determining whether a choice of law has been clearly demonstrated."

② See Mario Giuliano, Paul Lagarde, *Report on the Convention on the Law Applicable to Contractual Obligations*, [1980] O. J. C282/1, Article 3, para. 3.

③ See Permanent Bureau of the Hague Conference on Private International Law, *Principles on Choice of Law in International Commercial Contracts*, The Hague Conference on Private International Law, 2015, para. 4. 13.

结的两份造船合同,就原告代理被告出售船舶而缔结代理合同,该合同没有约定准据法。英国上诉法院认为,该案涉及的代理合同源于两份造船合同,该代理合同涉及销售基于两份造船合同所产生的船舶,如果两份造船合同以及所产生的船舶不存在,代理合同也就不会存在。因而,代理合同本身以及该案情况都指向这一结论,即代理合同当事人默示选择造船合同的准据法调整代理合同。① 从这一案件可以看出,先前交易所缔结的合同应与产生争议的合同具有紧密的联系,进而使这些合同适用同一准据法调整具有合理性。同时,产生争议的合同本身及有关该合同的缔结情况,不能表明任何当事人试图改变准据法的意图。否则,先前交易所缔结合同的准据法不应适用于产生争议的合同。

第二,与产生争议的合同相关的其他合同。与产生争议的合同相关的其他合同中的法律选择条款,不能作为推定当事人默示选择产生争议合同准据法的因素。《罗马公约》的解释报告认为,在相同当事人之间,法院可以推定当事人之间未规定法律选择条款的合同,由他们之间缔结的关联合同的准据法调整。② 同时,也有学者指出,依据《罗马条例Ⅰ》的规定,仅通过租船合同中的法律选择条款推定提单当事人之间的默示选择并不合理。③ 之所以不同当事人之间的关联合同不被纳入推定默示选择的因素中,是因为默示选择考察的不是合同之间的密切联系,而是当事人之间的法律选择合意。而由于法律选择合意是合同当事人之间形成的,可以认为,相同当事人之间的关联交易能够体现相同的法律选择合意,但很难推定不同当事人之间的关联交易能够体现相同的法律选择合意。在此基础上,可以认为,陆空联运经营人与区段承运人之间货物运输合同规定的法律选择条款,不能用来推定陆空联运合同当事人默示选择准据法。

---

① See FR Lürssen Werft GmbH & Co. KG v. Halle, [2011] 1 Lloyd's Law Report, 269.

② See Mario Giuliano, Paul Lagarde, *Report on the Convention on the Law Applicable to Contractual Obligations*, [1980] O. J. C282/1, Article 3, para. 3.

③ See Richard Aikens, Richard Lord & Michael Bools, *Bills of Lading*, 2nd ed., Informa Law from Routledge, 2016, para. 14.18.

三、默示选择存在的证明标准

就默示选择存在的证明标准而言,《罗马公约》第 3 条第 1 款[①]要求默示选择需要通过合同条款或者案件情况根据合理的确定性予以证明。从判例的角度来看,一些英国法院认为,默示选择必须是当事人意图做出的选择,或者非常明显以至于不需要明示。也就是说,默示选择应是合同当事人缔结合同时,当然的选择。[②] 然而,在《罗马公约》实施情况报告中,欧盟委员会指出,英国以及德国,基于《罗马公约》生效之前的司法经验,相较于欧洲其他国家,较宽松地认定默示选择。[③] 这促成《罗马条例Ⅰ》第 3 条第 1 款[④]将默示选择存在的证明标准变为通过合同条款或者案件情况清楚地证明。有学者通过分析《罗马条例Ⅰ》的起草历史,指出条例措辞上的变化就是为阻止英国法院适用其在《罗马公约》下较宽松的认定标准,而"清楚地证明"这一措辞实际上是要求法院在推定默示选择时,应能确定任何欧盟成员国的法院基于同样的证据会达成同样的结论。[⑤] 这显然是要求默示选择必须更清楚地体现出当事人之间的法律选择合意。

《法律选择原则》第 4 条[⑥]则通过"清楚地看出"这一标准认定默示选择。《法律选择原则》起草过程中,工作组注意到《罗马条例Ⅰ》措辞的变化,但有学者指出,

---

① 《罗马公约》第 3 条第 1 款:"A contract shall be governed by the law chosen by the parties. The choice must be expressed or demonstrated with reasonable certainty by the terms of the contract or the circumstances of the case. By their choice the parties can select the law applicable to the whole or a part only of the contract."

② See American Motorists Insurance Co. v. Cellstar Corporation, [2003] EWCA Civ. 206, 394.

③ See Commission of The European Communities, *Green Paper on the Conversion of the Rome Convention of* 1980 *on the Law Applicable to Contractual Obligations into a Community Instrument and its Modernization*, COM(2002) 654 final, para. 3.2.4.2.

④ 《罗马条例Ⅰ》第 3 条第 1 款:"A contract shall be governed by the law chosen by the parties. The choice shall be made expressly or clearly demonstrated by the terms of the contract or the circumstances of the case. By their choice the parties can select the law applicable to the whole or to part only of the contract."

⑤ See Michael McParland, *The Rome Ⅰ Regulation on the Law Applicable to Contractual Obligations*, Oxford University Press, 2015, p. 301.

⑥ 《法律选择原则》第 4 条规定:"对法律的选择或者对法律选择的任何修改,必须以明示方式作出,或者可从合同规定或者相关情形清楚地看出。当事人之间约定将裁定合同争议的管辖权赋予某一法院或仲裁庭,该约定本身不等同于法律选择。"

“证明”(demonstrated)的措辞具有程序的特征,而不应在冲突规则中体现。① 同时,通过分析各国的不同标准,工作组认为,为提供法律确定性以及可预见性,鼓励当事人明示准据法,应使用“清楚地看出”这一标准。②《法律选择原则》的解释报告指出,“清楚地看出”标准意味着,默示选择必须是推定此种选择之因素所体现的明显结果。③ 尽管有学者认为,“清楚地看出”这一措辞并不适当,④但此种严格的措辞显然能够比合理的确定性标准提供更多的确定性以及可预见性,有助于减少司法擅断。

综上所述,可以认为,通过各种因素推定的陆空联运合同当事人默示选择,必须能被清楚地证明或者清楚地看出。而就推定默示选择的因素来看,上述所有因素自身都不能单独认定默示选择,只有不同因素的组合才能够有效地推定默示选择。具体到陆空联运合同,由于世界范围内存在针对一般意义上多式联运合同的国内立法,如果陆空联运合同是以该国内立法为范本,并且存在其他因素,比如,排他性法院选择条款或者仲裁条款,就可以认为,当事人默示选择该国法律调整陆空联运合同。同时,考虑到陆空联运合同当事人通常参照《蒙特利尔公约》或华沙体系设定陆空联运经营人的责任限额与免责条款,在陆空联运合同当事人没有明示选择准据法时,可以推定当事人默示选择运输公约调整定域性货损。此外,如果第一章朗力案当事人达成提及的运输服务协议,而后具体地缔结陆空联运合同,或者只签发航空货运单而没有缔结陆空联运合同的情况下,如果当事人没有明确规定法律选择条款,则可以援用运输服务协议规定的法律选择条款,作为当事人默示选择陆空联运合同准据法的依据。

---

① See Jan L. Neels, Eesa A. Fredericks, *Tacit Choice of Law in the Hague Principles on Choice of Law in International Contracts*, De Jure, Vol. 44:1, p. 106 (2011).

② See Permanent Bureau of The Hague Conference on Private International Law, *Consolidated Version of Preparatory Work Leading to the Draft Hague Principles on the Choice of Law in International Contracts*, The Hague Conference on Private International Law, 2012, para. 55.

③ See Permanent Bureau of The Hague Conference on Private International Law, *Principles on Choice of Law in International Commercial Contracts*, The Hague Conference on Private International Law, 2015, para. 4. 17.

④ See Brooke Adele Marshall, *Reconsidering the Proper Law of the Contract*, Melbourne Journal of International Law, Vol. 13:1, p. 517 (2012).

第四节 货物运输合同冲突规则运用的困境与突破

由于目前尚未有专门针对陆空联运合同的冲突规则,故而,当陆空联运合同当事人没有明示或默示选择准据法时,或者选择无效时,应运用针对货物运输合同的冲突规则,确定陆空联运合同的准据法。如果上述规则不能适用或者导致不公正的结果时,才应通过最密切联系原则确定准据法。因此,本节首先分析针对货物运输合同的冲突规则适用于陆空联运合同所存在的问题,其次论证如何构建针对陆空联运合同的冲突规则。由于我国没有专门针对货物运输合同的冲突规则,则本节以《罗马公约》《罗马条例Ⅰ》针对货物运输合同的冲突规则作为比较研究之对象。需要指出的是,如果适用特征性履行方法确定货物运输合同准据法,或者说适用反映双务合同特征之义务的履行人住所地或者主营业地法律,①必然导致货物运输合同仅适用承运人住所地或者主营业地法律。然而,货物运输合同主要是以运输货物为目的,承运人住所地或者主营业地并不一定与该类合同具有任何客观联系。② 故而,适用特征性履行方法并不具有任何理论上的适当性。因此,本书不讨论特征性履行方法如何适用于货物运输合同。

一、货物运输合同冲突规则运用的困境

1. 货物运输合同冲突规则的具体内容

货物运输合同当事人没有选择准据法时,《罗马公约》第 4 条第 4 款③推定合

---

① 参见徐冬根:《国际私法》(第 2 版),北京大学出版社 2013 年版,第 149 页。

② See Michael McParland, *The Rome Ⅰ Regulation on the Law Applicable to Contractual Obligations*, Oxford University Press, 2015, p. 448.

③ 《罗马公约》第 4 条第 4 款:"A contract for the carriage of goods shall not be subject to the presumption in paragraph 2. In such a contract if the country in which, at the time the contract is concluded, the carrier has his principal place of business is also the country in which the place of loading or the place of discharge or the principal place of business of the consignor is situated, it shall be presumed that the contract is most closely connected with that country. In applying this paragraph single voyage charter-parties and other contracts the main purpose of which is the carriage of goods shall be treated as contracts for the carriage of goods."

同缔结时承运人主营业地所在国与该合同具有最密切联系,如果该国也是装货地、卸货地或者托运人主营业地之一。如果不存在上述连接点之间的聚合,依据欧盟法院的判决,[①]应通过《罗马公约》第 4 条第 1 款[②]规定的最密切联系原则确定运输合同的准据法。而如果另一国与货物运输合同的联系比《罗马公约》第 4 条第 4 款推定的国家更加紧密,依据《罗马公约》第 4 条第 5 款[③],应由该国法律调整该合同。

《罗马条例Ⅰ》第 5 条第 1 款[④]与《罗马公约》第 4 条第 4 款一脉相承,也通过连接点聚合的方式认定货物运输合同准据法。然而,相较于《罗马公约》,《罗马条例Ⅰ》关于如何认定货物运输合同准据法的规定,仍有 3 个重要变化:其一,通过连接点聚合确定准据法,被《罗马条例Ⅰ》确定为规则,而不仅只是推定。也就是说,货物运输合同当事人没有明示或默示选择准据法时,应由承运人惯常居所地[⑤]法律调整货物运输合同,如果该地也是托运人惯常居所地、货物接收地或者

---

① See Haeger & Schmidt GmbH v. Mutuelles du Mans Assurances IARD, Case C – 305/13, para. 40.

② 《罗马公约》第 4 条第 1 款:"To the extent that the law applicable to the contract has not been chosen in accordance with Article 3, the contract shall be governed by the law of the country with which it is most closely connected. Nevertheless, a severable part of the contract which has a closer connection with another country may by way of exception be governed by the law of that other country."

③ 《罗马公约》第 4 条第 5 款:"Paragraph 2 shall not apply if the characteristic performance cannot be determined, and the presumptions in paragraphs 2, 3 and 4 shall be disregarded if it appears from the circumstances as a whole that the contract is more closely connected with another country."

④ 《罗马条例Ⅰ》第 5 条第 1 款:"To the extent that the law applicable to a contract for the carriage of goods has not been chosen in accordance with Article 3, the law applicable shall be the law of the country of habitual residence of the carrier, provided that the place of receipt or the place of delivery or the habitual residence of the consignor is also situated in that country. If those requirements are not met, the law of the country where the place of delivery as agreed by the parties is situated shall apply."

⑤ 关于惯常居所地的认定,参见《罗马条例Ⅰ》第 19 条:"1. For the purposes of this Regulation, the habitual residence of companies and other bodies, corporate or unincorporated, shall be the place of central administration. The habitual residence of a natural person acting in the course of his business activity shall be his principal place of business. 2. Where the contract is concluded in the course of the operations of a branch, agency or any other establishment, or if, under the contract, performance is the responsibility of such a branch, agency or establishment, the place where the branch, agency or any other establishment is located shall be treated as the place of habitual residence. 3. For the purposes of determining the habitual residence, the relevant point in time shall be the time of the conclusion of the contract."

货物交付地之一。其二,将连接点变为承运人惯常居所地、托运人惯常居所地、货物接收地以及货物交付地。其三,不能通过连接点聚合确定准据法时,以约定交付地法律调整货物运输合同。此外,根据《罗马条例Ⅰ》第5条第3款[①],如果从案件的全部情况来看,在当事人没有选择准据法时,合同明显地与另一国,而不是《罗马条例Ⅰ》第5条第1款规定的国家,具有更密切的联系,则应适用该国法律。

从以上规定来看,应有两个问题需要进一步探讨:其一,上述规则调整的货物运输合同是否包含陆空联运合同;其二,上述规则所规定连接点应如何认定。

2. 货物运输合同冲突规则适用于陆空联运合同的可行性

不管是《罗马公约》第4条第4款本身,还是《罗马条例Ⅰ》序言22[②]都指出,《罗马公约》与《罗马条例Ⅰ》适用于以运输货物为主要目标的合同。而从欧盟法院针对《罗马公约》第4条第4款的判决来看,为确定合同目标,必须考察合同关系的目的以及合同特征性义务履行人所承担的所有义务。[③] 而在一起有关组织运输的委托合同(commission contract)是否由《罗马公约》第4条第4款调整的案件中,欧盟法院重申上述标准,并且指出,只有在该类合同的主要目的是实际运输货物时,《罗马公约》第4条第4款才能适用。[④] 欧盟法院强调,受诉法院需要考察争议涉及的所有情况,也即反映合同当事人之间关系之经济以及商业现实的合同规定,并结合《罗马公约》第4条第4款的目的,确定组织运输的委托合同的主要目标是否以及在多大程度上是实际运输货物。[⑤]

---

① 《罗马条例Ⅰ》第5条第3款:"Where it is clear from all the circumstances of the case that the contract, in the absence of a choice of law, is manifestly more closely connected with a country other than that indicated in paragraphs 1 or 2, the law of that other country shall apply."

② 《罗马条例Ⅰ》序言22:"... Consequently, single-voyage charter parties and other contracts the main purpose of which is the carriage of goods should be treated as contracts for the carriage of goods..."

③ See Intercontainer Interfrigo SC (ICF) v. Balkenende Oosthuizen BV and MIC Operations BV, Case C-133/08, para. 34.

④ See Haeger & Schmidt GmbH v. Mutuelles du Mans Assurances IARD, Case C-305/13, para. 32.

⑤ Ibid., para. 31.

有学者指出,欧盟法院的判决实际要求受诉法院确定承运人的主要义务,如果该义务是运输货物,那么该合同就属于运输合同。① 还有学者指出,《罗马公约》或者《罗马条例Ⅰ》对于货物运输合同的规定不仅适用于传统意义上的单程航次租船合同,并且适用于提单、大副收据、海运单、全程运输单据、交货单等证明或者包含货物运输合同的单据。② 还有学者认为,《罗马公约》第4条第4款的效果在于,货物运输合同,不管是通过陆运、海运、航空或者这些方式的组合,都应被推定与合同缔结时的承运人主营业地所在国具有最密切联系,如果该国也是装货地、卸货地或者托运人主营业地之一。③ 不难看出,不管是基于司法判例,还是学者的见解,由于陆空联运合同的主要目的是运输货物,《罗马公约》以及《罗马条例Ⅰ》针对运输合同所制定的冲突规则可以适用于陆空联运合同。

3. 货物运输合同冲突规则连接点的认定

《海牙规则》以及《海牙维斯比规则》以装货与卸货界定公约强制适用期间的起止,这是《罗马公约》采用装货地与卸货地的原因。推而广之,可以认为,上述两个地点在一般意义上应是指,货物被装上运输工具以及卸下运输工具的地点。

考虑货物运输实践的变化,运输合同已经不仅仅是从货物被装上运输工具开始,到卸下运输工具为止。故《罗马条例Ⅰ》将连接点确定为货物接收地以及交付地。尽管《罗马条例Ⅰ》没有规定如何认定货物接收地与交付地,但解释条例应与《布鲁塞尔条例Ⅰ》相一致。④ 据此,需要考察欧盟法院针对《布鲁塞尔条例

---

① See Lawrence Collins eds., *Dicey, Morris & Collins on the Conflict of Laws*, 15th ed., Sweet & Maxwell, 2012, p. 1931.

② See Michael McParland, *The Rome Ⅰ Regulation on the Law Applicable to Contractual Obligations*, Oxford University Press, 2015, p. 464.

③ See Robin Morse, *Contracts of Carriage and the Conflict of Laws*, in K. Boele-Woelki eds., Convergence and Divergence in Private International Law-Liber Amicorum Kurt Siehr, Eleven International Publishing, 2010, p. 464.

④ 《罗马条例Ⅰ》序言7:"The substantive scope and the provisions of this Regulation should be consistent with Council Regulation (EC) No 44/2001 of 22 December 2000 on jurisdiction and there cognition and enforcement of judgments in civil and commercial matters (5) (Brussels Ⅰ) and Regulation (EC) No 864/2007 of the European Parliament and of the Council of 11 July 2007 on the law applicable to non-contractual obligations (Rome Ⅱ)."

Ⅰ》所作判决,以便明确货物接收地与交付地的概念。

欧盟法院在其判决中,就如何认定涉及货物运输的买卖合同之交付地明确规定,首先需要通过合同条款确定交付地,如果不能认定,交付地应是指货物物理上转移或者应当转移给买方的地点。① 对于货物运输合同而言,合同通常会约定交付地,只有在极少数的情况下,才会出现合同中不约定交付地或者约定交付地不明确。此时,基于上述判决,应认为货物交付地,是指货物物理上转移或者应当转移给收货人的地方。欧盟法院针对约定多个交付地的货物买卖合同应如何行使特别管辖权的判决指出,与合同具有最密切连接因素的法院行使管辖权。而该法院通常是主要交付地法院。应基于经济标准决定主要交付地。②将此认定运用于约定多个交付地点的货物运输合同,则应适用主要交付地的法律,而以最密切联系原则决定主要交付地。尽管欧盟法院尚未针对如何认定货物接收地作出判决,但类推适用认定货物交付地的方法,货物接收地,应是指货物物理上转移或者应当转移给承运人或者其代理人占有、报关或者控制的地点。③

4. 货物运输合同冲突规则适用于陆空联运合同的问题

通过《罗马公约》针对货物运输合同的冲突规则确定陆空联运合同准据法,存在连接点选择方面的困难。尽管陆空联运实现多种运输方式之间的无缝衔接,但在陆空联运合同包含的多个运输区段,仍会存在货物的多次装卸,进而导致陆空联运经营人与区段承运人之间,各区段承运人之间多次交付与接收货物,以装货地或者卸货地法律作为准据法,会存在选择方面的困难。

依据《罗马条例Ⅰ》针对货物运输合同的冲突规则确定陆空联运合同准据法会导致两方面的问题:一方面,由于陆空联运合同涉及多个运输区段,除陆空联运经营人和托运人住所地、接收货物地或者合同约定交付地外,运输涉及的其他地

---

① See Car Trim GmbH v. Key Safety Systems Srl, Case C－381/08, para. 54 and para. 60.

② See Color Drack GmbH v. Lexx International Vertriebs GmbH, Case C－386/05, para. 40.

③ See Michael McParland, *The Rome Ⅰ Regulation on the Law Applicable to Contractual Obligations*, Oxford University Press, 2015, p. 474.

点能否作为连接点,是需要考察的问题;另一方面,与《罗马公约》相同,由于陆空联运合同涉及多个货物运输区段,如何理解交付地与接收地也存在选择方面的困难。

二、陆空联运合同冲突规则的构建

通过针对货物运输合同的冲突规则确定多式联运合同准据法,会存在不同的问题。产生这些问题的原因在于:(1)忽视陆空联运合同的特殊性。从连接点来看,上述冲突规则主要针对不受运输公约调整的国际单式货物运输合同,如航次租船合同。这显然忽视陆空联运合同包含不同单式货物运输区段的特殊性,进而会导致连接点选择方面的问题。(2)忽视陆空联运合同法律适用方面的特殊性。应适用的规则与实体问题的解决具有一定的关联性,是陆空联运合同法律适用方面的特殊性之一。故而,针对当事人有关陆空联运合同的所有争议适用同一准据法,会导致应适用规则的不确定性、不合理性以及规则之间的冲突。基于上述分析,对于陆空联运合同,应依据修正的结合理论,区分陆空联运合同当事人对于定域性货损的争议以及非定域性货损争议,分别规定冲突规则。

1. 针对非定域性货损的冲突规则

对于非定域性损失,应适用多式联运经营人接收货物地法律。由于陆空联运经营人接收货物地通常在陆空联运合同中明确规定并且是唯一的,适用该地法律不仅能带来应适用规则的确定性以及可预见性,而且不需要考察多式联运涉及的多个其他地点,从而简化确定准据法的过程。不选择最终交付地作为连接点的原因在于,陆空联运合同履行过程中,交付地可能变更,约定的交付地可能并不与合同具有任何关联;或者由于货物被盗,如第三章论及的量子案,货物无法到达约定交付地,在此种情况下,适用交付地并不合理。

需要说明的是,如果陆空联运经营人与托运人之间发生的争议与货损无关,比如,有关运费的争议在此种情况下确定准据法,上述理由也同样可以适用。也就是说,陆空联运经营人与托运人之间发生的与货损无关的争议,也应适用多式联运经营人接收货物地法律。

2. 针对定域性货损的冲突规则

对于定域性损失，应区分国际货物运输区段发生的货损以及国内运输区段发生的货损。一方面，发生在国内货物运输区段的货损，应适用具有强制性的国内运输规则。有学者认为，多式联运合同包含的单式货物运输区段，不应被认为是独立的单式货物运输合同，故不论货物运输区段是否发生在国内，都不能将之视为国内货物运输。[①] 基于此，国内货物运输规则不能适用。这种观点的实质在于，国内货物运输规则只适用于约定进行国内货物运输的合同，而不适用于约定进行国际运输，而实际履行国内货物运输的合同。不难看出，在国内货物运输区段由多式联运经营人完成时，这种观点给予了多式联运经营人通过合同约定规避法律的可能；在国内货物运输区段由区段承运人完成时，由于国内货物运输规则适用于区段承运人与多式联运经营人之间的合同，上述观点会导致追偿方面的差异。显然，当货损发生在国内货物运输区段时，国内运输规则应当适用。另一方面，对于发生在国际货物运输区段的货损，在满足运输公约适用条件时，应当适用运输公约。这需要进一步考察以下两个问题：

第一，非运输公约缔约国法院，是否应当在发生定域性货损且满足运输公约适用范围条款之要求时，适用公约？就此问题，答案应是肯定的。对于非运输公约缔约国法院来说，第三章论及的运输公约自身的目的以及陆空联运合同的特殊性，这两个适用运输公约的理由同样具有说服力。因此，非运输公约缔约国法院适用运输公约最大障碍在于，其没有适用公约的义务。依据以下两方面原因，非运输公约缔约国法院也应适用公约。其一，由于运输公约在国际货物运输实践中被广泛地适用，适用上述公约符合当事人的合理预期。这体现了最大化当事人意思自治的要求。而由于运输公约是缔约国之间利益协调的产物，能够较为公正地协调货物运输合同涉及的各方的利益，适用运输公约也符合实现法律适用结果公

① 参见郭萍：《货物多式联运法律制度比较研究》，大连海事大学出版社 2012 年版，第 134 页。

正性的要求。其二,尽管受诉法院不是运输公约的缔约国,适用运输公约也有其必要性。运输公约不仅体现缔约国的共同利益,而且在一定程度上也反映国际社会的共同利益,在不损害法院地国利益的前提下,在国际社会深度融合的今天,承认上述利益,有助于国际合作的开展。

在此种情况下,可以考虑通过公共秩序适用运输公约。公共秩序本身具有适用法院地法中强制性规则的肯定作用。尽管这一作用目前已被绝对优先强制性规则所取代,但就非运输公约缔约国法院适用运输公约而言,绝对优先强制性规则并不能发挥作用。因而,援用公共秩序的肯定作用,有其可行性。更为重要的是,在世界各国深度融合的今天,既然可以通过公共秩序间接地适用第三国绝对优先强制性规则,进而维护别国社会公共利益,也应当认可通过公共秩序实现运输公约的适用。因为这些公约体现缔约国规范国际货物运输行为,促进国际贸易发展的共同利益。

第二,如果没有相应的运输公约调整货损发生的国际货物运输区段,是否仍应适用运输公约在此种情况下,还是应通过运输公约调整。在当事人没有选择准据法时,确定陆空联运合同准据法应以实现法律适用的公正性为价值取向,而运输公约作为各国利益协调的产物,不仅能够保障当事人法律地位平等,而且能保证第三人的利益不受损害。而从应适用规则确定性、可预见性以及查明的角度来看,适用运输公约同样具有优势。更为重要的是,相较于国内法,运输公约更适于调整发生在国际货物运输区段的货损。

综上所述,应依据修正的结合理论,区分陆空联运合同当事人有关定域性货损的争议以及非定域性货损的争议,分别规定冲突规则。对于前者,应适用运输公约或者具有强制性的国内货物运输规则。对于后者,应适用陆空联运经营人接收货物地法律。

第五节 最密切联系原则适用于陆空联运合同的方法

在合同法律适用方面,最密切联系原则,是指合同应适用的法律是合同在经济意义或其他社会意义上集中定位于某一国的法律。[①] 首先需要考察的是，最密切联系原则是冲突规则，还是法律适用方法，抑或是法律选择原则。

最密切联系原则的产生是为了克服传统冲突规则僵化、机械的特点，以及可能导致的不公正的法律适用结果。[②] 因此，将最密切联系原则视为冲突规则，则与其产生之目的不符。同时，最密切联系地本身也并不是一个明确的连接点，它的确定需要法官对其场所化。[③] 因此，最密切联系原则不应被视为冲突规则。而如果将最密切联系原则视为法律选择原则，无论是作为一般性原则，还是补充性原则，都无益于实现最密切联系原则所应起到的矫正功能。[④] 同时，从法经济分析的角度，最密切联系原则不适于在行为之前赋予内容的法律领域，在这些领域制定规则会带来反复、稳定的收益。[⑤]

据此，最密切联系原则应是一种法律选择方法，该方法通过赋予法官在选择准据法方面的自由裁量权，使其可以考察发生争议的合同法律关系的各个方面，以便调节准据法对法律关系的合适程度，不仅纠正冲突规则可能导致的问题，也找到与合同法律关系具有最密切联系的法律，实现从选择立法管辖权到选择法律适用结果的提升。由于我国《法律适用法》第41条[⑥]只在一般意义上规定最密切联系原则，本节通过考察《第二次冲突法重述》《罗马公约》《罗马条例Ⅰ》的规定，试图明确最密切联系原则适用于陆空联运合同的方法。

一、最密切联系原则的规定方式

《罗马公约》以及《罗马条例Ⅰ》规定的最密切联系原则，是一种指导法官确

---

① 参见韩德培主编：《国际私法》(第3版)，高等教育出版社、北京大学出版社2014年版，第204页。

② 参见沈涓：《合同准据法理论的解释》，法律出版社2000年版，第114页。

③ 参见彭思彬：《法社会学视角下最密切联系原则在中国之重新定位》，载《福建师范大学学报(哲学社会科学版)》2009年第5期。

④ 参见陈卫佐：《当代国际私法上的一般性例外条款》，载《法学研究》2015年第5期。

⑤ 参见田洪鋆：《经济学视野下最密切联系原则在我国的适用及反思》，载《时代法学》2016年第3期。

⑥ 《法律适用法》第41条规定："当事人可以协议选择合同适用的法律。当事人没有选择的，适用履行义务最能体现该合同特征的一方当事人经常居所地法律或者其他与该合同有最密切联系的法律。"

定准据法的方法，通过整体评价所有表征合同法律关系特征的客观因素，由法官决定哪些因素最为重要，进而决定与合同具有最密切联系的国家，并以该国法律作为准据法。上一节已经提及，《罗马公约》第4条第2款规定了如何推定与货物运输合同具有最密切联系的国家。该推定不能适用时，则通过《罗马公约》第4条第1款规定的最密切联系原则确定货物运输合同的准据法。《罗马公约》第4条第5款规定，如果从案件整体情况来看，另一国与合同的联系比推定的国家与合同的联系更加密切，则上述推定不适用。欧盟委员会在《罗马公约》实施报告中指出，《罗马公约》第4条规定遵循英国合同自体法理论，在当事人没有明确的法律选择合意时，应由与交易具有最密切和最真实联系的法律体系作为合同准据法。然而，与英国合同自体法理论不同，《罗马公约》出于保证法律适用可预见性以及确定性的目的，通过特征性履行方法具体化最密切联系原则。① 从特征性履行方法来看，这一方法将合同与特定国家的社会与经济环境联系起来。同时，特征性履行方法是从合同的内部因素，而不是从外部因素决定合同与某国之间的联系。② 不难看出，《罗马公约》中最密切联系原则考察的是合同与某一国家的联系。

从欧盟法院针对《罗马公约》第4条第5款在何种条件下能够排除第4条第2款推定而给出的意见来看，法官应比较合同与特征性履行方法确定的国家之间的联系，与合同和另一国之间的联系，需要考察所有表征合同法律关系特征的客观因素，并根据法官自己的认识，决定哪些因素最为重要。③ 显然，在判断合同是否与另一国具有更密切联系时，无论是《罗马公约》，还是欧盟法院，都没有规定需要考察的连接点，以及判断的依据，而是交由法官自由裁量。

由于《罗马条例Ⅰ》与《罗马公约》一脉相承，故而，上述针对《罗马公约》中最

① See Commission of the European Communities, *Green Paper on the Conversion of the Rome Convention of* 1980 *on the Law Applicable to Contractual Obligations into a Community Instrument and its Modernization*, COM(2002) 654 final, para. 3.2.5.1.

② See Mario Giuliano & Paul Lagarde, *Report on the Convention on the Law Applicable to Contractual Obligations*, [1980] O.J. C282/1, Article 4, para. 3.

③ See Haeger & Schmidt GmbH v. Mutuelles du Mans Assurances IARD, Case C-305/13, para. 48 & para. 49.

密切联系原则的讨论,也应适用于《罗马条例Ⅰ》。需要指出的是,在货物运输合同当事人没有明确的法律选择合意时,《罗马条例Ⅰ》第5条第3款仅将最密切联系原则作为逃逸条款,即只有从案件整体情况清楚地看出,合同明显与其他国家具有更密切的联系时,才能适用该国法律。

二、最密切联系原则的司法适用方法

尽管《罗马公约》专门规定货物运输合同冲突规则,但该规定不仅只是推定,还需要多个连接点的聚合。因而,货物运输合同在《罗马公约》下适用最密切联系原则较为容易。从《罗马公约》自身的规定来看,承运人主营业地、装货地、卸货地以及托运人主营业地,应是表征运输合同法律关系特征的客观因素。因此,托运人主营业地如果与接收地或者交付地聚合,则可以认为该地与货物运输合同具有密切联系。这一结论也应适用于陆空联运合同。

对于货物运输合同,在《罗马条例Ⅰ》下适用最密切联系原则应属于例外情况。《罗马条例Ⅰ》将货物运输合同约定交付地作为确定货物运输合同准据法的兜底条款。《罗马条例Ⅰ》的目的是统一欧盟成员国针对合同的冲突规则,进而实现诉讼结果的可预见性、应适用法律的确定性以及判决的自由流动。[①]《罗马条例Ⅰ》第5条第3款对于适用最密切联系原则所提出的要求是,提升认定最密切联系所需的密切之程度。有学者指出,法院适用最密切联系原则确定准据法的决定,必须是任何成员国的法官基于同样的事实都可能作出的决定,该决定也必须与成员国之间相互信任与合作的要求相一致,而不能是基于适用法院地法倾向而作出。[②] 因而,在《罗马条例Ⅰ》下,适用最密切联系原则确定货物运输合同的

---

① 《罗马条例Ⅰ》序言7:"The proper functioning of the internal market creates a need, in order to improve the predictability of the outcome of litigation, certainty as to the law applicable and the free movement of judgments, for the conflict-of-law rules in the Member States to designate the same national law irrespective of the country of the court in which an action is brought."

② See Michael McParland, *The Rome Ⅰ Regulation on the Law Applicable to Contractual Obligations*, Oxford University Press, 2015, p. 437.

准据法，可能性最大的情况是依据《罗马条例Ⅰ》序言20[①]和序言21[②]的规定，以关联合同准据法国，作为与货物运输合同具有更密切联系的国家。

《罗马条例Ⅰ》序言20指出，合同与某一国家的联系明显比通过特征性履行方法确定的准据法国更加紧密时，该国法律应当适用。而该国应考虑未确定准据法的合同是否与其他合同具有密切关系。而序言21指出，如果特征性履行方法不能适用，与合同具有密切联系国家的法律调整该合同。而该国的确定，应同样考虑适用上述因素。需要指出的是，此处的关联合同就是指，推定当事人默示选择因素部分提及的与产生争议的合同相关的其他合同。也就是说，关联合同尽管不能作为推定当事人默示选择的因素，但却可以作为适用最密切联系原则的因素。

关联合同存在于以下两种情况：其一，合同之间具有实质联系，不同合同的存在相互依赖，[③]比如保险合同与再保险合同，担保合同与反担保合同。其二，合同链条中的部分合同。欧盟法院在一起根据《罗马公约》第4条第4款规定认定货物运输合同准据法的案件中，附带指出，合同链条中的部分合同，也可以认为构成关联合同。[④] 从这个角度看，提单与租船合同也可以认为具有密切关系。

可以通过关联合同适用最密切联系原则的原因在于法律适用的便利性、应适用规则的确定性以及可预见性。适用同一准据法调整具有密切关系的合同，能够

① 《罗马条例Ⅰ》序言20："Where the contract is manifestly more closely connected with a country other than that indicated in Article 4(1) or (2), an escape clause should provide that the law of that other country is to apply. In order to determine that country, account should be taken, *inter alia*, of whether the contract in question has a very close relationship with another contract or contracts."

② 《罗马条例Ⅰ》序言21："In the absence of choice, where the applicable law cannot be determined either on the basis of the fact that the contract can be categorised as one of the specified types or as being the law of the country of habitual residence of the party required to effect the characteristic performance of the contract, the contract should be governed by the law of the country with which it is most closely connected. In order to determine that country, account should be taken, *inter alia*, of whether the contract in question has a very close relationship with another contract or contracts."

③ See Zheng Tang, *Law Applicable in the Absence of Choice—The New Article 4 of the Rome Ⅰ Regulation*, The Modern Law Review, Vol. 71:5, p. 799 (2008).

④ See Haeger & Schmidt GmbH v. Mutuelles du Mans assurances IARD, Case C-305/13, para. 49.

避免当事人确定多个准据法,并在查明问题上节省时间以及资源。而由于陆空联运合同需要通过多个具有密切联系的合同实现,适用同一准据法调整这些合同,能为当事人带来应适用规则上的确定性以及可预见性,促进陆空联运的发展。

基于以上分析,如果通过《罗马条例Ⅰ》确定陆空联运合同准据法,由于该合同与区段货物运输合同之间存在密切的联系,尽管主体不同,但都是为运输同一货物,可以通过区段货物运输合同确定与陆空联运合同具有更密切联系的国家。然而,需要指出的是:其一,只有在区段货物运输合同的准据法明显比交付地法律与陆空联运合同具有更密切联系时,才能排除适用交付地法律;其二,如果两个或者两个以上区段货物运输合同分别选择准据法,由于不能确定哪一个合同与多式联运合同具有更密切的关联,则不能通过关联合同确定与多式联运合同具有更密切联系的国家。

三、最密切联系原则适用方法的反思

为实现最密切联系原则所应具有的纠正功能,应在冲突规则不能适用或者导致不公正的结果时,才能适用最密切联系原则。而在陆空联运合同中适用最密切联系原则,应根据第一章论及的准据法所包含的两阶段内容,即作为合同效力来源的规则或原则与解决合同争议的实体法规则或者原则,分别考察最密切联系原则的适用条件。

承认当事人意思自治的重要理论基础之一是保护当事人的合理预期。而从当事人合理预期来看,当事人通常不会选择否定合同效力的规则作为合同效力来源以及判断合同效力依据的准据法。在此基础上,可以明确两种在陆空联运合同中可以适用最密切联系原则的情况:其一,在当事人没有选择准据法时,如果陆空联运合同涉及的国家有否定合同本身或者合同条款的规定,则该国应当与陆空联运合同具有最密切联系,才能否定合同或者合同包含条款的效力;其二,当事人选择的准据法或者在当事人没有选择准据法时,按照陆空联运合同冲突规则认定的准据法,否定合同本身或者合同条款的规定,则需要通过最密切联系原则确定能够使合同或者合同条款生效的法律。

最密切联系原则不应被用于确定解决合同争议的准据法。由于合同领域以合同自由为基本原则,解决合同争议的规则或者原则都应属于任意性规范,即可以通过合同当事人的约定排除其适用的法律规范。任意性规范可以分为补充性任意性规范,即在当事人未就相关事项作出自主决定时,替代当事人自主决定的任意性规范,以及解释性任意性规范,其目的在于详细说明当事人所期待的和所表示的法律效果,以消除意思表示中不清楚或不精确内容的任意性规范。这些规范之目的是实现当事人之间的公平正义。① 故而,在合同当事人未做出法律选择的情况下,确定调整合同争议的实体法规则或者原则需要解决的核心的问题是,哪一国的实体法规则或原则能够实现当事人之间的公平正义。不难看出,通过最密切联系原则确定的准据法不必然能够实现当事人之间的公平正义,除非合同双方当事人同属一国,并且该国与合同具有最密切联系。② 因而,就解决合同争议的准据法而言,最密切联系原则并没有适用的空间。出于应适用规则的确定性、可预见性以及法律适用上的便利,应通过冲突规则确定哪一国的任意性规范得以适用,进而解决与合同争议有关的问题。

综上所述,多式联运合同当事人没有明确的法律选择合意时,最密切联系原则作为一种法律选择方法,在适用过程中过于灵活。这既是其优点,能够纠正传统冲突规则可能造成的不公正的结果,也是其缺点,会导致法官自由裁量权过大以及适用法院地法的倾向。因而,最密切联系原则应在冲突规则不能适用或者导致不公正的结果时才能适用,并且只应被用于确定作为合同效力来源以及判断合同效力依据的准据法。

本章小结

如果陆空联运合同当事人约定法律选择条款,则应首先判断该条款的效力。

---

① 参见王轶:《民法典的规范类型及其配置关系》,载《清华法学》2014 年第 6 期。

② See Anthony J. E. Jaffey, *The English Proper Law Doctrine and The EEC Convention*, International and Comparative Law Quarterly, Vol. 33:3, p. 540 (1984).

而判断法律选择条款效力的核心问题是,当事人是否存在选择准据法的合意。就陆空联运合同当事人意思自治而言,呈现直接限制逐渐减少以及间接限制逐渐增多的趋势,即针对选择本身的限制逐步放宽,但限制意思自治本身的情况逐渐增多。默示选择是当事人选择准据法的一种方式,为限制法官自由裁量权,必须有考察因素的限制,也必须有证明程度的限制。而针对陆空联运合同的冲突规则,应区分定域性货损争议以及非定域性货损争议,分别规定连接点。为实现最密切联系原则本身的纠正功能,该原则只能在特定情况下被用于确定陆空联运合同之效力。在明确如何认定陆空联运合同准据法的基础上,进一步需要考察的问题是,如何具体地适用陆空联运合同准据法。

第五章　陆空联运合同准据法的适用问题

陆空联运合同法律适用的特殊性包括准据法能否适用的不确定性,因此,确定准据法并不是陆空联运合同法律适用的终点。受诉法院适用陆空联运合同准据法的过程中,仍有诸多需要讨论的问题。本章研讨陆空联运合同准据法适用过程中的以下三个问题:其一,陆空联运合同准据法内容的确定问题;其二,陆空联运合同准据法是否能够适用于陆空联运合同履行过程中发生的侵权责任;其三,陆空联运合同准据法能否适用于该合同之外的第三人。

第一节　陆空联运合同准据法内容的确定

陆空联运合同与一般意义上的国际商事合同在确定准据法内容方面的共性问题是,如何查明外国法的内容,或者说,如何解决准据法内容不明确问题。而陆空联运合同在确定准据法内容方面的特殊问题包括:其一,依据网状责任条款①,比如我国《民法典》第842条,发生定域性货损时,会存在准据法第二次确定问题,也即需要第二次确定调整陆空联运经营人责任的规则;其二,上述需要第二次确定之规则的范围,或者说需要第二次确定之准据法的内容。

---

① 所谓网状责任条款,是指适用网状责任制,经修订的网状责任制度,或者经修订的统一责任制度调整多式联运经营人责任的立法规定或者合同约定。

一、准据法内容不明确问题之解决

本书所指的陆空联运合同准据法内容不明确包含两种情况:准据法不能查明以及准据法国没有针对陆空联运合同的规则。准据法不能查明或者说外国法不明,是指虽然确定某外国法为准据法,但经过法院的调查或者当事人举证,被指定为准据法的外国法之存在与否以及内容如何,不能被法院清楚地把握;而准据法没有规定,或者说外国法漏洞,是指作为准据法的外国法没有为相关纠纷事项提供法律方面的解决方案。①

有学者认为,准据法没有规定的情况实质是经过法律适用过程,确定外国法为准据法,但准据法并不能适用于案件,这一结果与没有查找到外国法一样,都是外国法不能适用于案件。同时,大多数国家均采用法院地法,解决外国法漏洞以及外国法无法查明。因而,外国法漏洞与外国法不能查明没有任何区别,应采取相同措施解决外国法漏洞以及外国法无法查明。②

然而,从定义来看,外国法漏洞是法院或者当事人已经明确外国法存在以及实际适用状况后,所作出的外国法没有相关规定的判断。对此问题,更多的是需要通过法律解释方法填补漏洞。而解决外国法无法查明问题,需要设定标准确定递补性的准据法。因此,解决外国法漏洞以及外国法无法查明问题的进路不同,应分别讨论上述两个问题。而就逻辑顺序而言,应首先解决能够查明准据法内容,但准据法没有关于陆空联运合同之专门规定的情况,再考察完全不能查明准据法内容的情况。

(一)准据法未作规定情况之处理

准据法没有规定的事项或者说准据法漏洞,应通过法律解释方法予以弥补。解释外国法的目的是确定外国法在其所属国的意义,保证外国法如同在其所属国那样被适用。③ 然而,法院地法官不能深刻地理解外国法所根植的社会伦理观

① 参见苏晓凌:《外国法的适用——一个宏观到微观的考察》,中国法制出版社 2015 年版,第 174~175 页。

② 参见王显荣:《外国法适用论》,西南政法大学 2014 年博士学位论文,第 196 页。

③ 参见徐鹏:《外国法解释模式研究》,载《法学研究》2011 年第 1 期。

念、社会构造等社会背景。同时，在解释规则的把握上，法院地法官也会存在困难。这就很难实现按照外国法院解释外国法律之目的。这使不同国家的法院，在多数情况下，都尽量回避解释外国法律，而是通过法院地法，解决外国法没有作出规定的事项。①

现今陆空联运实践中，陆空联运合同基本都规定网状责任条款，使定域性货损发生时，运输公约可以适用。可以认为，当发生定域性货损时，适用某国法律的可能性并不高。而当发生定域性货损且需要适用外国法作为准据法时，由于该类合同混合合同的特性，即便准据法国没有专门针对陆空联运合同的规定，也完全可以根据发生货损的运输区段，适用准据法国调整公路货物运输合同或航空货物运输合同的规则，以便解决当事人之间有关定域性货损的争议。甚至在某些案例中，受诉法院可能会适用准据法国有关货物运输合同的一般规定。

而当发生非定域性货损时，陆空联运合同通常表现为陆空联运经营人基于广泛的商业实践而制定的格式合同。同时，该类合同中也详细地约定陆空联运经营人的责任基础、责任限额以及责任期间。可以认为，陆空联运合同当事人已经针对通常情况下可能出现的大多数问题明确约定解决方案。这就导致需要通过准据法解决的问题大大减少，进而不仅减少准据法不能查明的可能性，也降低解释准据法的必要性。而由于陆空联运合同，从性质上来说，应是一种货物运输合同，即便出现陆空联运合同当事人未明确约定而需要援用准据法之情况，如果准据法国没有关于陆空联运合同的专门规定，也可以适用该国关于货物运输合同的一般规定予以解决。

据此，就陆空联运合同准据法未作规定问题而言，更迫切需要明确的问题应是，准据法国未有关于陆空联运合同的规则，但却存在针对公路货物运输合同、航空货物运输合同或者一般意义上货物运输合同的规定，是否也可以被归为外国法

---

① 参见苏晓凌：《外国法的适用——一个宏观到微观的考察》，中国法制出版社2015年版，第228~233页。

不能查明。尽管《法律适用法司法解释(一)》第15条[①]明确规定不能查明的认定标准,但该条没有明确规定上述情况是否也属于准据法不能查明。

最高人民法院在新加坡长荣海运股份有限公司与第一产物保险股份有限公司等国际货物多式联运合同纠纷再审案[②](以下简称新加坡长荣案)中,尽管没有在判决主文中明确说明上述问题,但在有关应适用法律部分,实际肯定上述情况不应属于准据法不能查明之情况。新加坡的一审法院认为,新加坡长荣公司和长荣公司提供的墨西哥法律未经公证认证,且墨西哥为联邦制国家,仅凭新加坡长荣公司和长荣公司提供的墨西哥法律不能排除适用该国州法律的可能性,新加坡长荣公司和长荣公司提交的墨西哥法律不具完整性,使相关条文的解释不具有唯一性,故不能作为案涉纠纷准据法予以适用。二审法院认为:"从新加坡长荣公司所提交的翻译件内容来看,墨西哥律师意见并无明确的法律适用解释,所提交的墨西哥法律也不具有完整性。"可以看出,两审法院实际都将查明外国法所包含的整个法律体系,作为是否查明的判断标准,但最高人民法院却认为:"在二审期间,新加坡长荣公司提交的相关墨西哥法律条文可以满足案件审理需要;……至此,与本案纠纷相关的墨西哥法律已可以查明,二审法院认定该外国法无法查明不当……"不难看出,最高人民法院以能否实现案件判决作为外国法查明的标准。如能实现案件判决,则不需要查明外国法所涉及的整个法律体系。

尽管新加坡长荣案不是针对陆空联运合同的判决,但基本原理应是一致的。也就是说,如果准据法国未有关于陆空联运合同的规则,但却存在针对公路货物运输合同、航空货物运输合同或者一般意义上货物运输合同的规定,且能满足案件审理之需要,则不能认为外国法无法查明。

---

① 《法律适用法司法解释(一)》第15条规定:"人民法院通过由当事人提供、已对中华人民共和国生效的国际条约规定的途径、中外法律专家提供等合理途径仍不能获得外国法律的,可以认定为不能查明外国法律。根据涉外民事关系法律适用法第十条第一款的规定,当事人应当提供外国法律,其在人民法院指定的合理期限内无正当理由未提供该外国法律的,可以认定为不能查明外国法律。"

② 新加坡长荣海运股份有限公司与第一产物保险股份有限公司等国际货物多式联运合同纠纷再审案,(2018)最高法民再196号。

(二)准据法不能查明问题之处理

有学者总结,解决外国法不能查明问题共有9种不同的方式。[①] 总体而言,可总结为以下3种不同的途径:(1)驳回当事人的诉讼请求。这种途径显然是最难让人接受的。如果仅以外国法无法确认为由驳回当事人的请求,诉讼的功能无法得到发挥。同时,还浪费前期已经投入的司法资源,从诉讼经济的角度显然也是不合理的。更重要的是,一些国家会基于一事不再理原则,不再受理已在其他法院被驳回的诉讼。显然,外国法无法查明时,驳回当事人诉讼请求不利于保护当事人的合法权益。[②] (2)适用其他外国法。比如,适用与不能查明的外国法近似的法律、适用具有最密切联系的法律、适用补充性连接点确定的准据法。[③] 这种途径的弊端在于:一方面,如何认定相似以及如何认定一般法律原则的范围并没有统一的标准;另一方面,为第二次确定准据法,不仅需要重启对准据法的确定以及适用程序,而且还需要再次查明,这显然会导致高昂的诉讼成本,并且使诉讼程序过于烦琐。(3)适用法院地法。这种做法显然是基于实用主义的立场。这种做法可能会导致当事人或者法官利用这一规定回避外国法的适用。同时,在一些特殊案件中,适用法院地法,也可能会导致不公正的结果。[④]

陆空联运合同准据法内容确定过程中发生的准据法不能查明,多数情况下应是在发生定域性货损时,某国法律不能查明。在上述解决外国法不能查明问题的方法都存在弊端的情况下,可以考虑以运输公约作为递补性的规则。这种解决方法的优点在于以下三个方面:

首先,运输公约显然要比国内法更易于查明。当法院地国是运输公约的缔约国时,该国不需要启动外国法的查明程序;而当法院地国不是缔约国时,获取有关运输公约的信息,也相对容易。

其次,运输公约能够在最大程度上类似于不能查明的准据法。尽管运输公约

① 参见王显荣:《外国法适用论》,西南政法大学2014年博士学位论文,第200~215页。

② 同上书,第207~208页。

③ 参见向明华:《外国法无法查明时的处理》,载《暨南学报(哲学社会科学版)》2009年第4期。

④ 参见王显荣:《外国法适用论》,西南政法大学2014年博士学位论文,第206页。

更适于解决发生在国际货物运输区段的货损,但法律规制货物运输合同是以不同运输方式面对的不同风险为出发点,这不会由于国内货物运输或者国际货物运输的差异而存在本质的不同。从这个角度出发,适用运输公约可以实现与不能查明的准据法最大程度的类似。

最后,适用运输公约有助于减少应适用规则的不确定性,并实现公正的法律适用结果。在陆空联运合同准据法不能查明时,以运输公约作为递补性的规则,必然导致定域性货损多数情况下由运输公约调整,也会减少应适用规则的不确定性。同时,由于运输公约是缔约国之间利益平衡以及共识的产物,对于货物运输合同双方都能提供较为合理的保护,适用运输公约有助于实现公正的法律适用结果。

综上所述,如果查明的外国法能够满足陆空联运合同案件审理之需要,就足以认定外国法可以查明。而当准据法不能查明时,对于定域性货损应以运输公约作为递补性的规则。这不仅能带来查明上的便利,并且有助于提升应适用规则的确定性。如果陆空联运合同准据法国没有专门针对陆空联运合同的规定,应针对不同的问题,或是寻找针对单式货物运输合同的规定或是诉诸调整货物运输合同的一般规则予以解决。

二、准据法内容的第二次确定问题

本书所谓准据法内容的第二次确定,是指这样一种现象,依据网状责任条款的规定,调整定域性货损的规则,需要再次确定。如上述新加坡长荣案,案涉货物运输系从中国上海经海路和公路运输至墨西哥内陆城市墨西哥城的多式联运,货损发生于墨西哥公路运输区段。尽管该案准据法为我国法律,但根据《海商法》第105条①,被告新加坡长荣公司的赔偿责任和责任限额却最终适用货损发生运输区段的法律,即墨西哥法律。不难看出,上述准据法第二次确定现象类似于适用冲突规范选择准据法的过程中发生的转致。因此,本部分需要解决的问题是,

① 《海商法》第105条规定:“货物的灭失或者损坏发生于多式联运的某一运输区段的,多式联运经营人的赔偿责任和责任限额,适用调整该区段运输方式的有关法律规定。”

导致第二次确定现象的网状责任条款之性质,或者说该条款是否可以被认为是冲突规则,以及需要第二次确定之准据法的内容。

(一)网状责任条款的性质

转致,又称二级反致,是指对于某一国际私法案件,甲国法院按照本国的冲突规范本应适用乙国法,但乙国的冲突规范又指向第三国,最终使得甲国法院适用第三国实体法的现象。[①] 仅从具体表现来看,转致与第二次确定现象应有两方面的不同:(1)出现的阶段不同。转致出现于准据法的确定阶段,而第二次确定现象发生于准据法的适用阶段。(2)出现的基础不同。转致的发生需要满足3个条件:其一,审理案件的法院认为,其冲突规则指向的某外国法,既包括该国的实体法,也包括该国的冲突规则;其二,相关国家的冲突规则不一致,彼此存在冲突;其三,致送关系没有中断。而发生第二次确定现象只需要一个条件,即陆空联运合同准据法国通过网状责任条款规定多式联运经营人的责任,且发生定域性货损。

然而,从实际效果的角度来看,由于网状责任条款具备冲突规则所具有的功能,该条款应被认为是一种功能意义上的冲突规则。冲突规则,是指处理涉外民商事关系时,在有两个或者两个以上的国家的民法根据有关的连接因素都可能或竞相适用于该民事关系的情况下,指定应该适用其中哪一国法律作为准据法的规则。[②]冲突规则由两部分构成:范围以及系属。范围,是指冲突规则所要调整的民商事法律关系或所要解决的法律问题。系属,是指冲突规则中范围所应适用的法律。不难看出,网状责任条款具备冲突规则所具有的功能,尽管其不是传统意义上的冲突规则。以我国《海商法》第105条为例,多式联运经营人的赔偿责任和责任限额类似于范围,调整发生货损区段运输方式的有关法律规定类似于系属。差别只在于,发生货损的运输区段不是传统意义上的系属公式,而该条规定的适用

---

① 参见韩德培主编:《国际私法》(第3版),高等教育出版社、北京大学出版社2014年版,第132页。

② 参见李双元、欧福永主编:《国际私法》(第5版),北京大学出版社2018年版,第79页。

也必须以发生定域性货损为前提,而不具有强制适用性。尽管存在这些差别,但如果从功能的角度认定冲突规则,即冲突规则的功能是为涉外民商事法律关系指定准据法,可以认为,网状责任条款应被认为是一种功能意义上的冲突规则。

如果认为网状责任条款是一种功能意义上的冲突规则,需要进一步探讨以下两个问题:

第一,第二次确定现象是否与广泛接受的在合同法律适用领域排除反致之态度相矛盾?排除反致在合同领域的适用,主要是基于这样一种理由,当事人达成法律选择条款的目的是避免通过冲突规则决定准据法的不确定性。因而,允许反致的适用使上述不确定性不可避免,从而与当事人推定的目的不符。从一般意义上说,《多式联运公约》、调整多式联运合同的国际示范法以及各国国内立法,基本通过网状责任条款协调规则自身与运输公约之间或者规则自身与其他国内法之间的适用关系。可以认为,在多式联运合同法律适用领域,当事人能够合理地认识到应适用规则的不确定性,排除反致适用的理由在多式联运合同法律适用领域中并不存在。

第二,第二次确定现象是否与我国不接受反致的一般立场相冲突?在新加坡长荣案中,尽管最高人民法院没有说明《海商法》第105条的性质,但最高人民法院实际上根据该条,在我国法律作为准据法的前提下,适用墨西哥法律处理涉诉争议。从最高人民法院的司法立场来看,并没有排斥这种类似于转致的现象。而从理论上讲,当发生非定域性货损时,需要通过准据法国的实体规范具体确定陆空联运经营人的责任。故而,此种情况下没有网状责任条款适用的可能,也就不存在第二次确定现象。当发生定域性货损时,不管陆空联运合同当事人选择外国法律,还是我国法律作为准据法,依据网状责任条款适用外国法律实际是再次适用准据法国的冲突规范。从表面上看,这显然与我国《法律适用法》第9条①明确拒绝反致的立场相冲突。然而,如果陆空联运合同当事人在

① 《法律适用法》第9条规定:"涉外民事关系适用的外国法律,不包括该国的法律适用法。"

合同中约定网状责任条款,可以认为,此种情况下第二次确定准据法是当事人意思自治的结果。而如果陆空联运合同当事人在合同中没有约定网状责任条款,应当将《法律适用法》第9条“法律适用法”理解为准据法国的冲突规则,而不是实体规则,进而排除网状责任条款这种被规定在实体法中的功能意义上的冲突规范。因而,通过法律解释方法,第二次确定现象并不与我国不接受反致的一般立场相冲突。

(二)诉讼时效的规定是否需要第二次确定

依据网状责任条款的规定,发生定域性货损时,需要第二次确定陆空联运合同的准据法。因此,进一步应考察的是需要第二次确定之准据法的内容。

从立法规定来看,《多式联运公约》尽管以统一责任制为基础,但仍在公约第19条规定,[①]发生定域性损失时,有条件地适用其他运输公约或者具有强制性的国内货物运输规则中有关多式联运经营人的责任限额。在发生定域性损失时,《鹿特丹规则》第26条基于最小网状责任制[②],规定仅就有关承运人的赔偿责任或赔偿责任限制,以及针对时效的规定,[③]需要依据其他运输公约确定。而从我国《海商法》以及《民法典》的规定来看,发生定域性货损时,需要第二次确定的规则,仅限于有关多式联运经营人赔偿责任和责任限额的规定。

就运输总条件中网状责任条款而言,美国联合运输总条件中网状责任条款适

---

① 《多式联运公约》第19条规定:“如果货物的灭失或损坏发生于多式联运的某一特定阶段,而对这一段适用的一项国际公约或强制性国家法律规定的赔偿限额高于适用第十八条第(1)款至第(3)款所得出的赔偿限额,则多式联运经营人对这种灭失或损坏的赔偿限额,应按照该公约或强制性国家法律予以确定。”

② 最小网状责任制是指,在非海上货物运输区段,如有强制性适用于该区段的运输公约,则该公约适用;反之,应由《鹿特丹规则》调整。参见郭萍:《货物多式联运法律制度比较研究》,大连海事大学出版社2012年版,第114页。

③ 需要指出的是,在发生定域性货损时,《鹿特丹规则》第26条也允许其他运输公约中“完全不能通过订立合同加以背离的条文,或者不能在损害托运人利益的情况下通过订立合同加以背离的条文”适用。然而,这些条款通常是关于托运人责任、运输单证以及控制权等与承运人责任无关的条款,参见联合国国际贸易法委员会秘书处:《文书草案适用范围总论》,A/CN. 9/WG. Ⅲ/WP. 29,第19~25页。故此,本书不讨论这些条款。

用于陆空联运经营人的责任,[①]但天地国际货运代理、敦豪以及联邦快递的运输总条件中网状责任条款则仅限于责任限额。[②] 因此,从立法规定以及运输实践来看,依据网状责任条款需要第二次确定之准据法的内容通常包括责任限额条款,而主要争议在于是否包含有关诉讼时效的规定以及调整陆空联运经营人责任之条款的范围。

在新加坡长荣案中,最高人民法院认定有关诉讼时效的规定,不需要第二次确定。主要的理由包括以下三点:

第一,从网状责任条款之目的来看,需要第二次确定的规则不应包含有关诉讼时效的规则。最高人民法院认为,网状责任条款的主要目的是尽可能使多式联运经营人的赔偿责任与各区段承运人的赔偿责任保持一致,尽量避免多式联运经营人在可向区段承运人追偿的损失数额之外对货损另作赔付,以促进多式联运的发展。在此基础上,最高人民法院进一步指出,就承运人责任而言,《海商法》关于承运人赔偿责任的规定主要是,(货物权利人)要求承运人赔偿的请求权成立的依据,而该法(《海商法》)关于时效的规定则是请求权成立后权利人胜诉的依据;从该法整个体系和具体法条文义上看,该法(《海商法》)第105条不涉及诉讼时效,故难以将该条规定的"赔偿责任"扩大解释为涵盖诉讼时效。

不难看出,最高人民法院在明确网状责任条款目的之基础上,将承运人赔偿

① UPS, Air Freight Terms and Conditions of Contract, XVIII. Convention Rules and other Mandatory Law: "... C. Where the Warsaw, Montreal or CMR Conventions or any national laws implementing or adopting these conventions apply (for convenience referred to as Convention Rules) or where (and to the extent that) other mandatory law applies, the liability of UPS is governed by and will be limited according to the applicable rules, and the provisions of these Terms shall apply only to the extent not inconsistent with such rules..."

② TNT,运输总条件:"13.1　在遵守以下第14条的条件下,我方对应承担的由于运输引起的就贵方全部或部分运输货物丢失、损坏或延误的责任限制如下:……"DHL,运输总条件:"6.1　无论《蒙特利尔公约》或《华沙公约》是否适用,DHL对任何一票通过空运方式运输(包括快件运输中的陆路运输或中途停靠)的快件的责任应按以下金额低者为限:(i)当前市场价值或申报价值;或(ii)每公斤22特别提款权(约30美元/公斤)。上述责任限制也适用于其他运输方式,除非快件仅通过陆运方式运输,陆运方式的责任限制如下:……"FedEx,运输总条件:"……B. 除非您就托运货物申报了更高的价值并按下述规定支付了相应费用,华沙公约和蒙特利尔公约限制本公司在托运货物遗失、损毁或延误的责任……"

责任限制在“请求权成立之依据”，而不包括诉讼时效。需要说明的是，尽管最高人民法院仍是从胜诉权消灭主义的角度理解诉讼时效，但根据我国《民法典》的规定，①诉讼时效届满的后果，已经从胜诉权消灭主义变为抗辩权发生主义。尽管存在上述转变，但诉讼时效仍不能被视为承运人责任成立之基础。

第二，从比较的立场来看，有关诉讼时效均有专门规定，不需要第二次确定。最高人民法院认为：《1973 年多式联运单证统一规则》《1980 年联合国国际货物多式联运公约》《1991 年联合国贸易和发展会议/国际商会多式联运单证规则》，这三个国际规则和公约将多式联运经营人的责任形式分别规定为“网状责任制”、统一责任制、折中的“网状责任制”（介于“网状责任制”与统一责任制之间的责任形式），但均规定单独的诉讼时效条款，其所规定的多式联运经营人的责任形式主要针对赔偿责任限额，并不涵盖诉讼时效。

第三，从诉讼时效自身的目的来看，应通过多式联运合同本身确定应适用于诉讼时效的规则。最高人民法院认为，法律规定诉讼时效，基本上系以不同请求权所赖以发生的法律关系为标准相 应作出不同规范。故对于有关多式联运合同的请求权，也应当基于其所涉法律关系相应确定诉讼时效的法律适用。最高人民法院虽然没有明确说明，但其观点显然是，针对多式联运合同的诉讼，应根据多式联运合同本身确定应适用于诉讼时效的规定，而不需要考虑发生定域性货损，抑或非定域性损失。

尽管新加坡长荣案并不涉及陆空联运合同，但最高人民法院认定有关诉讼时效的规定不需要第二次确定的理由，是基于网状责任条款之目的以及诉讼时效制度之目的。可以认为，无论发生定域性货损，还是非定域性货损，由于陆空联运经营人应作为陆空联运合同的承运人，对运输全程负责，因此，有关陆空联运合同争议之诉讼时效也应通过陆空联运合同本身确定。

---

① 参见《民法典》第 192 条第 1 款：“诉讼时效期间届满的，义务人可以提出不履行义务的抗辩。”关于该条规定体现之诉讼时效届满后的我国立法主义，参见王利明、杨立新、王轶、程啸：《民法学》（第 5 版），法律出版社 2017 年版，第 266 页。

（三）第二次确定的调整陆空联运经营人责任之条款的范围

从网状责任条款之目的来看，之所以在发生定域性货损时，适用调整相关运输区段的规则确定陆空联运经营人的责任，根本的目的是便于追偿。因而，应基于上述目的，明确需要第二次确定的调整陆空联运经营人责任之条款的范围。而考察上述范围问题，可以通过分析《多式联运公约》与《鹿特丹规则》有关规定所存在的问题，明晰能够被普遍接受且需要第二次确定的调整陆空联运经营人责任之条款的范围。

1.《多式联运公约》的借鉴

根据国际贸易与发展会议所做调查，《多式联运公约》至今不能生效的原因包含以下两个方面：①

第一，托运人或收货人反馈并不积极。多数受访者指出，缺乏托运人、收货人及其代表的反馈，以及赔偿责任制度所带来益处的不确定性，使《多式联运公约》仅受到有限支持。

第二，承运人抵制。大多数受访者强调，《多式联运公约》遭到运输业，特别是海运业的抵制，因而受到许多不利的游说。同时，海运业抵制导致的航运大国对《多式联运公约》缺乏兴趣，也是一些发展中国家或者不发达国家不批准《多式联运公约》的原因。

综合来看，发达国家犹豫，托运人不感兴趣，以及随之引起的不发达国家缺乏批准之动机，都导致《多式联运公约》至今难以生效。在此基础上，国际贸易与发展会议指出，《多式联运公约》不能生效的深层次原因在于，该公约以《汉堡规则》为蓝本，但航运大国普遍并不支持《汉堡规则》。而承运人不支持《多式联运公约》的原因主要在于：其一，《多式联运公约》的责任基础是推定过失；其二，责任限额过高；其三，以统一责任制为原则，导致多式联运经营人追偿困难。

---

① See United Nations Conference on Trade and Development Secretariat, *Multimodal Transport: The Feasibility of an International Legal Instrument*, UNCTAD/SDTE/TLB/2003/1, para. 22 – 26.

2.《鹿特丹规则》的借鉴

结合《鹿特丹规则》的起草历史以及条文本身的规定，有关多式联运合同的第26条以及第82条规定存在缺陷。这不仅有损于《鹿特丹规则》的统一适用，也会给缔约国法院带来适用方面的困难，并且不能解决条款本身试图调整的问题。

(1)第26条存在的缺陷

从内容来看，规则第26条[①]通过最小网状责任制使得《鹿特丹规则》的规定，在发生定域性货损时，有限度地让位于其他运输公约的规定，并且间接地调整多式联运合同当事人有关非定域性损失的争议。然而，从《鹿特丹规则》的起草历史以及条文本身的规定来看，第26条存在以下问题：

第一，《鹿特丹规则》没有明确由谁证明损失发生地，这损害该规则的统一适用。如果依据第17条确立的证明原则，[②]应由索赔人证明。然而，由于第26条更多的是为明确应适用的规则，本着谁主张谁举证的原则，索赔人、承运人都可以举证证明。在《鹿特丹规则》没有明确规定此问题的情况下，对于由谁证明损失发生地，存在不同解释。这有损于规则的统一适用。此外，由于不同的运输公约对于责任限额的计算方式各不相同，不管最终由谁证明损失发生地，实际上都为索赔人或者承运人在货损发生后，根据自己的利益主张适用《鹿特丹规则》或者其他运输公约提供可能。这也进一步损害规则的统一适用。

第二，优先适用条款范围的不确定性，同样损害《鹿特丹规则》的统一适用。

---

① 《鹿特丹规则》第26条规定："如果货物灭失、损坏或者造成迟延交付的事件或者情形发生在承运人的责任期间内，但发生的时间仅在货物装上船舶之前或者仅在货物卸离船舶之后，本公约的规定不得优先于其他国际文书的下述条文，在此种灭失、损坏或者造成迟延交付的事件或者情形发生时：(a)根据该国际文书的规定，如果托运人已就发生货物灭失、损坏或者造成货物迟延交付的事件或者情形的特定运输阶段与承运人订有单独和直接的合同，本应适用于承运人全部活动或者任何活动的条文；(b)就承运人的赔偿责任、赔偿责任限制或者时效作了具体规定的条文；和(c)根据该文书，完全不能通过订立合同加以背离的条文，或者不能在损害托运人利益的情况下通过订立合同加以背离的条文。"

② 《鹿特丹规则》第17条第1款规定："如果索赔人证明，货物灭失、损坏或者迟延交付，或者造成、促成了灭失、损坏或者迟延交付的事件或者情形是在第4章规定的承运人责任期间内发生的，承运人应当对货物灭失、损坏和迟延交付负赔偿责任。"

从《鹿特丹规则》第26条的措辞来看,该规则并没有明确如何认定优先适用条款的范围。秘书处在其提交的《鹿特丹规则》与其他公约关系的报告中,表达对这一问题的关切,其提出的方法是:"使法院或仲裁人通过谨慎的裁量,决定其他公约中的哪条强制性规定对承运人的赔偿责任、赔偿责任限制或诉讼时效作具体规定,并据此应当优先于公约草案。"[①]基于这种理解,第26条将认定优先适用条款范围的权力,交给《鹿特丹规则》缔约国的司法机构。而由于不同司法机构对于优先适用条款的范围,基于不同的理解,很难作出统一的认定,这不利于《鹿特丹规则》的统一适用。

第三,国内法不具有优先适用的效力,会给《鹿特丹规则》缔约国法院带来困难。由于国内法的多样性,其适用极大地降低《鹿特丹规则》适用方面的统一性和可预见性,故而,该规则并没有给予国内法优先适用的效力。然而,当《鹿特丹规则》调整的多式联运合同包含的非海上货物运输区段为国内运输的情况下,这种做法使《鹿特丹规则》优先于国内法。故而,这种做法首先需要面对的问题是,以调整国际海上货物运输为主的《鹿特丹规则》,在多大程度上能被适用于非海上货物运输。此外,如果《鹿特丹规则》生效,这种做法也使缔约国国内货物运输合同被《鹿特丹规则》割裂为两个部分,即约定国际海上货物运输而受《鹿特丹规则》调整的国内货物运输合同,以及纯粹的国内货物运输合同。这种割裂,一方面给缔约国法院带来认定方面的困难,另一方面也给多式联运经营人提供规避国内规则适用的可能。因而,国内法不具有优先适用的效力,会给缔约国法院带来困难。

第四,《鹿特丹规则》所采用的推定合同(hypothetical contract)方法,同样会给缔约国法院带来困难。推定合同方法,一般是指为解决托运人向区段承运人求偿的问题,推定托运人与区段承运人之间存在一个合同,多为欧洲国家所采用。[②]

① 联合国国际贸易法委员会秘书处:《与其他公约的关系》,A/CN.9/WG.Ⅲ/WP.78,第28段。

② See Vibe Ulfbeck, *Multimodal Transport in the United States and Europe-Global or Regional Liability Rules?*, Tulane Maritime Law Journal, Vol. 34:1, p. 50 (2009).

然而,与欧洲国家的做法不同,《鹿特丹规则》推定托运人与多式联运经营人之间,而不是与区段承运人之间,成立一个满足相应运输公约适用范围条款的单式货物运输合同。对于参加运输公约的《鹿特丹规则》缔约国来说,这种做法否定运输公约缔约国对于运输公约适用范围解释的权力,同时,也忽略运输公约缔约国对于运输公约适用范围的不同认识。第四章已经论及对于《公路公约》的适用范围,英国上诉法院与德国最高法院有着不同的认识。因而,对于上述国家来说,《鹿特丹规则》所采用的推定合同方法,一方面使这些国家必须对《公路公约》的适用范围给出新的判例,另一方面也变相地否定这些国家对《公路公约》适用范围作出解释的权力。

对于没有参加运输公约的《鹿特丹规则》缔约国,上述做法会产生这样一个问题,即这些国家是否有适用相应运输公约的义务?有学者指出《鹿特丹规则》的缔约国即便不是单式运输公约的缔约国,依据第26条,也应该适用单式运输公约。原因在于,该规则第26条使运输公约的条款被并入《鹿特丹规则》,从而使这些条款的适用只需要满足第26条规定的条件即可。① 秘书处关于文书草案适用范围的说明,也认可这种理解。② 这种做法避免《鹿特丹规则》适用于非海上货物运输区段的可能。只要能够确定货损发生在某个货物运输区段,该区段现存的运输公约依据推定合同的方法都能够得到适用。然而,这种理解会面对两个适用方面的问题:其一,运输公约是否能够适用于多式联运中的某个货物运输区段,需要依据运输公约本身的适用条款判断;其二,《鹿特丹规则》所规定的优先适用条款之范围并不明确。因而,不管《鹿特丹规则》的缔约国是否为运输公约的缔约国,

① See Gertjan van der Ziel, *Multimodal Aspects of the Rotterdam Rules*, Uniform Law Review, Vol. 14:4, p.987 - 988 (2009).

② "这种联网制度的实质是内陆运输的强制性适用规定直接适用于承运人为一方和托运人或收货人为另一方之间的合同关系。如果承运人把内陆段运输分包出去,那么这种强制性规定也适用于承运人与分包承运人之间的关系。但是对于第一种关系,文书草案的规定可以作为内陆运输的强制性适用规定的补充,而在承运人与分包承运人之间,仅适用内陆运输的规定(必要时由任何适用的国内法作为补充)。"联合国国际贸易法委员会秘书处:《文书草案适用范围总论》, A/CN. 9/WG. Ⅲ/W29,第52段。

该规则采用的推定合同方法都会给该规则的缔约国法院带来困难。

(2)第82条存在的问题

从第82条①的规定来看,该条是为解决《鹿特丹规则》与扩张适用于多式联运合同的其他运输公约,均调整海上货物运输区段时,可能存在的冲突。结合《鹿特丹规则》的起草历史以及条文本身的规定,第82条的规定存在以下问题:

第一,适用对象不明确以及调整范围过窄。第82条仅仅提及规范承运人对货物灭失或者损坏赔偿责任的国际公约,并没有明确说明该条的适用对象。从起草历史来看,第82条尽管没有明确说明,但应被理解为指向目前调整国际单式货物运输的主要公约,如《公路公约》《铁路规则》《内河公约》《蒙特利尔公约》。然而,也有学者指出,第82条措辞的限制,仅指《鹿特丹规则》需要让位的条款范围,并非暗指有关运输公约。② 这说明在第82条措辞不明确的情况下,存在不同解释的可能。这不利于《鹿特丹规则》的统一适用。此外,"本公约生效时已生效的"措辞限制《鹿特丹规则》缔约国之间,缔结调整包含国际海上货物运输的多式联运合同的国际公约或者制定一部调整所有类型多式联运合同的国际公约之可能。这限制调整多式联运合同之国际规则的进一步统一。

第二,第82条所指向的情况很少发生。以《蒙特利尔公约》为例,第82条第1款指向的情况,只有在国际海上货物运输是为履行航空货物运输合同而进行的装载、交付或者转运或者承运人未经托运人同意,以国际海上货物运输代替当事人各方在合同中约定采用航空运输方式的全部或者部分货物运输的情况下,《蒙特利尔公约》才会与《鹿特丹规则》存在冲突,但从国际海上货物运输的特征以及

① 《鹿特丹规则》第82条规定:"本公约的规定概不影响适用在本公约生效时已生效的,规范承运人对货物灭失或者损坏的赔偿责任的下列国际公约,包括今后对此种公约的任何修正:(a) 任何管辖航空货物运输的公约,此种公约根据其规定适用于运输合同的任何部分;(b) 任何管辖公路货物运输的公约,此种公约根据其规定适用于船载公路货运车辆不卸货的货物运输;(c) 任何管辖铁路货物运输的公约,此种公约根据其规定适用于补充铁路运输的海上货物运输;或者(d) 任何管辖内河航道货物运输的公约,此种公约根据其规定适用于不在内河航道和海上转船的货物运输。"

② See Cécile Legros, *Relations Between the Rotterdam Rules and the Convention on the Carriage of Goods by Road*, Tulane Maritime Law Journal, Vol. 36:2, p. 736 (2011 - 2012).

航空运输所运送的货物来看,上述两种情况在航空货物运输中几乎不会发生。第82条第3款主要针对《铁路规则》第1条第4款,该款所规定的合同应是由铁路承运人缔结的。《鹿特丹规则》主要调整海运承运人以及海运履约方的责任,对于铁路承运人缔结的涉及海运的合同,从《鹿特丹规则》的起草目的出发,本不应该由《鹿特丹规则》调整。第82条第4款实际指向《内河公约》第2条第2款。然而,《内河公约》该款同样规定,在承运人签发海运提单或者海运距离比内河航运的距离更长的情况下《内河公约》不适用。不考虑需要个案判断的运送距离,仅就运输单据而言,依据《鹿特丹规则》第35条,①签发运输单据是承运人的义务,在签发单据的情况下,《内河公约》本身不会适用,也就不会存在冲突。

结合以上分析,可以认为,《鹿特丹规则》扩张适用于多式联运合同条款,一方面会有损于该规则的统一适用,使不同缔约国法院对于该规则能否扩张适用于多式联运合同不能作出统一的认定;另一方面,从司法实践的角度来看,会给缔约国法院带来适用上的困难,并且不能解决条款本身试图调整的问题。

3. 第二次确定的调整陆空联运经营人责任条款之范围的应然选择

调整陆空联运经营人责任的制度,需要解决两个核心问题:第一,非定域性货损所应适用的规则定域性货损与单式货物运输中发生的货损并无差别,但非定域性货损却是陆空联运这种运输模式所特有的一种货损类型。第二,如何实现货物在不同单式货物运输法律制度中的无缝流动。由于目前不存在一个类似集装箱这样能让货物在各种单式运输法律制度中无缝流动的工具,通过陆空联运运输货物时,从法律上讲,货物仍是在不同的单式货物运输法律制度中流动。因此,调整陆空联运合同的运输规则还需要协调规则本身与单式货物运输法律制度之间的

① 《鹿特丹规则》第35条规定,运输单证或者电子运输记录的签发:"除非托运人与承运人已约定不使用运输单证或者电子运输记录,或者不使用运输单证或者电子运输记录是行业习惯、惯例或者做法,否则,货物一经向承运人或者履约方交付运输,托运人,或者经托运人同意的单证托运人,有权按照托运人的选择,从承运人处获得:(a) 不可转让运输单证,或者,符合第8条第(a)项规定的,不可转让电子运输记录;或者(b) 适当的可转让运输单证,或者,符合第8条第(a)项规定的,可转让电子运输记录,除非托运人与承运人已约定不使用可转让运输单证或者可转让电子运输记录,或者不使用可转让运输单证或者可转让电子运输记录是行业习惯、惯例或者做法。"

适用关系。这也是网状责任条款被普遍采用的根本原因。

基于《多式联运公约》以及《鹿特丹规则》的经验，可以认为，调整陆空联运的规则所需要解决的上述两个核心问题中，相对难以解决的是，规则本身与单式货物运输法律制度的协调问题。这是因为，现行的国际货物运输法律制度是基于单式货物运输的概念而被建立起来的，并根据每种单式货物运输方式的特定风险以及实践而发展演变成多种不同的国际单式货物运输法律制度。[①] 在诸多核心问题上，如承运人责任基础、责任限额的计算方式、运输合同下的单据、托运人责任等方面，各个国际单式货物运输法律制度之间存在巨大差异。

因此，我们需要转换视角，从陆空联运经营人的角度入手，解决调整陆空联运合同的运输规则与单式货物运输法律制度之间的协调问题。从陆空联运经营人的角度出发，调整陆空联运合同的运输规则与不同单式货物运输法律制度之间需要协调的不再是不同单式货物运输法律制度之间的巨大差异，而仅仅是发生定域性货损时，如何实现其有效且全面的追偿。基于此，免责条款以及责任限额必然成为最核心的条款。[②] 这也是立法规定以及运输实践都将有关责任限额的规则纳入需要第二次确定之规则的范围内的原因。因而，应将陆空联运经营人责任条款的范围限于免责条款，一方面，这能够实现网状责任条款预期实现的目标；另一方面，这也能够实现应适用规则最大程度的可预见性和确定性。

综上所述，陆空联运合同法律适用过程中，准据法内容的第二次确定现象是由于功能上类似于冲突规则的网状责任条款所致。这是当事人在可以合理预见的应适用规则的不确定性，以及调整单式货物运输的法律制度各自为政的条件下，必然的选择。而为求得应适用法律的确定性和可预见性，第二次确定之准据法的内容只应限定在承运人免责条款以及责任限额条款。

---

① See Krijn F. Haak, Marian Hoeks, *Arrangements of Intermodal Transport in the Field of Conflicting Conventions*, The Journal of International Maritime Law, Vol. 10:5, p. 423 (2004).

② See Theodora Nikaki, *Bringing Multimodal Transport Law into the New Century: Is the Uniform Liability System the Way Forward?*, Journal of Air Law and Commerce, Vol. 78:1, p. 118 – 119 (2013).

第二节 陆空联运合同准据法对侵权责任扩张适用问题

合同准据法通常只调整合同当事人之间的权利义务关系。然而,从一般意义上讲,合同从形成到履行完毕的整个过程中,还会产生其他非合同之债,最为典型的就是侵权责任。考虑到这些非合同之债与合同法律关系之间的密切联系,为避免当事人基于非合同之债规避合同的规定,从国际私法的角度,各国针对侵权责任的冲突规则,通常允许合同准据法在满足特定条件时适用于侵权责任。故而,陆空联运运输过程中发生的侵权责任之准据法,同样要受到陆空联运合同准据法的影响。最为典型的就是,运输公约通常一并调整合同责任与侵权责任。① 因而,在运输公约适用于陆空联运合同时,该公约不仅调整合同责任,也调整侵权责任。因此,本节仅讨论运输公约不适用于陆空联运合同时,陆空联运合同准据法扩张适用于该合同当事人之间的侵权责任之条件。

需要指出的是,受诉法院通常依据识别制度,将合同责任与侵权责任划归为两个不同的类别,分别确定准据法。因而,在当事人未约定准据法时,受诉法院不会先通过法院地冲突规则确定合同准据法,再考察上述准据法能否扩张适用于侵权责任。因而,本节分析的另一前提是陆空联运合同当事人已经约定合同准据法。在此种情况下,考察陆空联运合同准据法能否扩张适用于侵权责任。还需要说明的是,即使陆空联运合同准据法能够适用于侵权责任,也只是适用同一准据法国的法律,而不是依据准据法国的合同法调整侵权责任。

一、可以选择侵权责任准据法时扩张适用的条件

合同准据法能否适用于侵权责任,从表面上看应属于合同条款的解释问题,也即当事人约定的法律选择条款之范围是否足够广泛,足以认定当事人约定侵权

① 《蒙特利尔公约》第 29 条规定:“在旅客、行李和货物运输中,有关损害赔偿的诉讼,不论其根据如何,是根据本公约、根据合同、根据侵权,还是根据其他任何理由,只能依照本公约规定的条件和责任限额提起,但是不妨碍确定谁有权提起诉讼以及他们各自的权利。在任何此类诉讼中,均不得判给惩罚性、惩戒性或者任何其他非补偿性的损害赔偿。”

责任之准据法。然而，如果从当事人选择准据法的权利来源观之，合同准据法能否适用于侵权责任，实际取决于法院地冲突规则是否赋予当事人选择侵权责任准据法的权利。

合同准据法是当事人选择的结果。合同当事人只能在准据法确定的界限下，自行约定他们之间的权利和义务。因此，从逻辑的角度来看，不能倒果为因地将当事人选择的结果作为选择权的来源。据此，当事人选择准据法的权利需要有独立的来源。一般认为，这一权利源于法院地冲突规则。[①] 也就是说，在合同纠纷中，本应由法院地冲突规则决定哪个国家的法律作为合同准据法，但法院地冲突规则同样可以将选择合同准据法的权利赋予合同当事人。[②] 由于当事人选择合同准据法的权利源于法院地冲突规则，对于当事人选择权的限制，也应同样源于法院地冲突规则。

据此，即便法律选择条款的范围足够广泛，足以认定当事人约定侵权责任准据法，也需要首先考察法院地冲突规则是否允许当事人合意选择侵权责任准据法。而当法院地冲突规则允许合同当事人合意选择侵权责任准据法时，合同准据法能否适用于侵权责任，还要进一步考察以下两个问题：其一，当事人选择侵权责任准据法的条件；其二，如何解释法律选择条款的范围。

（一）选择侵权责任准据法的条件

1. 事先选择侵权责任准据法的必要性

各国冲突规则通常只承认争议发生后，当事人之间就侵权责任准据法做出的选择，[③]比如我国《法律适用法》第 44 条[④]。因此，首先需要讨论的是，从一般意义上讲，允许国际商事合同当事人事先选择侵权责任准据法的必要性。

---

① See Peter Nygh, *Autonomy in International Contracts*, Clarendon Press, 1999, p. 32.

② See Willis Reese, *Power of Parties to Choose Law Governing Their Contract*, American Society of International Law Proceedings, Vol. 54, p. 51 (1960).

③ See Symeon C. Symeonides, *Codifying Choice of Law around the World*, Oxford University Press, 2014, p. 101.

④ 《法律适用法》第 44 条规定："侵权责任，适用侵权行为地法律，但当事人有共同经常居所地的，适用共同经常居所地法律。侵权行为发生后，当事人协议选择适用法律的，按照其协议。"

首先,允许国际商事合同的当事人事先选择侵权责任准据法,将基于合同产生的所有争议交由同一准据法调整,能够提升应适用规则的确定性和可预见性。对于当事人在侵权责任发生前,选择侵权责任准据法,有观点认为,当事人之间不应该规定未来可能产生的侵权责任的准据法,因为他们并不清楚谁将会是侵权人,谁将会是被侵权人,以及侵权责任的严重性。同时,允许当事人事先规定侵权责任的准据法,可能会损害弱势或者无经验的当事人。① 然而,也有学者指出,从合同当事人的角度来看,特别是对于国际商事合同的当事人来说,尽管当事人既不希望,当然也不可能计划从事侵权行为,但在缔结合同时,当事人能够意识到在合同履行过程中会产生侵权责任。② 因此,仅就国际商事合同而言,允许具有相同缔约能力的双方当事人事先约定侵权责任准据法,有助于实现应适用于当事人之间所有争议之规则的确定性和可预见性。③

其次,允许国际商事合同的当事人事先选择侵权责任准据法,能够实现公正的法律适用结果。从法院的角度来看,允许国际商事合同当事人选择:一方面,能够避免通过冲突规则确定侵权责任准据法而在个案中可能导致的不当结果。因为国际商事合同当事人相较于法官,显然更了解个案的特殊情况。故而,国际商事合同当事人合意选择的准据法应当更适于解决当事人之间的争议。另一方面,也能避免通过法律选择方法确定侵权责任准据法导致的应适用规则之不确定性。④ 而对于货物运输合同而言,当发生货损时,当事人很可能通过侵权责任,绕开合同中关于责任限额的规定。因此,允许货物运输合同的当事人预先约定侵权

① See Symeon C. Symeonides, *Rome Ⅱ and Tort Conflicts: A Missed Opportunity*, The American Journal of Comparative Law, Vol. 56:1, p. 215 – 216 (2008).

② See Peter M. North, *Choice in Choice of Law*, The King's College Law Journal, Vol. 3, p. 43 (1992).

③ See Mo Zhang, *Party Autonomy in Non-Contractual Obligations: Rome Ⅱ and its Impacts on Choice of Law*, Seton Hall Law Review, Vol. 39:3, p. 907 (2009).

④ See Thomas Kadner Graziano, *Freedom to Choose the Applicable Law in Tort-Articles* 14 *and* 4 (3) *of the Rome Ⅱ Regulation*, in John Ahern & William Binchy eds., The Rome Ⅱ Regulation on the Law Applicable to Non-Contractual Obligations: New International Litigation Regime, Martinus Nijhoff Publishers, 2009, p. 115.

责任准据法，实际也是保证当事人诚实信用地履行合同条款的要求。

最后，允许国际商事合同的当事人事先选择侵权责任准据法，符合侵权责任的发展趋势。就侵权责任的发展趋势而言，除少数领域因涉及公共利益仍具有强制性外，侵权责任的私法属性日益明显，①允许国际商事合同当事人事先选择符合这一发展趋势。

据此，允许国际商事合同当事人事先选择侵权责任准据法具有必要性。而由于《罗马条例Ⅱ》突破性地规定当事人事先约定侵权责任准据法之条件，以下分析《罗马条例Ⅱ》的相关规定，以便从一般意义上归纳国际商事合同当事人事先选择侵权责任准据法的条件。

2. 选择侵权责任准据法的限制

《罗马条例Ⅱ》第 14 条②规定，当事人可以通过合同中的法律选择条款，选择适用于他们之间侵权责任的准据法。然而，《罗马条例Ⅱ》同样限制当事人的选择，这些限制包括以下几个方面：

第一，当涉及侵犯知识产权或者不公平竞争、限制竞争行为导致的侵权时，当

---

① 参见贺琼琼：《论意思自治在侵权冲突法中的现代发展——兼评〈涉外民事关系法律适用法〉之相关规定》，载《武汉大学学报（哲学社会科学版）》2011 年第 6 期。

② 《罗马条例Ⅱ》第 14 条："1. The parties may agree to submit non-contractual obligations to the law of their choice: (a) by an agreement entered into after the event giving rise to the damage occurred; or (b) where all the parties are pursuing a commercial activity, also by an agreement freely negotiated before the event giving rise to the damage occurred. The choice shall be expressed or demonstrated with reasonable certainty by the circumstances of the case and shall not prejudice the rights of third parties. 2. Where all the elements relevant to the situation at the time when the event giving rise to the damage occurs are located in a country other than the country whose law has been chosen, the choice of the parties shall not prejudice the application of provisions of the law of that other country which cannot be derogated from by agreement. 3. Where all the elements relevant to the situation at the time when the event giving rise to the damage occurs are located in one or more of the Member States, the parties' choice of the law applicable other than that of a Member State shall not prejudice the application of provisions of Community law, where appropriate as implemented in the Member State of the forum, which cannot be derogated from by agreement."

事人不能选择适用于这些侵权责任的准据法。[①] 有学者指出，由于知识产权源于设定知识产权的国家，对于侵犯知识产权所产生的侵权责任，应由权利来源地法调整，不应允许当事人选择。因为当事人可以选择不认可上述知识产权的国家的法律作为准据法，这显然与保护知识产权之初衷相违背。[②] 如果国际商事合同涉及知识产权，理性的当事人不可能选择不认可这种知识产权的国家的法律作为准据法，上述担忧并不会存在。

《罗马条例Ⅱ》给出的不公平或者限制竞争行为所致侵权责任，不能由当事人选择准据法的原因在于，该类侵权责任的冲突规则应保护竞争者、消费者、社会公众并确保市场经济正常运行。[③] 显然，限制当事人选择是为保护弱势群体的利益或者公共利益。如果基于这一目的，相较于不公平或者限制竞争行为所致侵权，更应该限制当事人选择自由的应是破坏环境行为或者罢工等劳工运动导致的侵权。[④] 基于此，可以认为，由于国际商事合同的主体不涉及劳动者或者消费者，除非合同涉及公共利益，如可能导致环境损害，不应限制国际商事合同当事人选择侵权责任准据法的权利。

第二，所有当事人都应从事商业行为。《罗马条例Ⅱ》没有界定商业行为的概念。欧洲学者一般认为，商业行为应是指任何以商业或者职业为目标的行为。[⑤]这种理解实际上是要求缔约双方具有同等的缔约能力。也有学者指出，对

---

① 《罗马条例Ⅱ》第 6 条第 4 款："The law applicable under this Article(Unfair competition and acts restricting free competition) may not be derogated from by an agreement pursuant to Article 14."《罗马条例Ⅱ》第 8 条第 3 款："The law applicable under this Article(Infringement of intellectual property rights) may not be derogated from by an agreement pursuant to Article 14."

② See Th. M. De Boer, *Party Autonomy and its Limitations in the Rome Ⅱ Regulation*, Yearbook of Private International Law, Vol:9, p. 26 (2007).

③ 《罗马条例Ⅱ》序言 21："... In matters of unfair competition, the conflict-of-law rule should protect competitors, consumers and the general public and ensure that the market economy functions properly..."

④ See Th. M. De Boer, *Party Autonomy and its Limitations in the Rome Ⅱ Regulation*, Yearbook of Private International Law, Vol. 9, p. 24 (2007).

⑤ See Andrew Dickinson, *The Rome Ⅱ Regulation: The Law Applicable to Non-Contractual Obligations*, Oxford University Press, 2010, p. 561.

于一些特定合同，比如，特许协议中的被许可方通常与许可方不具有同等的缔约能力，但如果以从事商业或者职业行为界定商业行为，该类合同却没有被排除在《罗马条例Ⅱ》第14条适用范围之外。① 需要指出的是，对于双方都从事商业行为而缔结的合同，即便双方不具有同等的缔约能力，也应通过限制当事人选择侵权责任准据法的条件来保护弱势一方，而不是限制能够约定侵权责任准据法的合同类型。这种方式不仅需要个案判断，不具有可预见性，也会有挂一漏万的可能性。

第三，当事人选择侵权责任准据法的条款应是自由商定（freely negotiated）的。对于自由商定的含义，有学者指出，此种要求是为排除消费者合同，不是自由商定的合同，如格式合同，以及合同双方不具有平等缔约能力的合同。② 第四章已经论及，不应以格式法律选择条款所具有的特殊形式，而对其效力的认定提出更高的标准。同时，考虑到现代商业实践中大量使用格式法律选择条款，不应将所有类型的格式法律选择条款排除在外。应当排除的是一方当事人对于格式法律选择条款不能进行协商而只能接受的情况。如果合同双方存在谈判或者协商的可能，即便一方当事人出于各种不同的考虑，不协商修改格式法律选择条款，也不能认为此种情况下的格式法律选择条款属于应被排除的情况。③

第四，当事人可以明示选择侵权责任准据法。有学者指出，尽管合同中的法律选择条款没有明确约定侵权责任准据法，但如果合同中的法院选择条款授予被选择的法院调整当事人之间有关侵权责任的管辖权，或者合同中的仲裁条款授予仲裁庭与上述被选择的法院一样的管辖权。综合来看，这应满足法院推定当事人默示选择侵权责任准据法的条件。④ 然而，相较于当事人选择合同准据法，选择

---

① See Symeon C. Symeonides, *Rome Ⅱ and Tort Conflicts: A Missed Opportunity*, The American Journal of Comparative Law, Vol. 56:1, p. 216 (2008).

② See Andrew Dickinson, *The Rome Ⅱ Regulation: The Law Applicable to Non-Contractual Obligations*, Oxford University Press, 2010, p. 562.

③ See Lawrence Collins eds., *Dicey, Morris & Collins on the Conflict of Laws*, 15th ed., Sweet & Maxwell, 2012, p. 2171.

④ Ibid., p. 2172.

侵权责任准据法仍处于发展阶段,应该谨慎考虑默示选择侵权责任准据法,不应过于迅速地将默示选择适用于确定侵权责任准据法。[①] 同时,考虑到默示选择是法官推定当事人的法律选择合意,其完全可以是拟制的、强加的,甚至是法官适用法院地法的工具。在此前提下,允许默示选择更应慎重。更为重要的是,在国际商事合同中法律选择条款未明确表明合同准据法同样适用于侵权责任或者国际商事合同本身没有订立法律选择条款的情况下,由于该合同以及关于合同的整个谈判、形成以及履行过程是以当事人之间合同法律关系为主,很难从案件情况中合理地确定当事人选择侵权责任准据法的合意。据此,只应认可当事人明示选择侵权责任准据法。

第五,当事人选择的侵权责任准据法不能损害第三人的利益。一方面,在当事人事先选择侵权责任准据法时,很难确定第三人的范围。如果允许第三人通过该条件排除当事人之间的选择,显然是以当事人无法预见的事实排除当事人的合意。这对于国际商事合同当事人而言,并不合理。因此,第三人应与合同当事人之间存在特定关系,使合同的约定能够对其适用,比如,继受合同权利或者承担合同义务而成为合同当事人的主体。[②] 其他类型第三人与合同当事人之间产生的侵权责任的准据法,应由确定侵权责任准据法的一般规则决定。另一方面,不能损害第三人利益的限制主要是针对合同当事人恶意串通损害第三人利益的情况。如果类比当事人选择合同准据法时,不能损害第三人利益的要求,此种限制还应包括当事人滥用改变准据法的权利而损害第三人已经获得的权利。

第六,当事人选择的侵权责任准据法不能违反强制性规则。除法院地绝对优先强制性规则外,[③]《罗马规则Ⅱ》第 14 条第 2 款还规定第三国强制性规则的适

① See Andrew Dickinson, *The Rome Ⅱ Regulation*: *The Law Applicable to Non-Contractual Obligations*, Oxford University Press, 2010, p. 554.

② Ibid., p. 556.

③ 《罗马条例Ⅱ》第 16 条:"Nothing in this Regulation shall restrict the application of the provisions of the law of the forum in a situation where they are mandatory irrespective of the law otherwise applicable to the non-contractual obligation."

用条件:其一,导致损害的事件发生时,与案件情况有关的全部因素均位于该国;其二,规则本身不能通过当事人之间的约定予以背离。由于《罗马条例Ⅱ》没有界定与案件有关的因素,有学者指出,该条款在司法实践中是否会发挥作用值得怀疑。[①] 由于强制性规则或是为弱势群体提供保护,或是为保护公共利益,通过限制特定类型合同当事人选择的权利也能实现同样的效果。同时,允许当事人事先选择侵权责任准据法是为避免应适用规则的不确定性,并实现法律适用结果的可预见性,而允许第三国强制性规则适用与上述初衷相违背。因此,考虑到当事人选择准据法的权利是由法院地冲突规则授予的,该种选择权的范围以及程度也应由法院地冲突规则调整。应当认为,当事人选择侵权责任准据法,只需不违背法院地绝对优先强制性规则即可。

综上所述,国际商事合同当事人选择侵权责任准据法应满足以下条件:其一,涉及公共利益的国际商事合同,当事人不能选择侵权责任准据法;其二,当事人的选择必须明示,明示选择可以通过格式法律选择条款体现;其三,当事人不能通过恶意串通的方式损害受到合同约束的第三人之权利,也不能通过改变选择的方式,损害上述第三人已经获得的权利;其四,当事人选择的侵权责任准据法不能违反法院地绝对优先强制性规则。

(二)法律选择条款范围的认定

在法院地冲突规则允许当事人选择侵权责任准据法的条件下,还需要进一步解释法律选择条款的范围。从美国法院的司法实践来看,多数情况下,美国法院认为,合同中的法律选择条款不足以认定当事人约定侵权责任准据法,但在少数情况下,比如,合同中法律选择条款规定准据法适用于源于合同的关系或者当事人之间任何以及全部争议,则该条款可被认为是约定侵权责任准据法。[②]

基于个案事实的不同以及不同法官自身认知上的差别,个案判断的方法定然

① See Andrew Dickinson, *The Rome Ⅱ Regulation: The Law Applicable to Non-Contractual Obligations*, Oxford University Press, 2010, p.557.

② See Symeon C. Symeonides, *Choice of Law*, Oxford University Press, 2016, p.400.

会产生适用上的差异。因而,需要考察的是,可否不考虑不同国家解释合同条款方法上的差异,而对法律选择条款的范围做出一个法律方面的推定,即除非当事人在法律选择条款中明确约定准据法不能适用的问题,应认为当事人选择的准据法调整合同当事人之间的一切争议。

尽管目前没有相关判例或者文章直接支持这一观点,但在2007年菲利航运公司案(Premium Nafta Products v. Fili Shipping)中,①针对仲裁条款范围的问题,英国上议院霍夫曼大法官(Lord Hoffman)认为,对于仲裁条款的解释应从这样一种推定开始,即理性的商人很可能试图将任何源于他们形成或者试图形成之关系的争议,交由一个仲裁庭解决。对仲裁条款的解释应依据前述推定,除非合同文本明确规定,某些问题不属于仲裁员的职权范围。

尽管仲裁条款与法律选择条款并不完全相同,但基于上述解释所产生的益处,类推适用上述解释于国际商事合同法律选择条款,应是合理的。上述解释的适用至少有三方面优势:其一,从诉讼效率的角度来看,此种推定节省当事人在确定准据法方面的费用以及时间,从而节省诉讼成本,提高诉讼效率;其二,就法律适用结果一致性的角度而言,当事人之间所有争议适用同一准据法,能够提高当事人对诉讼结果的预见性;其三,在合同当事人没有作出排除性规定的情况下,从尊重当事人意思自治的角度,也不应对法律选择条款的范围作出限制。

二、不能选择侵权责任准据法时扩张适用的条件

当法院地冲突规则不允许当事人选择或者当事人没有选择侵权责任准据法时,国际商事合同法律选择条款确定的准据法能否适用于侵权责任,需要分别考察两种情况:其一,法院地确定侵权责任准据法的冲突规则,以合同准据法作为例外规定;其二,法院地确定侵权责任准据法的冲突规则,完全区分侵权责任准据法的确定以及合同准据法的确定。

(一)合同准据法作为确定侵权责任准据法之冲突规则的例外规定

就理论依据而言,德国以及瑞士的国际私法学者提出附属连接点(accessory

① See Premium Nafta Products v. Fili Shipping, [2007] 2 C. L. C. 553, 559.

connecting factor)理论使合同准据法作为确定侵权责任准据法一般规则的例外。该理论认为,在当事人之间已经存在特定法律关系的前提下,当事人履行该法律关系的过程中产生的侵权责任,出于应适用规则的一致性、确定性以及可预见性,特别是在当事人已经约定他们之间既存法律关系准据法的情况下,为尊重当事人意思自治,应由当事人之间既存法律关系的准据法调整。①

从立法规定的角度来看,将当事人之间合同关系的准据法作为确定侵权责任准据法一般规则的例外,主要有两种类型的规定方式:其一,作为一种独立的例外,比如《瑞士国际私法法典》第 133 条第 3 款②;其二,作为认定侵权责任与某一国具有更密切联系的一种情况,比如《罗马条例Ⅱ》第 4 条第 3 款③。需要指出的是,《罗马条例Ⅱ》并没有明确规定是合同准据法国,还是与合同有最密切联系的国家与侵权责任具有更密切联系,学者对此有不同的见解。④ 应当认为,从附属连接点理论来看,应认为合同准据法国与侵权责任具有更密切联系,而《罗马条例Ⅱ》起草历史也支持这一观点。⑤

从司法实践来说,在第一种立法规定方式下,受诉法院必须适用法律选择条款确定的准据法调整侵权责任;在第二种立法规定方式下,以合同准据法作为侵权责任的准据法是最密切联系原则的体现。因而,当合同准据法国与侵权责任并

---

① See Peter Nygh, *Autonomy in International Contracts*, Clarendon Press, 1999, p. 240 – 241.

② 《瑞士国际私法法典》第 133 条第 3 款:"Notwithstanding the preceding paragraphs, if a tort violates an existing legal relationship between the tortfeasor and the injured party, claims founded in tort shall be governed by the law applicable to that legal relationship."

③ 《罗马条例Ⅱ》第 4 条第 3 款:"Where it is clear from all the circumstances of the case that the tort/delict is manifestly more closely connected with a country other than that indicated in paragraphs 1 or 2, the law of that other country shall apply. A manifestly closer connection with another country might be based in particular on a preexisting relationship between the parties, such as a contract, that is closely connected with the tort/delict in question."

④ See Symeon C. Symeonides, *Rome Ⅱ and Tort Conflicts: A Missed Opportunity*, The American Journal of Comparative Law, Vol. 56:1, p. 203 – 204 (2008).

⑤ See Andrew Dickinson, *The Rome Ⅱ Regulation: The Law Applicable to Non-Contractual Obligations*, Oxford University Press, 2010, p. 345.

没有任何联系时,法律选择条款确定的准据法并不能调整侵权责任。[①] 然而,依据附属连接点理论,将法律选择条款确定的准据法适用于侵权责任是以当事人预期价值为优先考量。[②] 从这个角度出发,只需要合同与侵权责任之间具有密切联系,而并不需要合同准据法与侵权责任之间也具有最密切联系。这也是《罗马条例Ⅱ》第4条第3款明文要求当事人之间既存法律关系,比如合同法律关系,应与侵权责任本身具有密切联系的原因。

因此,在第二种立法规定方式下,进一步的问题是如何确定合同与侵权责任之间的密切联系。有学者认为,应通过当事人预期考察密切联系,[③]而考察当事人预期,应以确保商事交易的有效性为优先考量。[④] 这种认定方式过于依赖法官的个人经验以及个案事实,并不可取。更为适当的方式应是具体化合同与侵权责任具有密切联系的情况。这应包括以下两种情况:

第一,侵权人违反的义务是由合同法律关系引起的。比如,在韩国国民银行案(Trafigura Beheer v. Kookmin Bank)中,英国高等法院认为,涉诉信用证合同是被告开证行与原告货物卖方之间形成任何联系的缘由。不存在信用证合同这一法律关系时,被告银行就不能形成与原告之间的任何必要联系,从而引起被告诉称的原告对其在韩国法律下所具有的义务。因而,考虑到信用证合同与被告侵权之诉的密切联系,应适用信用证合同中当事人选择的准据法——英国法,调整被告提出的侵权之诉。[⑤]

第二,构成侵权的行为源于合同从形成到履行完成的整个过程。比如,缔约

---

① 参见宋晓:《侵权冲突法一般规则之确立——基于罗马Ⅱ与中国侵权冲突法的对比分析》,载《法学家》2010年第3期。

② 参见张绍鸿:《侵权责任与合同责任竞合的国际私法问题》,中国政法大学2008年博士学位论文,第92页。

③ See Richard Fentiman, *The Significance of Close Connection*, in John Ahern & William Binchy eds., The Rome Ⅱ Regulation on the Law Applicable to Non-Contractual Obligations: New International Litigation Regime, Martinus Nijhoff Publishers, 2009, p. 103.

④ Ibid., p. 93.

⑤ See Trafigura Beheer v. Kookmin Bank[2006] 1 C. L. C. 1078, 1080.

过失责任,[1]依据《罗马条例Ⅱ》第12条第1款[2],该类责任应由当事人之间缔结的或者可能缔结的合同准据法调整。这显然是由于该类责任与合同之间具有密切联系。

(二)侵权责任准据法与合同准据法分别确定

当法院地冲突规则完全区分确定侵权责任准据法的过程以及确定合同准据法的过程时,如果侵权责任与合同并没有任何联系,分别确定侵权责任准据法以及合同准据法是适当的。在此种情况下,不存在合同准据法适用于侵权责任的可能性。然而,如果出现责任竞合的情况,即在当事人违反义务的行为同时符合侵权责任以及违约责任的构成要件使当事人具有双重请求权时,[3]区分侵权责任以及违约责任分别确定准据法并不合理。此时,也应通过附属连接点理论使侵权责任与违约责任都适用法律选择条款确定的准据法。原因在于以下两点:

第一,适用法律选择条款确定的准据法,是实现公正的法律适用结果之要求。责任竞合时,适用法律选择条款确定的准据法,一方面,能够带来应适用规则的确定性、一致性以及法律适用结果的可预见性;另一方面,也能够避免原告通过提起侵权之诉规避合同约定的问题。

第二,适用法律选择条款确定的准据法,是准据法国主权的要求。责任竞合的出现是由于各国法律体系演进不同,导致不同责任体系之间关系并不相同,也由于不同责任体系的组成部分,比如责任基础、证明标准等,相互影响。[4] 在发生责任竞合时,适用同一准据法,不仅能保证一国法律体系的完整性,避免人为割裂

---

① 缔约过失责任应被视为一种侵权责任,参见冉克平:《缔约过失责任性质新论——以德国学说与判例的变迁为视角》,载《河北法学》2010年第2期。

② 《罗马条例Ⅱ》第12条第1款:"The law applicable to a non-contractual obligation arising out of dealings prior to the conclusion of a contract, regardless of whether the contract was actually concluded or not, shall be the law that applies to the contract or that would have been applicable to it had it been entered into."

③ 参见陈亚芹:《论国际私法中合同责任和侵权责任竞合问题的处理》,载《云南大学学报(法学版)》2008年第1期。

④ See Marcin Czepelak, *Concurrent Causes of Action in the Rome Ⅰ and Ⅱ Regulations*, Journal of Private International Law, Vol. 7:2, p. 403 (2011).

不同责任体系之间的密切关系,也能基于一国法律向当事人提供全面而平衡的保护。因此,发生责任竞合时,适用法律选择条款确定的准据法避免人为割裂准据法国法律体系,不仅能够维护准据法国的主权,也不会导致个案中不当的法律适用结果。

综上所述,应当认为,陆空联运合同准据法能否扩张适用于该合同当事人之间产生的侵权责任,取决于法院地冲突规则是否允许当事人选择侵权责任准据法。在允许选择的情况下,除非当事人在陆空联运合同中明确规定准据法的适用范围,应认为当事人选择的准据法调整合同当事人之间的一切争议。而陆空联运合同当事人选择侵权责任准据法,应受三个方面的限制:其一,合同双方应具有一致的缔约能力并且不能损害特定第三人的利益;其二,当事人的选择必须明示;其三,法院地绝对优先强制性规则应得到适用。在不允许选择时,如果陆空联运合同本身与当事人之间产生的侵权责任具有密切联系,或者出现责任竞合的情况,陆空联运合同当事人明示选择的合同准据法也应扩张适用于当事人之间产生的侵权责任。而具有密切联系的情况包括,导致侵权责任的义务直接源于陆空联运合同本身,以及构成侵权责任的事件源于陆空联运合同从形成到履行完成的整个过程。

第三节 陆空联运合同准据法对合同外第三人扩张适用问题

就货物运输合同而言,合同条款扩张适用于合同外第三人,不仅是此类合同的性质所致,也是货物运输实践的必然要求。典型的就是,运输公约或多或少规定运输公约外第三人的权利和义务,如收货人或者承运人的雇佣人。一方面,货物运输合同多为合同外第三人而缔结,如收货人。尽管收货人提货请求权通常在货物运到时成就,但并不妨碍托运人和承运人通过货物运输合同中的特殊约定,使得收货人于货物运到之前即享有提货请求权。[①] 另一方面,由于货物运输专业

① 参见雷孟林:《运输合同法总论》,人民交通出版社 2006 年版,第 16 页。

化程度的不断提高,货物运输过程中涉及的接收、装载、操作、积载、运输、照料、卸载或者交付,不可能只由承运人完成,辅助承运人履行运输合同的第三人广泛存在。尽管作为履行辅助人,其不履行或者不完全履行债务时,应由债务人承担相应责任,[①]但为防止一方当事人以要求履行辅助人承担侵权责任为由,绕开合同中责任限额条款的规定,货物运输合同通常赋予履行辅助人援用合同责任限额条款的权利。

在货物运输合同通常会扩张适用于合同外第三人的基础上,本节主要考察陆空联运合同当事人约定准据法的前提下,可以依据何种法律机制使陆空联运合同当事人约定的准据法扩张适用于合同外第三人,或者说约束陆空联运合同外第三人。需要指出的是,限于合同相对性原则,针对合同条款扩张适用于合同外第三人的研究,主要围绕当事人之间有关实体权利义务关系的约定如何扩张适用于合同外第三人,以及此种扩张适用的理论基础,甚少涉及法律选择条款。这主要是由于合同外第三人通常与合同中的一方主体之间具有合同关系。而该合同本身或是规定法律选择条款,进而不需要通过其他合同确定准据法;或是没有规定法律选择条款,但此时法院也不会首先通过其他合同的法律选择条款扩张适用于该合同的方式确定合同准据法,而是通过默示选择、冲突规则或者最密切联系原则确定未明示约定法律选择条款之合同的准据法。比如,英国法院一般认为,如果租船合同适用英国法,那么租船合同下签发的提单,如无明确约定,也应推定当事人默示选择英国法。[②] 又如,第四章提及的当事人没有选择准据法时,依据最密切联系原则,与未规定准据法的合同具有密切关系的其他合同的准据法可以扩张适用于该合同。

因而,本节以下试图探讨的是,陆空联运合同外第三人与陆空联运合同一方

---

① 参见彭赛红:《论债务人之履行辅助人责任》,载《北京理工大学学报(社会科学版)》2006 年第 2 期。

② See Lawrence Collins eds., *Dicey, Morris & Collins on the Conflict of Laws*, 15th ed., Sweet & Maxwell, 2012, p. 1811.

当事人之间存在某种特殊的法律关系,使该第三人与陆空联运合同另一方当事人之间的法律关系需要由陆空联运合同准据法调整。据此,本节分别探讨陆空联运合同法律适用条款通过利他合同、代理制度以及保险人代位制度,扩张适用于合同外第三人的可能性与条件。

一、基于利他合同扩张适用的可行性

大陆法系以及英美法系都认可利他合同。利他合同,是指合同当事人通过合意,将合同中所产生的权利或者利益给予合同外第三人的机制。① 尽管英美法系对于合同当事人合意给予他人的,只要求是利益即可,②但大陆法系一般认为,合同当事人合意给予第三人的,应是针对债务人的履行请求权。③ 尽管有上述区别,两大法系同样也都坚持,在未经第三人同意的情况下,不能使合同外第三人负担合同中的义务。

1. 仲裁条款与法院选择条款扩张适用的理论与司法实践

从学理来看,仲裁条款有通过利他合同适用于合同外第三人的理由。有学者认为,基于得利与负担相称的基本原则,合同当事人可以设定第三人享有合同利益的条件。在此基础上,合同外第三人如欲享有合同所赋予的利益,则需要满足当事人设定的条件。而当事人设定的条件当然可以包括合同争议应提交仲裁。④ 这种观点将第三人取得合同利益理解为合同当事人之间一种附条件的合同约定。然而,从法律选择条款、法院选择条款或者仲裁条款之合意性来看,合同外第三人是否受上述条款的约束,最根本的问题应是合同外第三人是否同意,或者从法律意义上被推定同意合同当事人约定的上述条款。⑤

---

① 参见韩世远:《合同法总论》(第 3 版),法律出版社 2011 年版,第 262 页。

② 参见张默:《合同第三人的利益和保护》,载《人大法律评论》2014 年第 2 期。

③ 参见薛军:《"不真正利他合同"研究——以〈合同法〉第 64 条为中心而展开》,载《政治与法律》2008 年第 5 期。

④ See Clare Ambrose, *When Can A Third Party Enforce An Arbitration Clause?*, Journal of Business Law, p. 418 (2001).

⑤ See Adrian Briggs, *Civil Jurisdiction and Judgments*, 6th ed., Informa Law from Routledge, 2015, p. 178.

从司法实践来看,美国法院通过判例创设多种可以使合同外第三人受合同当事人约定之仲裁条款约束的机制。[①] 其中就包括受益第三人理论(Third-Party Beneficiary)。美国第五巡回上诉法院认为,上述理论如欲适用首先需要合同当事人有明确的意图使得合同外第三人成为受益第三人。同时,诉讼应由受益第三人向合同当事人提起。[②] 这显然是上述将第三人取得合同利益理解为一种附条件合同约定之理论在司法实践中的体现。

而欧盟法院在有关保险合同中法院选择条款的案件判决中指出,如果被保险人既不是保险合同当事人,也不是投保人,而保险合同中法院选择条款授予其在指定法院起诉保险人的权利,只要该条款符合《布鲁塞尔公约》第 17 条,并且该条款明确地反映保险人的意图,这种法院选择条款应是有效的。[③] 然而,与之相反,欧盟法院在另一起涉及保险合同中法院选择条款的案件判决中指出,如果受益人没有明示同意保险合同中满足《布鲁塞尔公约》第 12 条第 3 款要求的法院选择条款,该条款则不能被保险人援用以针对受益人提起诉讼。[④] 不考虑保护被保险人或受益人的政策考量,此种判决思路更接近于以合同外第三人同意作为其是否受合同约定的争议解决条款约束之前提。

2. 法律选择条款能否扩张适用的应然选择

通过利他合同将法院选择条款或者仲裁条款扩张适用于合同外第三人,是将这些条款视为赋予合同外第三人向债务人主张合同利益的条件。然而,这一理由对法律选择条款并不适用。因为法律选择条款并不是行使某种合同利益或者请

---

① "For example, we have recognized that arbitration agreements may be enforced by nonsignatories through assumption, piercing the corporate veil, alter ego, incorporation by reference, third-party beneficiary theories, waiver and estoppel", GE Energy Power Conversion France SAS, Corp. v. Outokumpu Stainless USA, LLC, 140 S. Ct. 1637, 1643 - 1644 (2020).

② See Bridas S. A. P. I. C. v. Government of Turkmenistan, 345 F. 3d 347, 362 - 363 (5th Cir., 2003).

③ See Gerling Konzern Speziale Kreditversicherungs-AG and others v. Amministrazione del Tesoro dello Stato, Case 201/82, para. 20.

④ See Sociét & Eacute Financière et Industrielle du Peloux v. Axa Belgium and Others, Case C - 112/03, para. 43.

求权的条件,而是通过当事人合意选择准据法的方式,间接设定当事人之间权利和义务的外部界限。因此,以接受合同约定的法院选择条款或仲裁条款为条件,行使合同利益之理论并不能适用于法律选择条款。更重要的是,法律选择条款是当事人合意选择准据法。显然,在未经第三人同意的情况下,如果法律选择条款适用于合同外第三人,一方面使合同外第三人受到他人之间合意的约束,另一方面也剥夺了合同外第三人选择的权利。因而,从合意性的角度来看,法律选择条款也不能通过利他合同扩张适用于合同外第三人。

而如果考虑利他合同在海运合同中的特殊表现形式——喜马拉雅条款,则可以从司法实践中得到同样的答案,也即法律选择条款不能通过利他合同扩张适用于合同外第三人。喜马拉雅条款,是指提单中能够使提单外第三人,援用提单中承运人抗辩与责任限额的条款。[①] 需要说明的是,从英美法的角度来看,由于该条款允许海运合同外第三人援用承运人的抗辩事由以及责任限额,可以将之视为某种利益,进而可以将规定喜马拉雅条款的海运合同视为利他合同。然而,规定喜马拉雅条款的海运合同并不与大陆法系认可的利他合同之概念完全契合。也就是说,喜马拉雅条款只是授予第三方一种不能被判定负有责任的消极的权利,[②]而没有赋予合同外第三人请求权。尽管如此,如果改换角度,将喜马拉雅条款视为赋予海运合同外第三人请求托运人不为一定行为的请求权,则规定该条款的海运合同同样也能满足大陆法系对于利他合同的认定标准。

法律选择条款不能通过喜马拉雅条款适用于海运合同外第三人。就目前所能查到的案例来看,尚未有涉及海运合同外第三人能否通过喜马拉雅条款而援用提单中法律选择条款的案例。然而,英国枢密院(2009 年以前承担英国海外属地最高法院职能)在一起案件中认为,合同外第三人不能通过喜马拉雅条款援用提单中的排他性法院选择条款。理由主要有两点:其一,与承运人的抗辩事由或者责任限额这种仅利于一方的合同条款不同,排他性法院选择条款是当事人之间的

① See Bryan Garner eds., *Black's Law Dictionary*, 9th ed., Thomson Reuters, 2009, p.798.

② 参见司玉琢:《海商法专论》(第 3 版),中国人民大学出版社 2015 年版,第 138 页。

双方协定,从而形成当事人之间相互的权利与义务。因此,授予合同外第三人利益的喜马拉雅条款,不能扩张适用于这种双方协定。其二,喜马拉雅条款功能在于,防止货物所有人起诉履行特定合同义务,并且与承运人有法律上联系的主体,从而规避提单中规定的承运人免责事由或者责任限额。允许合同外第三人通过喜马拉雅条款援用提单中的排他性法院选择条款,不能实现喜马拉雅条款本身的功能。①

尽管这一案例并不直接针对法律选择条款,并且排他性法院选择条款与法律选择条款并不完全相同,但英国枢密院给出的不能适用的理由,却是以排他性法院选择条款的合意性以及喜马拉雅条款的功能为基础。这两个理由同样能够类推适用于法律选择条款。因此,可以认为,海运合同外第三人同样不能通过喜马拉雅条款,援用提单中的法律选择条款。

综上所述,应当认为,不管是从利他合同的一般理论,还是从特定商业实践运用利他合同所形成的司法实践来看,无论是认为利他合同给予第三人对债务人的请求权还是更广义上的利益,法律选择条款都不宜通过利他合同机制适用于合同外第三人。

二、依据代理机制扩张适用的可行性

代理,是指行为人以被代理人名义实施法律行为,法律效果直接归属于被代理人的制度。② 显然,通过代理制度,代理人与第三人所签订的陆空联运合同中的法律选择条款能够约束被代理人。因而,在代理制度下,法律选择条款能否适用于合同外第三人,取决于代理人是否能够约束被代理人。由于目前国际上并没有普遍接受的针对代理人能否约束被代理人这一问题的冲突规则,并且不同国家就代理人不具有代理权、超越代理权限或者代理权终止后,缔结的合同能否约束被代理人之问题,有不同的做法。

诺福克南方铁路公司案原告委托货运代理人,安排从澳大利亚港口运送货物

---

① See The Mahkutai, [1996] C. L. C. 799, 809.

② 参见朱庆育:《民法总论》,北京大学出版社 2013 年版,第 319 ~ 320 页。

到美国内陆的多式联运,货运代理人向原告签发全程运输提单并安排一家德国公司实际负责运输,该德国公司向货运代理人签发提单,并雇佣该案被告承担从美国港口到美国内陆的铁路运输,货损发生在该铁路运输区段。尽管两份提单都规定了喜马拉雅条款,但对于内陆运输部分设定的责任限额不同,德国公司签发的提单将美国《海运法案》扩张适用于内陆区段,而货运代理人所签发的提单并没有规定上述法案的扩张适用,而是规定比上述法案更高的责任限额。因此,美国最高法院需要回答的问题是,被告是否能够援用德国公司签发的提单中的责任限额条款。尽管德国公司所签提单中的喜马拉雅条款将被告包含在内,但原告与德国公司之间不具有直接的合同关系,并且原告与货运代理人之间的关系不符合美国法律中有关代理的概念。① 因而,美国最高法院为多式联运合同创设一种特殊的代理制度,当多式联运经营人负责安排运输时,其与区段承运人商定责任限额条款时,应被认为是货物所有人的代理人,理由如下:②

第一,区段承运人了解合同条款所需付出的收集信息的成本。在多式联运实践中,多层次的合同法律关系以及货物所有权可能在运输过程中转移的现实,使区段承运人如欲明确与其签订合同的主体是否具有代理权以及代理权的内容,必须承担极大的信息收集成本,而特殊代理制度能够降低区段承运人的信息收集成本。

第二,避免区段承运人价格歧视。如果区段承运人能够信赖与货物所有人签订的合同中的责任限额条款,而不能信赖与多式联运经营人所签订的合同中的责任限额条款,则必然导致区段承运人对多式联运经营人提高运价,就会形成价格歧视。

第三,特殊代理制度能够产生公平的结果。货物所有人可以通过起诉多式联运经营人的方式索赔超过责任限额的部分。而由于多式联运经营人已知其与承运人之间的合同以及其与货物所有人之间的合同内容,并且同时是这两个合同的

---

① See Norfolk Southern Railway Co. v. Kirby, 543 U. S. 14, 34 (2004).

② Ibid., at 34 – 35.

当事人,由其承担超过责任限额的部分是公平的。

尽管美国最高法院通过明确的措辞,将特殊代理制度限制在责任限额条款中,①但诺福克南方铁路公司案后,美国一些下级法院却将特殊代理制度适用于法院选择条款。这种扩张适用一方面的原因是,将美国最高法院限定性的措辞理解为区别特殊代理制度与一般代理制度,而不是将特殊代理制度的适用范围仅限于责任限额条款;②另一方面的原因,或者说更重要的原因是,美国最高法院给出的创设特殊代理制度的前两个理由对于货物运输合同中所有的条款都可以适用。而对于第三个理由,将特殊代理制度适用于法院选择条款的美国法院认为,尽管适用特殊代理制度,货物所有人可能会在不同的法院起诉区段承运人或者多式联运经营人,但其可以通过限制多式联运经营人权限的方式避免这种情况;不适用特殊代理制度,会使区段承运人面临在全世界范围内的诉讼,并且在不同法院诉讼可能会导致区段承运人不能援用合同中保护自身利益的条款。相较二者的损失而言,应将特殊代理制度扩张适用于法院选择条款。③

如果上述论断成立,显然特殊代理制度扩张适用于法律选择条款也是可行的。然而,从特殊代理制度的正当性基础来看,特殊代理制度应仅适用于责任限额条款,而不能适用于法律选择条款。在多式联运实践中,普遍存在的多层次法律关系使多式联运经营人与货物所有人并不一定具有代理关系。为减少区段承运人的交易成本,促进多式联运业的发展,美国最高法院创设特殊代理制度。该制度既不同于传统的代理制度,不要求货物所有人与多式联运经营人具有代理关系,也不同于表见代理制度,不要求区段承运人对代理人拥有代理权具有合理的

---

① "... It only requires treating ICC as Kirby's agent for a *single*, *limited* purpose: When ICC contracts with subsequent carriers for limitation on liability...", Norfolk Southern Railway Co. v. Kirby, 543 U. S. 14, 34 (2004).

② See Richard L. Kilpatrick, Jr., *How Limited is Limited Agency? Lower Courts Rock the Boat by Broadly Applying the Supreme Court's Narrow Kirby Guideline for Interpreting Bill of Lading*, Tulane Maritime Law Journal, Vol. 40:1, p. 94 (2015).

③ See A. Moller-Maersk A/S v. Ocean Express Miami, 550 F. Sup. 2d 454, 466 – 467 (S. D. N. Y. 2008).

信赖。特殊代理制度赋予区段承运人对自己订立的条款以适用于合同外第三人效力的信赖。显然,从保护合同外第三人利益的角度出发,这种偏向一方的信赖必须有正当基础。而对于责任限额条款而言,这种正当基础就在于,美国法院给出的创设特殊代理制度的第三个理由,即公平的结果。然而,就法律选择条款而言,其对多式联运经营人、货物所有人或者区段承运人所产生的结果是不确定的,或者说是不能够直接计算的。因而,当法律选择条款通过特殊代理制度适用于合同外第三人时,并不一定会满足美国最高法院创设特殊代理制度的第三个理由——适用结果的公平性。而这种正当基础的缺乏,使法律选择条款不能通过这种特殊代理制度约束货物所有人。

三、通过保险人代位制度扩张适用的可行性

保险代位求偿权,是指在损害填补保险中,被保险人对于同一损害,除可以向保险人请求保险金给付之外,也可以对第三人行使损害赔偿请求权,为避免违反损害填补原则,在保险人先为保险给付之后,使其于给付范围内取得被保险人对于第三人的权利。① 通说认为,保险人代位求偿权是为防止被保险人获得双重赔偿,同时,也为避免损害赔偿责任人,在被保险人获得保险金给付后,可能无人追偿而导致的逃避责任问题。② 基于保险合同,保险标的发生保险责任范围以内的损失,被保险人有权向保险人要求赔偿。然而,当该损失是由被保险人以外第三人的责任造成的,被保险人有权向负有该责任的第三人要求赔偿。被保险人的保险给付请求权和损害赔偿请求权都是依法有效成立的,据此可获得双重补偿。而双重补偿很有可能会使被保险人获得超过其损失的赔偿。这显然不符合保险的损害补偿原则。保险代位求偿的法律制度就是为解决这个矛盾而产生的。这样既可以使被保险人及时取得保险赔偿,又可避免产生双重补偿,同时第三人也无法逃脱其应承担的法律责任。③

---

① 参见汪信君、廖世昌:《保险法理论与实务》,台北,元照出版公司2006年版,第124页。

② 参见温世扬、武亦文:《论保险代位权的法理基础及其适用范围》,载《清华法学》2010年第4期。

③ 参见仪喜峰、林璐瑶:《论海上保险代位求偿权》,载《上海海事大学学报》2012年第3期。

货物运输实践中,托运人为避免货损,通常会为运输中的货物投保。与之相对,承运人也会为避免运输过程中事故对运输工具造成的损害,为运输工具投保。故而,当货损发生时,多数情况下是保险人理赔后获得代位求偿权,而向货物运输合同的违约方提出索赔。比如,本章第一节提及的新加坡长荣案的原告就是理赔后的保险公司,而不是货物所有人。因此,本部分试图讨论在上述情况下,保险人是否受到陆空联运合同中法律选择条款的约束。研究该问题首先需要明确代位求偿权的性质,其次从比较法的角度,分析针对代位求偿权的冲突规则,最后分析司法实践如何解决本部分提出的问题。

1. 保险人代位求偿权的性质

就代位求偿权的性质而言,我国学者普遍将之视为法定的债权让与。基于保险人与被保险人之间的保险合同关系,在保险标的发生约定的保险事故导致损失的情况下,保险人有义务向被保险人赔偿保险金正是基于保险人按照约定履行其保险合同义务,当保险标的的损失是由第三人的过错所导致时,保险人就依法取得代位求偿权,享有被保险人与第三人之间债权债务关系中的债权人的身份,即保险人代位被保险人,可以主张被保险人向第三人的损害赔偿请求权。[①] 从合同法的角度来看,债权让与是指不改变债权的内容而将债权移转于合同外第三人的合同。债权让与属于债权移转的一种情况。债权移转,是指保持债权同一性的前提下,使债权主体变动的现象。更简单地说,债权移转就是债权主体的变更。债权移转包括基于法律规定而发生的债权移转、基于裁判命令发生的债权移转以及基于法律行为发生的债权移转。债权让与仅仅指以双方法律行为——合同为依据发生的债权移转。[②]

故而,从严格意义上讲,保险人代位求偿权应是一种法定的债权移转。保险人代位求偿权的发生不取决于保险人与被保险人之间的保险合同,但与保险合同

---

① 参见袁雪:《海上保险代位求偿权的法律性质探析》,载《南昌大学学报(人文社会科学版)》2018年第2期。

② 参见韩世远:《合同法总论》(第3版),法律出版社2011年版,第457页。

本身也有关联。保险人根据保险合同赔付后,被保险人与第三人之间的债权法律关系,在内容不变的情况下,依据法律规定主体变更为保险人。

需要说明的是,在英美保险法中,保险人不仅可以通过代位(subrogation)制度取得针对第三人求偿的权利,还可以通过被保险人转让(assignment)制度取得针对第三人的诉权。英美法中的代位,本质上是取代被保险人的地位,不仅有所谓的制定法代位,还有衡平法代位以及合同约定代位,但是不管在何种代位制度之下,都是保险人以被保险人的名义提起诉讼。① 转让,通常是指让与某种财产或者权利。② 就转让合同债权而言,让与不仅具有合同领域的效力,或者说根据让与人与被让与人之间的合同,被让与人完全替代让与人的地位,成为被让与合同的债权人,还具有财产法领域的效力,让与人将合同债权转让给被让与人。③在保险法领域,转让意味着将针对第三人的诉权完全让与保险人,或者说被保险人完全不介入保险人与第三人之间的诉讼。当然,这种转让通常需要依据当事人转让的意图实现。由于我国《保险法司法解释(二)》第16条④明确规定保险人应以自己的名义行使保险代位求偿权,我国保险人代位求偿权既不同于英美保险法中的代位制度,也不同于转让制度。

2. 针对代位求偿权的冲突规则

第四章论及的《法律选择原则》仅仅只规定合同转让问题之准据法。⑤《法律

① 参见温世扬、武亦文:《论保险代位权的法理基础及其适用范围》,载《清华法学》2010年第4期。

② See Bryan Garner eds., *Black's Law Dictionary*, 9th ed., Thomson Reuters, 2009, p. 136.

③ See Michael McParland, *The Rome I Regulation on the Law Applicable to Contractual Obligations*, Oxford University Press, 2015, p. 775.

④ 《保险法司法解释(二)》第16条规定:"保险人应以自己的名义行使保险代位求偿权。根据保险法第六十条第一款的规定,保险人代位求偿权的诉讼时效期间应自其取得代位求偿权之日起算。"

⑤ 参见《法律选择原则》第10条:"以合同方式转让债务人与债权人之间合同所产生的债权人对债务人权利的,(a)如果转让合同的当事人选择了管辖该合同的法律,所选择的法律管辖该合同所产生的债权人与受让人的相互权利和义务;(b)如果债务人与债权人之间合同的当事人选择了管辖该合同的法律,所选择的法律管辖:(一)是否可针对债务人进行转让;(二)受让人对债务人的权利;以及(三)债务人的义务是否已被解除。"

选择原则》解释报告指出，合同转让法律冲突中最复杂的问题是受让人与被让与合同的债务人之间的关系，不管适用转让合同的准据法，抑或被转让合同的准据法，都不是当事人意思自治的结果。[①] 针对此问题，《法律选择原则》的解释报告根据合同义务应由合同准据法调整，而不考虑合同债权人是否转让该合同这一原则，明确受让人与被让与合同的债务人之间的权利义务关系仍由被转让合同之准据法调整。[②]

与之相对的，《罗马公约》第 12 条[③]和第 13 条[④]明确区分自愿转让（voluntary assignment）与代位，分别规定准据法。其针对前者的规定与《法律选择原则》相同，也即区分让与人与受让人之间的关系以及受让人与被让与合同债务人之间的关系，分别通过让与合同准据法以及被让与合同准据法调整。而根据《罗马公约》解释文件，该公约所调整的代位是指，第三人代替合同债务人向债权人履行后，依据法律的规定，债权人转让合同债权与第三人。[⑤] 此种情况下，应由规定第三人代付义务的法律调整第三人是否以及在多大程度上能够行使针对债务人的权利。

① See Permanent Bureau of the Hague Conference on Private International Law, *Principles on Choice of Law in International Commercial Contracts*, The Hague Conference on Private International Law, 2015, para. 10.5.

② Ibid., para. 10.7.

③ 《罗马公约》第 12 条："1. The mutual obligations of assignor and assignee under a voluntary assignment of a right against another under this Convention applies to the contract between the assignor and assignee. 2. The law governing the right to which the assignment relates shall determine its assignability, the relationship between the assignee and the debtor, the conditions under which the assignment can be invoked against the debtor and any question whether the debtor's obligations have been discharged."

④ 《罗马公约》第 13 条："1. Where a person ('the creditor') has a contractual claim upon another ('the debtor'), and a third person has a duty to satisfy the creditor, or has in fact satisfied the creditor in discharge of that duty, the law which governs the third person's duty to satisfy the creditor shall determine whether the third person is entitled to exercise against the debtor the rights which the creditor had against the debtor under the law governing their relationship and, if so, whether he may do so in full or only to a limited extent. 2. The same rule applies where several persons are subject to the same contractual claim and one of them has satisfied the creditor."

⑤ See Mario Giuliano & Paul Lagarde, *Report on the Convention on the Law Applicable to Contractual Obligations*, [1980] O. J. C282/1, Article 13, para. 1.

《罗马条例Ⅰ》第15条①将《罗马公约》第13条规定的代位,更明确地规定为法定代位。然而,《罗马条例Ⅰ》第14条②在沿用《罗马公约》有关自愿转让规定的基础上,也将合同代位(contractual subrogation)纳入该条例第14条的调整范围。因而,当保险人与被保险人之间存在合同时,根据《罗马条例Ⅰ》的规定,保险人与被保险人之间法律关系应由保险合同准据法调整。然而,保险人进行代位求偿却可能由于权利来源的不同,有可能适用该条例的第15条,也有可能适用该条例的第14条。对此问题,由于欧盟委员会针对《罗马条例Ⅰ》的提案明确将保险人代位求偿权作为第15条适用的例子,③可以认为,保险人行使代位求偿权应被排除在该条例第14条适用范围之外,而只适用该条例第15条。

3. 保险人是否受陆空联运合同中法律选择条款约束问题的应然选择

不管是将保险人的代位求偿权视为一种法定的债权移转,还是理解为被保险人让与损害赔偿请求权,在这两种机制下,都仅仅只发生合同债权债务关系主体的变动,而不涉及内容的变动。因此,从理论上讲,如果根据保险人代位求偿权之准据法,保险人取得代位求偿权合法而有效,则保险人必然应受到陆空联运合同准据法的约束。

从司法实践来看,英美法院针对保险人偿付后,对违反合同义务人提起的诉

---

① 《罗马条例Ⅰ》第15条规定:"Where a person ('the creditor') has a contractual claim against another ('the debtor') and a third person has a duty to satisfy the creditor, or has in fact satisfied the creditor in discharge of that duty, the law which governs the third person's duty to satisfy the creditor shall determine whether and to what extent the third person is entitled to exercise against the debtor the rights which the creditor had against the debtor under the law governing their relationship."

② 《罗马条例Ⅰ》第14条规定:"1. The relationship between assignor and assignee under a voluntary assignment or contractual subrogation of a claim against another person ('the debtor') shall be governed by the law that applies to the contract between the assignor and assignee under this Regulation. 2. The law governing the assigned or subrogated claim shall determine its assignability, the relationship between the assignee and the debtor, the conditions under which the assignment or subrogation can be invoked against the debtor and whether the debtor's obligations have been discharged."

③ See Commission of The European Communities, *Proposal for a Regulation of the European Parliament and the Council on the Law Applicable to Contract Obligation*, COM(2005) 650 final, 2005, p. 8. 对此问题的不同看法,参见 Michael McParland, *The Rome Ⅰ Regulation on the Law Applicable to Contractual Obligations*, Oxford University Press, 2015, p. 805。

讼，皆认为保险人应受合同中仲裁或管辖权条款之约束。比如，英国上诉法院在空客公司案（Airbus SAS v. Generali Italia SPA）中指出，从一般意义上讲，应当认为，受让人应受被让与合同中仲裁条款或法院选择条款之约束。也就是说，如果保险人试图行使被让与合同中的权利，则必须受到该合同约定的执行机制之约束。① 而在商业联盟案（Commercial Union v. Alitalia Airlines）中，美国第二巡回上诉法院认为，原告作为被保险人的代位人，其是否能够针对被告提起诉讼，取决于被保险人是否能够提起诉讼。② 这意味着，如果被保险人的诉权受到货物运输中合同条款之约束，则保险人偿付后，也要受到同样的约束。

然而，在我国货物运输领域，保险人偿付后，是否受货物运输合同法律选择条款之约束，却因运输模式的不同而有不同的司法实践。在美亚财产保险有限公司上海分公司诉捷达国际运输公司保险人代位求偿权纠纷案中，原告作为保险公司赔付后，一审法院直接通过我国《保险法》确定，“原告依据保险合同关系履行赔付义务后已取得权益转让证书，依法取得保险代位求偿权”。③ 然而，针对保险事故发生时是否属于航空运输期间这一争议，一审法院则通过《蒙特利尔公约》判断。显然，一审法院是以被保险人与承运人之间航空货物运输合同的准据法——《蒙特利尔公约》调整保险人代位后与承运人之间的关系。而在新加坡长荣案中，一审法院认为：④提单为承运人单方印制，并不能当然认定系提单当事人对法律适用条款的约定，且第一产物公司作为保险人非协商订立提单条款的当事人，第一产物公司对该提单记载的法律适用条款并不认可，故不能据此认定各方已协议选择涉案运输合同适用的法律。

---

① See Airbus SAS v. Generali Italia SpA, [2019] Bus. L. R. 2997, 3016.

② See Commercial Union Ins. Co. v. Alitalia Airlines, S. A., 347 F. 3d 448, 457 (2nd Cir., 2003).

③ 美亚财产保险有限公司上海分公司诉捷达国际运输公司保险人代位求偿权纠纷案，（2013）浦民六（商）初字第 3090 号。

④ 参见新加坡长荣海运股份有限公司与第一产物保险股份有限公司海上货物运输合同纠纷案，（2015）沪高民四（海）终字第 55 号；需要说明的是，最高人民法院在再审中，并没有审议一审法院的这一认定。

我国法院审理海上货物运输合同保险人代位求偿案件时,多数法院都持有上述立场,也即否定保险人受提单中承运人制定的格式法律选择条款的约束。如中国平安财产保险股份有限公司广东分公司与商船三井株式会社、美国总统轮船有限公司海上、通海水域货物运输合同纠纷案,一审、二审法院皆认为:[①]提单管辖条款是提单关系当事人协商解决提单项下纠纷而订立的,而保险人是依据保险合同向被保险人赔付货物损失后,依法取得向承运人以及其他责任人请求赔偿货物损失的代位求偿权利。由于保险人并非协商订立运输合同法律适用和管辖条款的当事人,该条款并非保险人意思表示,除非保险人明确表示接受,否则该条款对保险人不具有约束力。

不难看出,我国法院审理保险人代位求偿案件时,对海上货物运输合同与航空货物运输合同采取不同的立场。可能的原因在于,我国法院似乎更能接受运输公约调整货物运输合同,而不是由格式法律选择条款指定的准据法调整货物运输合同。

需要指出的是,上述不同认定也源于最高人民法院针对保险人偿付后,对违反合同义务人提起的诉讼,是否受合同中仲裁条款或法院选择条款之约束的不同认定方式。在最高人民法院第 25 号指导性案例中,最高人民法院认可原审法院的以下认定:[②]因第三者对保险标的的损害造成保险事故,保险人向被保险人赔偿保险金后,代位行使被保险人对第三者请求赔偿的权利而提起诉讼的,应根据保险人所代位的被保险人与第三者之间的法律关系确定管辖法院。

尽管第 25 号指导性案例的被保险人与第三人之间是侵权法律关系,但上述原理适用于合同法律关系是不存在问题的。[③] 然而,对下级人民法院针对保险人

① 参见中国平安财产保险股份有限公司广东分公司与商船三井株式会社、美国总统轮船有限公司海上、通海水域货物运输合同纠纷案,(2015)粤高法立民终字第 598 号。

② 参见华泰财产保险有限公司北京分公司诉李某某、天安财产保险股份有限公司河北省分公司张家口支公司保险人代位求偿权纠纷案,最高人民法院指导案例 25 号(2014 年)。

③ 参见肖建国:《民事指导性案例中的管辖规则研究——以最高人民法院指导案例 25 号为中心》,载《环球法律评论》2018 年第 3 期。

偿付后，对违反合同义务人提起的诉讼是否受合同中仲裁条款约束之请示的复函中，最高人民法院的理解基本是：[1]由于保险人不是协商订立仲裁条款的当事人，仲裁条款并非保险人的意思表示，除非保险人明确表示接受，否则提单仲裁条款对保险人不具有约束力。本案争议发生后，保险人并未与承运人达成新的仲裁协议，因此本案提单仲裁条款不应约束保险人。

最高人民法院不同认定的可能原因在于，第 25 号指导性案例是一个纯粹的国内民商事纠纷，而最高人民法院复函针对的案件都是具有涉外因素的国际民商事纠纷。这体现出最高人民法院维护我国主权，保障我国当事人利益的司法政策取向。然而，这种司法政策取向并不能否定关于保险人代位求偿权的一般理论。[2] 在此理论下，保险人偿付后，完全取得被保险人在被违反的合同中的权利与义务。因此，保险人应如同被保险人一样，基于被违反的合同之约定行使针对合同违约方的损害赔偿请求权。因而，保险人必然受到被违反的合同约定之法律选择条款、法院选择条款以及仲裁条款之约束。最后需要说明的是，由于保险人代位请求权在我国被认为是法定的债权移转，因此，《民事诉讼法司法解释》第 33 条[3]以及《仲裁法司法解释》第 9 条[4]针对合同转让时受让人是否受原合同中法院选择条款及仲裁条款之约束的规定并不能适用。

综上所述，由于我国保险人代位求偿权是一种法定的债权移转，参照《罗马条例Ⅰ》第 15 条，确定保险人与陆空联运合同违约方之间的关系应比较合理。需要说明的是，随着我国保险业不断开放，如果货物运输合同一方主体与外商保险公司签订保险合同，更适当的做法应是根据保险合同准据法，确定保险人代位求偿

---

① 参见最高人民法院关于中国人民财产保险股份有限公司深圳市分公司诉广州远洋运输公司海上货物运输合同货损纠纷一案仲裁条款效力问题的请示的复函，〔2005〕民四他字第 29 号。

② 参见肖建国：《民事指导性案例中的管辖规则研究——以最高人民法院指导案例 25 号为中心》，载《环球法律评论》2018 年第 3 期。

③ 《民事诉讼法司法解释》第 33 条规定："合同转让的，合同的管辖协议对合同受让人有效，但转让时受让人不知道有管辖协议，或者转让协议另有约定且原合同相对人同意的除外。"

④ 《仲裁法司法解释》第 9 条规定："债权债务全部或者部分转让的，仲裁协议对受让人有效，但当事人另有约定、在受让债权债务时受让人明确反对或者不知有单独仲裁协议的除外。"

权的性质,在此基础上区分法定代位与约定代位,分别适用不同的规则。然而,无论是将保险人的代位求偿权视为一种法定的债权移转,还是理解为被保险人让与损害赔偿请求权,保险人偿付后,应受到陆空联运合同中法律选择条款的约束。

本章小结

陆空联运合同准据法适用过程中存在两方面的问题:其一,如何确定准据法的内容,也即如何查明准据法的内容以及需要第二次确定的准据法之内容;其二,准据法调整的范围,或者说是否及于侵权责任以及合同外第三人。查明准据法的内容应以最大程度上尊重当事人意思自治为前提,只有在陆空联运合同本身没有规定时,才需要援用准据法的规定。需要第二次确定之准据法的范围应局限在责任限额以及免责条款,以期实现应适用规则之确定性与可预见性。而为高效解决争议,并实现公正的法律适用结果,在法院地冲突规则允许当事人选择侵权责任的准据法时,除非当事人在陆空联运合同中明确规定准据法的适用范围,应认为当事人选择的准据法调整合同当事人之间的一切争议;在不允许选择时,如果陆空联运合同本身与当事人之间产生的侵权责任具有密切联系,或者出现责任竞合的情况,陆空联运合同当事人明示选择的合同准据法也应扩张适用于当事人之间产生的侵权责任。最后,陆空联运合同准据法不宜通过利他合同以及美国最高法院创设的特殊代理制度扩张适用于合同外第三人。而当保险人行使代位求偿权时,陆空联运合同中的法律选择条款能够约束保险人。

第六章 陆空联运合同判决的承认与执行

涉及陆空联运合同的国际商事诉讼之最后环节是判决的承认与执行。从一般意义上讲,外国判决的承认通常是指,承认法院赋予原审法院有关诉讼当事人之间权利义务关系的判决以效力。① 而外国判决的执行,通常是指适用承认法院的程序确保判决败诉方遵守原审法院所作之判决。② 执行某些外国判决需要以承认为前提,如给付判决。然而,另一些判决只需要被承认即可,不需要进一步的执行程序,如确定判决。陆空联运合同判决多数情况下施加给陆空联运经营人或者托运人一定的金钱给付义务。因而,陆空联运合同判决不仅需要被承认,而且还需要被执行。

原审法院作出的判决,是原审法院行使主权的体现。故而,外国判决的承认不仅涉及承认外国判决的原因、机制与条件,而且涉及承认法院给予外国判决的效力范围,或者说外国判决在承认法院应具有何种既判力以及证明力。据此,本章首先讨论承认陆空联运合同判决的原因、机制和条件,并在此基础上考察被承认的陆空联运合同判决所具有的效力,最后分析以运输载具作为陆空联运合同判决执行标的时所需要面对的问题。

---

① See Francisco Garcimartín & Geneviève Saumier, Explanatory Report on the Convention of 2 July 2019 on the Recognition and Enforcement of Foreign Judgments in Civil or Commercial Matters, Hague Conference on Private International Law, 2020, para. 113.

② Ibid., para. 116.

第一节 承认陆空联运合同判决的原因、机制与条件

本节首先明确承认外国判决的理论基础，以期明确承认陆空联运合同判决之原因，并为解决承认与执行陆空联运合同判决过程中所面对的问题提供可供援用的理论。第一章已经论及《公路公约》简要规定该公约缔约国法院判决在该公约其他缔约国法院的承认与执行机制。因而，需要借鉴欧盟法院的判决，讨论如何协调《公路公约》规定的判决承认与执行机制和该公约缔约国本国或本国参加的判决承认与执行机制。最后，本节试图从比较法的维度，结合《海牙判决公约》、《布鲁塞尔条例Ⅰ修订》，以及我国《民事诉讼法》和《民事诉讼法司法解释》的规定，考察承认陆空联运合同判决的条件。

一、承认陆空联运合同判决的原因

分析承认陆空联运合同判决的原因，应从考察一般意义上承认外国判决的理论基础入手。有 4 种不同的学说，即礼让说、义务说、既判力说以及政策说，提供承认外国判决的理论基础。考察不同学说的内涵以及优缺点，有助于更深刻地探析承认陆空联运合同判决的理由。

礼让说认为，承认外国判决的理论基础在于承认国对于原审国的司法礼让。而礼让从法律意义上说，并不是绝对的义务，但同时也并不仅仅只是礼貌与善意。承认，实际上是指为国际交往的便利以及本国公民或者在本国法律保护下的其他主体的权益，一国允许别国在其管辖范围内实施立法、行政或者司法行为。① 不难看出，礼让说实质上是基于国家共存的现状，为维护国家间关系的稳定而承认外国判决。② 故而，礼让说的基础应是维护国际关系稳定这一司法政策。然而，礼让说仅仅说明该学说试图达到之目标——承认外国判决，但礼让的法律属性以

① See Hilton v. Guyot, 159 U. S. 113, 163 - 64 (1895).

② See Courtland H. Peterson, *Res Judicata and Foreign Country Judgments*, Ohio State Law Journal, Vol. 24:2, p. 305 (1963).

及礼让的内容却是不明确的。礼让既不是绝对的国际义务,也不是简单的国与国之间的善意。因此,礼让的法律属性并不确定。而由于礼让说仅仅说明承认法院为何承认原审法院之判决,而没有说明承认外国判决的条件。因此,礼让说的内容也是不明确的。

义务说认为,对被告具有管辖权的法院作出的判决,向判决败诉方施加支付判决所确定之金钱数额的义务,该判决是承认法院应受拘束并执行的。① 义务说明确承认外国判决的条件,即原审法院应具有管辖权、施加义务的程序不能具有瑕疵以及义务本身也不能具有瑕疵。然而,义务说并不能说明承认确认判决的条件,也即承认确认原告与被告之间法律关系,但并没有施加任何金钱给付义务之判决的条件。同时,义务说也没有说明承认法院为何承认外国判决,即义务说没有解释为什么原审法院之判决能向判决败诉方施加义务,以及为什么该义务能够拘束承认法院,进而得到承认法院的执行。② 对上述问题,英国学者一般认为外国判决所确定的义务类似于当事人之间的合同义务。③ 从这个角度来看,义务说本质上是出于保证胜诉方合理期待以及保护被告合法权益的司法政策而承认外国判决。

既判力说认为,一国的公共秩序决定任何诉讼都必须有一个终局。这不仅适用于国内判决,也适用于外国判决。④ 而公共秩序的背后是两方面的利益考量:一方面,从公共利益的角度而言,承认法院不应消耗司法资源重新审判已在原审法院审理过的案件;另一方面,从私人利益的角度而言,为保护胜诉方的合理期

---

① See Lawrence Collins eds., *Dicey, Morris & Collins on the Conflict of Laws*, 15th ed., Sweet & Maxwell, 2012, p. 666.

② See H. L. Ho, *Policies Underlying the Enforcement of Foreign Commercial Judgments*, International and Comparative Law Quarterly, Vol. 46:2, p. 445 (1997).

③ See Adrian Briggs, *Civil Jurisdiction and Judgments*, 6th ed., Informa Law From Routledge, 2015, p. 714.

④ See Willis Reese, *Status in This Country of Judgments Rendered Abroad*, Columbia Law Review, Vol. 50:6, p. 784 (1950).

待,承认法院不应许可败诉方在该国重新提起诉讼。[①] 既判力说不仅明确承认外国判决的理由在于节省司法资源,同时也明确承认外国判决的条件在于外国判决应具有既判力。然而,既判力说忽视内国判决与外国判决的不同。国内法院体系是等级结构,在先判决理应对后续判决起到约束作用,从而节省司法资源,并同时定分止争。然而,各国法院之间并不存在等级结构,从主权平等的角度看,原审法院的判决在被承认前,在承认法院并不具有任何效力。因此,既判力说倒果为因地将承认的结果作为承认的理由。尽管如此,既判力说提出相较于礼让说更适于解释承认外国判决的理由,即节省承认国的司法资源并保护胜诉方的合理期待。

政策说认为,承认外国判决是多种司法政策综合运用的结果。冯迈伦教授以及特劳特曼教授指出,承认外国判决时,至少应考虑5种司法政策:避免重复诉讼对司法资源的浪费;保护胜诉方免于重复诉讼;反对由原告选择法院,进而决定判决执行机制的政策;促进国际秩序的稳定以及国家间关系的协调;在特定案件中,作出裁决的法院相较于承认法院更适于管辖该案。[②] 第三种与第五种实际上反映同一司法政策,即应由更适于管辖案件的法院裁决当事人之间的争议。而政策说所提出的其他司法政策在其他学说中也有所体现。据此,可以将政策说理解为以上学说的结合。然而,对于承认外国判决过程中所面对的不同问题,如是否承认外国判决以及承认外国判决的条件,政策说并没有对不同司法政策所起到的不同作用,作出更具有针对性的解释。

不难看出,不同学说的共性在于,都将承认外国判决的理论基础建立在承认国的某种司法政策之上。因而,不同学说的差异只在于所强调的不同司法政策以及所针对的不同问题。基于此,综合考量上述不同学说,承认外国判决的理论基础应包含以下4种司法政策。

---

① See Sirko Harder, *The Effects of Recognized Foreign Judgments in Civil and Commercial Matters*, International and Comparative Law Quarterly, Vol. 62:2, p. 450 (2013).

② See Arthur T. von Mehren & Donald T. Trautman, *Recognition of Foreign Adjudications: A Survey and a Suggested Approach*, Harvard Law Review, Vol. 81:8, p. 1603 - 1604 (1968).

第一,避免司法资源的浪费。随着各国之间经贸往来的深入,避免司法资源的浪费相较于维持国际关系的稳定,能更好地解释承认外国判决的原因。法院作为国家公权力机关的组成部分,其所行使的裁判权应被认为是国家主权的一部分。因而,从主权平等的角度出发,承认外国判决的理论需要解决的首要问题是原审国主权行为能否在承认国发生效力,也即是否承认外国判决。由于各国民商事交往随着全球化的不断深入而日渐频繁,各国合作共存的现实使得各国有必要承认外国判决,而不仅仅只是依据国际礼让而产生的承认外国判决的需要。

第二,保证胜诉方的合理期待。民商事判决是为重新厘定民商事主体之间产生争议的法律关系。从这个角度而言,民商事判决应被认为是国家主权介入原告及被告之间争议法律关系的结果。因而,可以认为,胜诉方的合理预期是生效判决所确定的法律关系不应再做任何变动。而随着各国民商事交往的逐步深入,为实现民商事法律关系的稳定,促进各国之间经贸往来的繁荣,实现各国的互利共赢,胜诉方在原审国的合理期待理应得到其他国家的尊重。据此,保护胜诉方的合理期待也应是承认法院在考察是否承认外国判决时重要的考量因素,应被包含在承认外国判决的理论基础之中。

第三,保护被告的合法权益。由于民商事诉讼由原告提起,保证被告正当程序权利是各国诉讼法的基本要求,判决的承认与执行制度概莫能外。然而,由于各国主权平等的重要推论是不应干涉别国内政且裁判权作为国家主权的一部分,其行使不应受到承认法院的审查。故为保证被告的合法权益,同时不损害原审国主权,折中的方式是不实体性审查外国判决,但承认法院需要考察原审法院之诉讼程序是否能够保证被告受到公平、公正的审判。因而,各国承认外国判决的条件多以原审法院具有管辖权为前提,以保证受诉法院对于被告具有合法的拘束力。同时,各国承认外国判决的条件不仅要求需向被告送达诉讼文书,以保证被告参加诉讼的权利,还要求保证被告正当的抗辩权。总之,保护被告的合法权益是承认法院审查是否承认原审法院判决的重要先决条件,理应为承认外国判决的理论基础所吸收。

第四,不损害承认国的主权。不损害承认国的主权是从否定的视角,基于主权,审视原审法院作出的民商事判决。也就是说,即便存在以上三种司法政策,如果外国判决损害承认国主权,外国判决也不能得到承认或执行。然而,如果一味强调主权,而不顾及当事人的利益,一方面,当事人可能需要在承认法院,就原审法院已经审理的问题再起争端,这显然与避免司法资源浪费与保护胜诉方合理期待的司法政策不符;另一方面,也会导致针对当事人之间同一争议事项,各国之间不同判决的可能性,这显然与国际私法追求的判决一致性之价值取向背道而驰。因此,承认法院只能在特定情况下,比如外国判决涉及的内容违反承认国公共秩序,援用不损害承认国主权之司法政策,不予承认或执行外国判决。同时,主权之于外国判决的限制主要在于外国判决在承认法院的效力。据此,分析外国法院判决之效力时,应当以不损害承认国的主权为基本前提。

综上所述,从承认外国判决的理论基础看,避免司法资源的浪费与保护胜诉方的合理期待应成为承认陆空联运合同判决的原因。陆空联运合同之履行涉及多个国家以及多个主体,因而,为避免司法资源浪费,重复审理不同当事人基于同一争议事实而提起的诉讼,运用本书第二章方法确定的管辖法院所作之判决,应被其他国家法院所承认。同时,考虑到陆空联运合同履行过程中涉及多种责任,这些责任应尽可能适用同一准据法。上述理念也应被运用于陆空联运合同判决承认与执行过程中。也就是说,从保障胜诉方合理期待的角度而言,已被具有管辖权之法院审理过的问题,不应在承认法院由于不同的诉讼请求而被重复审查。这不仅可以起到定分止争的效果,也可以有效地防止平行诉讼的发生。与之相对,即便是具有管辖权的法院所作之判决,也应当允许被告举证证明该法院的审理程序侵犯被告所应享有的正当程序权利,进而阻却原审法院之判决被承认或被执行。最后,第四章已经论及公共秩序保留只能作为实现第三国绝对优先强制性规则间接适用之方法或者非运输公约缔约国适用运输公约之手段。因此,承认法院借由公共秩序保留,援用不损害承认国主权之司法政策,进而不予承认陆空联运合同判决并不可取,而只能通过不损害承认国主权之司法政策限制陆空联运合同在承认法院的效力。

二、《公路公约》规定的承认与执行机制的适用问题

承认外国判决有两种不同的机制，法院宣告制与自动承认制。所谓法院宣告制，也可以称为个案审查制或法院（司法）审查制，是指原审法院判决在得到承认法院审查并作出给予承认的裁定之后，在承认国才具有效力，在此之前即使符合承认国法律规定的承认条件，在承认国也不具有效力。[①] 我国《民事诉讼法》采用法院宣告制。自动承认制，是指原审法院判决只要符合承认国法律规定的承认条件，不需要经过任何手续或程序，不需要承认法院审查裁定就在该国具有法律效力。[②] 欧盟《布鲁塞尔条例Ⅰ修订》采用自动承认制。该条例第 36 条第 1 款明确规定："成员国判决应在其他成员国被承认，而无需履行任何特殊程序。"[③]需要说明的是，自动承认制并不是否定承认法院审查外国判决的权力，也不意味着承认外国判决不需要满足特定条件。自动承认制只是将承认法院司法审查的程序后置于当事人试图援用外国判决时或者向承认法院申请执行外国判决时。[④] 故自动承认制只是去除当事人向承认法院申请承认外国判决的程序。

《公路公约》第 31 条第 3 款[⑤]规定，依据本公约第 31 条第 1 款[⑥]具有管辖权

---

① 参见李旺：《论外国法院判决的自动承认制度》，载《清华法学》2019 年第 6 期。

② 同上。

③ 《布鲁塞尔条例Ⅰ修订》第 36 条："1. A judgment given in a Member State shall be recognised in the other Member States without any special procedure being required..."

④ See Ulrich Magnus & Peter Mankowski eds., *Brussels Ⅰ Regulation*, Sellier, 2007, Article 33, para. 17.

⑤ 《公路公约》第 31 条第 3 款："When a judgement entered by a court or tribunal of a contracting country in any such action as is referred to in paragraph 1 of this article has become enforceable in that country, it shall also become enforceable in each of the other contracting States, as soon as the formalities required in the country concerned have been complied with. These formalities shall not permit the merits of the case to be reopened."

⑥ 《公路公约》第 31 条第 1 款："In legal proceedings arising out of carriage under this Convention, the plaintiff may bring an action in any court or tribunal of a contracting country designated by agreement between the parties and, in addition, in the courts or tribunals of a country within whose territory: (a) The defendant is ordinarily resident, or has his principal place of business, or the branch or agency through which the contract of carriage was made, or (b) The place where the goods were taken over by the carrier or the place designated for delivery is situated."

的公约缔约国法院所作之判决，只要能够在原审法院被执行，且满足承认法院所要求的形式要件，即可被其他公约缔约国法院执行。同时，该款还强调所谓形式要求不能包括实体性审查。显然，《公路公约》采用自动承认制，但是仅适用于公约缔约国作出的判决。因此，适用《公路公约》规定的承认制度取决于以下两点。

第一，承认法院为《公路公约》第 31 条第 1 款规定的管辖法院。《公路公约》第 31 条第 1 款规定六类管辖法院。需要指出的是，尽管只有第一类管辖法院必须为公约缔约国法院，但《公路公约》第 31 条第 3 款只适用于公约缔约国法院判决。故而，如果申请人意图适用《公路公约》第 31 条第 3 款的承认制度，必须选择满足其他五类条件的公约缔约国法院。

《公路公约》第 31 条第 1 款规定的第一类法院是，当事人合意选择的公约缔约国法院。第五章已经论及不能通过利他合同将法院选择条款适用于陆空联运合同外第三人。故而，收货人不受公路货物运输合同中法院选择条款的约束，除非收货人明确接受该条款。第二类法院是，被告为自然人时，被告的经常居所地法院。第三类法院是，被告为法人时，被告的主营业地法院。《公路公约》并没有明确规定经常居所地和主营业地的概念。因此，上述概念应当根据法院地法识别。第四类法院是，缔结公路货物运输合同的被告之分支机构或代理商所在地法院。货物运输实践中存在多层次代理关系。因此，应从广义的角度理解代理商或者分支机构。① 考虑到电子商务的兴起，合同签订地较难认定，故应谨慎使用第四类法院，特别是其他可以行使管辖权之法院存在的情况下。第五类法院是，承运人接收货物地法院。第六类法院是，合同约定的交付地法院。当《公路公约》适用于陆空联运合同时，应将接收货物以及交付货物视为承运人以公路运输承运人的身份接收和交付货物。

第二，协调《公路公约》规定的判决承认与执行机制和承认国本国的或者本国参加的判决承认与执行机制。对此，可以参考欧盟法院有关《布鲁塞尔条例 I

---

① See Malcolm A. Clarke & David Yates, *Contracts of Carriage by Land and Air*, 2nd ed., Informa Law from Routledge, 2008, p. 68.

修订》与《公路公约》之间适用关系的判决。

《布鲁塞尔条例Ⅰ修订》第71条[1]划定该条例之规定与欧盟成员国参加的调整特定事项之公约中有关管辖和判决承认与执行条款之关系。根据欧盟法院的判决,《布鲁塞尔条例Ⅰ修订》与《公路公约》之间的关系有以下两种:其一,《布鲁塞尔条例Ⅰ修订》第71条并不完全否定该条例本身的适用。也就是说,只有《公路公约》规定的问题,《布鲁塞尔条例Ⅰ修订》才不能适用。[2] 其二,即便《公路公约》能够适用,其适用的程度也需要受限于《布鲁塞尔条例Ⅰ修订》本身的目标。也就是说,只有在《公路公约》有关管辖权的规定具备高度可预见性、能够促进个案正义之实现并能减少平行诉讼之风险时,该公约才能够适用;[3]而《公路公约》有关判决承认与执行的规定只有达到实现民商事判决自由流动的程度以及确保欧盟成员实现个案正义之互信的程度,至少不逊色于《布鲁塞尔条例Ⅰ修订》的规定时,该公约才能够适用。[4]

综上所述,如果发生定域性货损且满足《公路公约》的适用条件时,满足《公路公约》第31条第1款规定的公约缔约国法院作出的陆空联运合同判决,可以适用该公约规定的判决承认与执行机制。而当该判决需要在《公路公约》的其他缔

---

① 《布鲁塞尔条例Ⅰ修订》第71条:"1. This Regulation shall not affect any conventions to which the Member States are parties and which, in relation to particular matters, govern jurisdiction or the recognition or enforcement of judgments. 2. With a view to its uniform interpretation, paragraph 1 shall be applied in the following manner: (a) this Regulation shall not prevent a court of a Member State which is party to a convention on a particular matter from assuming jurisdiction in accordance with that convention, even where the defendant is domiciled in another Member State which is not party to that convention. The court hearing the action shall, in any event, apply Article 28 of this Regulation; (b) judgments given in a Member State by a court in the exercise of jurisdiction provided for in a convention on a particular matter shall be recognised and enforced in the other Member States in accordance with this Regulation. Where a convention on a particular matter to which both the Member State of origin and the Member State addressed are parties lays down conditions for the recognition or enforcement of judgments, those conditions shall apply. In any event, the provisions of this Regulation on recognition and enforcement of judgments may be applied."

② See TNT Express Nederland BV v. AXA Versicherung AG, Case C-533/08, para. 48.

③ Ibid., para. 53.

④ Ibid., para. 55.

约国被承认与执行时,排除欧盟本身所预期实现的成员国之间的互信,协调《公路公约》规定的判决承认与执行机制和承认国本国的或本国参加的判决承认与执行机制的基本原则应是促进判决的自由流动以及实现个案正义。基于此,如果承认国采用法院宣告制,则应当按照《公路公约》的规定,承认其他公约缔约国的判决;如果承认国采用自动承认制,则应允许当事人援用不承认外国判决的条件,以维护个案正义;如果承认国还参加其他有关判决承认与执行的国际公约,则应以最有利于判决自由流动为标准,在满足不同公约适用条件时,运用最有利于判决承认与执行的规定。

三、承认陆空联运合同判决的条件

基于本书的研究背景,本部分以我国法律规定作为考察承认陆空联运合同判决条件的出发点。根据我国《民事诉讼法》第 289 条①,在我国法院申请承认原审法院所作之陆空联运合同判决,需要满足 3 个条件:其一,判决本身已经发生效力;其二,原审国与我国缔结或共同参加民商事司法协助条约或者存在互惠关系;其三,承认原审法院的判决不违反我国的公共秩序。而如果原审法院所作之陆空联运合同判决是缺席判决,根据《民事诉讼法司法解释》第 541 条②,则还需要申请人证明原审法院已经依法传唤被告。前已论及的援用公共秩序保留不予承认陆空联运合同判决并不可取。同时,判决是否发生效力问题涉及不同国家的程序规则,难以总结一般性的规律。故而,本部分仅讨论互惠关系的认定以及依法传唤要求。

---

① 《民事诉讼法》第 289 条规定:"人民法院对申请或者请求承认和执行的外国法院作出的发生法律效力的判决、裁定,依照中华人民共和国缔结或者参加的国际条约,或者按照互惠原则进行审查后,认为不违反中华人民共和国法律的基本原则或者国家主权、安全、社会公共利益的,裁定承认其效力,需要执行的,发出执行令,依照本法的有关规定执行。违反中华人民共和国法律的基本原则或者国家主权、安全、社会公共利益的,不予承认和执行。"

② 《民事诉讼法司法解释》第 541 条规定:"申请人向人民法院申请承认和执行外国法院作出的发生法律效力的判决、裁定,应当提交申请书,并附外国法院作出的发生法律效力的判决、裁定正本或者经证明无误的副本以及中文译本。外国法院判决、裁定为缺席判决、裁定的,申请人应当同时提交该外国法院已经合法传唤的证明文件,但判决、裁定已经对此予以明确说明的除外。中华人民共和国缔结或者参加的国际条约对提交文件有规定的,按照规定办理。"

就互惠关系的认定而言,由于《"一带一路"司法意见》明确要求积极促成互惠关系,近年来我国法院在互惠关系之认定方面作出一些突破性的判决。基于这种趋势,《"一带一路"进一步司法意见》明确规定,国际商事法庭应"采取推定互惠的司法态度,以点带面不断推动国际商事法庭判决的相互承认与执行"。显然,从总体趋势看,我国法院认定互惠关系的标准应会逐渐放宽。因此,本部分需要讨论的问题是,如果放宽互惠关系的认定标准,互惠原则是否仍有存在之必要,以及如果仍有存在之必要,应如何更合理地适用互惠原则。而针对合法传唤,各国普遍的规定方式是作为不予承认外国判决的抗辩条件,也即送达抗辩,而不是作为承认外国判决的条件。① 因此,也有必要从比较法的维度,考察如何更准确地运用送达抗辩。

(一)互惠原则的合理运用

互惠原则的出发点是对等,强调受惠国与施惠国之间利益或义务之等价性。② 互惠原则有 3 种认定标准,事实互惠、法律互惠以及推定互惠。③ 不存在双边或多边民商事司法协助条约的前提下,我国司法实践基本坚持事实互惠的认定标准。④

从比较法的维度来看,有两种不同的适用互惠原则之方式。一种是作为执行外国判决的抗辩,或者说不存在互惠关系则不予执行外国判决。在此,互惠原则之目的是促使原审法院改变其针对承认法院判决之态度,进而为承认国公民争取更多的优惠待遇。此种适用互惠原则之方式的发展趋势表现为直接取

---

① 参见张文亮:《外国判决承认与执行语境下"送达抗辩"研究》,载《当代法学》2019 年第 2 期。

② 参见沈红雨:《外国民商事判决承认和执行若干疑难问题研究》,载《法律适用》2018 年第 5 期。

③ 关于不同标准的含义以及认定方式,参见王雅菡:《外国法院判决承认与执行中互惠的认定标准》,载《武大国际法评论》2019 年第 4 期。

④ 参见徐伟功:《我国承认与执行外国法院判决制度的构建路径——兼论我国认定互惠关系态度的转变》,载《法商研究》2018 年第 2 期。

消,或是放宽要求。[①] 另一种是如同我国《民事诉讼法》的规定,将互惠原则视为承认外国判决的条件或者前提。多数如此适用互惠原则之国家,逐渐采取有利于承认外国判决之态度。或是从立法上,或是从司法上放宽认定互惠关系存在的标准。[②] 互惠原则不管在何种适用方式下,其总体的发展趋势都是放宽要求,使之成为一种形式要求,而不在实质上构成承认外国判决的阻碍因素。

就其本质而言,一国民商事判决是一国主权调整私人之间存在争议的民商事法律关系的结果。坚持互惠原则是从主权的角度观察国际民商事判决。然而,在全球化的今日,承认外国民商事判决是否仍需要坚持一国主权优先,而不考虑私人权益,这一问题值得商榷。[③] 同时,坚持互惠原则有可能导致国家间的主权对抗,而不是合作促进判决的流通,这与各国间合作共赢的发展趋势不符。[④] 然而,互惠原则是我国长期坚持的承认外国判决之前提条件,并且其保护主权的功能不容忽视。故而,我国多数学者皆认为存在互惠关系之要求不应被取消,而从立法或司法维度提出完善建议,或是从司法的角度,建议采用多元的认定互惠之标准,或是从立法的方面,要求限制互惠原则的适用范围。

综上所述,就承认陆空联运合同判决而言,一方面,即便仍然在承认之条件中适用互惠原则,也应从否定的角度适用该原则。从承认外国判决的原因出发,如果外国判决之于诉讼当事人之间法律争议的裁决是终局且生效的,基于尊重胜诉方合理期待以及减少司法资源浪费的司法政策,不应为承认判决设置更多的条件。因此,互惠原则应从承认外国判决的条件变更为被申请人抗辩外国判决不应

① See Béligh Elbalti, *Reciprocity and the Recognition and Enforcement of Foreign Judgments: A Lot of Bark but not Much Bite*, Journal of Private International Law, Vol. 13:1, p. 186 - 187(2017).

② Ibid., p. 196 - 197.

③ 参见马明飞、蔡斯扬:《我国承认与执行外国判决中的互惠原则:困境与破解》,载《政治与法律》2019 年第 3 期。

④ 参见黄志慧:《我国判决承认与执行中互惠原则实施的困境与出路》,载《政法论坛》2018 年第 6 期。

被承认的条件。由于《"一带一路"进一步司法意见》已经着手从国际商事法庭开始,以点带面改变互惠原则的认定标准,可以认为,最终的发展趋势应是保留互惠原则作为特定条件下不予承认外国判决的最后手段,而不是承认外国判决的前提条件。特别是在被告作为胜诉方申请承认外国判决时,更应该慎用互惠原则的限制,从而达到减少平行诉讼以及减轻当事人诉累的效果。同时,在商事领域,特别是在国际货物运输领域,主权之间合作,进而维护稳定的货物运输法律秩序,是保证国际社会公共利益的重要手段。因而,互惠原则更应慎用。另一方面,将互惠原则作为认定外国判决效果的标准,更能实现互惠原则之目的。第一章已经论及,主权可以限制外国判决在承认法院的效果。而互惠原则的出发点是对等,目的是保护承认国主权。结合来看,以互惠原则作为判断外国判决效果之标准,更能有效地发挥该原则保护主权之作用。也就是说,由于外国判决的效果是由承认国主权所赋予,为维护承认国主权,或者为承认国公民争取更多的优惠待遇,应根据承认法院判决在原审法院能够产生的效果,对等地给予原审法院判决效果。

(二)送达抗辩的准确运用

不对外国判决实体性审查是各国普遍的做法。在此基础上,程序性审查成为承认外国判决的重要条件。而程序性审查的核心在于原审程序是否保证被告的正当程序权利,其考察的重点是送达诉讼文书以及由此保证的被告充分答辩之机会。因而,送达不仅是被告知晓诉讼程序的必要方式,也是为被告提供答辩机会的前提条件。因此,送达抗辩不仅是正当程序抗辩的重要体现,也是保障被告合法权益的基本方式。①

① 参见张文亮:《外国判决承认与执行语境下"送达抗辩"研究》,载《当代法学》2019年第2期。

1.《海牙判决公约》规定的送达抗辩

根据《海牙判决公约》解释报告,该公约第7条①列举被告可以在承认法院援用的有限理由,用以抗辩外国判决的承认或执行。② 需要指出的是,即便存在《海牙判决公约》第7条规定的理由,根据该公约本身的措辞“可以”(may),拒绝承认或执行外国判决也并非承认法院之义务。这体现《海牙判决公约》促进判决承认与执行的司法政策取向。从总体结构来看,《海牙判决公约》第7条第1款根据原审法院程序的瑕疵或者原审法院所作之判决在承认国可能产生之问题,规定7项抗辩,第1项、第2项以及第4项抗辩涉及作出判决的程序,第3项、第5项、第6项以及第7项抗辩涉及判决在承认国可能产生的不良后果;第7条第2款针对平行诉讼,规定可以拒绝或者推迟承认或执行的条件。

送达抗辩是《海牙判决公约》第7条第1款规定的第1项抗辩,该公约区分被

---

① 《海牙判决公约》第7条:“1. Recognition or enforcement may be refused if-(a) the document which instituted the proceedings or an equivalent document, including a statement of the essential elements of the claim-(i) was not notified to the defendant in sufficient time and in such a way as to enable them to arrange for their defence, unless the defendant entered an appearance and presented their case without contesting notification in the court of origin, provided that the law of the State of origin permitted notification to be contested; or (ii) was notified to the defendant in the requested State in a manner that is incompatible with fundamental principles of the requested State concerning service of documents; (b) the judgment was obtained by fraud; (c) recognition or enforcement would be manifestly incompatible with the public policy of the requested State, including situations where the specific proceedings leading to the judgment were incompatible with fundamental principles of procedural fairness of that State and situations involving infringements of security or sovereignty of that State; (d) the proceedings in the court of origin were contrary to an agreement, or a designation in a trust instrument, under which the dispute in question was to be determined in a court of a State other than the State of origin; (e) the judgment is inconsistent with a judgment given by a court of the requested State in a dispute between the same parties; or (f) the judgment is inconsistent with an earlier judgment given by a court of another State between the same parties on the same subject matter, provided that the earlier judgment fulfils the conditions necessary for its recognition in the requested State. 2. Recognition or enforcement may be postponed or refused if proceedings between the same parties on the same subject matter are pending before a court of the requested State, where-(a) the court of the requested State was seised before the court of origin; and (b) there is a close connection between the dispute and the requested State. A refusal under this paragraph does not prevent a subsequent application for recognition or enforcement of the judgment.”

② See Francisco Garcimartín & Geneviève Saumier, *Judgments Convention: Revised Draft Explanatory Report*, Hague Conference on Private International Law, 2020, para. 244.

告位于承认国以及非位于承认国两种情况，分别规定适用送达抗辩的条件。需要说明的是，根据《海牙判决公约》第7条第1款第1项，需要被送达的是“提起诉讼的文书或与之具有相同功能的其他文书”，并且该文书应包含“有关诉讼基本内容的说明”。《海牙判决公约》解释报告指出，该公约第1项要求是从送达抗辩的本质入手，也即通过送达确保被告能够知晓诉讼的基本内容，并在此基础上着手安排应诉答辩。在此意义上，提起诉讼的文书，应是指根据原审国法律，任何可以启动诉讼程序的文书，而该诉讼程序可以使胜诉方获得在《海牙判决公约》下能够被承认之判决。同时，应从被告是否可以根据被送达的文书作出有关诉讼策略之合理决定，判断文书是否包含诉讼之基本内容。①

当被告位于承认国时，根据《海牙判决公约》，只有在司法文书通过“与被请求国有关文书送达的基本原则不符”之方式通知被告时，才能够拒绝承认或执行。在某些国家，送达司法文书以启动诉讼程序被认为是主权的行使，因此，未依据双边或多边司法协助条约送达的外国司法文书是无效的并且被认为是对于主权的侵犯。② 考虑到上述国家的情况，《海牙判决公约》规定被告位于承认国时，不能通过违反该国送达基本原则的方式送达司法文书。《海牙判决公约》未规定认定送达司法文书的基本原则，而是交由承认国自行判断。根据《海牙判决公约》解释报告，1965年《送达公约》第13条第1款③与上述送达司法文书的基本原则，所预期实现之目标是一致的。④ 因此，送达将侵犯被承认国主权或影响其安全时，可以被认为与承认国有关文书送达的基本原则不符。

当被告非位于承认国时，只有在司法文书“没有在足够的时间内以使被告能够安排答辩的方式通知被告”时，被告才能够行使送达抗辩，以拒绝承认或执行外

---

① See Francisco Garcimartín & Geneviève Saumier, *Judgments Convention: Revised Draft Explanatory Report*, Hague Conference on Private International Law, 2020, para. 248.

② Ibid., para. 253.

③ 《送达公约》第13条第1款规定：“按照本公约规定送达或通知请求，只有在被请求国认为此项请求的执行将侵犯其主权或影响其安全时，才得被拒绝同意。”

④ See Francisco Garcimartín & Geneviève Saumier, *Judgments Convention: Revised Draft Explanatory Report*, Hague Conference on Private International Law, 2020, para. 254.

国判决。然而,如果"被告在原审法院出庭应诉,且未就原审法院的通知问题提出抗辩"的情况下,则不能行使上述送达抗辩。还需指出的是,不能行使上述送达抗辩,需以"原审国法律允许就通知提出异议"为前提。不难看出,当被告非位于承认国时,《海牙判决公约》规定行使送达抗辩的条件非常复杂,不仅保证被告正当程序权之核心——应诉答辩的机会,也为高效解决争议。也就是说,如果被告在原审法院能够行使针对不适当送达的抗辩权,但其未行使该权利,则不适当送达不应在后续的承认与执行程序中被再次提起。需要指出的是,被告非位于承认国时,根据《海牙判决公约》,原则上应根据该公约条款判断诉讼文书是否适当送达被告,这与被告位于承认国,需要根据被请求法院之送达基本原则判断明显不同。

2.《布鲁塞尔条例Ⅰ修订》规定的送达抗辩

尽管《布鲁塞尔条例Ⅰ修订》第45条和第46条分别规定了拒绝承认与拒绝执行的条件,但条款内容完全继受《布鲁塞尔条例Ⅰ》第34条。《布鲁塞尔条例Ⅰ修订》第45条第1款第2项[①]规定送达抗辩,其目的是在判决承认或执行阶段,审查被告应诉答辩的机会是否受到侵害。[②]

需要说明的是,《布鲁塞尔条例Ⅰ修订》第45条第2款的适用条件较为严格。之所以如此严格地规定判决承认或执行阶段的送达抗辩,是因为《布鲁塞尔条例Ⅰ修订》第28条第2款[③]要求成员国法院,在被告缺席时,只要不能确信被告已经收到提起诉讼的文书或与之具有相同功能的其他文书,并有充足的时间提出抗

① 《布鲁塞尔条例Ⅰ修订》第45条第1款:"On the application of any interested party, the recognition of a judgment shall be refused:...(b) where the judgment was given in default of appearance, if the defendant was not served with the document which instituted the proceedings or with an equivalent document in sufficient time and in such a way as to enable him to arrange for his defence, unless the defendant failed to commence proceedings to challenge the judgment when it was possible for him to do so."

② See Ulrich Magnus & Peter Mankowski eds., *Brussels Ⅰ Regulation*, Sellier, 2007, Article 34, para. 36.

③ 《布鲁塞尔条例Ⅰ修订》第28条第2款:"The court shall stay the proceedings so long as it is not shown that the defendant has been able to receive the document instituting the proceedings or an equivalent document in sufficient time to enable him to arrange for his defence, or that all necessary steps have been taken to this end."

辩,或者已经为上述目的采取所有必要手段,就应当中止诉讼程序。因此,依据《布鲁塞尔条例Ⅰ修订》作出的缺席判决,在审理程序中已经为被告的正当程序权利提供保障。故而,在判决承认或执行阶段,才会更严格地要求送达抗辩的适用条件。然而,《布鲁塞尔条例Ⅰ修订》第28条只适用于住所在成员国的被告,但《布鲁塞尔条例Ⅰ修订》第45条第2款并不一定限于住所在成员国的被告。① 同时,保证被告正当程序权利是司法程序的基本价值取向之一。故而,根据欧盟法院判决,承认法院适用《布鲁塞尔条例Ⅰ修订》第45条第2款,不受原审法院根据该条例第28条所作决定之影响。②

根据《布鲁塞尔条例Ⅰ修订》第45条第2款,适用送达抗辩需要满足以下3个条件。

首先,被承认或被执行的判决应是缺席判决。根据欧盟法院的判决,缺席判决并不等同于被告未出庭。如果被告未出庭,但其授权的律师代表其在原审法院应诉答辩,并不能被认为是缺席判决。③ 显然,缺席判决的判断标准应是,被告未享有充分的应诉答辩之机会。需要指出的是,如果被告出庭的目的仅仅只是抗辩管辖权,也并不被视为出庭。④

其次,未在充足的时间内,并以使被告能够安排其抗辩的方式,向被告送达提起诉讼的文书或与之具有相同功能的其他文书。根据欧盟法院的判决,所谓"提起诉讼的文书或与之具有相同功能的其他文书",是指在原审法院作出可执行之判决前,必须被适当且适时送达给被告,以使其能够确定自身享有的权利的文书。⑤ 不难看出,上述要求实质上是为了保证被告享有充分的答辩机会。因此,就文书内容而言,应如同《海牙判决公约》一样,包含有关诉讼基本内容的说明。如果送达程序

---

① See Ulrich Magnus & Peter Mankowski eds., *Brussels Ⅰ Regulation*, Sellier, 2007, Article 34, para. 37.

② See Pendy Plastic Products BV v. Pluspunkt Handelsgesellschaft mbH, Case 228/81, para. 13.

③ See Bernardus Hendrikman and Maria Feyen v. Magenta Druck &amp Verlag GmbH, Case C – 78/95, para. 18.

④ See Mærsk Olie &amp Gas A/S v. Firma M. de Haan en W. de Boer, Case C – 39/02, para. 57.

⑤ See Hengst Import BV v. Anna Maria Campese, Case C – 474/93, para. 19.

的瑕疵并未阻碍被告应诉答辩,其并不阻碍判决被承认或执行。因此,无论是送达时间要求,还是送达方式要求,都是为保证被告享有充分的答辩机会。

最后,被告可以提出针对原判决的抗辩程序,并且没有放弃提出上述抗辩程序。该项要求之目的是保证有关程序问题的所有争议应优先由原审法院,或者说最适宜解决原审程序瑕疵的法院审查。[①] 因此,针对原判决的抗辩程序,通常是指有关程序瑕疵的抗辩程序。也就是说,即便被告针对实体问题抗辩,但没有针对程序问题抗辩,在后续判决承认或执行程序中,也不能再援引《布鲁塞尔条例Ⅰ修订》第45条第2款。[②]

3. 英国判例法规定的送达抗辩

在英国法院申请承认与执行外国判决时,首先需要根据原审法院的不同,区分来自欧盟成员国之外国家法院的判决、来自欧盟成员国法院的判决以及来自英国其他部分,如苏格兰法院的判决。还需要根据判决内容的不同,区分涉及破产、家庭、继承问题的判决,以及涉及其他问题的判决。而就来自欧盟成员国之外国家法院的判决而言,需要进一步区分根据判例法承认与执行的判决,以及根据立法承认与执行的判决。[③]

本书只涉及按照英国判例法承认与执行的判决。需要指出的是:其一,按照英国判例法,究其本质而言,被执行的是英国判决,而并非外国判决。也就是说,胜诉方可以在英国法院以外国判决所裁决的义务作为诉因而重新起诉,获得英国判决后,执行该英国判决,或者在已经进行的英国诉讼程序中,申请承认外国判决,以请求诉因禁反言(cause of action estoppel)或争点禁反言(issue estoppel)效果。[④] 其二,按照英国判例法,任何判决如欲得到承认需要满足两个条件,即依据

① See Ulrich Magnus & Peter Mankowski eds., *Brussels Ⅰ Regulation*, Sellier, 2007, Article 34, para. 57.

② Ibid., para. 59.

③ See Paul Torremans ed., *Cheshire, North & Fawcett on Private International Law*, 15th ed., Oxford University Press, 2017, p. 1076.

④ Ibid., p. 1086.

英国法律,原审法院具有适当的管辖权以及判决本身应是最后的(finality)且终局的(conclusiveness)。① 由于英国法院以义务说作为承认外国判决的理论基础,向英国法院申请承认金钱给付判决还需满足一个额外的条件,也即外国判决裁决特定数额的金钱给付义务。②

送达抗辩在英国判例法中并非独立地抗辩承认外国判决之理由,而是被包含在违反实质正义(natural justice)之抗辩中。就违反实质正义而言,按照英国判例法,诸如外国判决的实质内容明显错误、错误适用英国法或者外国法、诉讼程序规则与英国诉讼程序规则不同等问题均不构成违反实质正义。③ 传统上,违反实质正义通常只包含不适当通知以及未保证被告充分答辩机会。④ 然而,根据英国上诉法院的最新判例,除上述两种情况外,仍有其他程序瑕疵构成违反英国法院所认为的实质正义。⑤

就通知而言,其涉及通知诉讼程序而不是抗辩诉讼程序的步骤。如果被告实际知道诉讼程序,适当通知之抗辩不能适用。如果被告同意特定通知方式,在采取此种通知方式的前提下,被告是否实际收到通知并不重要。针对保证被告充分答辩机会,通常只有在原审法院完全否定被告抗辩之权利时,才可以被援用。⑥ 最后需要指出的是,即便原审国程序规则给予被告针对不适当通知以及未保证充分答辩机会之救济措施,在英国法院承认原审法院判决之程序中,仍可以提起上述抗辩。⑦

---

① See Paul Torremans ed., *Cheshire, North & Fawcett on Private International Law*, 15th ed., Oxford University Press, 2017, p. 1086. 关于英国判例法如何认定原审法院是否具有适当管辖权,以及如何认定外国判决是否为最后的与终局的,参见 Paul Torremans ed., *Cheshire, North & Fawcett on Private International Law*, 15th ed., Oxford University Press, 2017, p. 1086 – 1111。

② 关于如何认定特定数额,以及满足特定数额要求,但仍不能被执行的金钱给付判决,See Paul Torremans ed., *Cheshire, North & Fawcett on Private International Law*, 15th ed., Oxford University Press, 2017, p. 1111 – 1115。

③ See Lawrence Collins eds., *Dicey, Morris & Collins on the Conflict of Laws*, 15th ed., Sweet & Maxwell, 2012, p. 740 – 741.

④ See Paul Torremans ed., *Cheshire, North & Fawcett on Private International Law*, 15th ed., Oxford University Press, 2017, p. 1136.

⑤ See Adams v. Cape Industries Plc, [1990] Ch 433, 563.

⑥ See Paul Torremans ed., *Cheshire, North & Fawcett on Private International Law*, 15th ed., Oxford University Press, 2017, p. 1136.

⑦ See Adams v. Cape Industries Plc, [1990] Ch 433, 569.

4.美国《第四次对外关系法重述》规定的送达抗辩

基于《美国宪法》第4条充分互信条款(the full faith and credit clause),①并根据美国联邦立法的规定,②尽管承认法院可以考察原审法院的管辖权,但美国各州法院、州法院与联邦法院以及联邦法院之间应互相承认各自作出的判决,只要相关判决是最后(final)且为主体上(on the merits)之判决。③ 同时,承认法院应按照原审法院自身所作之判决的效力,给予被请求执行的判决以效力。④

然而,向美国法院申请承认或执行外国判决并不能援用充分互信条款。⑤ 由于承认外国判决需要根据州法,⑥因此,在美国法院承认外国判决或是需要根据1962年《承认外国金钱判决统一法案》(Uniform Foreign Money-Judgments Recognition Act),或者该法案的修订版2005年《承认外国金钱判决统一法案》(Uniform Foreign-Country Money Judgments Recognition Act),或是按照《第四次对外关系法重述》。需要指出的是,如果外国判决涉及诽谤问题,则需要按照美国

① Constitution of the United States Article 4:"Full faith and credit shall be given in each State to the public acts, records, and judicial proceedings of every other State. And the Congress may by general laws prescribe the manner in which such acts, records and proceedings shall be proved, and the effect thereof."

② 28 United States Code Annotated § 1738:"The Acts of the legislature of any State, Territory, or Possession of the United States, or copies thereof, shall be authenticated by affixing the seal of such State, Territory or Possession thereto. The records and judicial proceedings of any court of any such State, Territory or Possession, or copies thereof, shall be proved or admitted in other courts within the United States and its Territories and Possessions by the attestation of the clerk and seal of the court annexed, if a seal exists, together with a certificate of a judge of the court that the said attestation is in proper form. Such Acts, records and judicial proceedings or copies thereof, so authenticated, shall have the same full faith and credit in every court within the United States and its Territories and Possessions as they have by law or usage in the courts of such State, Territory or Possession from which they are taken."

③ See Symeon C. Symeonides, *United States of America*, in Bea Verschraegen eds., International Encyclopedia for Private International Law, Wolters Kluwer Law & Business, 2015, p. 411. 针对 on the merits 的译法,参见陈隆修:《国际私法管辖权评论》,台北,五南图书出版股份有限公司1986年版,第296页。

④ See Ronald A. Brand, *The Continuing Evolution of U. S. Judgments Recognition Law*, Columbia Journal of Transnational Law, Vol. 55:2, p. 281 (2017).

⑤ 至于申请人是否可以援用充分互信条款,请求美国法院承认美国其他法院承认或拒绝承认外国判决之判决,美国法院对此问题存在意见分歧,参见《第四次对外关系法重述》§ 481, Reporters'Note 9。

⑥ 《第四次对外关系法重述》第481条, comment a。

联邦法律的专门规定承认或执行。①

仅就涉及金钱给付的判决而言,无论是按照两部统一法案,还是最新修订的《第四次对外关系法重述》,外国判决都应是最后(final)、终局(conclusive)且可执行的(enforceable),②如此才能得到美国法院的承认。与英国判例法一样,向美国法院申请承认外国判决,同样需要重新提起诉讼,或者在已经进行的诉讼中通过适当的方式提出。③ 而外国判决一旦在美国法院被承认,则可以在承认法院像承认法院自身作出的判决一样被执行。④

---

① 《第四次对外关系法重述》第 481 条, comment a:"... Federal law governs the recognition and enforcement of foreign defamation judgments in the United States, see SPEECH Act, 28 U. S. C. §§ 4101 – 4105..."

② 《第四次对外关系法重述》第 481 条:"Except as provided in §§ 483 – 484 and § 489, a final, conclusive, and enforceable judgment of a court of a foreign state granting or denying recovery of a sum of money, or determining a legal controversy, is entitled to recognition by courts in the United States." 1962 年《承认外国金钱判决统一法案》第 2 条:"This Act applies to any foreign judgment that is final and conclusive and enforceable where rendered even though an appeal therefrom is pending or it is subject to appeal." 2005 年《承认外国金钱判决统一法案》第 3 条:"(a) Except as otherwise provided in subsection (b), this[act] applies to a foreign-country judgment to the extent that the judgment:(1) grants or denies recovery of a sum of money; and (2) under the law of the foreign country where rendered, is final, conclusive, and enforceable..."

③ 《第四次对外关系法重述》第 482 条:"A person seeking recognition of a foreign judgment must either initiate a civil proceeding for that purpose in a court of competent jurisdiction or properly raise the issue in an existing proceeding." 1962 年《承认外国金钱判决统一法案》并未规定承认程序,但 2005 年《承认外国金钱判决统一法案》第 6 条规定:"(a) If recognition of a foreign-country judgment is sought as an original matter, the issue of recognition shall be raised by filing an action seeking recognition of the foreign-country judgment. (b) If recognition of a foreign-country judgment is sought in a pending action, the issue of recognition may be raised by counterclaim, cross-claim, or affirmative defense."

④ 《第四次对外关系法重述》第 486 条:"A foreign money judgment entitled to recognition under § 481 is enforceable in the same manner and to the same extent as a judgment rendered in the State in which enforcement is sought." 1962 年《承认外国金钱判决统一法案》第 3 条:"Except as provided in section 4, a foreign judgment meeting the requirements of section 2 is conclusive between the parties to the extent that it grants or denies recovery of a sum of money. The foreign judgment is enforceable in the same manner as the judgment of a sister state which is entitled to full faith and credit." 2005 年《承认外国金钱判决统一法案》第 7 条:"If the court in a proceeding under Section 6 finds that the foreign-country judgment is entitled to recognition under this[act] then, to the extent that the foreign-country judgment grants or denies recovery of a sum of money, the foreign-country judgment is:...(2) enforceable in the same manner and to the same extent as a judgment rendered in this state."

如果被告没有收到充分的关于外国诉讼程序的通知,以使其有足够的时间准备抗辩,则可以成为抗辩承认外国判决的理由。①《第四次对外关系法重述》针对缺乏通知的评论指出,美国法院基于合理性的一般标准,而不是细节上满足原审国程序法有关通知的规定,评估通知的适当性。而此合理性的一般标准,通常是指如果外国法院未适当通知被告,进而没有给予被告足够的时间准备应诉答辩,则可以构成缺乏通知的抗辩。② 此外,如果被告未就缺乏通知在原审法院抗辩,美国法院通常认为这意味着在承认环节,放弃缺乏通知的抗辩。③ 需要指出的是,不管是按照两部统一法案,还是《第四次对外关系法重述》,在缺乏适当通知时,就是否承认外国判决而言,美国法院享有自由裁量权。而上述自由裁量权应以考察缺乏适当通知是否违反正当程序(due process)为重点。如是,则应当拒绝承认。④

综上所述,送达抗辩是为保证被告能够收到关于诉讼程序的必要通知,以便充分地应诉答辩。这是因为:其一,在不能实质审查外国判决的前提下,为实现保障被告合法权益之司法政策,只能从程序审查角度入手;其二,各国诉讼程序如何规定属于各国立法管辖权之范围,不应也不能被其他国家评价。因此,各国诉讼程序规则的不同,以及其规定的送达方式、时间、手段之不同,都不是送达抗辩考察的重点。送达抗辩考察的重点应是送达之实质目的,也即被告是否通过向其送

---

① 《第四次对外关系法重述》第 484 条:"To the extent provided by applicable law, a court in the United States need not recognize a judgment of a court of a foreign state if:...(b) the judgment was obtained by fraud that deprived the party resisting recognition of an adequate opportunity to present its case..." 1962 年《承认外国金钱判决统一法案》第 4 条"...(b) A foreign judgment need not be recognized if (1) the defendant in the proceedings in the foreign court did not receive notice of the proceedings in sufficient time to enable him to defend;..." 2005 年《承认外国金钱判决统一法案》第 4 条:"...(c) A court of this state need not recognize a foreign-country judgment if: (1) the defendant in the proceeding in the foreign court did not receive notice of the proceeding in sufficient time to enable the defendant to defend;..."

② 《第四次对外关系法重述》第 484, Comment c。

③ 《第四次对外关系法重述》第 484, Reporters'Note 2。

④ See Symeon C. Symeonides, *United States of America*, in Bea Verschraegen eds., International Encyclopedia for Private International Law, Wolters Kluwer Law & Business, 2015, p. 428 - 429.

达之司法文书充分了解外国诉讼程序,以及自身可以享有的权利。如果送达能实现上述目的,则不同国家程序规则的差异并不会影响被告应诉答辩,进而也就不会损害其正当程序权。同时,送达抗辩是为保障被告合法权益。因此,本着谁主张谁举证的原则,应由被告提供证据证明送达抗辩之条件已被满足。此外,如果被告在原审国可以但没有提出针对程序瑕疵的抗辩,承认法院不应再次考察同一问题。这不仅是为避免司法资源的浪费,也由于程序问题应适用程序地法,在此基础上,由承认法院考察外国诉讼程序之瑕疵并不适当。针对陆空联运合同判决,就送达抗辩而言,其与其他类型的判决并无本质不同,上述基本原理应予以援用。

第二节　被承认的陆空联运合同判决之效力

判决的效力,是指判决所实际发挥的作用,主要体现为判决对一定主体的拘束力。[①] 根据大陆法系有关判决的理论,上述拘束力体现于以下两个方面:

第一,已经成立之判决的程序内拘束力,[②]或者说法院应受其所作中间或终局判决拘束。这种拘束包含积极拘束力与消极拘束力,前者是指同一程序中法院受其先前判决拘束,特别是在中间判决[③]的情况下;后者是指法院不得任意变更其有效宣誓或者送达之判决。[④] 需要指出的是,外国判决即便被承认,由于此判决不属于承认法院所作之判决,也就不会对承认法院产生上述程序内拘束力。[⑤]

第二,生效判决的原有效力、附随效力以及事实效力。[⑥] 本节仅讨论生效陆空联运合同判决所具有的原有效力中的既判力,以及事实效力,或者说证明力。

---

① 关于我国民商事判决成立与判决生效的判断标准,参见张卫平:《既判力相对性原则:根据、例外与制度化》,载《法学研究》2015 年第 1 期。

② 与之相对的,成立的判决还具有程序外拘束力,也即法院在何等范围内受其他法院判决之拘束,参见姜世明:《民事诉讼法基础论》(第 8 版),台北,元照出版公司 2015 年版,第 240 页。

③ 需要说明的是,我国民事诉讼法中并没有中间判决制度,参见张卫平:《民事诉讼法》(第 5 版),法律出版社 2019 年版,第 440 页。

④ 参见姜世明:《民事诉讼法基础论》(第 8 版),台北,元照出版公司 2015 年版,第 239 ~ 240 页。

⑤ 参见陈启垂:《承认外国判决的效力及程序》,载《月旦法学杂志》2014 年总第 235 期。

⑥ 参见张卫平:《民事诉讼法》(第 5 版),法律出版社 2019 年版,第 440 ~ 443 页。

既判力,是指判决生效后的实质确定力,也即法院作出的终局判决一旦生效,当事人和法院都应当受该判决内容的拘束,当事人不能在后诉中主张与该判决相反的内容,法院也不能在后诉作出与该判决相冲突的判断;与之相对的,则是生效判决的形式确定力,也即判决已不能经由上诉程序而被废弃。① 需要说明的是,外国判决是否具有形式确定力应由原审国程序规则确定,②并且具有形式确定力应是承认的条件之一。同时,判决生效后,还会产生事实效力,或者说证明力,也即已经确定的判决在前诉中所认定的事实在后诉中具有类似证据的作用。③

本节讨论陆空联运合同判决之既判力与证明力的主要原因在于以下两个方面:一方面,前已论及陆空联运合同履行过程中涉及多种责任以及多个主体。在请求权竞合时,需要讨论被承认的陆空联运合同判决既判力的客观范围,或者说陆空联运合同当事人是否可以基于同一争议事实,再行起诉。而由于生效判决的既判力通常仅约束原告与被告,因此,当陆空联运经营人与区段承运人之间互相追偿时,被承认的陆空联运合同判决已经审理的事项是否具有以及具有何种程度的证明力,也是需要论证的问题。另一方面,就本书的研究背景而言,我国《民事诉讼法司法解释》第 531 条第 2 款④仅笼统地规定,外国判决为我国法院承认后,当事人不能就同一争议再行起诉。此处的同一争议应如何理解,也是需要考察的问题。同时,外国判决所确认的事实是否也可以构成《民事诉讼法司法解释》第 93 条⑤第 1 款第 5 项规定的免证事实,也是需要分析的问题。据此,本节首先考察决定被承认之外国判决效力的准据法,其次基于比较法的立场,分析被承认的陆空联运合同判决在我国之于原告与被告的既判力,以及判决本身应具有的证

① 参见张卫平:《民事诉讼法》(第 5 版),法律出版社 2019 年版,第 443 页。

② 参见陈启垂:《外国判决的承认与执行》,载《月旦法学杂志》2001 年总第 75 期。

③ 参见张卫平:《民事诉讼法》(第 5 版),法律出版社 2019 年版,第 442 页。

④ 《民事诉讼法司法解释》第 531 条第 2 款规定:"外国法院判决、裁定已经被人民法院承认,当事人就同一争议向人民法院起诉的,人民法院不予受理。"

⑤ 《民事诉讼法司法解释》第 93 条规定:"下列事实,当事人无须举证证明:……(五)已为人民法院发生法律效力的裁判所确认的事实;……前款第二项至第四项规定的事实,当事人有相反证据足以反驳的除外;第五项至第七项规定的事实,当事人有相反证据足以推翻的除外。"

明力。

一、被承认的外国判决效力之准据法

1.判决效力准据法的理论考察

之所以需要考察被承认的外国判决之效力的准据法，是因为该判决并非由承认法院作出。故而，在考察该判决之既判力与证明力时，首先需要明确应按照哪国法律确定被承认的外国判决之效力。一般认为，有三种不同的方式决定被承认的外国判决之效力：其一，依据承认国法律决定被承认的外国判决的效力；其二，依据原审国法律决定被承认的外国判决的效力；其三，由承认国为被承认的外国判决设定专门的效力规则。第三种方式可能会导致当事人滥用外国诉讼程序以获得有利于自己的判决效果。同时，从理论上讲，外国判决被承认后，或是由承认国赋予外国判决在承认国管辖范围内的效力，或是由承认国通过特定程序将外国判决转化为承认法院之判决，进而使被承认的外国判决具有承认法院自身所作之判决的效力，并不存在第三种方式得以成立的效力状态。因而，第三种方式并不可取。

按照这种学说，应同等对待外国判决与承认法院自身所作之判决，也即外国判决在承认国的效力等同于承认法院自身所作之判决效力。① 从避免司法资源的浪费以及不损害承认国主权的角度而言，同等说更为可取。依据承认国法律决定被承认的外国判决之效力，一方面，使承认法院不需要查明外国法律，减少司法资源的浪费，加快承认外国判决程序的进行速度；另一方面，也使外国判决不会具有承认国法律未规定的效力，进而损害承认国的主权。

第二种方式在理论上被概括为效力延伸说。依此说，被承认的外国判决在承认国不能拥有比在原审国更大的效力范围或者更多的效力种类，也即承认仅仅意味着原审国判决之效力延伸至承认国，而非创设新的效力。② 如果采用效力延伸说，则无论原审法院判决在哪一国家被承认，都能获得相同的效力。然而，此种学

① 参见陈启垂：《承认外国判决的效力及程序》，载《月旦法学杂志》2014年总第235期。
② 同上。

说最大的问题在于，可能有损于承认国的主权，特别是在原审国法律与承认国法律针对判决效力之规定不同的情况下。然而，从保证胜诉方合理期待以及保护被告合法权益的角度来看，依据原审国法律决定被承认的外国判决之效力更具合理性。一方面，不管是原告胜诉，还是被告胜诉，在诉讼期间，原告及被告只能依据外国诉讼程序合理期待判决所具有的效力。而依据承认国法律决定被承认的外国判决之效力，是以嗣后发生的事实决定外国判决的效力。这有损于判决胜诉方的合理期待。另一方面，外国判决被承认说明承认国认可外国诉讼程序对于被告合法权益的保护。因而，外国诉讼程序的结果——外国判决对于被告的约束力也应得到承认国法院的认可。而如果依据承认国法律决定被承认的外国判决之效力，考虑到各国诉讼规则的差异，或使得被告受到外国判决不具有之效力的约束，损害被告的合法权益；或没有给予外国判决所应具有的效力，有损于胜诉方的合理期待。

2. 判决效力准据法的比较法观察

尽管《海牙判决公约》最终文本并没有明确规定应由哪国法律决定被承认的缔约国判决之效力，但 2017 年 2 月该公约草案第 9 条[①]却有针对该问题的规定。上述规定同样基于效力延伸说。然而，对于被承认的缔约国判决具有而承认国法律未规定的救济（relief），该公约草案第 9 条要求承认法院调整上述救济，以便最大程度上实现效力的一致性，但需要以该救济在原审国之效力为上限。根据《海牙判决公约》解释报告，审议该公约的第三次特别委员会（Special Commission）会议删除上述规定，主要是因为 2005 年《选择法院协议公约》并无上述规定。同时，一些代表也表达针对该公约草案第 9 条实际效果的担忧，特别是在原审国判决效力非常广泛的情况下。在此基础上，《海牙判决公约》解释报告明确指出，该公约

① February 2017 Draft Convention, Article 9 Equivalent effects: " A judgment recognised or enforceable under this Convention shall be given the same effect it has in the State of origin. If the judgment provides for relief that is not available under the law of the requested State, that relief shall, to the extent possible, be adapted to relief with effects equivalent to, but not going beyond, its effects under the law of the State of origin. "

并没有要求按照原审国法律给予被承认的缔约国判决效力，只是针对效力问题未规定而已，进而需要根据该公约自身之目的做统一解释。①

《布鲁塞尔条例Ⅰ修订》同样没有规定应由哪国法律决定被承认的外国判决之效力。有学者指出，判决效力之范围应按照原审国法律决定。② 也就是说，承认法院应当接受该国法律未规定而原审国法律有所规定的效果，例外情况应是上述效果违反承认国的公共秩序。③ 欧盟法院通过两个案例，从正反两个方面，接受上述学术观点。一方面，欧盟法院指出，由于《布鲁塞尔公约》之目标是尽可能促进判决的自由流通，基于此，承认应当意味着按照原审国法律给予外国判决权威与效力。④ 也就是说，依据《布鲁塞尔公约》而被承认之判决的效力，应由原审国法律决定。另一方面，并没有适当的原因给予被承认的外国判决以原审国法律未规定的效力或者承认法院所作之相似判决并不具备的效力。⑤

我国《民事诉讼法》以及《民事诉讼法司法解释》都没有明确规定应按照何种法律赋予被承认的外国判决以效力。然而，我国与其他国家签署的双边民商事司法协助条约都采用同等说，即按照被请求国法律给予被承认的外国判决效力。⑥

综上所述，基于我国目前签订的双边民商事司法协助条约的规定，应以我国法律决定被承认的外国判决的效力。一方面，尽管我国《民事诉讼法》以及《民事诉讼法司法解释》都没有规定外国判决效力的准据法，但已经签署的双边民商事

① See Francisco Garcimartín & Geneviève Saumier, *Judgments Convention: Revised Draft Explanatory Report*, Hague Conference on Private International Law, 2020, para. 115.

② See lrich Magnus & Peter Mankowski eds., *Brussels Ⅰ Regulation*, Sellier, 2007, Article 33, para. 9.

③ Ibid., para. 7.

④ See Horst Ludwig Martin Hoffmann v. Adelheid Krieg, Case 145/86, para. 10.

⑤ See Meletis Apostolides v. David Charles Orams and Linda Elizabeth Orams, Case C－420/07, para. 66.

⑥ 比如，1988 年生效的我国最早签订的《中华人民共和国和法兰西共和国关于民事、商事司法协助的协定》第 24 条就规定："被承认和执行的裁决在被请求一方的领域内应与被请求一方法院作出的裁决具有相同的效力。"又如，2018 年最新生效的《中华人民共和国和埃塞俄比亚联邦民主共和国关于民事和商事司法协助的条约》第 27 条也规定："被承认和执行的裁决在被请求方境内应当与被请求方法院作出的裁决具有相同的效力。"

司法协助条约通常依据承认国法律给予外国判决效力，就体系一致性的角度而言，以我国法律决定被承认的外国判决的效力应是基本的立场。另一方面，由于民商事判决涉及原告和被告的民事权益，并且考虑到各国诉讼规则的差异，应允许原告或者被告举证证明原审国法律，以便保障胜诉方的合理期待并保护被告的合法权益。同时，在个案中依据原审国法律决定被承认的外国判决的效力，相较于将这种方式设定为一般规则，对于我国主权的损害相对较轻。

二、被承认的陆空联运合同判决既判力之客观范围

（一）判决既判力客观范围概述

根据大陆法系判决理论，判决既判力涉及三个问题，即既判力的客观范围、主观范围以及时间范围。[①] 本部分仅讨论既判力的客观范围。讨论既判力客观范围需要考察以下两方面的问题：

第一，判决既判力的客观范围。大陆法系民事诉讼立法通常将既判力之客观范围限定于判决主文中的裁决事项，而将判决理由中包含的裁决事项排除在外。而判决主文中裁决的事项，通常等同于诉讼标的。[②] 我国民事诉讼法学界通行的观点认为，诉讼标的是双方当事人争议的、要求法院裁判的实体法律关系。[③] 这一观点实际是大陆法系旧诉讼标的理论的体现，也即将诉讼标的等同于实体法中法律关系，特别是实体法中的请求权。[④] 就陆空联运合同履行过程中发生的货损而言，如果将诉讼标的理解为实体法中的请求权，货物所有人分别根据违约责任以及侵权责任起诉，当然不会构成重复起诉。这种结果从诉讼经济的角度显然是不合理的。为解决上述问题，新诉讼标的理论被提出。该理论使得诉讼标的脱离实体法请求权的束缚，而根据诉讼请求，确定诉讼标的之概念。新诉讼标的理论

① 参见翁晓斌：《我国民事判决既判力的范围研究》，载《现代法学》2004 年第 6 期。
② 参见丁宝同：《论争点效之比较法源流与本土归化》，载《比较法研究》2016 年第 3 期。
③ 参见严仁群：《既判力客观范围之新进展》，载《中外法学》2017 年第 2 期。
④ 参见姜世明：《民事诉讼法基础论》（第 8 版），台北，元照出版公司 2015 年版，第 91 页。

通说采用二分支说，由诉讼请求与请求所基于之事实[①]共同决定诉讼标的。[②] 还需要指出，从禁止重复诉讼的角度来看，诉讼标的涉及的已被裁判的法律关系不能再次被审理。因此，既判力客观范围与一事不再理原则应是同一概念。[③]

第二，判决既判力客观范围的扩张。如果判决理由中包含的判断事项不具有既判力，而可以被重新争议，则可能发生后诉判决与前诉判决矛盾之情况。因此，赋予判决理由中判断事项以既判力，就可以减少后诉对前诉构成实质性重复争议的现象，有利于避免冲突、矛盾之裁判结论的出现，诉讼之纠纷解决功能的外延将会扩大、内涵将会强化。[④] 因此，大陆法系判决理论通过特定方式扩张既判力的客观范围。由于既判力客观范围的扩张与判决本身具有的证明力具有更密切的关系，本书将在讨论判决证明力部分涉及既判力客观范围的扩张。

我国《民事诉讼法》以及《民事诉讼法司法解释》都没有明确规定既判力的客观范围，仅在《民事诉讼法司法解释》第 247 条[⑤]通过重复起诉的判断标准，间接地涉及既判力的客观范围。然而，《民事诉讼法司法解释》第 531 条第 2 款关于被承认的外国判决在我国既判力客观范围的规定，却并不是以诉讼标的与诉讼请求为判断标准，而是采用同一争议标准。因此，下文试图从比较法的维度，结合我国《民事诉讼法司法解释》的规定，针对请求权竞合之情况，厘清被承认的陆空联运合同判决既判力之客观范围。

---

① 而对于请求所基于之事实又有权利发生事实说以及生活事实说之不同。前者是指为充分已被明示或依陈述内容所得被特定主张权利之法律要件所必需之事实，后者是指从生活原因事实出发，亦即其事实乃指统一之生活事实。同时，如果依据社会交易见解以自然之观察而得被同一者，也可被视为同一事实。参见姜世明：《民事诉讼法基础论》（第 8 版），台北，元照出版公司 2015 年版，第 92 ~ 93 页。

② 同上书，第 92 ~ 93 页。

③ 参见夏璇：《论民事重复起诉的识别及规制——对〈关于适用《中华人民共和国民事诉讼法》的解释〉第 247 条的解析》，载《法律科学（西北政法大学学报）》2016 年第 2 期。

④ 参见丁宝同：《论争点效之比较法源流与本土归化》，载《比较法研究》2016 年第 3 期。

⑤ 《民事诉讼法司法解释》第 247 条规定："当事人就已经提起诉讼的事项在诉讼过程中或者裁判生效后再次起诉，同时符合下列条件的，构成重复起诉：（一）后诉与前诉的当事人相同；（二）后诉与前诉的诉讼标的相同；（三）后诉与前诉的诉讼请求相同，或者后诉的诉讼请求实质上否定前诉裁判结果。当事人重复起诉的，裁定不予受理；已经受理的，裁定驳回起诉，但法律、司法解释另有规定的除外。"

(二)被承认的外国判决既判力客观范围的考察

1.《海牙判决公约》的相关规定

前已论及《海牙判决公约》解释报告认为,尽管该公约未规定被承认的缔约国判决效力之准据法,但需要根据该公约自身之目的做统一解释。基于此,《海牙判决公约》解释报告就如何认定依据该公约而被承认之缔约国判决的既判力给出指导意见。《海牙判决公约》解释报告指出,《海牙判决公约》所要求的承认外国判决之义务意味着同一诉讼(claim)或同一诉因(cause of action)不能在其他缔约国被重复诉讼。因此,如果外国判决已经裁决诉讼中主张的权利或者义务,则上述权利或义务不应在承认国法院再行争议。[①]而由于诉讼中主张的权利或义务当然需要特定的事实基础,不难看出,《海牙判决公约》解释报告的立场更接近于新诉讼标的理论,通过诉讼请求与请求所基于的事实决定依据该公约而被承认的缔约国判决之既判力客观范围。

需要说明的是,尽管《海牙判决公约》并没有使用"诉因"这一措辞,但针对该公约第7条第1款第6项,《海牙判决公约》解释报告指出,使用同一主题(Subject Matter),而非《选择法院协议公约》第9条第7项使用的同一诉因,原因在于不同缔约国有不同诉因,使用诉因的措辞会限制《海牙判决公约》的范围,而判断的关键因素是冲突判决的核心争点(issues)或本质争点必须是相同的。[②] 可以看出,根据《海牙判决公约》的规定,当平行诉讼存在时,需要承认法院运用自由裁量权判断皆发生于外国的前诉与后诉之核心争点是否相同,如果相同,则只能承认最先作出的判决。

2.《布鲁塞尔条例Ⅰ修订》的相关规定

如果按照欧盟法院判决所采用的效力延伸说,根据《布鲁塞尔条例Ⅰ修订》而被承认的欧盟成员国判决之效力,应按照原审国法律认定。然而,欧盟法院却

① See Francisco Garcimartín & Geneviève Saumier, *Judgments Convention: Revised Draft Explanatory Report*, Hague Conference on Private International Law, 2020, para. 115.

② Ibid., para. 272.

通过判决实际背离上述效力延伸说,逐步构建起欧盟法律下的既判力规则。①

在一起涉及《布鲁塞尔公约》第 31 条②关于执行缔约国判决的案件中,欧盟法院认为,如果缔约国判决可以根据该公约第 31 条在其他缔约国被执行,该公约条文阻止胜诉方在缔约国针对败诉方就该判决的同一主题(subject matter)重新起诉。③针对调整平行诉讼的《布鲁塞尔公约》第 21 条④,欧盟法院增设同一主题之要求。⑤ 而根据欧盟法院后续判决,所谓主题应等同于诉讼目标,或者说诉讼之目的,⑥也即通过诉讼所预期实现的法律结果而界定的诉讼之法律目标。⑦

需要指出的是,欧盟法院认为,《布鲁塞尔公约》第22 条第3 款⑧与第27 条第3 款⑨关于冲突(irreconcilable)的概念,基于两条不同的目标不能做统一解释,因

① See Elisa Torralba-Mendiola & Elena Rodríguez-Pineau, *Two's Company, Three's a Crowd: Jurisdiction, Recognition and Res Judicata in the European Union*, Journal of Private International Law, Vol. 10:3, p. 424 – 425 (2014).

② 《布鲁塞尔公约》第 31 条:"A judgment given in a Contracting State and enforceable in that State shall be enforced in another Contracting State when, on the application of any interested party, it has been declared enforceable there..."

③ See Jozef de Wolf v. Harry Cox BV, Case 42 – 76, para. 10 and para. 11.

④ 《布鲁塞尔公约》第 21 条:"Where proceedings involving the same cause of action and between the same parties are brought in the courts of different Contracting States, any court other than the court first seised shall of its own motion stay its proceedings until such time as the jurisdiction of the court first seised is established..."

⑤ See Gubisch Maschinenfabrik KG v. Giulio Palumbo, Case 144/86, para. 14.

⑥ See Gantner Electronic GmbH v. Basch Exploitatie Maatschappij BV, C – 111/01, para. 25. 需要说明的是,在该案中欧盟法院参照 The Owners of the Cargo Lately Laden on Board the Ship "Tatry" v. the Owners of the Ship "Maciej Rataj"案第 41 段认定主题之概念,但在 Tatry 案中,欧盟法院第 41 段实际解决的是前诉与后诉是否具有相同的目标(same object)。而同样在 Tatry 案中,欧盟法院将诉讼之目标(object of the action)等同于诉讼之目的(the end the action has)。因此,同一主题,根据欧盟法院的理解,应等同于诉讼之目的。

⑦ See Ulrich Magnus & Peter Mankowski eds., *Brussels I Regulation*, Sellier, 2007, Article 27, para. 8.

⑧ 《布鲁塞尔公约》第 22 条第 3 款:"... For the purposes of this Article, actions are deemed to be related where they are so closely connected that it is expedient to hear and determine them together to avoidthe risk of irreconcilable judgments resulting from separate proceedings."

⑨ 《布鲁塞尔公约》第 27 条:"A judgment shall not be recognized... 3. if the judgment is irreconcilable with a judgment given in a dispute between the same parties in the State in which recognition is sought;..."

为第 22 条解决的是平行诉讼问题，而第 27 条调整的是拒绝承认问题。① 因此，《布鲁塞尔公约》第 21 条针对同一主题的理解对于该公约第 31 条下同一主题的概念也应只具有借鉴意义。尽管如此，也有学者认为欧盟法院针对《布鲁塞尔公约》第 31 条的判决可以使得依据《布鲁塞尔条例 I 修订》而被承认的欧盟成员国判决，在判决作出后，形成英国法律下诉因禁反言的效力。②

3. 我国《民事诉讼法司法解释》规定的理解

《民事诉讼法司法解释》第 531 条第 2 款规定的“同一争议”有两种解释的路径。其一，考虑到《民事诉讼法司法解释》第 531 条第 2 款的目的是避免重复诉讼，可以依据《民事诉讼法司法解释》第 247 条的规定解释同一争议。也就是说，在当事人一致的前提下，将同一争议解释为诉讼标的与诉讼请求一致，或者诉讼标的一致而后诉的诉讼请求实质上否定前诉裁判结果。其二，按照新诉讼标的理论，将同一争议理解为基于同一争议事实所产生的所有诉讼请求。

从避免司法资源浪费、保证胜诉方合理期待以及保护被告合法权益的角度来看，应将同一争议解释为诉讼请求及诉讼请求所基于之事实。当外国法院已经审查当事人之间争议的法律关系，以及该法律关系所依赖的事实，并且该判决已被我国法院承认时，考虑到涉案当事人以及证据可能发生在我国法院管辖领域之外，为避免域外取证或者域外送达对司法资源的浪费，我国法院没有必要再次审查当事人之间争议的法律关系。同时，在外国判决已被我国法院承认的前提下，如果原告胜诉，为维护法律关系的稳定性，保证胜诉方的合理期待，不应允许被告重新提起诉讼；而如果被告胜诉，为防止原告滥用诉讼程序使得被告因同一争议的法律关系受到多次审理，也不应允许原告重新提起诉讼。故而，为保证胜诉方合理期待并保护被告的合法利益，外国判决的当事人在我国法院不能针对同一争

① See The Owners of the Cargo Lately Laden on Board the Ship “Tatry” v. the Owners of the Ship “Maciej Rataj”, Case C-406/92, para. 54.

② See Paul Torremans ed., *Cheshire, North & Fawcett on Private International Law*, 15th ed., Oxford University Press, 2017, p. 1255.

议的法律关系提出未在外国法院提出的其他诉讼请求。此外,如果我国法院重新审理原告或者被告针对同一争议提出的不同诉讼请求,则必然需要对外国判决进行实体审查。故而,为尊重原审国主权,我国法院也不应审理外国判决的当事人针对同一争议的法律关系提出的其他诉讼请求。

综上所述,不管是国际公约、区域立法抑或我国法律,已不再从实体法律关系中当事人具有的请求权的角度理解既判力客观范围,而是从诉争法律关系的角度,或者说从诉讼程序中当事人提出的请求权的角度理解既判力客观范围。一方面,任何诉讼都应有终点。故而,为节省司法资源,或者说为使得生效判决所裁决的法律关系不再变动,也即确保判决的终局性,不应针对同一争议再行审理。另一方面,诉讼当事人不应就同一争议的事实而多次提起诉讼,这是滥用诉讼程序的表现。因此,为保证胜诉方的合理期待并保护被告的合法权益,应确保终局判决的有效性。据此,判断诉讼标的应脱离实体法律关系,而从程序的角度入手。因此,当请求权竞合时,即便陆空联运合同当事人可能存在实体法中的多项请求权,但如果争议都是围绕着上述合同法律关系,基于同一争议事实发生,则不应当允许当事人根据不同的实体法请求权在我国法院提起新的诉讼。然而,需要指出的是,由于各国诉讼规则的差异,在请求权竞合或者请求权并存时,原告在一些国家并不一定能够对不同的请求权进行选择或者同时提起。因而,当原告具有我国国籍时,为维护其合法的诉权,如其能证明在我国法院能够提起的诉讼请求为原审国程序规则所禁止,并且我国法院对于被告具有管辖权,我国法院可以考虑受理该案。

三、被承认的陆空联运合同判决之证明力

本部分所讨论的证明力是指《民事诉讼法司法解释》第 93 条第 5 款所规定的"已为人民法院发生法律效力的裁判所确认的事实",当事人无须举证证明之效力。由于该款并未要求前诉与后诉当事人必须一致,因此,前诉判决之证明力可以发生于以下两种情况:其一,相同当事人之间。以陆空联运合同为例,如果货物所有人在别国法院针对货损起诉陆空联运经营人并且获得生效判决,但由于判决

生效后,发生新的证据,比如可以确定货损发生在公路货物运输区段。在此种情况下,按照《民事诉讼法司法解释》第 248 条①,货物所有人在我国法院具有管辖权的前提下,可以重新起诉陆空联运经营人,并且不属于重复诉讼的情况。然而,前诉中裁决的事实,比如陆空联运合同存在,或者针对应适用法律的认定,比如陆空联运合同准据法,应对后诉审理产生证明力。需要说明的是,此种情况下,生效判决既判力的消极效力,即禁止重复诉讼不再发挥作用,但积极效力,即前诉裁判结果在一定范围成为后诉之前提开始发挥作用。② 更具体地讲,此时前诉判决的证明力实际等同于生效判决既判力客观范围扩张至判决理由。其二,不同当事人之间。仍以陆空联运合同为例,如果涉案货物涉及多个所有人,在部分所有人于外国法院起诉陆空联运经营人且获得胜诉判决时,其他货物所有人援用上述胜诉判决所裁决的事项,也属于本部分所指证明力发生之情况。③

据此,本部分试图讨论以下两个问题:第一,未被承认的外国判决是否也应属于"已为人民法院发生法律效力的裁判";第二,能够援用证明力之主体的范围,以及产生证明力的条件。

(一)外国判决产生证明力的前提

如何理解《民事诉讼法司法解释》第 93 条第 1 款第 5 项所规定的"发生法律效力的裁判"决定外国判决产生证明力的前提。如果将之理解为生效的外国判决,那么外国判决不需要经过我国法院的承认程序就能具有证明力;如果将之理解为外国判决在我国发生效力,那么只有被承认的外国判决才具有证明力。

有学者认为,将《民事诉讼法司法解释》第 93 条规定的发生法律效力的裁判

---

① 《民事诉讼法司法解释》第 248 条规定:"裁判发生法律效力后,发生新的事实,当事人再次提起诉讼的,人民法院应当依法受理。"

② 参见王亚新、陈晓彤:《前诉裁判对后诉的影响——〈民诉法解释〉第 93 条和第 247 条解析》,载《华东政法大学学报》2015 年第 6 期。

③ 需要说明的是,如果货损仅发生在航空货物运输区段,且陆空联运经营人并未实际履行运输,货物所有人与陆空联运经营人之间陆空联运合同之诉所裁决的事项,对陆空联运经营人向实际承运人追偿之诉也应具有证明力。然而,在此种情况下,实际承运人应被认为是陆空联运合同之诉的共同被告,故而,证明力发挥作用的基础是既判力主观范围。据此,本部分不讨论此种情况。关于既判力之于共同被告的情形,参见张卫平:《民事诉讼法》(第 5 版),法律出版社 2019 年版,第 452 页。

理解为生效的外国判决，不仅可以避免司法资源的浪费，也不会给当事人带来不公正。[①] 同时，我国司法实践中通常将《民事诉讼法司法解释》第93条规定的发生法律效力的裁判理解为生效的外国判决，进而使得外国判决可以不用经过我国法院的承认程序而具有证明力。比如，在西班牙商业银行股份有限公司等与东亚泛海国际商务咨询(北京)有限公司信用证纠纷上诉案[②]中，北京第二中级人民法院认为，原告依据西班牙法院裁决书中认定的事实，不足以证明其主张的信用证欺诈，但该法院还指出，未经法定程序，西班牙法院裁决书不能在我国法院发生效力。如果裁决书在我国法院不发生效力，那么裁决书认定的事实根本不需要被审查；如果要审查裁决书中的内容是否充分证明当事人的诉讼请求，那么前提当然是该裁决书要在我国发生效力。显然，如果将发生法律效力的裁判理解为外国判决在我国发生效力，那么上述两个判断本身是矛盾的。因而，对于上述两个判断，唯一可行的解释路径就是，生效外国判决认定的事实可以具有证明力，但发生其他效力要以被我国法院承认为前提。

此外，在株式会社宇信MT与富盛光电(吴江)有限公司国际货物买卖合同纠纷申请再审案[③]中，最高人民法院指出，二审法院并没有启动承认外国民事判决的程序，但二审法院将一审程序结束后作出并生效的韩国判决作为新证据进行审查，并无不当。尽管该案判决不是针对《民事诉讼法司法解释》第93条作出的，但不难看出，最高人民法院的立场也是生效的外国判决不需要经过我国法院的承认程序，便能在我国法院作为证据使用。

从减少司法资源浪费的角度来看，生效的外国判决已经裁决的事项可以作为证据使用。然而，认可未经我国法院承认的外国判决之证明力会给当事人带来不

① 参见李庆明：《论域外民事判决作为我国民事诉讼中的证据》，载《国际法研究》2017年第5期。

② 西班牙商业银行股份有限公司等与东亚泛海国际商务咨询(北京)有限公司信用证纠纷上诉案，(2017)京02民终5995号。

③ 株式会社宇信MT与富盛光电(吴江)有限公司国际货物买卖合同纠纷申请再审案，(2013)民申字第2360号。

公正的结果。如果直接认可外国判决的证明力，有可能因为各国诉讼规则的不同，赋予外国判决已经裁决的事实在原审国法院并不具有的效力，损害被告的合法权益。更为重要的是，将《民事诉讼法司法解释》第 93 条规定的发生法律效力的裁判理解为生效的外国判决，与承认外国判决的理论前提不符。基于主权平等原则，体现别国主权的外国判决，理论上在其他国家不具有任何效力。这是外国判决如欲在别国发生效力，必须首先被承认的理论前提。因而，生效的外国判决就能在我国法院获得证明力，当然与上述理论前提不符。而基于此理论前提，外国判决只有被我国法院承认后，才能在我国产生效力。也就是说，外国判决产生证明力的前提是该判决被我国法院承认。

（二）援用证明力之主体范围与产生证明力之条件的比较法考察

1.《海牙判决公约》的有关规定

《海牙判决公约》解释报告讨论生效判决既判力时，引用《选择法院协议公约》解释报告针对《海牙判决公约》第 10 条先决问题的评论。[①] 上述评论指出，《选择法院协议公约》并没有要求承认法院认可或执行争点禁反言效果或类似效果，但承认法院可以根据承认国法律赋予针对先决问题的外国判决上述效力。[②] 在此基础上，可以认为，尽管《海牙判决公约》解释报告明确指出，《海牙判决公约》并没有要求按照承认国法律给予被承认的缔约国判决效力，并且被承认的缔约国判决之效力应由《海牙判决公约》自身之目的决定，但承认国的法律之于被承认的缔约国判决的效力，并非没有适用的空间。据此，考虑到《海牙判决公约》及其解释报告并未明确说明可以援用被承认之缔约国判决证明力的主体范围，应当认为，该问题应由承认国法律决定。

拒绝承认冲突判决与被承认之外国判决的既判力客观范围有关。针对《海牙判决公约》第 7 条第 1 款第 5 项，《海牙判决公约》解释报告指出，当作为同一争点

① See Francisco Garcimartín & Geneviève Saumier, *Judgments Convention: Revised Draft Explanatory Report*, Hague Conference on Private International Law, 2020, para. 114.

② See Trevor Hartley & Masato Dogauchi, *Explanatory Report of Convention of* 30 *June* 2005 *on Choice of Court Agreements*, Hague Conference on Private International Law, 2005, para. 195.

之基础的法律认定或者事实认定是相互排斥时，两份判决冲突意味着，执行一份判决可能全部或者部分地违反另一份判决。需要说明的是，提交给海牙国际私法会议第22届外交大会以供审议《海牙判决公约》的公约解释报告草案关于冲突的理解是，当作为同一争点之基础的法律认定或者事实认定是相互排斥时，两份判决应被认为是冲突的。最终出台的解释报告没有说明为何改变有关冲突的解释。由于解释报告草案有关冲突的解释显然要比最终解释报告关于冲突的解释更为精确，适用解释报告草案有关冲突的解释有助于《海牙判决公约》的统一适用。据此，依据《海牙判决公约》而被承认的缔约国判决中作为争点之基础的法律认定或事实认定能产生证明效力。

2.《布鲁塞尔条例Ⅰ修订》的有关规定

在一起针对《布鲁塞尔条例Ⅰ》第32条①的案件判决中，欧盟法院更进一步阐明欧盟法律下既判力的概念。该案涉及德国承运人从安特卫普向墨西哥运送国际货物陆海联运合同，合同约定由冰岛法院排他管辖，并选择冰岛法律作为准据法。保险人赔付后在比利时法院针对承运人提起诉讼，比利时法院根据《布鲁塞尔条例Ⅰ》第23条的规定，认可合同约定的管辖条款，而后保险人在德国法院另行起诉，而承运人则请求德国法院承认比利时法院有关合同管辖权条款的认定。德国法院故此请求欧盟法院解释《布鲁塞尔条例Ⅰ》第32条是否包含针对程序问题的判决以及该条例第33条是否要求成员国认可其他法院针对管辖权条款效力的判断及其原因。

欧盟法院认为，成员国法院基于合同约定之法院选择条款而拒绝自身管辖权的判决，也属于《布鲁塞尔条例Ⅰ》第32条所规定的判决，而不考虑原审国法律如何归类此类判决。② 同时，欧盟法律下一事不再理(res judicata)之概念不仅涉及

---

① 《布鲁塞尔条例Ⅰ》第32条："For the purposes of this Regulation,. judgment. means any judgment given by a court or tribunal of a Member State, whatever the judgment may be called, including a decree, order, decision or writ of execution, as well as the determination of costs or expenses by an officer of the court."

② See Gothaer Allgemeine Versicherung AG and Others v. Samskip GmbH, para. 32.

判决的主文,而且涉及判决理由,也即为判决主文提供必要的基础且与主文不可分割之部分。[①] 至于如何理解为判决主文提供必要的基础且与主文不可分割之部分,欧盟法院没有进一步解释。这显然遗留解释空间,并且需要根据个案情况分别判断。

需要指出的是,欧盟法院认为,此案判决并不与效力延伸说相冲突。由于该案涉及的判决是根据欧盟法律下共同的管辖权规则——《布鲁塞尔条例Ⅰ》——作出的,考虑到欧盟成员国适用欧盟法律之判决应得到互相信赖,判断根据欧盟法律作出之判决的效力需要适用其自身的特别体系,也即欧盟法律下的既判力概念。[②] 显然,欧盟法院似乎试图根据判决所依据法律的不同,区分依据成员国法律所作之判决与根据欧盟法律所作之判决,前者继续适用效力延伸说,而后者则需要适用欧盟法院通过判决创立的欧盟既判力规则。

从总体趋势看,判决理由部分裁断的事实或者有关法律适用的结论,也应对后诉具有证明力。外国判决如欲在我国法院产生上述证明力,应以该判决被我国法院承认为前提。判断能够援用证明力之主体范围与产生证明力之条件时需要平衡的利益,与决定既判力客观范围时需要平衡的利益一致。从判决的终局性与判决的有效性来看,生效判决裁断的请求权以及请求权基础,除非存在特殊情况,不应再次被审理。基于此,只有与判决主文不可分割且作为主文之基础的判决理由部分才能具有证明力。[③] 而从保护被告合法权益的角度来看,其一,只有经过双方当事人充分攻防的事实判断或者法律认定,才能对后续诉讼中相同的事实问题或法律问题具有证明力;其二,应当允许受到证明力影响的当事人举证推翻前诉的认定,特别是在前诉生效后,有新的事实发生的情况下;其三,对于非前诉当事人而言,如欲援用上述证明力,一方面,其需要证明上述证明力适用的当事人受到公正审判,也就是说,不能再次争议同一问题对证明力适用之当事人而言,并不

---

① See Gothaer Allgemeine Versicherung AG and Others v. Samskip GmbH, para. 40.

② Ibid., para. 42.

③ 关于可以产生证明力的事实判断与法律认定,参见丁宝同:《论争点效之比较法源流与本土归化》,载《比较法研究》2016 年第 3 期。

影响其正当程序权,另一方面,非前诉当事人也必须证明其援用上述证明力并不是滥用诉讼程序的表现。

具体到陆空联运合同判决,如果货物所有人在外国法院起诉陆空联运经营人,且未获得胜诉判决,而后在我国法院起诉实际承运人。此种情况下,实际承运人可以援用外国判决所裁决的事项,抗辩货物所有人的诉讼请求。而如果涉案货物涉及多个所有人,但只有部分货物所有人于外国法院起诉陆空联运经营人,且获得胜诉判决,而其他货物所有人而后在我国法院起诉陆空联运经营人,此种情况下,其他货物所有人是否可以援用针对陆空联运经营人的判决,则应考察其他货物所有人不参加外国诉讼的原因,以及陆空联运经营人是否在两个不同的诉讼中具有同等的诉讼机会,用以判断其他货物所有人援用外国判决所裁决的事项约束陆空联运经营人是否公平。

第三节 航空器作为执行标的之特殊问题

执行陆空联运合同判决的最后步骤是按照承认国程序规则实现判决裁决的金钱债务。通常情况下,执行陆空联运合同判决与执行其他类型的金钱给付判决并无不同。然而,货物运输合同涉及运输载具,特别是陆空联运合同,涉及一类特殊的动产——航空器。因此,当需要执行航空器时,就会产生执行陆空联运合同判决所具有,而其他类型给付判决不会产生的特殊问题。

以下通过司法实践中涉及执行航空器的案件说明执行航空器时,可能存在的特殊问题。2011 年海南亚太公司作为承租人与作为出租人的豪海公司签订飞机融资租赁合同。同年涉案两架飞机在中国民用航空局登记,并取得《民用航空器国籍登记证》。同年华办船舶公司与豪海公司签订物资借用合同一份,豪海公司以其所有两架飞机为履行合同提供抵押担保。同年华办船舶公司与豪海公司就两架飞机在中国民用航空局办理抵押登记,该局出具《民用航空器抵押权登记证》,载明抵押权人为华办船舶公司,抵押人为豪海公司。2013 年,华办船舶公司诉至法院,要求豪海公司支付借用物资折价款,虽然经调解结案,但豪海公司未履行调解协议。华办船舶公司请求法院执行调解协议,法院首先查封、扣押涉案两架飞机,而后请求资产评估公司评估涉案飞机的价值,最后委托拍卖公司司法拍卖涉案飞机。然而,2014 年海南亚太公司诉至法院,要求豪海公司继续履行双方签订的飞机融资租赁合同,获得胜诉判决。2015 年华办船舶公司提起第三人撤销之诉请求撤销上述民事判决,经过两审,获得胜诉判决。2017 年海南亚太公司起诉华办船舶公司,请求继续履行飞机融资租赁合同,经过两审,诉讼请求被驳回。①

从上述案情不难看出,由于航空器自身价值巨大,其本身的物权关系非常复杂。因而,执行航空器时,不仅可能涉及执行异议之诉,并且也会涉及第三人撤销之诉。而仅就执行航空器的过程而言,还涉及查封、扣押、评估、司法拍卖以及登记事项变动等手续。因此,如果陆空联运经营人实际占有航空器,且其他资产不足以偿还被承认的外国判决所裁决的金钱债务时,需要考察因执行航空器而涉及的特殊问题。遵循承认与执行外国判决的一般程序,本节首先需要考察原审法院以物之所在地为基础,行使对物管辖权,是否可以被认为具有适当管辖权。

一、以对物管辖权作为管辖权基础的适当性

第二章已经论及,对物管辖权或对物诉讼是英美法系特有的一种行使管辖权之基础。"对物诉讼乃为法院之判决决定一特定财产之权利及当事人之权利,该判决之效力不止于当事人间而已,并且及于所有与当事人或该特定财产有法律行为之人。"②从管辖基础看,对物管辖权与《布鲁塞尔条例Ⅰ修订》第 24 条③规定的

① 参见海南亚太通用航空有限公司与上海华办船舶物资贸易有限公司融资租赁合同纠纷案,(2017)沪 02 民终 7079 号。

② 陈隆修:《国际私法管辖权评论》,台北,五南图书出版股份有限公司 1986 年版,第 29 页。

③ 《布鲁塞尔条例Ⅰ修订》第 24 条:"The following courts of a Member State shall have exclusive jurisdiction, regardless of the domicile of the parties: (1) in proceedings which have as their object rights *in rem* in immovable property or tenancies of immovable property, the courts of the Member State in which the property is situated. However, in proceedings which have as their object tenancies of immovable property concluded for temporary private use for a maximum period of six consecutive months, the courts of the Member State in which the defendant is domiciled shall also have jurisdiction, provided that the tenant is a natural person and that the landlord and the tenant are domiciled in the same Member State;..."

物之所在地法院享有针对被告之排他管辖权，以及我国《民事诉讼法》第272条规定的诉讼标的物所在地、可供扣押的财产所在地法院行使针对非居民被告之管辖权并无本质不同。需要说明的是，依据《民事诉讼法》第272条，可供扣押的财产所在地法院行使针对非居民被告之管辖权时，并不需要案件与被扣押的法院地财产具有任何联系，①甚至不需要案件与法院地具有任何联系。② 这种过于广泛的管辖权基础并不适当，应被认为是一种过度管辖权。③

尽管对物管辖权与对人管辖权的管辖基础并无不同，但对物管辖权仍有其特殊之处，行使对物管辖权而作出之判决仅仅只针对特定物。因此，针对特定物不具有权益的主体不受影响；同时，即便是受影响的主体，也仅仅只限于特定物，而不涉及该主体之其他财产。④ 英国法院是国际商事诉讼审判地，然而，在司法实践中，其针对航空器行使对物管辖权非常少见。⑤ 可能的原因在于以下两个方面。

第一，航空货物运输主要以腹舱运输为主。航空器主要通过两种方式提供货物运输，一种是由货机提供的全货运服务，航空器的全部运力专用于航空货物运输；另一种是由客机提供的腹舱货运服务，在航空器的主甲板上运送乘客并在其腹舱中运输货物。从统计数据来看，2014年我国航空公司以腹舱带货形式运载

---

① 比如，《海事诉讼特别程序法》第19条规定："海事请求保全执行后，有关海事纠纷未进入诉讼或者仲裁程序的，当事人就该海事请求，可以向采取海事请求保全的海事法院或者其他有管辖权的海事法院提起诉讼，但当事人之间订有诉讼管辖协议或者仲裁协议的除外。"根据该条，即便被扣押的船舶与海事请求并无任何关系，也可以由扣押船舶的海事法院行使管辖权，参见青岛鑫创大通国际贸易有限公司与弘远控股有限公司等公司海事海商纠纷上诉案，(2017)浙民辖终1号。

② 比如，黄某某等与周大福代理人有限公司等股权转让合同纠纷上诉案。在该案中，最高人民法院认为，就本案而言，当事人之间的合同均在香港签订，诉讼标的物所在地亦在香港，被告均为香港登记注册的公司，且在中国内地又没有设有代表机构，故香港法院无疑对本案享有管辖权。但由于本案被告之一在广东省内具有可供扣押的财产，最高人民法院据此认为广东省高级人民法院具有管辖权。此案属于仅通过扣押与案件争议无关的法院地财产而行使针对非居民被告之管辖权的典型。

③ 对此问题的不同意见，参见章晶：《过度管辖之存废与中国立场——以限缩解释方法为进路》，载《武大国际法评论》2019年第5期。

④ See Lawrence Collins eds., *Dicey, Morris & Collins on the Conflict of Laws*, 15th ed., Sweet & Maxwell, 2012, p. 646.

⑤ Ibid., p. 648.

的货物共计124.1万吨,占总量的59.6%,全货机航线的货运总量为84.0万吨,占总量的40.4%。[①] 不难看出,我国航空货物运输采用的主要形式是腹舱运输。同时,腹舱运输也是世界范围内航空货物运输的主要方式。[②] 以腹舱运输为主使得扣押航空器必然涉及与航空货物运输合同无关之旅客的权益,而不会像扣押船舶一样,只事关货物运输合同相关当事人的利益,而不涉及与货物运输合同无关的第三人利益。

第二,航空货物运输合同通常并不涉及航空器的真正所有人。在国际海上货物运输合同纠纷中,货物所有人通常通过扣押船舶,一方面实现规避法律选择条款之目的,另一方面便于判决的最终执行。这主要是因为海上货物运输合同,不管是提单,[③]抑或租约,[④]都会规定承运人识别条款,将船舶所有人认定为承运人,进而可以针对船舶所有人提起对物诉讼。然而,在陆空联运合同或者国际航空货物运输合同纠纷中,承运人通常是货运代理人。而即便是货运代理人与航空公司之间的追偿,由于航空公司只是通过融资租赁[⑤]或经营性租赁[⑥]占有、使用航空器,也不能针对航空器的真正所有人提起对物诉讼。

综上所述,考察陆空联运合同判决管辖权基础时,可以认为,基本不会涉及对物管辖权。而即便涉及,除非原审国程序规则与我国《民事诉讼法》一样,不限制基于对物管辖权而审理之案件的受案范围与判决涉及财产的范围,则由于对物管

① 参见徐旭、张健、卢晓凯、汪刘超:《中国航空货运国际网络地域系统研究》,载《干旱区资源与环境》2018年第10期。

② See Michael W. Tretheway & Robert J. Andriulaitis, *Airport Competition for Freight*, in Peter Forsyth eds., Airport Competition-The European Experience, Ashgate Publishing Limited, 2010, p.138.

③ See Richard Aikens, Richard Lord & Michael Bools, *Bills of Lading*, 2nd ed., Informa Law from Routledge, 2016, para.7.61.

④ See Terence Coghlin et al., *Time Charters*, 7th ed., Informa Law from Routledge, 2015, para. 21.2.

⑤ "融资租赁是指出租人购买承租人(航空公司)选定的飞机,享有飞机所有权,并在一定期限内将飞机出租给承租人有偿使用",参见谭向东:《飞机租赁实务》(修订版),中信出版社2012年版,第28页。

⑥ "经营性租赁是一种以提供飞机短期使用权为特征的租赁形式",参见谭向东:《飞机租赁实务》(修订版),中信出版社2012年版,第25页。

辖权本身的限制，其并不影响败诉方在我国法院的财产。因此，通常情况下，只有在原审法院针对陆空联运经营人行使对人管辖权，而其在法院地之财产并不足以偿付判决裁决的金钱债务，并且陆空联运经营人占有的航空器在我国法院管辖范围内时，才会涉及执行航空器。而由于胜诉方执行航空器的目的是实现金钱债权，而不是转移航空器所有权，本节以下部分不讨论查封、扣押、评估、司法拍卖航空器，以及航空器登记事项变动等手续，仅在航空器物权关系复杂的前提下，主要考察如何依据我国法律规则，保护对航空器具有物权利益之第三人的权益。

二、第三人权益的保护

本部分首先以东星航空公司破产案引发的一起航空器留置案为例，说明执行航空器本身可能涉及的利害关系人，其次在此基础上考察陆空联运经营人占有的航空器处于我国时，与航空器具有利害关系之人如何通过我国法律保护其自身权益。

2007 年 9 月至 2009 年 3 月，东星航空公司与原告签订一系列与提供航空运输服务有关的合同。然而，东星航空公司尚未支付上述合同中所产生的服务费用，即被法院宣告进入破产程序。原告留置东星航空公司运营的一架飞机后，向破产清算组申报债权。由于破产财产分配未达到原告认可之债权，原告继续留置涉案航空器，并请求航空器真正所有人及其母公司支付未得到清偿之债务，以取回涉案航空器。[①]

航空公司通常通过融资租赁的方式，实现占有、使用航空器，但其实际所有人，可能是为隔离风险而由出租人或者实际所有人设立的特殊目的实体（SPV）或者子公司。[②] 尽管真正所有人可以依据《开普敦公约》，在国际登记处登记国际利益，[③]但如果航空器实际占有人享有留置权，则根据我国加入《开普敦公约》之声

---

① 参见广州白云国际机场股份有限公司诉通用电气商业航空服务有限公司等留置权纠纷案，广东省广州市中级人民法院民事判决书，(2009)穗中法民四初字第 27 号。

② 参见刘光才、靳璐：《航空融资租赁出租人的法律风险及防控》，载《南京航空航天大学学报(社会科学版)》2020 年第 1 期。

③ 参见于丹：《〈开普敦公约〉体制下的国际利益研究》，载《当代法学》2011 年第 2 期。

明,已经登记的国际利益并不具有优先受偿的效力。[①] 然而,需要指出的是,我国《民用航空法》并没有规定航空器留置权。因此,有必要结合上述航空器留置权案考察融资租赁合同下,承租人的债权人能否留置航空器的问题。同时,依据《民用航空法》第 11 条[②]以及《民用航空器权利登记条例》第 4 条[③],中国民用航空局只受理所有权、占有权、抵押权以及优先权登记。如果按照《民法典》的规定方式,融资租赁并不能赋予出租人抵押权,则在融资租赁模式下,航空器真正所有人并没有可以选择的登记事项。这可能导致执行标的——航空器并非陆空联运经营人所有之问题。进而需要考察我国《民事诉讼法》为案外人利益所设立的执行异议之诉以及第三人撤销之诉如何适用。

(一)航空器留置权的设置问题

留置权,是指债权人合法占有债务人动产时,债务人不履行到期债务,债权人依法享有的留置该财产,以该财产折价或者拍卖、变卖该财产的价款优先受偿的权利。[④] 由于《民用航空法》没有规定航空器留置权,因此,融资租赁合同下航空器留置权设置问题,需要分析以下两个问题。

---

① 第十一届全国人民代表大会常务委员会第五次会议决定:"批准 2001 年 11 月 16 日在国际民航组织理事会和国际统一私法协会联合召开的外交会议上通过的《移动设备国际利益公约》和《移动设备国际利益公约关于航空器设备特定问题的议定书》(以下简称《公约》和《议定书》),同时声明:一、对《公约》第三十九条第 1 款(a)项声明:依照中华人民共和国法律优先于有担保的债权人的全部非约定权利或者利益无须登记即可优先于已经登记的国际利益,包括但不限于破产费用和共益债务请求权,职工工资,产生于该民用航空器被抵押、质押或留置之前的税款,援救该民用航空器的报酬请求权,保管维护该民用航空器的必需费用请求权等。……"

② 《民用航空法》第 11 条规定:"民用航空器权利人应当就下列权利分别向国务院民用航空主管部门办理权利登记:(一)民用航空器所有权;(二)通过购买行为取得并占有民用航空器的权利;(三)根据租赁期限为六个月以上的租赁合同占有民用航空器的权利;(四)民用航空器抵押权。"

③ 《民用航空器权利登记条例》第 4 条规定:"办理民用航空器所有权、占有权或者抵押权登记的,民用航空器权利人应当按照国务院民用航空主管部门的规定,分别填写民用航空器所有权、占有权或者抵押权登记申请书,并向国务院民用航空主管部门提交本条例第五条至第七条规定的相应文件。办理民用航空器优先权登记的,民用航空器优先权的债权人应当自援救或者保管维护工作终了之日起 3 个月内,按照国务院民用航空主管部门的规定,填写民用航空器优先权登记申请书,并向国务院民用航空主管部门提交足以证明其合法身份的文件和有关债权证明。"

④ 参见孔得建、丁向群:《我国民用航空器留置权法律制度建构》,载《中州学刊》2019 年第 12 期。

第一,航空器留置权的法源。就此问题,除已经提及的我国加入《开普敦公约》所做声明外,上述留置权案审理法院还指出:

《民用航空法》第三章“民用航空器的权利”里没有关于航空器留置权的规定,但该法没有规定航空器不可留置,而依照《物权法》第二百三十条的规定,明确赋予了债权人得以对其合法占有的债务人之动产进行留置的法定权利。

而对于航空器是否属于动产,法院认为:

就其本质属性而言,航空器仍然属于动产。因此,民用航空器完全可以成为留置权的客体,基于航空器所产生债权债务的债权人得依上述法律规定对航空器行使留置权。

上述观点是合理的。《民用航空法》尽管没有明确规定留置权,却也没有明确排除该制度的适用。因此,运用《物权法》的一般规定,适用于航空运输领域,具有合理性以及必要性。

第二,融资租赁合同下,承租人非航空器所有人,留置非债务人的财产是否合法。对此问题,上述留置权案件审理法院认为:

通常,债权人在占有留置物时只需由债务人提供标的物即可,债权人不负有对标的物所有权进行审查的义务。这样,债权人占有的留置物既有可能属于债务人所有,也有可能不属于债务人所有。针对这种情况,如果在债权人行使留置权时要求留置物必须为债务人所有,这显然是对债权人的苛求,也有悖于民法的公平原则。依据公平原则,既然债权人在占有留置物时不以其属于债务人所有为限,则债务人提供的留置物,不管其是否属于债务人所有,只要债务人在一定期限内不履行其义务,债权人就有权对其提供的留置物予以留置。

上述以外观主义作为理论出发点，基于公平分配风险之目的而得出的论断是可以接受的。然而，留置不属于债务人的动产更适当的理论出发点应是维护交易安全与贯彻占有之公信力。同时，从公平分配风险的角度来看，应对留置权人施加一定的注意义务，也即占有之始明知或因重大过失而不知该动产非为债务人所有者，[①]不成立留置权。

据此，可以认为，在我国现行法律体系之下，可以存在航空器留置权。而如果陆空联运经营人使用之航空器被留置权人合法占有，司法拍卖航空器所得价款，则应当首先清偿留置权人之债务，之后才能被用于实现陆空联运合同判决裁断之债务。

（二）第三人撤销之诉与执行异议之诉的适用问题

第三人撤销之诉，是指案外第三人申请撤销他人之间已经生效的、错误的判决、裁定和调解书，以维护自己民事权益的制度。[②] 不管是从实质正义还是程序正义的角度来看，设置第三人撤销之诉是为解决虚假诉讼等借助司法程序侵害他人权益，[③]其目的当然是保护第三人之利益。第三人撤销之诉本质是改变他人之间民事判决已经裁断的法律关系。[④] 因而，在他人之间判决是外国判决的前提下，第三人撤销之诉不具有适用的空间，原因如下。

第一，我国法院不能实质审查原审法院所作之裁决。前已论及，外国判决是该国主权行使之结果。因此，作为国家主权的一部分，其行使不应受到外国法院的审查。同时，尽管我国《民事诉讼法》没有明确规定是否可以实质审查外国判决，但有学者认为："人民法院依法律规定的承认要件进行判断，并不实质审查请求国法院判决认定事实及法律适用错误与否。"[⑤]基于此，第三人撤销之诉对外国

---

① 参见谢在全：《民法物权论（下册）》（修订5版），中国政法大学出版社2011年版，第1064页。

② 参见张卫平：《民事诉讼法》（第5版），法律出版社2019年版，第409页。

③ 参见张卫平：《中国第三人撤销之诉的制度构成与适用》，载《中外法学》2013年第1期。

④ 参见王毓莹、史智军：《案外人权利救济制度之相关疑难问题辨析——以全国法院第九次民商事审判工作会议纪要为视角》，载《法律适用》2020年第7期。

⑤ 沈红雨：《外国民商事判决承认和执行若干疑难问题研究》，载《法律适用》2018年第5期。

判决没有适用之可能。

第二,陆空联运合同不调整第三人对执行标的——航空器的权利。在本节的研究背景下,航空器只是实现陆空联运合同判决的执行标的,而不是诉讼标的。在此基础上,第三人实无撤销上述判决之必要。

再审程序同样涉及实体审查,基于上述原因也不能适用于外国判决之情况。在此基础上,案外人异议之诉就成为航空器真正所有人唯一可得的救济途径。案外人异议之诉是指执行案外人就执行标的提出执行异议,在法院审查被驳回后,以具有足以排除执行的理由向法院起诉要求排除执行的诉讼。[①] 提起执行异议之诉以提出执行异议为前提。[②] 因此,航空器真正所有人如确实能证明其所有权,则不需要进一步提出执行异议之诉。然而,执行异议仅阻却继续执行,而不涉及执行标的本身的归属。因此,航空器真正所有人或是由于不能说服法院,需要进一步提出执行异议之诉,进而请求法院就其对执行标的物是否享有权利、享有什么样的权利、权利是否足以排除强制执行进行判断;或是需要在阻却执行后,进一步在航空器所在地提起确认之诉,以便终局性地解决航空器所有权纠纷。

综上所述,由于司法实践付之阙如,本节主要从理论层面,结合其他类型合同下执行航空器的案件,考察以航空器作为陆空联运合同执行标的所存在的特殊问题。一方面,由于对物管辖权以诉讼标的物为受案范围之限制以及判决范围之限制,航空器只有作为执行标的而不是管辖权基础时,才有在其他国家法院执行航空器之必要。另一方面,由于航空器物权关系的复杂性,执行航空器的过程中,不仅需要保护航空器实际占有人所享有的合法债权,而且需要保护真正所有人对航空器之所有权,故而需要从实体法以及程序法方面完善保障上述主体权益之机制。

---

① 参见张卫平:《民事诉讼法》(第5版),法律出版社2019年版,第589页。

② 参见《民事诉讼法》第227条:"执行过程中,案外人对执行标的提出书面异议的,人民法院应当自收到书面异议之日起十五日内审查,理由成立的,裁定中止对该标的的执行;理由不成立的,裁定驳回。案外人、当事人对裁定不服,认为原判决、裁定错误的,依照审判监督程序办理;与原判决、裁定无关的,可以自裁定送达之日起十五日内向人民法院提起诉讼。"

本章小结

承认与执行陆空联运合同判决的特殊性，一方面，源于该类合同涉及多方主体，而且在履行过程中会产生多种责任；另一方面，也源于多种承认与执行制度可能适用于该类合同，并且航空器可能被作为执行标的。解决上述问题，需要平衡四项司法政策，也即避免司法资源的浪费、保证胜诉方的合理期待、保护被告的合法权益以及不损害承认国的主权。需要说明的是，涉及被承认的外国判决之既判力时，避免司法资源的浪费以及保证胜诉方的合理期待，这两项司法政策分别体现为判决的终局性与判决的有效性。而涉及陆空联运合同外第三人时，保护被告合法权益的司法政策当然也应当扩张其范围，以便保护上述第三人的合法权益，特别是在以航空器为执行标的时。基于此，从节省司法资源以及保证胜诉方合理期待的角度而言，应尽可能选择有利于执行陆空联运合同判决的制度，并减少承认陆空联运合同判决需要满足的条件。同时，也应尽可能扩张被承认的陆空联运合同之效力范围。与之相对，从保护被告合法权益以及不损害承认国主权的角度而言，一方面，外国判决是否可以在承认国产生效力以及效力的范围如何应由承认国法律决定；另一方面，未受到公正审判，或者未被给予同等诉讼机会的被告或第三人不应受到陆空联运合同判决的约束。

第七章　中国应对陆空联运合同国际私法问题之不足与对策

理论研究的最终目的是为实践服务。故而,就解决陆空联运合同国际私法问题而言,本章首先探讨我国立法规定存在的不足以及司法实践存在的问题,其次考察解决前述问题的可行路径,并提出相对应的改善建议。

第一节　中国应对陆空联运合同国际私法问题之不足

一、立法规定之不足

基于我国目前有关合同国际私法问题的相关法律法规,结合前述章节研究的结果,我国立法应对陆空联运合同国际私法问题有以下几方面不足。

第一,确定管辖权的规则体系存在不足。一方面,类推适用确定国内民商事案件管辖权之规则,确定国际民商事案件管辖权。无论是双重机能说,还是类推适用说,都忽视国际民事诉讼与国内民商事诉讼的本质不同。前者涉及一国管辖领域外发生的事实以及处于一国管辖领域外的当事人,而后者并不涉及。基于上述不同,应当针对两种不同的诉讼,分别制定管辖权的确定规则。即便通过统一的规则确定国内民商事案件以及国际民商事案件的管辖权,也应厘清不同规则之间的适用关系。比如,《民事诉讼法》与《民事诉讼法司法解释》中有多个条款规定合同履行地,然而却没有明确这些不同条款之间的适用顺序。另一方面,《民事诉讼法》针对非居民被告确定管辖权之规则有过度之嫌。由于国际民商事诉讼与国内民商事诉讼不同，涉及非居民被告的情况下，对其行使管辖权应具有合理性基础。然而，在陆空联运合同与我国缺乏其他联系时，《民事诉讼法》规定的由代表机构所在地法院行使管辖权，以及通过扣押财产而行使与该财产无关之案件的管辖权并不适当。应当认为，与要求法院选择条款必须满足实际联系要求相比，更恰当的要求应是，针对非居民被告行使管辖权时，除需要满足《民事诉讼法》规定的管辖权基础外，案件本身也需要与我国有实际联系。

第二，有关法院选择条款与平行诉讼的规定，限制法院选择条款功能的实现。其一，我国有关法院选择条款的相关规定过多地限制当事人的选择。《民事诉讼法》规定的实际联系点并没有考虑不同类型合同本身的特殊性。特别是对于货物运输合同，被告住所地、合同履行地、合同签订地、原告住所地并不一定与合同本身存在必然的实际联系。① 其二，有关平行诉讼的规定限制法院选择条款功能的实现。法院选择条款能够有效地抑制平行诉讼问题，高效解决当事人之间的纠纷，并减少司法资源的浪费。然而，依据《民事诉讼法司法解释》，我国法院只能在特定情况下排除我国法院之管辖。比如，签订有民商事司法协助条约或者满足不方便法院的规定。诚然我国当事人的利益需要保护，我国的司法管辖权也需要维护，但更好的解决方式，不是在立法中不加区别地严格限制，应是给予法院一定的自由裁量权，以平衡个案正义与维护司法管辖权。

第三，缺乏针对国际条约如何适用的规定。《民法典》没有规定国际条约的适用问题。因此，解决国际条约适用问题，只能按照特别法中的规定，而没有一般性的规定。而即便是《民用航空法》第 184 条②，也并不是非常完善的规定。比如，如何理解规定不同。又如，作为《蒙特利尔公约》的缔约国，该公约是否适用需要当事人请求法院认定，还是由法院依职权认定，以及进一步的国际航空货物

① 参见袁发强、瞿佳琪：《论协议管辖中的“实际联系地”——立法目的与效果的失衡》，载《国际法研究》2016 年第 5 期。

② 《民用航空法》第 184 条规定：“中华人民共和国缔结或者参加的国际条约同本法有不同规定的，适用国际条约的规定；但是，中华人民共和国声明保留的条款除外。中华人民共和国法律和中华人民共和国缔结或者参加的国际条约没有规定的，可以适用国际惯例。”

运输合同涉及的国家所参加的运输公约查明问题，应由当事人查明，还是由我国法院依职权查明。这些问题都有待进一步明确。可以预见的是，没有完善的立法规定，必然导致我国法院司法实践中难以准确地适用或不适用运输公约。

第四，缺乏针对货物运输合同的专门冲突规则。《法律适用法》只有关于合同法律适用的一般规定。因此，有关货物运输合同的冲突规则需要从特别法中寻找，比如《民用航空法》第188条①。然而，《法律适用法》第41条规定的特征性履行方法是否可以适用于货物运输合同；如何确定与货物运输合同具有最密切联系地法律；是否需要制定专门的冲突规则，以便在当事人意思自治不适用时，用于确定货物运输合同的准据法。这些问题也都有待于进一步明确。

第五，承认与执行外国判决之规则有待完善。尽管我国与其他国家签订的一些双边民商事司法协助条约中存在间接管辖权的规定，②但《民事诉讼法》及《民事诉讼法司法解释》并没有针对间接管辖权的规定。同时，相对于其他国际公约、区域立法或国内立法将送达抗辩作为拒绝外国判决被承认之条件，我国却将送达抗辩作为原告需要证明的事项，这种规定方式与此类抗辩的作用相悖。更为重要的是，我国《民事诉讼法》及《民事诉讼法司法解释》并没有完整地规定国内判决的既判力规则，并且国内判决效力的规则与外国判决效力之规定并不相同，存在不同解释的可能。这就导致外国判决在我国具有何种效力并不明确。

---

① 《民用航空法》第188条规定："民用航空运输合同当事人可以选择合同适用的法律，但是法律另有规定的除外；合同当事人没有选择的，适用与合同有最密切联系的国家的法律。"

② 比如，2018年生效的《中华人民共和国和埃塞俄比亚联邦民主共和国关于民事和商事司法协助的条约》第25条："一、为本条约的目的，符合下列情况之一的，作出裁决一方的法院即被视为有管辖权：(一)在提起诉讼时，被告在该方境内有住所或者居所；(二)因被告在该方境内设立的分支机构的商业活动产生诉讼；(三)被告已经明示接受该方法院的管辖；(四)被告就争议的实质问题进行了答辩，未对管辖权提出异议；(五)在合同案件中，合同在该方境内签订，或者已经、或者应当在该方境内履行，或者诉讼标的物在该方境内；(六)在非合同性质的侵权案件中，侵权行为或者结果发生在该方境内；(七)在扶养义务案件中，债权人在提起诉讼时在该方境内有住所或者居所；(八)作为诉讼标的物的不动产位于该方境内；(九)在继承案件中，被继承人死亡时的住所地或者居所地或者主要遗产所在地位于该方境内；(十)在身份案件中，诉讼当事人在该方境内有住所或者居所。二、本条第一款不应影响双方法律关于专属管辖权的规定。为此目的，双方应当在本条约生效后，及时通过各自的中央机关，以书面形式相互通知本国法律关于专属管辖权的规定。"

二、司法实践存在之问题

(一)有关陆空联运合同司法实践所反映的问题

本书以在“北大法宝”数据库中,以“航空货物运输合同”为案由,以“涉外”作为关键词搜索到的案例作为本部分研究我国法院如何解决陆空联运合同国际私法问题的样本。从上述案例可以看出,就解决陆空联运合同国际私法问题而言,我国目前司法实践中存在以下问题。

第一,应当适用而不适用运输公约。在泛亚班拿国际运输代理(中国)有限公司西安分公司与格拉默车辆座椅(陕西)有限公司航空货物运输合同纠纷①中,涉案运输是从土耳其经过上海运输到富平县的陆空联运,由于航空运输区段的迟延,托运人不能向买方及时交货而导致诉讼。然而,一审法院径直适用当时有效的《中华人民共和国合同法》(以下简称《合同法》)作出判决,而没有考虑该案由于存在涉外因素,需要首先认定合同准据法。同时,由于《蒙特利尔公约》有关于迟延运输的规定,②案件也需要考察该公约能否适用。如果《蒙特利尔公约》适用,则应依据该公约调整当事人之间的争议。

又如,广州宝舟信息科技有限公司诉深圳市喜丰国际货运代理有限公司航空货物运输合同纠纷案③,涉案运输是从深圳到美国的国际航空货物运输,由于海关扣留而无法清关,原告起诉承运人赔偿损失。原审法院没有考察《蒙特利尔公约》适用之可能,而同样径直适用当时有效的《合同法》有关货物运输合同之规定。

第二,不应当适用运输公约,但却适用运输公约。在中外运空运发展股份有

① 泛亚班拿国际运输代理(中国)有限公司西安分公司与格拉默车辆座椅(陕西)有限公司航空货物运输合同纠纷案,(2019)陕01民初717号。

② 参见《蒙特利尔公约》第19条:“旅客、行李或者货物在航空运输中因延误引起的损失,承运人应当承担责任。但是,承运人证明本人及其受雇人和代理人为了避免损失的发生,已经采取一切可合理要求的措施或者不可能采取此种措施的,承运人不对因延误引起的损失承担责任。”

③ 广州宝舟信息科技有限公司诉深圳市喜丰国际货运代理有限公司航空货物运输合同纠纷案,(2016)粤7102民初151号。

限公司华东分公司与三星财产保险(中国)有限公司保险人代位求偿权纠纷上诉案①中,涉案运输是从香港到上海的国内航空货物运输,货物遗失而保险人赔偿后,保险人提起代位求偿之诉。一审与二审法院都没有分析从香港特别行政区到上海的航空货物运输能否为运输公约调整,而直接适用《蒙特利尔公约》。需要指出的是,尽管根据我国向国际民航组织提交的声明,《蒙特利尔公约》是从2006年12月15日,而不是按照该公约适用于我国内地的时间——2005年7月3日——开始适用于香港特别行政区,②但香港特别行政区不构成公约概念下的缔约国。因此,上述案件涉及的运输完全是国内航空货物运输,也就没有《蒙特利尔公约》适用之条件,除非当事人在航空货运单中明确约定该公约的适用。

第三,不当适用运输公约。在广州鎏星贸易有限公司诉中外运——敦豪广东分公司等航空运输损害责任纠纷案③中,涉案运输是从广东到巴拿马的国际航空货物运输,原告起诉由于货物第一次邮寄丢失而导致的损失。法院审理后认为:

原告和被告之间形成的是国际航空货物运输合同关系,民用航空运输合同当事人可以选择合同适用的法律,根据本案快件存根背面的DHL快件运输协议中关于法律适用的约定,应认定为双方当事人对合同关系选择适用华沙公约为准据法。

需要指出的是,涉案运输是于2005年9月29日发生,此时,《蒙特利尔公约》已经对我国生效。同时,《蒙特利尔公约》于2003年11月4日对巴拿马产生效

① 中外运空运发展股份有限公司华东分公司与三星财产保险(中国)有限公司保险人代位求偿权纠纷上诉案,(2015)沪一中民六(商)终字第42号。

② ICAO:*Current Lists of Parties to Multilateral Air Law Treaties*,ICAO,https://www.icao.int/secretariat/legal/List%20of%20Parties/Mtl99_EN.pdf,last visited Sept. 9th 2020.

③ 广州鎏星贸易有限公司诉中外运——敦豪广东分公司等航空运输损害责任纠纷案,(2008)萝法民二初字第64号。

力。[①] 因此,该案实无当事人意思自治之空间,而应当直接适用《蒙特利尔公约》。

第四,不当理解华沙体系与《蒙特利尔公约》之间的关系。在域多利货运有限公司、中国人民财产保险股份有限公司广州市分公司保险人代位求偿权纠纷[②]中,一审法院指出:

> 中国作为国际航空运输条约"华沙体制"之一《海牙议定书》的缔约国,亦应在国际航空运输中适用《海牙议定书》的相关规定,而《海牙议定书》第十三条规定与《蒙特利尔公约》应属一般规定和特殊规定的关系。

显然,一审法院混淆华沙体系与《蒙特利尔公约》之间的关系。上述关系并不是一审法院所理解的一般与特殊的关系,而是相互替代的关系。特别是考虑到《蒙特利尔公约》第22条第5款与《海牙议定书》第13条规定是完全一致的,一审法院所谓一般与特殊之关系就更不能成立。需要说明的是,该案二审法院纠正一审法院上述认定之错误,完全按照《蒙特利尔公约》第22条作出终审判决。

(二)有关多式联运合同司法实践所反映的问题

陆空联运合同是一种特殊类型的多式联运合同。因此,通过研究我国法院处理多式联运合同国际私法问题的案例,可以分析我国法院解决所有类型多式联运合同国际私法问题时存在的共性问题,包括以下几个方面。

第一,缺乏对于多式联运合同准据法确定过程的解释。从收集到的案例来看,多数案例并没有说明准据法的确定过程,而径直适用我国法律。比较典型的是温州市达川国际货运代理有限公司诉瑞安市上望针织三厂等海上货物运输合

① See ICAO:*Current Lists of Parties to Multilateral Air Law Treaties*, ICAO, https://www.icao.int/secretariat/legal/List%20of%20Parties/Mtl99_EN.pdf, last visited Sept. 9th 2020.

② 域多利货运有限公司、中国人民财产保险股份有限公司广州市分公司保险人代位求偿权纠纷上诉案,(2018)粤04民终454号。

同纠纷案[①],尽管该案涉及从宁波港到汉堡港再到乌克兰的多式联运合同,但一审法院却认定:

本案中,原被告之间的基础法律关系实际上包含了国际多式联运合同和目的港清关代理关系两种,其中的国际多式联运合同关系因包含海上运输方式,当然适用《中华人民共和国海商法》第四章中有关多式联运合同的特别规定。

然而,一审法院并没有说明《海商法》当然适用的原因。遗憾的是,无论是当事人在上诉意见中,还是在二审判决中,都没有对法律适用问题提出异议。不难看出,两审法院对于国际民商事案件的特殊性,即必须首先确定准据法,才能审查实体权利义务,都没有明确的认识。

第二,过于严格地认定多式联运提单中格式法律选择条款的效力。本书第四章关于格式法律选择条款的分析已经论及,并不应以该类条款存在特殊的形式,而通过更为严格的标准认定其效力。然而,在我国司法实践中,对于格式法律选择条款,更趋向于按照我国《民法典》对格式条款的限制,更为严格地认定其效力。比如在上海浦东幸运船务有限公司与北京泰宇博洋国际贸易有限责任公司多式联运合同纠纷上诉案[②]中,二审法院认为:

涉案提单中虽载明适用美国法律,但该法律适用条款系浦东幸运公司单方预先打印在提单上的格式条款,虽然法律适用条款并非对当事人之间权利义务的直接约定,但其往往决定了当事人最终所需承担的法律责任,并对当事人之间权利义务产生重要影响,故,浦东幸运公司应采取合理的方式提请对方注意。涉案提单中法律适用条款字体明显小于货物运输事项的其他内容,且该条款被承运人签

---

① 温州市达川国际货运代理有限公司诉瑞安市上望针织三厂等海上货物运输合同纠纷案,(2014)浙海终字第38号。

② 上海浦东幸运船务有限公司与北京泰宇博洋国际贸易有限责任公司多式联运合同纠纷上诉案,(2016)津民终字第200号。

章所覆盖。在浦东幸运公司未能提供证据证明已经提请泰宇博洋公司注意的情况下,即使泰宇博洋公司接受了涉案提单,亦不能认定双方就提单中法律适用问题达成一致意见,本院对于该法律适用条款不予确认。

可以看出,我国法院已经注意到格式法律选择条款间接影响当事人之间权利义务的特殊性,进而根据实体法律规定中设定的格式条款效力认定规则,更为严格地认定格式法律选择条款的效力。究其原因,我国目前货物贸易仍是以出口为主,而货物运输合同中的格式法律选择条款通常规定适用承运人住所地法律。故而,我国法院严格地限定格式法律选择条款之目的应是适用我国法律,进而保护我国托运人的利益。

第三,以适用法院地法为导向运用最密切联系原则。从涉及多式联运合同法律适用问题的案例来看,我国法院在适用最密切联系原则时,或是不分析其如何认定最密切联系原则,比如,在诸某某诉李某某多式联运合同纠纷案中,法院径直认定,"因双方未约定解决纠纷适用的法律,根据最密切联系原则,本院适用中华人民共和国法律作为准据法"①;或是仅考察连接点数量上的累积,比如在上海韦台国际货物运输代理有限公司深圳分公司诉上海邦达天原国际货运有限公司等多式联运合同纠纷案中,法院认为:"由于涉案货物的运输目的地、各方当事人住所地均在中华人民共和国境内,故本案应适用与涉案多式联运合同有最密切联系的中华人民共和国法律作为处理合同争议的准据法。"②然而,不管是以何种方式适用最密切联系原则,从收集到的案例来看,多数情况下,适用最密切联系原则的最终结果都是以我国法律作为准据法。这就使最密切联系原则成为我国法院适用法院地法的工具,偏离其本身所应实现的纠正功能。

综上所述,就解决陆空联运合同国际私法问题而言,我国立法规定以及司法

---

① 诸某某诉李某某多式联运合同纠纷案,(2015)嘉海商外初字第3号。

② 上海韦台国际货物运输代理有限公司深圳分公司诉上海邦达天原国际货运有限公司等多式联运合同纠纷案,(2009)广海法初字第559号。

实践存在的不足体现于以下三个方面:其一,对陆空联运合同国际私法问题的特殊性重视不够。其二,适用法院地法的倾向。不管是否定格式法律选择条款的效力,还是适用最密切联系原则,抑或有关法院选择条款与平行诉讼的规定,多数情况下的最终目的或者说最终结果都是适用我国法律。这体现出使用法院地法的倾向。其三,缺乏针对运输公约如何适用的正确理解。有关陆空联运合同的案例表明,由于立法规定不足,我国法院并没有深刻地认识到运输公约的适用顺序、适用范围以及适用方法。

第二节　国际法路径的完善建议

从总体上看,本书研究之国际私法问题可以概括为立法管辖权冲突与司法管辖权冲突。而解决上述冲突,有两条不同的进路——国际法路径以及国内法路径。两条不同进路互相补充,国际法路径解决如何在不同国家间合理地分配司法管辖权与立法管辖权;国内法路径不仅解决上述分配如何在国内法院有效地实现,也解决国际法路径无法实现上述分配时,应如何通过国内规则划定特定国家司法管辖权与立法管辖权之界限。本节从国际法路径出发,提出改善我国应对陆空联运合同国际私法问题的建议。

一、国际法路径的完善建议——修订《蒙特利尔公约》

发生定域性货损且满足《蒙特利尔公约》适用条件时,该公约应当适用于陆空联运合同。而当发生非定域性货损且满足《蒙特利尔公约》扩张适用条件时,该公约也可以适用于某种特殊类型的陆空联运合同——陆空组合运输合同。同时,考虑到陆空联运是国际航空货物运输的常态,从一般意义上讲,解决陆空联运合同国际私法问题,满足航空货物运输实践之需要,最适当的途径应是修改《蒙特利尔公约》。

基于前述章节的研究,就如何修订《蒙特利尔公约》本部分提出如下建议:在《蒙特利尔公约》第1条增加1款,当陆空联运合同所涉及的国际航空运输满足该公约适用条件时，陆空联运合同当事人可以合意约定该公约适用于整个合同。而当发生定域性货损且满足其他运输公约或者具有强制性的国内货物运输规则的适用条件时，允许其他公约或国内运输规则的承运人免责条款与责任限额条款适用。

1. 修订建议的可行性

本部分提出的修订建议，是通过当事人合意的方式扩张《蒙特利尔公约》的适用范围。而如果陆空联运合同当事人选择扩张《蒙特利尔公约》的适用范围，则尽可能在最大程度上适用该公约，并通过最小网状责任制度解决该公约与其他运输公约或者具有强制性的国内货物运输规则之间的适用冲突。这种修订建议至少有以下方面的可行性。

首先，修订建议与《蒙特利尔公约》的立法理念与主要内容并不冲突。从《蒙特利尔公约》第1条与第38条来看，该公约的立法理念应是调整纯粹的国际航空运输合同。同时，从《蒙特利尔公约》的内容来看，该公约主要的目标仍是调整国际航空旅客运输合同。因此，并不强制扩张《蒙特利尔公约》的适用范围，而是允许当事人选择扩张公约的适用范围，这样既不会改变该公约的主要内容，也不会与该公约的立法理念相违背。

其次，修订建议与《蒙特利尔公约》一体化华沙体系的目标并不冲突。除复审责任限额的规定外，《蒙特利尔公约》并没有规定如何修订该公约其他条款。可能的原因在于，《蒙特利尔公约》是为一体化华沙体系而制定的。因此，制定《蒙特利尔公约》的目标之一是解决华沙体系内不同公约或议定书因缔约国不同而导致的复杂的公约适用问题。故而，修订《蒙特利尔公约》除责任限额之外的其他实体条款，会使得不同国家因各自利益取向不同而选择接受或是选择不接受修订条款，进而导致缔约国不同，这与该公约之目标背道而驰。然而，在《蒙特利尔公约》适用范围条款中增加1款，允许当事人选择扩张该公约的适用范围，并不会导致修订后的该公约缔约国不一致问题。因为该款并不改变《蒙特利尔公约》本身的实体规定，只是扩张该公约的适用范围。同时，由于该款只是授权规定，完全交由陆空联运合同当事人自身选择,只要该款修订本身生效,即便一些缔约国不参加修订议定书,也可以将该公约的扩张适用理解为当事人合意约定的结果。这并不与国家各自的利益取向相冲突。

最后,修订建议具有合理性基础,或者说既有可能性。发生非定域性货损时,根据《蒙特利尔公约》第 18 条第 4 款第 2 句使得该公约扩张适用于陆空组合运输合同。因此,《蒙特利尔公约》本身具有扩张适用的可能性。基于此种可能性,当发生非定域性损失时,通过当事人合意选择扩张《蒙特利尔公约》的调整范围至所有类型的陆空联运合同应具有合理性基础。

2. 修订建议的优势

在明确本部分提出的修订建议具有可行性的基础上,进一步需要明确的问题是本部分提出之修订建议的优势。这种优势包括以下几个方面。

第一,适应国际航空货物运输实践的需求。《蒙特利尔公约》制定的目标之一是现代化华沙体系。而从现代化的角度来看,国际航空货物运输通常并不仅仅只使用航空运输这一种运输模式。因此,《蒙特利尔公约》调整纯粹的国际航空货物运输合同之理念,实际与现代国际航空货物运输实践并不符合。这可能是《蒙特利尔公约》第 18 条第 3 款去除航空运输期间必须限于机场之要求的原因。也就是说,《蒙特利尔公约》的起草者已经认识到现代国际航空货物运输实践的需要,只是没有制定一个较为完善的满足实践需要之条款而已。同时,《蒙特利尔公约》制定的另一个目标是“确信国家间采取集体行动,通过制定一项新公约来增进对国际航空运输某些规则的一致化和法典化”。由于陆空联运合同本身不由《蒙特利尔公约》调整,扩张该公约之适用范围,不仅可以给陆空联运合同带来法律适用的确定性与可预见性,而且可以有效地平衡陆空联运经营人与托运人之间的权利义务关系。可以看出,当事人合意扩张《蒙特利尔公约》之适用范围不仅是国际航空货物运输实践的需求之一,也符合《蒙特利尔公约》自身的目标。

第二,发生定域性损失时,避免《蒙特利尔公约》扩张适用导致的应适用规则之不确定性。根据本书第三章以及第四章的研究,发生定域性货损时,如果存在其他运输公约或者具有强制性的国内货物运输规则，由于《蒙特利尔公约》并不调整非航空货物运输区段，应适用上述公约或者国内运输规则。而根据本书第五章的研究，网状责任条款的范围，或者说需要第二次确定的调整陆空联运经营人责任的规则只应限定在特定条款，也即承运人免责条款以及责任限额。也就是说，最小网状责任制度，既可以兼顾目前国际货物运输法律制度的现状，或者说有效地解决《蒙特利尔公约》扩张适用而导致的与其他运输公约的冲突，也可以有效地避免不同缔约国的不同解释导致应适用规则之不确定性。

第三，发生非定域性货损时，避免《蒙特利尔公约》强制性扩张存在的问题。根据本书第三章的研究，发生非定域性货损时，通过该公约自身规定扩张适用范围，至少存在三方面的问题，即与《蒙特利尔公约》自身的立法理念相冲突、《蒙特利尔公约》不同缔约国的不同司法实践以及与其他运输公约的冲突。如果通过当事人约定的方式扩张《蒙特利尔公约》的适用范围，并不会产生上述三方面的问题。需要说明的是，由于陆空联运合同多数情况下由航空承运人或其代理人作为陆空联运经营人而制定，因此，发生非定域性货损时，按照《蒙特利尔公约》认定陆空联运经营人的责任并不会产生不公正的后果。

二、国际法路径与国内法路径的关系

1. 国际法路径与国内法路径的关系

其一，国际公约能够统一实体规则，避免不同法律体系并存导致的立法管辖权冲突，为陆空联运合同争议提供明确而具有可预见性的规则，进而解决该类合同法律适用过程中的复杂性以及应适用规则的不确定性。同时，统一实体规则的国际公约也能够有效地解决不同法律体系并存之复杂性导致的查明以及适用准据法的困难。也就是说，国际公约能够有效地降低解决法律适用问题的诉讼成本。其二，国际公约可以统一确定管辖权的规定，避免对抗式平行诉讼的出现，以及管辖权规则不明确导致的挑选法院问题。同时，由于国际公约能公正、合理地调整多式联运合同当事人之间的权利和义务，由国际公约规定的法院行使管辖权，无损于实际联系要求所预期实现的保护我国当事人利益之目的。此外，统一的管辖权确定规则也有助于明确判决承认与执行的前提——间接管辖权。从整体上看,国际公约通过构建一套公平、合理且具有预见性和确定性的统一规则,能够有效地助推陆空联运的发展。

国内法路径通过制定或者完善国内规则,指引法官正确处理管辖权问题,理解国际民商事法律关系的特殊性,准确认定并适用准据法,并尽可能促进判决的全球流通,实现胜诉方的合理期待。需要说明的是,尽管国际法路径具有法律适用方面的确定性以及可预见性,并且国际公约是各国利益平衡的产物,能够较为公平合理地调整当事人之间的权利义务关系,但由于国际公约不可能涵盖所有的国家,也不可能包含与陆空联运合同争议有关的所有问题,国内法路径仍是必要的。因此,国际法路径与国内法路径应是相互补充、相互完善的关系。

2. 国内法路径的必要性

通过修订《蒙特利尔公约》的方式解决陆空联运合同国际私法问题,会存在以下两方面的障碍:其一,《蒙特利尔公约》并不调整判决的承认与执行。这也就意味着陆空联运合同判决的承认与执行仍需要通过缔约国不同的判决承认与执行机制。多种判决承认与执行机制并存的问题并没有得到有效的改善。其二,立法成本。除针对责任限额的复审外,《蒙特利尔公约》并没有规定修订该公约的条款。此种情况下,需要根据《条约法公约》第40条①或第41条②修订《蒙特利尔公约》。然而,考虑到《蒙特利尔公约》目前已经有137个缔约国,在缔约国之间达成协商一致的意见所需之时间十分漫长。同时,仅仅为扩张《蒙特利尔公约》的适用范围进而调整一种特殊类型的合同——陆空联运合同——而

① 《条约法公约》第40条规定:“一、除条约另有规定外,多边条约之修正依下列各项之规定。二、在全体当事国间修正多边条约之任何提议必须通知全体缔约国,各该缔约国均应有权参加:(甲)关于对此种提议采取行动之决定;(乙)修正条约之任何协定之谈判及缔结。三、凡有权成为条约当事国之国家亦应有权成为修正后条约之当事国。……”

② 《条约法公约》第41条规定:“一、多边条约两个以上当事国得于下列情形下缔结协定仅在彼此间修改条约:(甲)条约内规定有作此种修改之可能者;或(乙)有关之修改非为条约所禁止,且:(一)不影响其他当事国享有条约上之权利或履行其义务者;(二)不关涉任何如予损抑即与有效实行整个条约之目的及宗旨不合之规定者。二、除属第一项(甲)款范围之情形条约另有规定者外,有关当事国应将其缔结协定之意思及协定对条约所规定之修改,通知其他当事国。”

不是整个公约具体内容的大范围变动,缔约国可能并没有修改该公约的动机。考虑到运输实践中已经普遍将《蒙特利尔公约》扩展适用于陆空联运合同,不管是承运人抑或托运人都没有游说缔约国提出修改《蒙特利尔公约》动议的实际利益需求。因此,通过修订《蒙特利尔公约》的方式解决陆空联运合同国际私法问题固然是最优的方式,但提出修订的建议,却并不容易实现。

更为重要的是,修订《蒙特利尔公约》只能提供一套公平、合理且具有预见性和确定性的规则。然而,就解决陆空联运合同国际私法问题而言,我国立法规定存在的不足以及司法实践存在的问题,也即忽视陆空联运合同国际私法问题的特殊性,适用法院地法的倾向以及缺乏针对运输公约如何适用的正确理解,并不是通过国际公约能够解决的。特别是运输公约的正确适用问题,如果不能有效地解决该问题,任何完善的国际公约都将在我国法院不能发挥应有的功能。综合来看,国际法进路仍需要国内法进路予以辅助。

第三节 国内法路径的完善建议

一、建议的制定模式与制定理念

通过国内法路径,即制定或者完善国内规则解决我国应对陆空联运合同国际私法问题,必须首先明确两个问题:建议的制定模式以及制定理念。

1. 建议的制定模式

就建议的制定模式而言,在《法律适用法》出台以及《民事诉讼法》修正后,目前我国的国际民商事诉讼规则体系已经基本建构完成,从立法上不宜再做变动。因此,针对立法中关于陆空联运合同国际私法问题规定之不足,比较好的解决方式是通过最高人民法院的司法解释予以变通。需要说明的是,陆空联运合同国际私法问题涉及陆空联运合同管辖权的确定、运输公约的适用、陆空联运合同准据法的确定及适用以及陆空联运合同判决的承认与执行,从立法成本来看,专门制定针对陆空联运合同的司法解释并不是可行的选择。

而就有关陆空联运合同司法实践所反映的问题而言，最好的方式应是如同第五章讨论的新加坡长荣案，由最高人民法院在个案中释明特定问题。一方面，最高人民法院释明这种方式具有针对性。就个案中涉及的问题，比如，运输公约的适用，由最高人民法院为下级法院提供明确的裁判尺度以及裁判方法，可以较好地改善我国法院在适用运输公约方面存在的问题。另一方面，由最高人民法院释明的方式也具有权威性。最高人民法院所作判决可以通过指导性案例、公报案例或者典型案例的方式，为下级人民法院在审理中遇到的相同问题提供权威的裁判标准。这不仅可以纠正我国法院在解决陆空联运合同国际私法问题时不恰当地适用法院地法之倾向，也可以通过权威案例明确提示下级法院注意陆空联运合同国际私法问题的特殊性。综合来看，解决我国应对陆空联运合同国际私法问题的最优方式应是，最高人民法院在个案中针对特定问题进行释明。

2. 建议的制定理念

从建议的制定理念来看，考虑到法律全球化是当今世界的现状，而大国司法理念是在司法领域对应我国目前经济现状的必然选择，故而，应在法律全球化的背景下，依据大国司法理念，由最高人民法院在个案中通过针对特定问题的判决进行释明，解决我国应对陆空联运合同国际私法问题的不足。

法律全球化是指法律开始跨越国家的疆界，在世界范围内传播、流动。[①] 法律全球化是伴随着经济全球化而产生的，体现为各国法律的相互融合以及相互竞争。经济全球化催生出许多具有国际性的问题。解决这些问题需要针对性的国际规则。[②] 这就促成国际公约以及国际示范法的形成。这些公约或者示范法被许多国家共同采纳作为制定国内法的蓝本，这也就实现了各国法律的相互融合。在经济全球化的背景下，竞争已经从传统的经济领域扩张到法律领域，形成一个各国法律相互竞争的全球市场，各国纷纷通过制定和完善国内规则吸引国际商业

---

① 参见高鸿钧、鲁楠、余盛峰编：《法律全球化：中国与世界》，清华大学出版社 2014 年版，第 4 页。

② 参见高鸿钧：《法律全球化的理论与实践：挑战与机会》，载《求是学刊》2014 年第 3 期。

交易的当事人选择本国法。[①] 这使各国法律在相互融合的过程中也在相互竞争。这种相互竞争的目的是给调整相应交易的国际规则之形成施加影响,进而实现本国法律理念在国际上的传播。由于我国的国际秩序观念已经从维护自主性向寻求影响力转变,[②]而且在当今世界,一国在国际社会中的影响力体现为对国际规则形成的影响力。

不可否认的是,随着我国经济实力的不断增强,我国已经成为国际社会中不可忽视的大国。然而,对于大国司法理念,学者并没有统一的认识。有学者通过考察国际社会中与我国具有同样地位的大国的司法制度,提出大国司法所具有的一些特征。例如,从司法制度的发展理念来看,应发展具有竞争力的司法制度,服务本国经济,提升国家竞争力。从司法制度的功能来看,应突出服务性。而从司法制度的实施过程来看,应突出竞争过程中的合作性。[③] 有学者则提出大国司法的核心因素包括三点:其一,司法制度的先进性与包容性,即尊重、接纳别国法律和国际规则,并借鉴上述规则中合理的部分完善本国国内法;其二,司法制度的能动性,也就是说,在不过度行使管辖权的基础上,对国际性问题,运用自身的司法制度进行解决;其三,司法制度的透明性,实现国际民商事诉讼的程序正义与实体正义。[④] 可以认为,在法律全球化的背景下,大国司法理念要求我国将国际民商事诉讼制度放置在全球法律市场中进行竞争,以更具有服务性,并且建立实现程序正义与实体正义的司法制度以吸引更多的外国诉讼当事人,进而在国际规则的形成过程中,发出自己的声音,提出能够实现本国利益的规则,提升本国的竞争力,从而最终在国际社会上拥有更大的话语权。

---

① 参见杜涛、肖永平:《全球化时代的中国民法典:属地主义之超越》,载《法制与社会发展》2017 年第 3 期。

② 参见孙伊然:《亚投行、"一带一路"与中国的国际秩序观》,载《外交评论(外文学院学报)》2016 年第 1 期。

③ 参见何其生:《大国司法理念与中国国际民事诉讼制度的发展》,载《中国社会科学》2017 年第 5 期。

④ 参见刘敬东:《大国司法:中国国际民事诉讼制度之重构》,载《法学》2016 年第 7 期。

二、建议的具体内容

就我国应对陆空联运合同国际私法问题,结合本书前述章节的研究结果以及上述制定理念,本部分提出以下几方面的建议。

1. 管辖权的确定

就管辖权的确定而言,应以构建更加具有开放性的国际民商事诉讼程序为目标,从以下三个方面予以改进完善。

第一,系统地规定国际民商事案件管辖权应如何确定。我国《民事诉讼法》只针对特殊情况规定如何确定国际民商事案件管辖权,基于此,也就不难理解我国法院只有在特定情况下才会考察国际民商事案件的特殊性。而对于一般情况,则直接忽略国际民商事案件在管辖权确定问题上与国内民商事案件的非同质性。因而,最优的方式是,通过最高人民法院的权威判决明确区别国际民商事诉讼与国内民商事诉讼,厘清不同规则之间的适用关系,并严格限制仅以扣押财产地或者代表机构地为基础行使管辖权。这有助于法官关注国际民商事案件的特殊性。而在不变动我国《民事诉讼法》目前架构的基础上,可以通过指导性案例明确以下两个问题:其一,确定运输合同案件管辖权时,《民事诉讼法》第 34 条应是特殊规定,即运输合同的履行地应理解为起运地、目的地;其二,扣押财产地或者代表机构地法院行使管辖权时,该地必须与国际民商事案件具有特定联系,而不能仅以上述两地本身作为行使管辖权的根据。

第二,法院选择条款实际联系要求的认定问题。本章第一节已经说明解决平行诉讼时,应给予法院一定的自由裁量权以平衡个案正义与维护司法管辖权。基于此,在不改变我国现行立法的前提下,对于国际货物运输合同争议,可以通过最高人民法院的权威判决明确以下两点:一方面,不能武断地认为诉争国际货物运输合同选择《民事诉讼法》列举的连接点就一定具有实际联系,还应该更深入地考察诉争国际货物运输合同的实际履行情况,进而判断当事人选择的管辖法院与争议是否具有实际联系;另一方面,为实现《"一带一路"司法意见》提出的尊重中外市场主体协议选择司法管辖的权利,可以考虑运用法律解释方法,并结合《民事诉讼法》有关运输合同管辖法院的规定,将运输始发地、目的地、中转地也纳入满足实际联系要求的连接点中。

第三,如何解决平行诉讼问题。如果陆空联运合同纠纷出现平行诉讼之情况,可以考虑通过最高人民法院的权威判决将运输公约视为我国与行使管辖权之法院所属国家共同参加的国际公约,在此基础上,则可以按照《民事诉讼法司法解释》第531条第1款但书的规定,排除我国法院行使管辖权,进而减少平行诉讼。也就是说,应从广义上解释规定平行诉讼问题的国际条约,即不仅仅纯粹的国际私法条约可以被认为是此处的国际条约,涉及管辖权问题的统一实体法公约也可以被认为是此处的国际条约。当然,此种做法的前提是,行使管辖权之法院应是原告根据运输公约之规定选择的管辖法院。

2.《蒙特利尔公约》的适用

就《蒙特利尔公约》的适用而言,可以从以下两个方面予以完善。

第一,明确《蒙特利尔公约》的适用条件。应在针对陆空联运合同法律适用问题的案件中,由最高人民法院明确认定运输公约适用于陆空联运合同包含的国际单式货物运输区段。在发生定域性损失并满足我国参加的运输公约之适用条件时,公约应当优先适用。如果当事人选择的准据法与我国没有参加的运输公约发生适用方面的冲突,也应适用运输公约。这不仅是由于运输公约更适于调整国际货物运输,也由于运输公约能够公正、合理地调整运输合同双方当事人的权利和义务,并保证合同外第三人的利益不受损害。因此,适用运输公约,而不是当事人选择的准据法,这样并不会损害当事人的利益。更为重要的是,运输公约体现了缔约国规范国际货物运输行为、促进国际贸易发展的共同利益。在国际社会深度融合且不损害我国利益的前提下,适用运输公约,承认上述利益,能够促进各国间的合作,也是以开放和包容的心态面对别国法律的必然要求。

第二,更为重要的是,应当要求法院在审理涉及国际航空货物运输合同的争议时,释明《蒙特利尔公约》能否适用。从我国针对陆空联运合同的司法实践来看,主要的问题在于如何准确地适用《蒙特利尔公约》。因此,可以通过最高人民法院的权威判决,明确要求以下三点:其一,受诉法院应通过国际民航组织官网,查询涉案国际航空货物运输合同的起运地与目的地参加的公约。在此基础上,可以首先解决《蒙特利尔公约》与华沙体系之间的适用关系,并准确判断《蒙特利尔公约》能否适用。其二,受诉法院应根据《法律适用法司法解释(一)》第16条,在处理国际航空货物运输合同争议时,听取原告与被告关于《蒙特利尔公约》能否适用的意见。此种做法可以通过当事人督促法院准确判断《蒙特利尔公约》能否适用,以便保护当事人自身在法律适用方面的合法权益。其三,应当将《蒙特利尔公约》适用错误纳入法律适用错误中,使当事人可以上诉,以便我国法院准确适用该公约,履行我国作为公约缔约国的义务。

3. 陆空联运合同准据法的确定

为解决我国立法及司法实践在陆空联运合同准据法确定方面存在的问题,应从以下三个方面进一步明确。

第一,进一步明确规定当事人意思自治在陆空联运合同中如何运用。从一般意义上讲,我国《法律适用法》关于当事人意思自治的一般规定存在空白。比如,没有明确规定如何认定法律选择条款的效力、准据法的适用范围以及第三国绝对优先强制性规则能否适用。这导致我国法院不得不通过其他法律解决上述问题。这种方法忽视国际民商事诉讼的特殊性,因此,需要通过最高人民法院的权威判决来解决上述问题,以便明确当事人意思自治如何适用于陆空联运合同。这不仅可以增强我国司法制度的竞争力,还有助于我国法院以更加开放与包容的心态适用别国法律。

第二,进一步明确最密切联系原则如何适用于陆空联运合同。由于针对运输的专门立法,比如《民用航空法》《海商法》中关于国际货物运输合同法律适用的规定,都没有采用特征性履行方法。① 因此,在国际货物运输合同未规定准据法时,我国法院通常直接适用最密切联系原则确定合同准据法。而从有关陆空联运

① 《海商法》第269条规定:"合同当事人可以选择合同适用的法律,法律另有规定的除外。合同当事人没有选择的,适用与合同有最密切联系的国家的法律。"

合同的案例看,我国法院审理的具有涉外因素的陆空联运合同案件,在多数情况下,原被告双方都是我国当事人。此时,不管货损发生在我国或者外国,出于法律适用的可预见性、确定性以及公正与合理地解决当事人之间纠纷的考虑,根据第四章的研究,就解决合同争议的准据法而言,适用我国法律都应是最合理的。基于上述实际情况,与其依据最密切联系原则通过法官的自由裁量决定当事人没有选择时陆空联运合同的准据法时,不如通过最高人民法院的权威判决,明确一个具体的冲突规则。这不仅更适于我国目前的贸易现状,也更具有确定性以及可预见性。更为重要的是,冲突规则可以限制法官滥用自由裁量权,进而使得最密切联系原则回归到其本身应发挥的作用——纠正冲突规则导致的法律适用方面的不合理性。而为限制法官随意适用最密切联系原则,进而通过该原则适用法院地法,应通过最高人民法院的权威判决,明确指出只有在冲突规则不能适用或者导致不公正的结果时,才能适用最密切联系原则。最密切联系原则的适用应通过案件的整体情况,而不仅是连接点的聚合来认定,并且该原则只应被用于确定调整合同或者合同条款效力。

第三,进一步明确要求法院说明多式联运合同准据法的确定过程。这不仅有助于法官理解多式联运合同法律适用的特殊性,也有助于实现程序正义,增强我国法律的竞争力。

4. 陆空联运合同准据法的适用

针对我国目前的立法规定以及司法实践在多式联运合同准据法适用方面存在的不足,可以从以下几个方面予以改善。

第一,应明确规定陆空联运合同与合同当事人之间产生的侵权责任具有密切联系或者出现责任竞合时,统一适用合同准据法调整当事人之间的所有争议。《法律适用法》第 44 条允许当事人在侵权行为发生后,合意选择侵权责任准据法。对于该条在司法实践中的效果,有学者认为,由于侵权责任产生后,当事人利益诉求难以协调,就侵权责任准据法达成合意的可能性很小,《法律适用法》第 44 条规定当事人意思自治的象征意义远大于实践意义。[①] 有学者通过分析《法律适用法》生效后，上海4家法院适用该法第44条的案例，发现很少有涉外侵权纠纷当事人在侵权责任发生后，达成法律选择合意。能够达成法律选择合意的案件，多为海事、商事主体之间侵权责任与违约责任竞合案件。而且达成法律选择合意的时间，都是在庭审中。[②] 基于上述分析，可以认为，在不改变我国现行立法的前提下，应通过最高人民法院在对陆空联运合同准据法适用问题案例作出判决时明确规定，陆空联运合同与合同当事人之间产生的侵权责任具有密切联系或者出现责任竞合时，统一适用合同准据法调整当事人之间的所有争议。这不仅是对《法律适用法》第44条在司法实践中实际效果的确认，也能带来应适用规则的确定性以及可预见性。

第二，在准据法不能查明时，应以运输公约作为调整陆空联运合同当事人之间权利和义务的规则。无法查明外国法极大地限制我国法院适用外国法的能力，也从另一个侧面说明了我国法院倾向于适用法院地法的原因。在陆空联运合同案件中，当货损发生在国内运输区段时，该国法律不能查明，是多式联运合同案件准据法不能查明的多数情况。对此，在无法查明时，我国法院可以适用运输公约调整多式联运合同当事人之间的权利和义务。一方面，准据法为外国法时，我国法院更倾向于适用国际公约。基于统计数据，从我国司法实践来看，自《法律适用法》实施后到2015年9月30日，在91起查明并适用外国法的案件中，排除适用国际商事惯例、外国法以及我国港澳台地区法律的案件后，适用国际公约的案件达到55起。[③] 另一方面，国内法不能查明时，适用运输公约能够减少陆空联运合同法律适用结果的不确定性。同时，由于运输公约在国际货物运输实践中被普遍接受，相比于无法查明后，适用法院地法，适用运输公约也更容易被外国当事人接

① 参见霍政欣：《涉外侵权之债的法律适用——以"7·23甬温线特别重大铁路交通事故"中外籍伤亡乘客的赔偿为视角》，载《法商研究》2011年第6期。

② 参见林燕萍、娄卫阳：《意思自治原则在上海涉外审判中的运用》，载《法学》2015年第12期。

③ 参见王徽、沈伟：《论外国法查明制度失灵的症结及改进路径——以实证与法经济学研究为视角》，载《国际商务（对外经济贸易大学学报）》2016年第5期。

受,进而提升我国司法制度的竞争力。

第三,应当通过指导性案例明确网状责任条款的性质以及需要第二次确定的规则之范围。尽管在新加坡长荣案中,最高人民法院的判决涉及网状责任条款,但并没有认定该类条款的性质。同时,最高人民法院也只解决有关诉讼时效的规定,此种规定不属于需要第二次确定的准据法之范围,但并没有进一步分析其他类型的条款是否属于上述范围。因此,需要通过其他个案明确网状责任条款具有冲突规则的功能,并且明确需要第二次确定的准据法仅限于承运人免责条款以及责任限额。

第四,需要明确保险人代位求偿时,应受陆空联运合同中法律选择条款的约束。司法实践中,保险人是否受货物运输合同中法律选择条款的约束取决于实际采用的运输方式。此种认定方法,不具有可预见性与确定性。应通过产生法定代位权的准据法判断保险人是否受到货物运输合同中法律选择条款之约束。而当我国法律作为上述准据法时,尽管最高人民法院就保险人是否受被违反的合同中法院选择条款与仲裁条款之约束存在不同的认定,但理论上更适当的结论应是保险人应受被违反的货物运输合同中法院选择条款以及仲裁条款的约束。上述结论也能够适用于法律选择条款。

5. 陆空联运合同判决的承认与执行

需要说明的是,由于司法实践中尚未有涉及陆空联运合同判决承认与执行的案例,因此,以下主要对立法提出建议。

第一,互惠原则的认定。可以通过最高人民法院的权威判决明确以下两点:其一,如果原审国与我国有共同参加的运输公约,尽管该类公约不是严格意义上的民商事司法协助条约,但可以认为,公约本身应属于法律互惠的一种特殊形式,进而降低《民事诉讼法》事实互惠要求,以便促进判决的自由流通;其二,如果原审国与我国没有共同参加的运输公约,考虑到国际货物运输对于各国经贸往来的重要性,出于国际合作共赢的需求,只要对方国家没有拒绝我国判决的先例,可以推定两国之间存在互惠关系,即从推定互惠的角度认可原审法院作出的判决。

第二,送达抗辩的合理运用。《民事诉讼法》没有规定送达抗辩,而根据《民事诉讼法司法解释》的规定，需要原告证明已经合法传唤，并且只适用于缺席判决。也就是说，送达成为承认外国判决的条件，而不是作为拒绝承认外国判决的理由。不管是从比较法的维度，还是从理论层面，上述规定方式都不合理。因此，比较适当的解决方式是，改变《民事诉讼法司法解释》的规定，明确送达抗辩不只适用于缺席判决。同时，本着"谁主张、谁举证"的原则，应由被告提供证据证明送达抗辩的条件已满足作为拒绝承认外国判决的理由，以便保护其自身应享有的正当程序权利。

第三，外国判决效力的准据法以及效力范围。《民事诉讼法》以及《民事诉讼法司法解释》都没有明确规定外国判决效力的准据法。而我国签订的双边民商事司法协助条约都采用同等说。尽管同等说从理论上讲是合理的，但当原审国法律与我国法律关于判决效力规定不一致时，同等说或是给予外国判决本不应该有的效力，或是损害我国主权。因此，比较适当的解决方式应是通过最高人民法院的权威判决，明确认定外国判决效力的方式。而这种方式应是在保持同等说的前提下，允许原告或被告举证证明原审国法律，并依据原审国法律适当扩张或者限缩被承认的外国判决在我国的效力。而对于外国判决的效力，最高人民法院首先需要通过个案明确《民事诉讼法司法解释》第 531 条第 2 款规定的"同一争议"之含义。根据本书第六章的研究，应当将同一争议理解为基于同一争议事实所产生的所有诉讼请求，以便定分止争，从而保护胜诉方合理期待，并减少司法的浪费。在此基础上，还应当明确被承认的外国判决既判力的客观范围，以及非前诉当事人可以援用外国判决作为抗辩或者作为支持自身所提诉讼请求之证据的条件。

本章小结

作为本书的最后一章，本章之目的在于，运用前述章节研究的结果，针对我国法院在处理陆空联运合同国际私法问题时存在的问题，提出完善建议。因此，本章首先明确我国法院在处理陆空联运合同国际私法问题时存在的问题。在此基础上讨论国际法路径的可行建议，以及国际法路径与国内法路径的关系。而国际法路径之建议固然是解决陆空联运合同国际私法问题的最优方式，但并不容易实现。据此，本章从陆空联运合同管辖权的确定、《蒙特利尔公约》的适用、陆空联运合同准据法的确定及适用以及陆空联运合同判决的承认与执行这几个方面，提出国内法路径的完善建议。

结　论

全球化浪潮催生的全球化生产过程以及全球化市场,使货物生产者需要通过多式联运形成全球化的供应链条,而货物销售者需要通过多式联运将货物及时送达所需市场。集装箱革命以及电子信息技术的运用,使多式联运不仅在技术上更加可行,也在商业上更具有吸引力。蓬勃发展的多式联运必然导致纠纷的频繁发生,因此,研究多式联运合同国际私法问题是多式联运发展的客观需要。多式联运是“一带一路”倡议的合作重点之一,其能够有效地衔接陆上运输的一带与海上运输的一路。因而,多式联运必然成为实现“一带一路”倡议五通目标的重要推手。因此,研究多式联运合同国际私法问题能为五通目标的实现提供助力,进而推动“一带一路”倡议走深走实。而“一带一路”倡议走深走实则可以通过强化我国与其他国家之间的贸易,进而降低外部贸易环境之不确定性对我国整体经济环境的影响。

本书以陆空联运合同为切入点,不仅是因为陆空联运是国际航空货物运输的常态,有研究的现实需要,也因为研究陆空联运合同国际私法问题能为解决多式联运合同国际私法问题之方案提供检验的平台。基于上述原因,本书试图探讨在没有生效的调整陆空联运合同之运输公约背景下,如何解决陆空联运合同的国际私法问题。

本书的基本观点是,应遵循实现当事人意思自治最大化,实现案件处理结果公正性以及维护法院地国主权这三项价值取向,解决陆空联运合同国际私法问题。本文通过研究陆空联运合同国际私法问题,得出以下主要结论。

第一,陆空联运合同国际私法问题的特殊性源于该类合同混合合同的性质。基于货物运输实践,本书研究的陆空联运合同是指陆空联运经营人使用航空以及公路两种运输方式,将货物从一国境内接管货物的地点运到另一国境内指定交付货物的地点,收取全程运费并对运输全程负责的合同。需要指出的是,陆空组合运输不需要从陆空联运的概念中排除,只是调整该种运输模式的规则不同于其他类型的陆空联运而已。

由航空货物运输合同以及公路货物运输合同混合而成的特殊性决定陆空联运合同国际私法问题的特殊性。其一,由于没有统一的确定管辖权之规则,不同受诉法院在如何确定陆空联运合同案件管辖权问题上,不可能达成统一的意见。因此,管辖陆空联运合同争议的法院不具有确定性以及可预见性。其二,两种货物运输合同混合而成的性质使受诉法院需要专门考察适用于不同货物运输区段的规则。这加剧应适用规则的不确定性以及不可预见性。同时,两种货物运输合同混合而成的性质也决定陆空联运合同是一种独立类型的货物运输合同,会产生在单式货物运输合同履行过程中不会发生的特殊问题。受诉法院需要专门考察解决这些特殊问题的规则。这导致陆空联运合同法律适用过程所需解决问题的多样性。其三,在判决承认与执行阶段,由于陆空联运合同的履行涉及多个国家以及多个主体,陆空联运合同判决是否能够满足不同国家承认外国判决的条件以及该判决的效力范围如何,也没有明确的答案。

第二,应首先依据陆空联运合同中法院选择条款确定陆空联运合同案件管辖权;不存在该条款或者该条款无效时,应由与陆空联运合同具有最密切联系的国家之法院行使管辖权。通过陆空联运合同中法院选择条款确定管辖权,不仅是对当事人意思自治的尊重,也能够减少司法资源的浪费,还可以有效地抑制平行诉讼问题的产生以及挑选法院现象的发生。当陆空联运合同当事人没有选择管辖法院时,从公平正义的角度来看,只有在多式联运经营人通过法院地行为获得之经济利益超过其到法院地进行诉讼的成本,并且陆空联运合同与法院地存在空间上的联系或者多式联运经营人法院地行为导致诉讼的情况下,法院才能行使管辖权。在此基本原则之下,一方面,应以最密切联系原则作为法院在确定管辖权时行使裁量权的基础,用以实现个案正义;另一方面,应推定与陆空联运合同具有最密切联系的法院是陆空联运合同约定的起运地或者目的地法院。这不仅符合法院对非居民被告行使管辖权所应满足的要求,也有利于高效地解决陆空联运合同纠纷,还使得管辖法院具有可预见性以及确定性,从而减少应适用规则的不确定性。

第三,在满足《蒙特利尔公约》适用条件时,该公约应适用于陆空联运合同包含的国际航空货物运输区段。《蒙特利尔公约》适用的理论基础是修正的结合理论。根据该理论,调整陆空联运合同的规则应包含两个部分:一部分是调整定域性货损的规则,另一部分是调整包括非定域性货损在内的其他纠纷的规则。而从《蒙特利尔公约》自身的规定来看,该公约适用的起止应以机场为界。也就是说,不能仅从字面意思理解《蒙特利尔公约》第 18 条第 3 款,而应将该公约所删除的《华沙公约》对机场的规定添加进来。需要说明的是,《蒙特利尔公约》扩张适用于非定域性货损的规定,不仅有损于《蒙特利尔公约》的统一适用,也给陆空联运合同法律适用增加不确定性。此外,当定域性货损发生在公路货物运输区段且该运输区段满足《公路公约》的适用条件时,应当适用《公路公约》。

第四,应依据当事人意思自治原则确定陆空联运合同的准据法,在当事人意思自治原则不适用时,应通过专门制定的冲突规则决定陆空联运合同的准据法,最密切联系原则只应被用于确定调整陆空联运合同效力的规范。当事人可以通过明示或者默示的方式选择陆空联运合同的准据法,前者体现为合同中的法律选择条款。而由于陆空联运合同中选择运输公约作为发生争议时应适用之规则的条款也可被认为是法律选择条款,应针对不同问题或者在不同条件下,适用不同的条款确定准据法。尽管陆空联运合同中法律选择条款多以格式条款的形式出现,但不应设定更加严格的标准认定该条款的效力。由于电子运输单证只是改变纸质单证的存在形式,考察电子运输单证中法律选择条款的效力,关键在于电子签名的真实性以及完整性。至于效力认定的其他方面,应与纸质单证中法律选择条款并无不同。

当事人可以选择《蒙特利尔公约》作为调整他们之间权利和义务的规则，但不应通过该公约认定陆空联运合同的效力。能够适用于陆空联运合同的绝对优先强制性规则，应是指向托运人提供倾向性保护的规则。如果陆空联运合同的履行不涉及托运人住所地，则不应当适用该国的绝对优先强制性规则；如果涉及，则应适用托运人住所地国的绝对优先强制性规则，不管该国是法院地国，还是准据法国，抑或第三国。在发生定域性货损时，如果当事人选择的准据法与具有强制性的国内运输规则之间发生适用方面的冲突，应给予国内运输规则优先适用的效力。而由于国际货物运输本身的重要性以及国际商事合同领域规则的趋同性，除依据公共秩序排除当事人选择而适用运输公约外，公共秩序只应作为第三国绝对优先强制性规则间接适用的方式。

陆空联运合同当事人对准据法的默示选择，必须能被清楚地证明或者清楚地看出。推定陆空联运合同当事人的默示选择，需要结合推定默示选择的不同因素综合考察。鉴于最密切联系原则在适用中的不确定性，出于法律适用确定性、可预见性以及便利性的考量，在当事人意思自治原则不适用时，应首先通过专门针对陆空联运合同的冲突规则确定准据法。对于定域性货损，应由运输公约或者具有强制性的国内货物运输规则调整；而对于其他合同争议，应由陆空联运经营人接收货物地的法律调整。最密切联系原则只应被用于确定调整陆空联运合同效力的规则或原则。

第五，满足特定条件时，陆空联运合同当事人选择的准据法不仅可以扩张适用于合同当事人之间产生的侵权责任，还可以扩张适用于合同外第三人。当法院地冲突规则允许当事人选择侵权责任准据法时，除非当事人在陆空联运合同中明确规定准据法的适用范围，在不损害第三人利益，不违反法院地绝对优先强制性规则的条件下，当事人明示选择的准据法应调整当事人之间所有的争议。在法院地冲突规则不允许当事人选择侵权责任准据法时，如果陆空联运合同与当事人之间发生的侵权责任具有密切联系或者出现责任竞合时，当事人明示选择的合同准据法也应扩张适用于当事人之间产生的侵权责任。陆空联运合同中的法律选择条款不能通过利他合同机制被合同外第三人援用,只有通过代理制度或者保险人代位制度才可以使得上述法律选择条款约束合同外第三人。此外,如果查明的外国法能够满足陆空联运合同案件审理之需要,就足以认定外国法可以查明。而当准据法不能查明时,对于定域性货损应以运输公约作为递补性的规则。而对于其他合同争议,应首先考察陆空联运合同自身的规定,或者诉诸准据法国有关货物运输合同的一般规定。由于网状责任条款使得陆空联运合同准据法的具体内容需要经过第二次确定,与冲突规则功能上的相似性使该条款被认为是一种功能意义上的冲突规则。为求得应适用法律的确定性和可预见性,第二次确定之准据法的内容只应限定在承运人免责条款以及责任限额条款。

第六,应以我国法律决定被承认的陆空联运合同判决之效力,并应当允许原告或被告举证证明原审国法律,并依据原审国法律适当扩张或者限缩被承认的陆空联运合同判决在我国的效力。避免司法资源的浪费与保证胜诉方的合理期待是承认陆空联运合同判决的原因。同时,为保护被告的合法权益,应允许被告举证证明原审法院的审理程序侵犯被告所应享有的正当程序权利。而为维护承认国主权,应以我国法律决定被承认陆空联运合同判决之效力。一方面,应以诉讼请求及诉讼请求所基于之事实决定被承认的陆空联运合同既判力之客观范围;另一方面,与判决主文不可分割且作为主文之基础的判决理由部分也应具有证明力。此外,以航空器作为执行标的时,应注意航空器物权关系的复杂性,保护对航空器具有物权利益之第三人的权益。

参考文献

一、中文文献

（一）专著

1. 陈隆修:《国际私法管辖权评论》,台北,五南图书出版股份有限公司 1986 年版。

2. 陈隆修:《国际私法契约评论》,台北,五南图书出版股份有限公司 1986 年版。

3. 陈隆修:《2005 年海牙法院选择公约评析》,台北,五南图书出版股份有限公司 2009 年版。

4. 陈隆修:《中国思想下的全球化管辖规则》,台北,五南图书出版股份有限公司 2013 年版。

5. 陈卫佐:《比较国际私法:涉外民事关系法律适用法的立法、规则和原理的比较》,法律出版社 2012 年版。

6. 杜涛:《国际经济制裁法律问题研究》,法律出版社 2015 年版。

7. 傅廷中:《海商法》(第 2 版),法律出版社 2017 年版。

8. 高鸿钧、鲁楠、余盛峰编:《法律全球化:中国与世界》,清华大学出版社 2014 年版。

9. 郭萍:《货物多式联运法律制度比较研究》,大连海事大学出版社 2012 年版。

10. 韩德培主编:《国际私法》(第 3 版),高等教育出版社、北京大学出版社 2014 年版。

11. 韩立新、袁绍春、尹伟民编著:《海事诉讼与仲裁》(第 2 版),大连海事大学出版社2016年版。

12. 韩世远:《合同法总论》(第3版),法律出版社2011年版。

13. 贺万忠:《国际货物多式运输法律问题研究》,法律出版社2002年版。

14. 黄进主编:《国际私法》(第2版),法律出版社2005年版。

15. 黄进:《宏观国际法学论》,武汉大学出版社2007年版。

16. 姜世明:《民事诉讼法基础论》(第8版),台北,元照出版公司2015年版。

17. 雷孟林:《运输合同法总论》,人民交通出版社2006年版。

18. 李双元、欧福永主编:《国际私法》(第5版),北京大学出版社2018年版。

19. 李双元:《国际私法(冲突法篇)》(第3版),武汉大学出版社2016年版。

20. 李双元、谢石松、欧福永:《国际民事诉讼法概论》(第3版),武汉大学出版社2016年版。

21. 林一山:《民法系列——运送法》,台北,三民书局2005年版。

22. 刘想树:《国际私法基本问题研究》,法律出版社2001年版。

23. 饶瑞正:《海商法论》,台北,三民书局2018年版。

24. 沈涓:《合同准据法理论的解释》,法律出版社2000年版。

25. 司玉琢:《海商法专论》(第3版),中国人民大学出版社2015年版。

26. 苏号朋:《格式合同条款研究》,中国人民大学出版社2004年版。

27. 苏晓凌:《外国法的适用——一个宏观到微观的考察》,中国法制出版社2015年版。

28. 谭向东:《飞机租赁实务》(修订版),中信出版社2012年版。

29. 王瀚:《国际私法之程序比较研究》,陕西人民出版社1998年版。

30. 王瀚:《华沙国际航空运输责任体制法律问题研究》,陕西人民出版社1998年版。

31. 王瀚:《国际航空运输责任法研究》,法律出版社2012年版。

32. 王利明:《合同法研究》第1卷,中国人民大学出版社2002年版。

33. 汪信君、廖世昌:《保险法理论与实务》,台北,元照出版公司2006年版。

34. 朱庆育:《民法总论》,北京大学出版社 2013 年版。

35. 王泽鉴:《债法原理》(第 2 版),北京大学出版社 2013 年版。

36. 肖永平:《国际私法原理》(第 2 版),法律出版社 2007 年版。

37. 徐冬根:《国际私法》(第 2 版),北京大学出版社 2013 年版。

38. 谢在全:《民法物权论(下册)》(修订 5 版),中国政法大学出版社 2011 年版。

39. 袁发强:《国际私法学》,北京大学出版社 2012 年版。

40. 张圣翠主编:《国际商法》(第 7 版),上海财经大学出版社 2016 年版。

41. 张湘兰主编:《海商法》(第 2 版),武汉大学出版社 2014 年版。

42. 张卫平:《民事诉讼法》(第 5 版),法律出版社 2019 年版。

(二)译著

1. [德] C. W. 卡纳里斯:《德国商法》,杨继译,法律出版社 2006 年版。

2. [美] 乔治·汤普金斯:《从美国法院实践看国际航空运输责任规则的适用与发展:从 1929 年〈华沙公约〉到 1999 年〈蒙特利尔公约〉》,本书译委会译,法律出版社 2014 年版。

3. [澳] 迈克尔·J. 温考普、[澳]玛丽·凯斯:《冲突法中的政策与实用主义》,阎愚译,北京师范大学出版社 2012 年版。

(三)期刊

1. 卜璐:《国际私法中强制性规范的界定——兼评〈关于适用《涉外民事关系法律适用法》若干问题的解释(一)〉第 10 条》,载《现代法学》2013 年第 3 期。

2. 陈启垂:《外国判决的承认与执行》,载《月旦法学杂志》2001 年总第 75 期。

3. 陈启垂:《承认外国判决的效力及程序》,载《月旦法学杂志》2014 年总第 235 期。

4. 陈为:《论中国合同准据法选择方式的完善——以当事人默示选择为分析视角》,载《社科纵横》2012 年第 1 期。

5. 陈卫佐:《当代国际私法上的一般性例外条款》,载《法学研究》2015 年第

5期。

6. 陈亚芹:《论国际私法中合同责任和侵权责任竞合问题的处理》,载《云南大学学报(法学版)》2008年第1期。

7. 杜涛、肖永平:《全球化时代的中国民法典:属地主义之超越》,载《法制与社会发展》2017年第3期。

8. 丁宝同:《论争点效之比较法源流与本土归化》,载《比较法研究》2016年第3期。

9. 杜新丽:《国际私法中法律选择方法的价值探究》,载《政法论坛》2005年第6期。

10. 高鸿钧:《法律全球化的理论与实践:挑战与机会》,载《求是学刊》2014年第3期。

11. 郭萍、郑志立:《论货物多式联运合同的法律适用》,载《中国海商法年刊》2009年第Z1期。

12. 郝秀辉:《论"航空运输总条件"的合同地位与规制》,载《当代法学》2016年第1期。

13. 贺大伟:《论公共航空承运人运输总条件的法律属性及其适用困境消解》,载《政治与法律》2018年第1期。

14. 何其生:《论电子仲裁协议的要件》,载《法学评论》2003年第4期。

15. 何其生:《大国司法理念与中国国际民事诉讼制度的发展》,载《中国社会科学》2017年第5期。

16. 贺琼琼:《论意思自治在侵权冲突法中的现代发展——兼评〈涉外民事关系法律适用法〉之相关规定》,载《武汉大学学报(哲学社会科学版)》2011年第6期。

17. 贺万忠:《论合同的"浮动"准据法》,载《甘肃政法学院学报》1999年第4期。

18. 贺万忠:《国际货物多式联运中货物损害定域问题探析》,载《法商研究》

2003 年第 5 期。

19. 黄志慧:《我国判决承认与执行中互惠原则实施的困境与出路》,载《政法论坛》2018 年第 6 期。

20. 马德才:《从公共秩序的限制适用趋势分析我国有关立法之完善》,载《法学杂志》2012 年第 5 期。

21. 胡绪雨:《国际海上班轮货物运输合同中强制性规则的适当性》,载《中国法学》2016 年第 6 期。

22. 霍政欣:《涉外侵权之债的法律适用——以"7·23 甬温线特别重大铁路交通事故"中外籍伤亡乘客的赔偿为视角》,载《法商研究》2011 年第 6 期。

23. 赖来焜:《国际私法中——"最重要牵连关系"之研究》,载《法学丛刊》2002 年第 3 期。

24. 李旺:《论外国法院判决的自动承认制度》,载《清华法学》2019 年第 6 期。

25. 李庆明:《论域外民事判决作为我国民事诉讼中的证据》,载《国际法研究》2017 年第 5 期。

26. 梁开银:《国际私法之准据法性质认识的发展——以法方法为视角的展开》,载《清华法学》2016 年第 3 期。

27. 廖盛林:《混合合同法律适用问题的类型化研究》,载《福建法学》2012 年第 1 期。

28. 刘光才、靳璐:《航空融资租赁出租人的法律风险及防控》,载《南京航空航天大学学报(社会科学版)》2020 年第 1 期。

29. 刘非非:《涉外格式合同法律选择条款——质疑与规制》,载《河南省政法管理干部学院学报》2009 年第 3 期。

30. 刘敬东:《大国司法:中国国际民事诉讼制度之重构》,载《法学》2016 年第 7 期。

31. 刘仁山、黄志慧:《国际民商事合同中的默示选法问题研究》,载《现代法学》2014 年第 5 期。

32. 刘胜军:《论实际承运人的法律地位——从“指导案例51号”切入》,载《法商研究》2017年第5期。

33. 林燕萍、娄卫阳:《意思自治原则在上海涉外审判中的运用》,载《法学》2015年第12期。

34. 马明飞、蔡斯扬:《我国承认与执行外国判决中的互惠原则:困境与破解》,载《政治与法律》2019年第3期。

35. 马迁:《电子提单面临的法律问题及其立法建议》,载《理论探索》2007年第6期。

36. 孔得建、丁向群:《我国民用航空器留置权法律制度建构》,载《中州学刊》2019年第12期。

37. 彭赛红:《论债务人之履行辅助人责任》,载《北京理工大学学报(社会科学版)》2006年第2期。

38. 彭思彬:《法社会学视角下最密切联系原则在中国之重新定位》,载《福建师范大学学报(哲学社会科学版)》2009年第5期。

39. 沈红雨:《外国民商事判决承认和执行若干疑难问题研究》,载《法律适用》2018年第5期。

40. 沈涓:《法律选择协议效力的法律适用辩释》,载《法学研究》2015年第6期。

41. 沈志韬:《论国际航空货运代理人法律地位》,载《北京航空航天大学学报(社会科学版)》2011年第2期。

42. 宋晓:《侵权冲突法一般规则之确立——基于罗马Ⅱ与中国侵权冲突法的对比分析》,载《法学家》2010年第3期。

43. 孙伊然:《亚投行、“一带一路”与中国的国际秩序观》,载《外交评论(外交学院学报)》2016年第1期。

44. 田洪鋆:《经济学视野下最密切联系原则在我国的适用及反思》,载《时代法学》2016年第3期。

45. 王徽、沈伟:《论外国法查明制度失灵的症结及改进路径——以实证与法经济学研究为视角》,载《国际商务(对外经济贸易大学学报)》2016 年第 5 期。

46. 王亚新、陈晓彤:《前诉裁判对后诉的影响——〈民诉法解释〉第 93 条和第 247 条解析》,载《华东政法大学学报》2015 年第 6 期。

47. 王毓莹、史智军:《案外人权利救济制度之相关疑难问题辨析——以全国法院第九次民商事审判工作会议纪要为视角》,载《法律适用》2020 年第 7 期。

48. 王卿:《论国际私法中的"分割方法"》,载《法律方法》2012 年第 12 卷。

49. 王轶:《民法典的规范类型及其配置关系》,载《清华法学》2014 年第 6 期。

50. 汪渊智、冯锦生:《论合同正义》,载《政法论坛》1996 年第 6 期。

51. 温世扬、武亦文:《论保险代位权的法理基础及其适用范围》,载《清华法学》2010 年第 4 期。

52. 吴光平:《涉外财产关系案件的国际裁判管辖权》,载《法学丛刊》2006 年第 1 期。

53. 向明华:《外国法无法查明时的处理》,载《暨南学报(哲学社会科学版)》2009 年第 4 期。

54. 夏璇:《论民事重复起诉的识别及规制——对〈关于适用《中华人民共和国民事诉讼法》的解释〉第 247 条的解析》,载《法律科学(西北政法大学学报)》2016 年第 2 期。

55. 肖建国:《民事指导性案例中的管辖规则研究——以最高人民法院指导案例 25 号为中心》,载《环球法律评论》2018 年第 3 期。

56. 肖永平、毕小婧:《中国国际私法学四十年回顾与展望》,载《武大国际法评论》2018 年第 6 期。

57. 肖永平、龙威狄:《论中国国际私法中的强制性规范》,载《中国社会科学》2012 年第 10 期。

58. 肖永平、张弛:《论中国〈法律适用法〉中的"强制性规定"》,载《华东政法大学学报》2015 年第 2 期。

59. 徐鹏:《外国法查明:规则借鉴中的思考——以德国外国法查明制度为参照》,载《比较法研究》2007 年第 2 期。

60. 徐鹏:《外国法解释模式研究》,载《法学研究》2011 年第 1 期。

61. 徐伟功:《我国承认与执行外国法院判决制度的构建路径——兼论我国认定互惠关系态度的转变》,载《法商研究》2018 年第 2 期。

62. 徐旭、张健、卢晓凯、汪刘超:《中国航空货运国际网络地域系统研究》,载《干旱区资源与环境》2018 年第 10 期。

63. 许庆坤:《美国冲突法中的最密切联系原则新探》,载《环球法律评论》2009 年第 4 期。

64. 薛军:《"不真正利他合同"研究——以〈合同法〉第 64 条为中心而展开》,载《政治与法律》2008 年第 5 期。

65 于丹:《〈开普敦公约〉体制下的国际利益研究》,载《当代法学》2011 年第 2 期。

66. 杨华:《"直接适用的法"论要》,载《理论月刊》2013 年第 8 期。

67. 严仁群:《既判力客观范围之新进展》,载《中外法学》2017 年第 2 期。

68. 仪喜峰、林璐瑶:《论海上保险代位求偿权》,载《上海海事大学学报》2012 年第 3 期。

69. 袁发强、瞿佳琪:《论协议管辖中的"实际联系地"——立法目的与效果的失衡》,载《国际法研究》2016 年第 5 期。

70. 袁雪:《海上保险代位求偿权的法律性质探析》,载《南昌大学学报(人文社会科学版)》2018 年第 2 期。

71. 章晶:《过度管辖之存废与中国立场——以限缩解释方法为进路》,载《武大国际法评论》2019 年第 5 期。

72. 张默:《合同第三人的利益和保护》,载《人大法律评论》2014 年第 2 期。

73. 张文亮:《外国判决承认与执行语境下"送达抗辩"研究》,载《当代法学》2019 年第 2 期。

74. 张卫平：《既判力相对性原则：根据、例外与制度化》，载《法学研究》2015年第1期。

75. 张卫平：《中国第三人撤销之诉的制度构成与适用》，载《中外法学》2013年第1期。

（四）案例

1. 安徽省外经建设（集团）有限公司诉东方置业房地产有限公司保函欺诈纠纷案，（2017）最高法民再134号。

2. 湖州市汇泰制衣有限公司与大连华迅国际空运有限公司宁波分公司国际航空货物运输运费纠纷再审案，载《最高人民法院公报》1998年第3期。

3. 新加坡长荣海运股份有限公司与第一产物保险股份有限公司等国际货物多式联运合同纠纷再审案，（2018）最高法民再196号。

4. 山东聚丰网络有限公司诉韩国MGAME公司、第三人天津风云网络技术有限公司网络游戏代理及许可合同纠纷管辖权异议上诉案，（2009）民三终字第4号。

5. 朗力（武汉）注塑系统有限公司诉天地国际运输代理（中国）有限公司武汉分公司航空货物运输合同纠纷案，（2012）鄂武汉中民商外初字第00012号。

6. 华泰财产保险有限公司北京分公司诉李某某、天安财产保险股份有限公司河北省分公司张家口支公司保险人代位求偿权纠纷案，最高人民法院指导案例25号（2014年）。

7. 最高人民法院关于中国人民财产保险股份有限公司深圳市分公司诉广州远洋运输公司海上货物运输合同货损纠纷一案仲裁条款效力问题的请示的复函，〔2005〕民四他字第29号。

8. 株式会社宇信MT与富盛光电（吴江）有限公司国际货物买卖合同纠纷申请再审案，（2013）民申字第2360号。

9. 上海浦东幸运船务有限公司与北京泰宇博洋国际贸易有限责任公司多式联运合同纠纷上诉案，（2016）津民终字第200号。

10. 上海韦台国际货物运输代理有限公司深圳分公司诉上海邦达天原国际货运有限公司等多式联运合同纠纷案,(2009)广海法初字第559号。

11. 温州市达川国际货运代理有限公司诉瑞安市上望针织三厂等海上货物运输合同纠纷案,(2014)浙海终字第38号。

12. 中国人民财产保险股份有限公司广州市分公司与域多利货运有限公司管辖裁定书案,(2014)珠中法立民终字第300号。

13. 泛亚班拿国际运输代理(中国)有限公司西安分公司与格拉默车辆座椅(陕西)有限公司航空货物运输合同纠纷案,(2019)陕01民初717号。

14. 广州宝舟信息科技有限公司诉深圳市喜丰国际货运代理有限公司航空货物运输合同纠纷案,(2016)粤7102民初151号。

15. 海南亚太通用航空有限公司与上海华办船舶物资贸易有限公司融资租赁合同纠纷案,(2017)沪02民终7079号。

16. 中外运空运发展股份有限公司华东分公司与三星财产保险(中国)有限公司保险人代位求偿权纠纷上诉案,(2015)沪一中民六(商)终字第42号。

17. 广州鎏星贸易有限公司诉中外运——敦豪广东分公司等航空运输损害责任纠纷案,(2008)萝法民二初字第64号。

18. 西班牙商业银行股份有限公司等与东亚泛海国际商务咨询(北京)有限公司信用证纠纷上诉案,(2017)京02民终5995号。

19. 福州天恒船务有限公司诉远大物产集团有限公司、宁波中盟钢铁有限公司等海上货物运输合同纠纷管辖权异议案,(2011)民提字第313号。

20. 国泰航空有限公司郑州代表处与河南晟龙贸易有限公司航空货物运输合同纠纷上诉案,(2016)豫民终365号。

21. 法国航空公司与智傲物流有限公司(GEOLOGISTICS LIMITED)货物运输合同违约赔偿纠纷上诉案,(2007)沪一中民五(商)终字第27号。

22. 美亚财产保险有限公司上海分公司诉捷达国际运输公司保险人代位求偿权纠纷案,(2013)浦民六(商)初字第3090号。

23. 域多利货运有限公司、中国人民财产保险股份有限公司广州市分公司保险人代位求偿权纠纷上诉案,(2018)粤04民终454号。

24. 中国平安财产保险股份有限公司广东分公司与商船三井株式会社、美国总统轮船有限公司海上、通海水域货物运输合同纠纷案,(2015)粤高法立民终字第598号。

25. 广州白云国际机场股份有限公司诉通用电气商业航空服务有限公司等留置权纠纷案,(2009)穗中法民四初字第27号。

26. 诸某某诉李某某多式联运合同纠纷案,(2015)嘉海商外初字第3号。

(五)学位论文

1. 陈玉梅:《多式联运中的承运人法律地位与权利义务研究》,武汉大学2010年博士学位论文。

2. 丁莲芝:《国际货物多式联运经营人责任限制问题研究》,华东政法大学2014年博士学位论文。

3. 李凤琴:《国际合同法律适用发展趋势研究——以意思自治原则为中心》,华东政法大学2011年博士学位论文。

4. 师怡:《国际航空货物运输承运人责任制度研究》,吉林大学2014年博士学位论文。

5. 王显荣:《外国法适用论》,西南政法大学2014年博士学位论文。

6. 向在胜:《电子提单法律问题研究》,武汉大学2005年博士学位论文。

7. 杨运涛:《国际货物多式联运法律关系研究》,对外经济贸易大学2006年博士学位论文。

8. 张丽珍:《冲突法的正义问题研究》,华东政法大学2014年博士学位论文。

9. 张绍鸿:《侵权责任与合同责任竞合的国际私法问题》,中国政法大学2008年博士学位论文。

(六)报告与标准

1. 联合国国际贸易法委员会秘书处:《文书草案适用范围总论》,A/CN.9/

WG. Ⅲ/WP. 29。

2. 联合国国际贸易法委员会秘书处:《与其他公约的关系》, A/CN. 9/WG. Ⅲ/WP. 78。

3. 中华人民共和国交通运输部:《货物多式联运术语》JT/T 1092－2016。

4. 中华人民共和国交通运输部:《空陆联运集装货物转运操作规范》JT/T 1286－2020。

二、外文文献

(一)专著

1. John Ahern & William Binchy eds., *The Rome Ⅱ Regulation on the Law Applicable to Non-Contractual Obligations*, Martinus Nijhoff Publishers, 2009.

2. Richard Aikens et al., *Bill of Lading*, 2nd ed., Informa Law from Routledge, 2016.

3. Nigel Blackaby et al., *Redfern and Hunter on International Arbitration*, 6th ed., Oxford University Press, 2015.

4. Adrian Briggs, *Civil Jurisdiction and Judgments*, 6th ed., Informa Law from Routledge, 2015.

5. Malcolm Clarke, *Contracts of Carriage by Air*, 2nd ed., Lloyd's List Press, 2010.

6. Malcolm Clarke, *International Carriage of Goods by Road: CMR*, 6th ed., Informa Law from Routledge, 2014.

7. Malcolm A. Clarke & David Yates, *Contracts of Carriage by Land and Air*, 2nd ed., Informa Law from Routledge, 2008.

8. Lawrence Collins eds., *Dicey, Morris & Collins on the Conflict of Laws*, 15th ed., Sweet & Maxwell, 2012.

9. Andrew Dickinson, *The Rome Ⅱ Regulation: The Law Applicable to Non-Contractual Obligations*, Oxford University Press, 2010.

10. Peter Forsyth eds., *Airport Competition-The European Experience*, Ashgate Publishing Limited, 2010.

11. Bryan Garner eds., *Black's Law Dictionary*, 9th ed., Thomson Reuters, 2009.

12. Elmar Giemulla eds., *Montreal Convention*, Loose Leaf ed., Kluwer Law International, 2006.

13. Eckart Gottschalk et al., *Conflict of Laws in A Globalized World*, Cambridge University Press, 2007.

14. Roy Goode et al., *Transnational Commercial Law*, 2nd ed., Oxford University Press, 2015.

15. Trevor Hartley, *Choice-of-Court Agreements under the European and International Instruments*, Oxford University Press, 2013.

16. Marian Hoeks, *Multimodal Transport Law-The Law Applicable to the Multimodal Contract for the Carriage of Goods*, Kluwer Law International, 2010.

17. Thomas Leinbach & Cristina Capineri eds., *Globalized Freight Transport Intermodality, E-Commerce, Logistics and Sustainability*, Edward Elgar Publishing Limited, 2007.

18. Ulrich Magnus & Peter Mankowski eds., *Brussels Ⅰ Regulation*, Sellier, 2007.

19. Michael McParland, *The Rome Ⅰ Regulation on the Law Applicable to Contractual Obligations*, Oxford University Press, 2015.

20. Georgette Miller, *Liability in International Air Transport: The Warsaw System in Municipal Courts*, Kluwer, 1977.

21. Peter Nygh, *Autonomy in International Contracts*, Clarendon Press, 1999.

22. Richard Posner, *Economic Analysis of Law*, 9th ed., Wolters Kluwer Law & Business, 2014.

23. Felix Sparka, *Jurisdiction and Arbitration Clauses in Maritime Transport Documents*, Springer, 2010.

24. Symeon C. Symeonides, *The American Choice-of-Law Revolution: Past, Present and Future*, Martinus Nijhoff Publishers, 2006.

25. Symeon C. Symeonides, *Codifying Choice of Law around the World*, Oxford University Press, 2014.

26. Symeon C. Symeonides, *Choice of Law*, Oxford University Press, 2016.

27. Gunther Teubner eds., *Global Law Without A State*, Dartmouth, 1997.

28. Paul Torremans ed., *Cheshire, North & Fawcett on Private International Law*, 15th ed., Oxford University Press, 2017.

29. Bea Verschraegen eds., *International Encyclopedia for Private International Law*, Wolters Kluwer Law & Business, 2015.

30. Ralph De Wit, *Multimodal Transport-Carrier Liability and Documentation*, Lloyd's of London Press, 1995.

31. Katharina Boele-Woelki et al., *Convergence and Divergence in Private International Law-Liber Amicorum Kurt Siehr*, Eleven International Publishing, 2010.

(二)期刊

1. Clare Ambrose, *When Can A Third Party Enforce An Arbitration Clause?*, Journal of Business Law 415 (2001).

2. De Boer, *Party Autonomy and its Limitations in the Rome Ⅱ Regulation*, Yearbook of Private International Law, Vol:9, 19 (2007).

3. Patrick Borchers, *Categorical Exceptions to Party Autonomy in Private International Law*, *Tulane Law Review*, Vol:82, 1645 (2007 - 2008).

4. Ronald A. Brand, *The Continuing Evolution of U. S. Judgments Recognition Law*, Columbia Journal of Transnational Law, Vol:55, 277 (2017).

5. David Bury, *Electronic Bills of Lading: A Never-Ending Story?*, Tulane Maritime Law Journal, Vol:41, 197 (2016).

6. Adeline Chong, *The Public Policy and Mandatory Rules of Third Countries in International Contracts*, Journal of Private International Law, Vol:2, 27 (2006).

7. Marcin Czepelak, *Concurrent Causes of Action in the Rome Ⅰ and Ⅱ Regulations*, Journal of Private International Law, Vol:7, 393 (2011).

8. Béligh Elbalti, *Reciprocity and the Recognition and Enforcement of Foreign Judgments: A Lot of Bark but not Much Bite*, Journal of Private International Law, Vol:13, 184 (2017).

9. J. J. Fawcett, *A New Approach to Jurisdiction over Companies in Private International Law*, International and Comparative Law Quarterly, Vol: 37, 645 (1988).

10. J. J. Fawcett, *Trial in England or Abroad: The Underlying Policy Considerations*, Oxford Journal of Legal Studies, Vol:9, 205 (1989).

11. Krijn Haak & Marian Hoeks, "*Arrangements of Intermodal Transport in the Field of Conflicting Conventions*", The Journal of International Maritime Law, Vol: 10, 422 (2004).

12. Sirko Harder, *The Effects of Recognized Foreign Judgments in Civil and Commercial Matters*, International and Comparative Law Quarterly, Vol:62, 441 (2013).

13. H. L. Ho, *Policies Underlying the Enforcement of Foreign Commercial Judgments*, International and Comparative Law Quarterly, Vol:46, 443 (1997).

14. Anthony Jafffey, *The English Proper Law Doctrine and The EEC Convention*, International and Comparative Law Quarterly, Vol:33, 531 (1984).

15. Friedrich Juenger, *The Lex Mercatoria and Private International Law*, Uniform Law Review, Vol:5, 171 (2000).

16. Richard L. Kilpatrick, Jr., *How Limited is Limited Agency? Lower Courts Rock the Boat by Broadly Applying the Supreme Court's Narrow Kirby Guideline for Interpreting Bill of Lading*, Tulane Maritime Law Journal, Vol:40, 53 (2015).

17. Laura Knoll, *Personal Jurisdiction over Maritime Defendants: Daimler, Walden, and Rule* 4(*k*)(2), Tulane Maritime Law Journal, Vol:40, 103 (2015).

18. Peter Laurijssen, *Quantum Corporation Inc. v. Plane Trucking Ltd. Revisited by German Supreme Court: Consideration on the German Federal High Court's Decision of* 17 *July* 2008, European Transport Law, Vol:44, 143 (2009).

19. Cécile Legros, *Relations Between the Rotterdam Rules and the Convention on the Carriage of Goods by Road*, Tulane Maritime Law Journal, Vol: 36, 725 (2012).

20. Robert Leflar, *Conflicts Law: More on Choice-Influencing Consideration*, California Law Review, Vol:54, 1584 (1966).

21. George Leloudas, *Door-to-Door Application of International Air Law Conventions: Commercially Convenient, but Doctrinally Dubious*, Lloyd's Maritime and Commercial Law Quarterly 368 (2015).

22. Brooke Marshall, *Reconsidering the Proper Law of the Contract*, Melbourne Journal of International Law, Vol:13, 505 (2012).

23. Douglas McFarland, *Dictum Run Wild: How Long-Arm Statutes Extended to the Limits of Due Process*, Boston University Law Review, Vol:84, 491 (2004).

24. Elisa Torralba-Mendiola & Elena Rodríguez-Pineau, *Two's Company, Three's a Crowd: Jurisdiction, Recognition and Res Judicata in the European Union*, Journal of Private International Law, Vol:10, 403 (2014).

25. Ralf Michaels, *Two Paradigms of Jurisdiction*, Michigan Journal of International law, Vol:27, 1003 (2005 – 2006).

26. Tanya Monestier, *Where is Home Depot "At Home"?: Daimler v. Bauman*

and the End of Doing Business Jurisdiction, Hastings Law Journal, Vol:66, 233 (2014 – 2015).

27. Jan Neels & Eesa Fredericks, *Tacit Choice of Law in the Hague Principles on the Choice of Law in International Contracts*, De Jure, Vol:44, 101 (2011).

28. Theodora Nikaki, *Bringing Multimodal Transport Law into the New Century: Is the Uniform Liability System the Way Forward?*, Journal of Air Law and Commerce, Vol:78, 69 (2013).

29. Arthur T. von Mehren & Donald T. Trautman, *Jurisdiction to Adjudicate: A Suggested Analysis*, Harvard Law Review, Vol:79, 1121 (1966).

30. Arthur T. von Mehren & Donald T. Trautman, *Recognition of Foreign Adjudications: A Survey and a Suggested Approach*, Harvard Law Review, Vol:81, 1601 (1968).

31. Erin A. O'Hara & Larry E. Ribstein, *From Politics to Efficiency in Choice of Law*, The University of Chicago Law Review, Vol:67, 1151 (2000).

32. Courtland H. Peterson, *Res Judicata and Foreign Country Judgments*, Ohio State Law Journal, Vol:24, 291 (1963).

33. Markus Petsche, *The Application of Transnational Law (Lex Mercatoria) by Domestic Court*, Journal of Private International Law, Vol:10, 489 (2014).

34. Willis Reese, *Status in This Country of Judgments Rendered Abroad*, Columbia Law Review, Vol:50, 783 (1950).

35. Willis Reese, *Power of Parties to Choose Law Governing Their Contract*, American Society of International Law Proceedings, Vol:54, 49 (1960).

36. Willis Reese, *Conflict of Laws and the Restatement Second*, Law and Contemporary Problems, Vol:28, 679(1963).

37. Larry E. Ribstein, *Choosing Law by Contract*, The Journal of Corporation Law, Vol:18, 245 (1992 – 1993).

38. Pippa Rogerson, *Problems of the Applicable Law of the Contract in the English Common Law Jurisdiction Rules: The Good Arguable Case*, Journal of Private International Law, Vol:9, 387 (2013).

39. Symeon C. Symeonides, *Rome Ⅱ and Tort Conflicts: A Missed Opportunity*, The American Journal of Comparative Law, Vol:56, 173 (2008).

40. Symeon C. Symeonides, *Issue-by-Issue Analysis and Dépeçage in Choice of Law: Cause and Effect*, University of Toledo Law Review, Vol:45, 751 (2013 - 2014).

41. Patrick Talbott, *How Swiftly the Carmack Amendment is Washed Away*, Journal of Maritime Law and Commence, Vol:43, 1 (2012).

42. Zheng Tang, *Law Applicable in the Absence of Choice—The New Article* 4 *of the Rome Ⅰ Regulation*, The Modern Law Review, Vol:71, 785 (2008).

43. Vibe Ulfbeck, *Multimodal Transport in the United States and Europe-Global or Regional Liability Rules*?, Tulane Maritime Law Journal, Vol:34, 37 (2009).

44. Mo Zhang, *Contractual Choice of Law in Contracts of Adhesion and Party Autonomy*, Akron Law Review, Vol:41, 123 (2008).

45. Mo Zhang, *Rethinking Contractual Choice of Law: An Analysis of Relation Syndrome*, Stetson Law Review, Vol:44, 831 (2014 - 215).

46. Mo Zhang, *Party Autonomy in Non-Contractual Obligations: Rome Ⅱ and its Impacts on Choice of Law*, Seton Hall Law Review, Vol:39, 861 (2009).

47. Gertjan van der Ziel, *Multimodal Aspects of the Rotterdam Rules*, Uniform Law Review, Vol:14, 981 (2009).

(三)案例

1. 欧盟案例

(1) Bernardus Hendrikman and Maria Feyen v. Magenta Druck & amp Verlag GmbH, Case C - 78/95.

(2) Car Trim GmbH v. Key Safety Systems Srl, Case C－381/08.

(3) Color Drack GmbH v. Lexx International Vertriebs GmbH, Case C－386/05.

(4) Gantner Electronic GmbH v. Basch Exploitatie Maatschappij BV, C－111/01.

(5) Gerling v. Amministrazione del Tesoro dello Stato, Case 201/82.

(6) Gothaer Allgemeine Versicherung AG and Others v. Samskip GmbH, Case C－456/11.

(7) Gubisch Maschinenfabrik KG v. Giulio Palumbo, Case 144/86.

(8) Haeger & Schmidt GmbH v. Mutuelles du Mans Assurances IARD, Case C－305/13.

(9) Hengst Import BV v. Anna Maria Campese, Case C－474/93.

(10) Horst Ludwig Martin Hoffmann v. Adelheid Krieg, Case 145/86.

(11) Intercontainer Interfrigo SC v. Balkenende Oosthuizen BV and MIC Operations BV, Case C－133/08.

(12) Jozef de Wolf v. Harry Cox BV, Case 42－76.

(13) Mærsk Olie &amp Gas A/S v. Firma M. de Haan en W. de Boer, Case C－39/02.

(14) Mainschiffahrts-Genossenschaft e. G. (MSG) v. Les Gravières Rhénanes SARL., Case C－106/95.

(15) Meletis Apostolides v. David Charles Orams and Linda Elizabeth Orams, Case C－420/07.

(16) Pendy Plastic Products BV v. Pluspunkt Handelsgesellschaft mbH, Case 228/81.

(17) Peter Rehder v. Air Baltic Corporation, Case C－204/08.

(18) SAR Schotte GmbH v. Parfums Rothschild SARL, Case 218/86.

(19) Sociét & eacute financière et industrielle du Peloux v. Axa Belgium and Others, Case C – 112/03.

(20) Somafer SA v. Saar-Ferngas AG, Case C – 33/78.

(21) TNT Express Nederland BV v. AXA Versicherung AG, Case C – 533/08.

(22) The Owners of the Cargo Lately Laden on Board the Ship "Tatry" v. the Owners of the Ship "Maciej Rataj", Case C – 406/92.

(23) Wood Floor Solutions Andreas Domberger GmbH v. Silva Trade SA, Case C – 19/09.

2. 英国案例

(1) Adams v. Cape Industries Plc, [1990] Ch. 433.

(2) Airbus SAS v. Generali Italia SpA, [2019] Bus. L. R. 2997.

(3) Amin Rasheed Shipping Corp. v. Kuwaiti Insurance Co., [1984] A. C. 50.

(4) American Motorists Insurance Co. v. Cellstar Corporation, [2003] EWCA Civ. 206.

(5) Carl Zeiss Stiftung v. Rayner & Keeler Ltd., [1967] 1 A. C. 853.

(6) Canada Trust Co. v. Stolzenberg (No. 2), [1998] 1 W. L. R. 547.

(7) Coast Lines v. Hudig Chartering, [1972] 2 Q. B. 34.

(8) Donohue v. Armco Inc., [2002] C. L. C. 440, 454.

(9) Egon Oldendorff v. Libera Corp. (No. 2), [1996] C. L. C. 482.

(10) Grein v. Imperial Airways, [1937] 1 K. B. 50.

(11) The Hollandia, [1983] 1 A. C. 565.

(12) First National Bank of Boston v. Union Bank of Switzerland, [1990] 1 Lloyd's Report 32.

(13) FR Lurssen Werft GmbH & Co. KG v. Halle, [2011] 1 Lloyd's Report, 269.

(14) Letang v. Cooper, [1965] 1 Q. B. 232.

(15) The Mahkutai, [1996] C. L. C. 799.

(16) Premium Nafta Products v. Fili Shipping, [2007] 2 C. L. C. 553.

(17) Quantum Corp. Ltd. v. Plane Trucking Ltd., [2001] C. L. C. 1192.

(18) Quantum Corp. Ltd. v. Plane Trucking Ltd., [2002] C. L. C. 1002.

(19) Republic of India v. India Steamship Co. Ltd., [1993] A. C. 410.

(20) Republic of India v. India Steamship Co. Ltd. (No. 2), [1998] A. C. 878.

(21) Rolls Royce plc & Anor v. Heavylift-Volga Dnepr Ltd. & Anor, [2000] C. L. C. 1120.

(22) Saab and Another v. Saudi American Bank, [1999] 1 W. L. R. 1861.

(23) The Sennar (No. 2), [1985] 1 W. L. R 490.

(24) Seaconsar Far East Ltd. v. Bank Markazi Jomhouri Islami Iran, [1994] 1 A. C. 438.

(25) SSL International Plc v. TTK LIG Ltd., [2012] 1 W. L. R. 1842.

(26) Trafigura Beheer v. Kookmin Bank, [2006] 1 C. L. C 1078.

3. 美国案例

(1) A. Moller-Maersk A/S v. Ocean Express Miami, 550 F. Sup. 2d 454 (S. D. N. Y. 2008).

(2) AAR Intern., Inc. v. Nimelias Enterprises S. A., 250 F. 3d 510 (7th Cir., 2001).

(3) Asahi Metal Indus. Co. v. Superior Court, 480 U. S. 102 (1987).

(4) Applied Medical Distribution Corp. v. Surgical Co. BV, 587 F. 3d 909 (9th Cir., 2009).

(5) Bridas S. A. P. I. C. v. Government of Turkmenistan, 345 F. 3d 347 (5th Cir., 2003).

(6) Burnham v. Superior Court, 495 U. S. 604 (1990).

(7) CNA Ins. Co. v. Hyundai Merchant Marine Co., 747 F. 3d 339 (6th Cir., 2014).

(8) Commercial Union Ins. v. Alitalia Airlines, 347 F. 3d 448 (2nd Cir., 2003).

(9) Daimler Ag v. Bauman, 134 S. Ct. 746 (2014).

(10) Eli Lilly Do Brasil, Ltda. v. Federal Express Corp., 502 F. 3d 78 (2nd Cir., 2007).

(11) GE Energy Power Conversion France SAS, Corp. v. Outokumpu Stainless USA, LLC, 140 S. Ct. 1637 (2020).

(12) George K. Baum & Co. v. Twin City Fire Ins., 760 F. 3d 795 (8th Cir., 2014).

(13) Goodyear Dunlop Tires Operations, S. A. v. Brown, 131 S. Ct. 2846 (2011).

(14) Hanson v. Denckla, 357 U. S. 235 (1958).

(15) Helicopteros Nacionales de Colombia, S. A. v. Hall, 466 U. S. 408 (1986).

(16) Hilton v. Guyot, 159 U. S. 113 (1895).

(17) International Shoe Co. v. Washington, 326 U. S. 310 (1945).

(18) Javed v. British Airways PLC, 980 F. 2d 1407 (11th Cir., 1993).

(19) Kawasaki Kisen Kaisha Ltd. v. Regal-Beloit Corp., 561 U. S. 89 (2010).

(20) MacSteel Intern. v. M/V Jag Rani, 2004 A. M. C. 220 (S. D. N. Y. 2003).

(21) Martinez v. Aero Caribbean, 764 F. 3d 1062 (9th Cir., 2014).

(22) McIntyre Machinery v. Nicastro, 131 S. Ct. 2780 (2011).

(23) Norfolk Southern Railway Co. v. Kirby, 543 U. S. 14 (2004).

(24) Parklane Hosiery Co. , Inc. v. Shore, 439 U. S. 322 (1979).

(25) Shaffer v. Heitner, 433 U. S. 186 (1977).

(26) Victoria Sales Corp. v. Emery Air Freight, Inc. , 917 F. 2d 705 (1990).

(27) Vimar Seguros y Reaseguros v. M/V Sky Reefer, 515 U. S. 528 (1995).

(28) Walden v. Fiore, 134 S. Ct. 1115 (2014).

(29) Williams v. Yamaha Motor Co. , 851 F. 3d 1015 (9th Cir. , 2017).

(30) World-Wide Volkswagen Corp. v. Woodson, 444 U. S. 286 (1980).

(四)报告

1. Commission of The European Communities, *Green Paper on the Conversion of the Rome Convention of* 1980 *on the Law Applicable to Contractual Obligations into a Community Instrument and its Modernization*, COM(2002) 654 final, 2003.

2. Commission of The European Communities, *Proposal for a Regulation of the European Parliament and the Council on the Law Applicable to Contract Obligation*, COM(2005) 650 final, 2005.

3. Mario Giuliano & Paul Lagarde, *Report on the Convention on the Law Applicable to Contractual Obligations*, [1980] O. J. C282/1.

4. Explanatory Report on the Convention of 2 July 2019 on the Recognition and Enforcement of Foreign Judgments in Civil or Commercial Matters, 2020.

5. Permanent Bureau of The Hague Conference on Private International Law, *Consolidated Version of Preparatory Work Leading to the Draft Hague Principles on the Choice of Law in International Contracts*, The Hague Conference on Private International Law, 2012.

6. Permanent Bureau of The Hague Conference on Private International Law, *Principles on Choice of Law in International Commercial Contracts*, *The Hague Conference on Private International Law*, The Hague Conference on Private International Law, 2015.

7. R. Loewe, *Commentary on the Convention of* 19 *May* 1956 *on the Contract for the International Carriage of Goods by Road*, ECE/TRANS/14, 1975.

8. Trevor Hartley & Masato Dogauchi, *Explanatory Report of Convention of* 30 *June* 2005 *on Choice of Court Agreements*, Hague Conference on Private International Law, 2005.

9. UNCTAD Secretariat, *Implementation of Multimodal Transport Rules*, UNCTAD/SDTE/TLB/2.

10. UNCTAD Secretariat, *Multimodal Transport*: *The Feasibility of an International Legal Instrument*, UNCTAD/SDTE/TLB/2003/1.

后　　记

本书是在我博士学位论文的基础上修订、增补后完成的。

2014 年，蒙李志文教授不弃，我能够于大连海事大学攻读博士学位。李老师涉猎广博，对民法、海商法、海洋法都有深入的研究。在整个博士学位论文的写作过程中，每次与李老师沟通，不仅能够带给我新的研究思路，而且能提供给我新的研究内容。李老师治学严谨，是李老师手把手带我走进了学术研究的道路，是李老师教会了我学术写作的规范，是李老师使我明晰了学术研究的方法，是李老师言传身教让我培养了严谨地进行学术研究的态度。攻读博士学位期间，每次看到李老师无论是对博士学位论文草稿，还是对我所作之其他文章的意见，虽首先会因自己写作能力与研究能力之不足而羞愧不已，恨不得掩面而逃，但更多的仍是对李老师在百忙之中进行修改的感激之情。工作之后，我仍会不时地翻看李老师对我所做文章的指导意见。至今看来，这些指导意见对我仍有振聋发聩之感、醍醐灌顶之效、指点迷津之用。

2014 年，我跟随李老师完成原交通部委托的关于多式联运的课题，在这个过程中形成了我博士学位论文的选题——国际多式联运合同法律适用问题。在收集、整理以及阅读有关国内外多式联运的研究资料时，我常常思考的一个问题是，在当时，乃至于现在已有众多研究成果的多式联运合同，是不是还有继续研究的必要？直到我看到霍克斯(Hoeks)博士的专著，我才发现学术研究没有尽头，任何一个问题都有值得进一步研究与深入思考之必要。转换视角，或许桃花源就在路的尽头。然而，想到一个论题，与完成一个论题之间的差距如同天堑，如何变天堑为通途实为博士学位论文写作之最大困难。在博士学位论文写作期间，多式联运合同的法律适用问题是不是有研究的必要，有哪些值得研究的问题，如何收集资料，如何规划文章结构，如何具体地将自己的思路变为能够被读者理解的文字，如何逻辑严谨地论证自己的观点，这些问题困扰着我，使我夜不能寐、辗转反侧。至今想来，写作博士学位论文又何异于破釜沉舟，如果不置之于死地，又如何能够后生。万幸结果还算完满，2018 年能够顺利毕业，也能够完成一篇自认为尚可的博士学位论文。

2018 年博士毕业之后，回到母校——西北政法大学——有幸跟随王瀚教授，继续博士后的研究。王老师视野恢宏，常见我辈不能见，思我辈未曾思。向王老师请教博士后研究方向时，我想继续研究多式联运合同。然而，王老师却认为博士后的研究不同于博士研究，应该从事宏观的研究，要针对当下中国实践所需解决的问题。因此，王老师极为远见地要求我完成有关临空经济区的专题研究。至今想来，每次与王老师讨论问题，都能够在王老师的引导下，看见一片新的研究天地、发现值得探讨的问题、明晰研究问题的总体思路。王老师是我走向独立研究道路的引路人。如果说博士期间是在导师的引导下学会学术研究的方法，而博士毕业后，我们必然要独自走上学术研究的道路。我有幸在这条路的开始阶段能够遇到王老师。一方面，王老师经常鼓励、不时鞭策我尽快完成博士学位论文的修改，以便出版专著；另一方面，虽然王老师是航空法学研究的大家，却并没有让我完全转变方向，而是让我在航空运输与多式联运之间，寻找可行的结合点。可以说没有王老师的鼓励与支持，难有今日这本著作。

本书的写作开始于 2019 年。2019 年上半年我重新阅读、整理有关博士学位论文的写作资料，并与王老师讨论本书的写作大纲。在博士学位论文写作期间，我本有意讨论多式联运合同的国际私法问题，而不仅仅只是局限在法律适用方面。然而，由于当时海牙国际私法会议正在起草《海牙判决公约》，我想等该公约尘埃落定后，再以该公约为基础讨论判决承认与执行问题。故而，判决与承认执行部分是我增补博士学位论文以完成本书所主要针对的内容。2019 年下半年经王老师介绍,能够去往东海大学,聆听陈隆修教授讲授的国际私法课程。陈老师是我一直仰慕的国际私法大家,其学术水平之高、思想境界之深,吾辈只可仰望,而不可即也。当陈老师得知我想要研究管辖权问题时,其课程主要就以英美法系的管辖权问题为主要内容。我虽曾留学英国,但并未像陈老师一样接受完整的英美法教学,只是略知皮毛而已。故而,陈老师的课程使我完整地理解了英美法系管辖权的基础、历史演进、特征以及不足。这次课程使我受益匪浅,所获良多。此外,陈老师将其迄今为止所著书籍皆赠与我,每每读来,皆有新的感悟与发现。本书管辖权部分,皆源于我对于本次课程的感悟。在此,特向陈老师致以最崇高的敬意。

最后,不管是写作博士学位论文,抑或完成本书,都离不开父母与妻子的鼓励与支持。没有父母的鼓励,我不可能决定走上科研的道路;没有父母的支持,在旁人已经成家、立业之际,我不可能无有顾虑地从事学术研究。千言万语不及父母之恩重。父母之恩,非吾以文字所能述也。我与妻子相识于攻读博士学位期间,写作博士学位论文期间,内心的彷徨与苦闷,只能言于吾妻。毕业后,与吾妻组成家庭,没有她的鼓励与支持,在成家、立业之初,诸事繁杂之际,我很难有足够的精力完成本书。吾妻之贤,亦非吾以文字所能述也。

此外,攻读博士学位期间,我的博士同学针对博士学位论文提出的意见,以及博士学位论文答辩期间,大连海事大学各位老师提供的帮助,是我完成博士学位论文的重要支撑。工作后,西北政法大学国际法学院各位师长、同事提供的支持,以及法律出版社法治与经济分社沈小英分社长、张泽华编辑、程王刚编辑、王美懿编辑的帮助,是我完成本书的重要助力。在此,我向你们表示深深的感谢。

张丝路

2022 年 4 月 15 日于西安